HISTOIRE GÉNÉRALE

DE

LA PHILOSOPHIE

PARIS. — IMPRIMERIE DE J. CLAYE
RUE SAINT-BENOIT, 7

HISTOIRE GÉNÉRALE

DE LA

PHILOSOPHIE

DEPUIS LES TEMPS LES PLUS ANCIENS JUSQU'A LA FIN
DU XVIIIe SIÈCLE.

PAR

M. VICTOR COUSIN

PARIS

LIBRAIRIE ACADÉMIQUE

DIDIER ET CIE, LIBRAIRES-ÉDITEURS

35, QUAI DES GRANDS-AUGUSTINS, 35

—

1863

Tous droits réservés.

AVERTISSEMENT

DES ÉDITEURS

Depuis plusieurs années, nous pressions M. Cousin de faire pour l'histoire de la philosophie ce qu'il avait fait avec tant de succès pour la philosophie elle-même, et de donner comme un pendant à son livre, devenu classique, DU VRAI, DU BEAU ET DU BIEN; en sorte qu'en ces deux ouvrages, consacrés l'un à la théorie, l'autre à l'histoire, on possédât, réduite à ses traits essentiels, toute l'œuvre philosophique de M. Cousin. Déjà les célèbres leçons de 1829 contenaient, épisodiquement pour ainsi dire, une esquisse de l'histoire de la philosophie. L'illustre professeur n'avait donc qu'à dégager cette esquisse des leçons qui l'entouraient, et à la convertir, à l'aide d'emprunts faits à ses propres écrits, en un tableau régulier, complet dans sa brièveté même, capable de donner une idée vraie de cette importante partie de l'histoire universelle, d'en inspirer le goût et d'en procurer la juste connaissance à la jeunesse de nos écoles et à tous les gens instruits.

Voilà ce que nous demandions à M. Cousin avec tous ses amis, et quelle est l'origine, le caractère et le but de l'ouvrage que nous présentons aujourd'hui au public.

Il ne nous appartient pas d'apprécier cet ouvrage. Mais nous ne serons démentis par personne en disant que pour retracer en raccourci, sans être jamais superficiel, une histoire aussi vaste, commençant bien des siècles avant l'ère chrétienne et s'étendant jusqu'à la révolution française, il ne fallait pas moins que la science éprouvée de l'homme qui, dans sa longue carrière, a répandu tant de lumières sur toutes les grandes époques et sur tous les grands systèmes, anciens et modernes.

1er juillet 1863.

HISTOIRE GÉNÉRALE

DE

LA PHILOSOPHIE

PREMIÈRE LEÇON.

ORIGINE ET CLASSIFICATION DES SYSTÈMES.

Sujet du cours : l'histoire de la philosophie comme contre-épreuve et achèvement de la philosophie spéculative. — La multitude des systèmes, qui trouble et décourage d'abord, lorsqu'on commence à étudier l'histoire de la philosophie, se résout assez vite en un petit nombre de systèmes principaux sur lesquels se concentre l'attention. — Tous les systèmes sont des produits de l'esprit humain, et par conséquent l'étude de l'esprit humain, la psychologie est la lumière de l'histoire de la philosophie. — La psychologie a pour instrument la réflexion, et celle-ci suppose la connaissance naturelle et spontanée qui la précède et à laquelle elle s'applique. — La connaissance naturelle forme une synthèse très-complexe et assez confuse. La conscience se borne à l'attester. La réflexion s'ajoute à la conscience pour éclaircir la synthèse primitive. Son instrument est l'analyse qui opère successivement. — Le danger de l'analyse consiste à prendre la partie qu'elle examine pour le tout qu'il s'agit de connaître. — La réflexion s'applique d'abord aux phénomènes qui tiennent à la sensibilité, et néglige tout le reste ; de là un système particulier et exclusif, le sensualisme. Le bien et le mal de ce système. — Autre application défectueuse de la réflexion, l'idéalisme. Le bien et le mal de ce système. — Encore une autre pente de la réflexion, le scepticisme. Le bien et le mal. — Nouvelle et dernière application de la réflexion, le mysticisme. Le bien et le mal. — Ordre naturel du développement de ces quatre systèmes. Leur utilité relative et leur mérite intrinsèque. — Harmonie de la philosophie et de son histoire. — Que l'impartialité n'est pas l'indifférence : sympathie avouée pour tout système spiritualiste sans fanatisme. — Qu'un sage éclectisme doit présider à une histoire vraiment philosophique de la philosophie.

Messieurs, l'année dernière, j'ai voulu, avant tout, que vous pussiez reconnaître celui qu'autrefois vous aviez écouté avec quelque indulgence ; j'ai voulu vous rappeler d'abord le but que je poursuis, l'esprit qui m'anime et qui doit présider à cet enseignement. Mais si les généralités sont l'âme de la science, la science ne prend un corps en quelque sorte, elle ne se fonde que dans le travail d'applications précises. Je viens donc éclaircir, étendre, affermir les principes historiques exposés l'été dernier, en les appliquant, en descendant à mon tour dans l'arène que j'ai tracée.

L'*Introduction* que vous avez accueillie avec tant de bienveillance a mis sous vos yeux les diverses considérations dont l'histoire de la philosophie peut être l'objet. Vous devez être convaincus maintenant de la suprême utilité de cette étude et pour la philosophie elle-même et pour toutes les parties de l'histoire dont celle-ci est le couronnement. Je vous ai rendu compte des travaux les plus célèbres accomplis en ce genre ; je me suis plu à rendre justice à la vaste érudition d'un Brucker, à la critique tour à tour ingénieuse et élevée d'un Tiedemann et d'un Tennemann [1], mais sans vous dissi-

---

1. INTRODUCTION A L'HISTOIRE DE LA PHILOSOPHIE, 4ᵉ édition, leçon XIIᵉ. Rappelons qu'en 1828 la grande histoire de M. Ritter était à peine commencée et ne pouvait nous être connue.

muler les graves défauts qui obscurcissent leurs mérites, et ne permettent pas de s'en tenir à leurs ouvrages, quelque précieux, quelque recommandables qu'ils soient. Le temps est venu de mettre nous-même la main à l'œuvre, et d'entreprendre devant vous une histoire de la philosophie qui réponde à l'idée que nous nous en sommes faite, qui continue et développe la philosophie dont vous connaissez les principes et le caractère [1], en vous la présentant sous une face nouvelle, non plus comme le fruit solitaire des méditations d'un homme réduit à ses propres forces, mais comme l'enfantement successif du temps, le legs des siècles, le dernier mot du travail de l'humanité.

Cette philosophie-là, comme vous le voyez, est essentiellement expérimentale ; et, disons-le, elle est la plus redoutable épreuve qui puisse être imposée à la philosophie spéculative à laquelle nous nous sommes arrêté. L'une et l'autre, dans leurs différences et dans leur harmonie, composent une seule et même œuvre, qui ne nous semble pas indigne, au moins par ses principes et dans ses traits généraux, d'être offerte à la jeunesse du XIXe siècle, de ce siècle à la fois audacieux et circonspect, qui ne craint pas de remuer toutes choses dans l'ordre moral aussi bien que dans l'ordre matériel, et qui s'élance de toutes parts dans des voies nouvelles, en même temps qu'il se fait gloire de repousser

---

1. Cette philosophie, disséminée dans nos cours et nos écrits depuis 1815, est résumée, d'une façon bien imparfaite pour les détails mais fidèle quant à l'ensemble, dans notre livre DU VRAI, DU BEAU ET DU BIEN.

les chimères, et croit avec raison se relever au-dessus des autres siècles en s'assujettissant à l'expérience.

Jeunes gens, sortis comme nous de la révolution française, vous qu'élève le souvenir des grandes actions de vos pères, et que l'exemple de leurs fautes et de leurs malheurs a mûris avant l'âge, qui apportez ici une ardente et généreuse curiosité qui nous anime à la fois et nous intimide, nous osons vous promettre que cette curiosité ne sera pas trompée, car nous allons vous raconter l'histoire de la pensée humaine, nous allons vous exposer toutes les grandes solutions que l'esprit humain, dans ses représentants les plus illustres, a successivement données des éternels problèmes qui vous agitent vous-mêmes, que le premier homme s'est proposés et que le dernier homme se proposera encore, s'il a conservé le plus bel attribut de sa nature, le noble désir de se connaître, de connaître l'univers et son auteur.

Ce qui trouble et décourage à l'entrée de l'histoire de la philosophie, c'est la prodigieuse quantité de systèmes appartenant à tous les pays et à tous les temps, composés dans toute sorte de langues, revêtus des formes les plus diverses et très-médiocrement attrayantes, déjà fort difficiles à comprendre chacun séparément et formant ensemble, au moins en apparence, une masse confuse, un chaos, un vrai labyrinthe où mille routes, se croisant en tous sens, ne permettent pas, ce semble, de s'orienter. Mais ne succombez pas à cette première vue ; regardez en face ces étranges apparitions, percez leur enveloppe, recherchez leurs caractères les plus généraux : avec un peu de temps ces caractères, différents ou semblables, se dégageront comme d'eux-mêmes, et réduiront cette multitude infinie de systèmes à un assez petit nombre de systèmes principaux, qui comprennent tous les autres, comme les innombrables plantes qui couvrent la terre ne sont à l'œil exercé du botaniste que les variétés de quelques grandes familles.

Lorsqu'on est arrivé là, la lumière commence à se faire, et le fondement est posé d'une étude régulière, instructive, intéressante, qu'il ne s'agit plus que d'étendre et d'approfondir.

Et quelles sont ces grandes familles de systèmes philosophiques auxquelles on peut ramener tous les autres ou comme analogues ou comme dérivés? De quelle manière se forment-elles, et d'où viennent-elles?

Évidemment elles viennent de l'esprit humain, leur commune patrie, dont la fécondité naturelle les porte toutes, en même temps que ses divers penchants expliquent leur diversité. Voilà pourquoi l'esprit humain, aussi constant à lui-même que la nature, après avoir produit tous ces systèmes, les reproduit sans cesse, avec la double et ineffaçable empreinte de son immortelle unité et de ses diversités essentielles.

Quel peut être en effet, je vous prie, le vrai père de tous les systèmes philosophiques, sinon l'esprit humain lui-même qui est à la fois le sujet et l'instrument nécessaire de toute philosophie? L'esprit humain est comme l'original dont la philosophie est la représentation plus ou moins fidèle, plus ou moins complète. Chercher dans l'esprit humain la racine des divers systèmes, c'est donc chercher tout simplement les effets dans leur cause, c'est tirer l'histoire de la philosophie de sa source la plus certaine et la plus élevée.

L'étude de l'esprit humain s'appelle scientifiquement la psychologie. Nous voilà donc ramené par une autre voie à ce principe qui est l'âme de tous nos travaux, qui constitue le caractère propre et aussi le caractère national de notre philosophie, la rattache à Descartes et la sépare de toute philosophie étrangère, à savoir, que la psychologie est le point de départ nécessaire, la suprême condition, la méthode unique de toute saine philosophie [1], qu'elle seule introduit légitimement dans le sanctuaire de la métaphysique et qu'elle fournit même à l'histoire sa plus sûre lumière.

La psychologie, l'étude de l'esprit humain, se fait à l'aide de la réflexion. Mais la réflexion suppose quelque chose d'antérieur à elle, à quoi elle s'applique, et nous avons pensé avant de réfléchir. Notre intelligence entre d'abord en exercice par l'énergie naturelle dont elle a été douée, et conformément aux lois qui la gouvernent. L'homme acquiert une foule de connaissances, sans se demander comment il les acquiert et comment il connaît; il raisonne sans avoir recherché quelles peuvent être les meilleures formes de raisonnement; il aime, il veut, il cède ou résiste à ses passions;

---

[1]. *Passim,* dans tous nos écrits.

il fait le bien et le mal, il est vertueux ou criminel, il croit en Dieu, l'adore, le prie, sans avoir lu aucun traité de morale et de théodicée. Comme la poésie devance les poétiques, l'éloquence les rhétoriques, la société les publicistes; ainsi, avant la réflexion et tout essai de psychologie, l'homme possède des sentiments, des idées, des notions, des croyances de toute sorte; et ici intervient cet autre principe avec lequel vous devez être familiers, la grande et féconde distinction du développement spontané et du développement réfléchi de la connaissance [1]; l'un qui précède et est l'ouvrage de la nature, l'autre qui suit et atteste un art qui a ses degrés et ses progrès. La connaissance spontanée a été donnée à l'humanité tout entière; la réflexion appartient à quelques hommes, qui entreprennent de se rendre compte du savoir commun, et en rêvent un autre plus hasardeux mais plus relevé, qu'ils ne prétendent pas posséder, mais qu'ils aiment et qu'ils cherchent, et c'est pour cela qu'on les appelle philosophes.

Ainsi la philosophie n'est pas autre chose, comme tant de fois nous vous l'avons dit, que la réflexion travaillant sur la connaissance naturelle et poursuivant à travers les siècles un idéal qui s'agrandit sans cesse devant elle.

Le propre de la connaissance naturelle est d'être très-complexe; car il ne faut pas croire que nos facultés

---

1. Cette distinction a été si souvent exposée et développée dans toutes nos leçons, depuis les premières jusqu'aux dernières, qu'elle n'avait besoin que d'être ici rappelée. Nous nous bornons à renvoyer le lecteur à notre ouvrage DU VRAI, DU BEAU ET DU BIEN, leçon II, p. 41 et la note, et aussi leçon v, p. 108, etc.

entrent en jeu isolément et successivement ; non, la nature les met en mouvement toutes ensemble : l'esprit, le cœur, les sens, l'imagination, l'attention, la volonté, la mémoire, etc. De là une foule d'idées, différentes et inséparables, une synthèse première, riche et vaste, mais nécessairement un peu confuse.

Tout ce qui se passe en nous nous est attesté par la conscience, qui accompagne l'exercice de toutes nos facultés, et en est pour ainsi dire le retentissement intérieur. Et comme la connaissance naturelle est complexe et confuse, la conscience, qui en est le miroir, est à son tour très-peu distincte.

La réflexion est à la conscience ce que le microscope est à la simple vue. Le microscope ne fait ni ne change les objets ; mais en les examinant successivement sous toutes leurs faces, en les pénétrant dans leurs profondeurs, il les éclaire, et met à découvert leurs plus secrets caractères. Il en est de même de la réflexion : en s'ajoutant à la conscience, elle y éclaircit ce qui était obscur, elle y développe ce qui était enveloppé. Son instrument est l'analyse, qu'elle porte successivement sur chacune des parties de la synthèse primitive de la conscience afin de les mieux discerner, et en se proposant, après avoir épuisé toutes les divisions nécessaires, de recomposer ce qu'elle aura décomposé, et d'arriver à une synthèse nouvelle, aussi lumineuse que l'autre était confuse, et qui unirait la clarté et la précision à l'étendue et à la grandeur. La synthèse, en effet, est le but suprême de toute analyse bien conçue, comme l'analyse est la nécessaire condition de toute synthèse légitime. Toutes ces considérations de méthode vous sont bien connues, et on les peut abréger impunément, car elles s'expliquent et se justifient d'elles-mêmes.

Voilà donc la réflexion, armée de l'analyse, devant l'ample et confuse synthèse de la connaissance naturelle attestée par la conscience.

Or quel est ici le danger que court l'analyse, la réflexion, c'est-à-dire la philosophie? Ce danger est dans la nature même de l'analyse et de la réflexion qui n'opèrent que successivement. Il est à craindre qu'en opérant sur une seule partie de la synthèse primitive, elles ne prennent la partie pour le tout et négligent ou n'aperçoivent pas les autres parties également dignes d'attention et d'intérêt. De là viendrait une psychologie incomplète qui engendrerait une métaphysique défectueuse, des systèmes particuliers et exclusifs, au lieu d'une vaste doctrine qui réfléchisse toute la connaissance naturelle avec toutes ses parties, l'âme humaine avec tous ses principes, toutes ses tendances, tous ses aspects.

Ce danger fatal, il est bien difficile que la réflexion l'évite, car, comme on l'a dit, on tombe par où l'on penche.

Cependant suivons la réflexion dans sa marche, dans ses applications successives. Sur quelle partie des nombreux et divers phénomènes de la conscience la réflexion se portera-t-elle d'abord?

Ne l'oublions pas : la réflexion naissante est très-faible; elle est inexpérimentée puisqu'elle en est à ses premiers pas. Il est donc à peu près inévitable qu'en se repliant sur la conscience, elle ne soit d'abord frappée des phénomènes qui y brillent avec le plus d'éclat, et dont elle peut le plus aisément se rendre compte.

Quels sont les phénomènes qui réunissent ces deux conditions?

Quand nous rentrons dans notre conscience, nous y trouvons un certain nombre de phénomènes marqués de ce caractère, que nous ne pouvons ni les faire naître ni les détruire, ni les retenir ni les faire cesser, ni les augmenter ni les affaiblir à notre gré ; par exemple, les émotions de toute espèce, les désirs, les passions, les appétits, les besoins, le plaisir, la peine, etc. : tous phénomènes qui ne s'introduisent point dans l'âme par sa volonté, mais souvent en dépit d'elle, par le fait d'une impression extérieure, reçue et aperçue, c'est-à-dire d'une sensation. Cet ordre de phénomènes est incontestable, et il est très-étendu ; il forme un grand nombre de nos motifs d'action, il détermine une grande partie de notre conduite. Il est vrai aussi que, parmi nos connaissances les plus générales, il en est qui, lorsqu'on les examine de près, se résolvent en connaissances moins générales, lesquelles, de décompositions en décompositions, se résolvent en idées sensibles.

Les phénomènes de la sensation, précisément parce qu'ils sont en quelque sorte les plus extérieurs à l'âme, sont les plus apparents ; ils provoquent immédiatement l'attention, et sont le plus aisément observables. La réflexion s'applique en premier lieu à ces phénomènes, et elle trouve dans leur étude un exercice utile, à la fois sûr et facile, qui la fortifie, lui plaît et l'attache. L'analyse va plus loin, elle rapporte la sensation à l'impression faite sur l'organe, et celle-ci aux objets extérieurs, qui deviennent alors la source de nos sensations, et par là de nos idées. De là l'importance de l'étude de la nature, le besoin et le talent d'en rechercher et d'en reconnaître les lois. Développez, agrandissez, multipliez ces résultats à l'aide des siècles, vous obtiendrez les sciences physiques et toute une philosophie qui a sa vérité, son utilité, sa grandeur même.

Si cette philosophie prétendait seulement expliquer par la sensation un grand nombre de nos idées et des phénomènes de la conscience, cette explication serait fort admissible ; le système ne contiendrait aucune erreur. Mais il n'en va point ainsi ; la réflexion, contrainte de diviser ce qu'elle veut étudier, et, pour bien voir, de ne regarder qu'une seule chose à la fois, s'arrête à la partie qu'elle étudie, la prend pour la réalité tout entière, et après avoir discerné un ordre très-réel de phénomènes, préoccupée de leur vérité, de leur nombre, de leur importance, elle le considère comme le seul ordre de phénomènes qui soit dans la conscience. Après avoir dit : Telles et telles de nos connaissances, et, si l'on veut, beaucoup et même la plupart de nos connaissances dérivent de la sensation, donc la sensation constitue un ordre très-considérable de phénomènes, la réflexion se précipite et dit : Toutes nos connaissances, toutes les idées viennent de la sensation, et il n'y a pas dans la conscience un seul phénomène qui ne se puisse ramener à cette origine. De là ce système qui, au lieu de faire une large part à la sensibilité, ne reconnaît qu'elle, et reçoit de son exagération même le nom mérité de sensualisme [1], c'est-à-dire philosophie exclusivement fondée sur les sens.

Le sensualisme ne peut être vrai qu'à la condition qu'il n'y aura pas dans la conscience un seul élément qui ne soit explicable par la sensation : comptons donc, mais rapidement. N'y a-t-il pas dans la conscience des déterminations libres? N'est-il pas certain que souvent nous résistons à la passion et au désir? Or, ce qui combat la passion et le désir, est-ce le désir et la passion? est-ce la sensation ? Si la sensation est le principe unique de tous les phénomènes de l'activité, comme le caractère inhérent à la sensation, et par conséquent à tout ce qui vient d'elle, est la passivité, c'en est fait de l'activité volontaire et libre; et voilà déjà le sensualisme poussé au fatalisme.

De plus, la sensation n'est pas seulement involontaire, elle est diverse, multiple, indéfiniment variable. Comme il n'y a pas deux feuilles d'arbre qui se ressemblent, de même le phénomène sensitif le plus constant à lui-même n'a pas deux moments identiques : sensations, émotions, passions, désirs, tous phéno-

---

1. On s'est d'abord offensé de ce mot nouveau, qui est à la fois clair, nécessaire et fondé sur la plus évidente analogie : on a fini par l'admettre, et il est passé aujourd'hui dans la langue philosophique.

mènes qui s'altèrent sans cesse dans une métamorphose perpétuelle. Cette perpétuelle métamorphose rend-elle compte de la personne humaine? Ne croyez-vous pas que vous êtes un être un et identique à lui-même, un être qui était hier le même qu'il est aujourd'hui, et qui demain sera le même qu'il est aujourd'hui et qu'il était hier? L'identité de la personne, l'unité de votre être, l'unité de votre moi n'est-elle pas un fait certain de la conscience, ou, pour mieux dire, n'est-ce pas le fond même de toute conscience? Or, comment tirer l'identité de la variété? Comment tirer l'unité de la conscience et du moi de la perpétuelle variété des phénomènes sensitifs? Ainsi, dans la philosophie de la sensation, pas d'unité pour rapprocher et combiner les variétés de la sensation, les comparer et les juger. Tout à l'heure, cette philosophie détruisait la liberté; elle détruit maintenant la personne même, le moi identique et un que nous sommes, et réduit notre existence à un reflet pâle et mobile de l'existence extérieure, diverse et variable, c'est-à-dire un résultat de l'existence physique et matérielle : la philosophie de la sensation aboutit au matérialisme.

Enfin, comme l'âme de l'homme n'est, dans le système de la sensation, que la collection de nos sensations et des idées qui en dérivent, ainsi Dieu n'est pas autre chose que la collection, la généralisation dernière de tous les phénomènes de la nature : c'est une sorte d'âme du monde, qui est relativement au monde ce que l'âme que nous laisse le sensualisme est relativement au corps. L'âme humaine du sensualisme est une abstraction qui, en dernière analyse, exprime l'ensemble de nos sensations ; le dieu du sensualisme est une abstraction du même genre, qui se résout, successivement décomposée, dans les diverses parties de ce monde, seul en possession de la réalité et de l'existence. Ce n'est pas là le dieu du genre humain, ce n'est pas là un dieu distinct en soi du monde ; et la négation d'un dieu distinct du monde a un nom très-connu dans les langues humaines et dans la philosophie.

La philosophie de la sensation date des premiers jours de la réflexion, et de bonne heure elle a porté ces conséquences qui la décrient. Il y a plus de trois mille ans que ce système existe et qu'on lui fait les mêmes objections ; il y a trois mille ans qu'il n'y peut répondre : je me hâte d'ajouter qu'il y a trois mille ans aussi qu'il rend les plus précieux services au genre humain, en étudiant un ordre de faits qui sans être seul dans la conscience, y est incontestablement, et qui, analysé et approfondi, rapporté à ses objets et rattaché à leurs lois, devient la source de sciences réelles et certaines, utiles et admirables. Mais enfin ce système, puisqu'il ne peut pas rendre compte de tous les phénomènes de la conscience, pouvait bien surprendre un moment la réflexion, mais ne pouvait pas l'enchaîner.

La réflexion a reconnu un ordre réel de phénomènes, l'ordre le plus apparent, et le plus commode à l'observation. Il était naturel qu'elle débutât ainsi ; plus ferme et plus exercée, elle pénètre et descend plus avant dans la conscience et y trouve les phénomènes que je viens de vous signaler fort grossièrement, la volonté libre, l'identité et l'unité du moi, et beaucoup d'autres notions qu'elle a beau analyser et qu'elle ne peut réduire à des éléments purement sensibles. Ainsi elle remarque qu'elle est contrainte de concevoir tous les accidents qui surviennent, les événements du monde extérieur, et même toutes les sensations, toutes les pensées, toutes les actions de l'âme, dans un certain temps. Elle remarque que cette partie du temps, elle la place nécessairement dans un temps plus considérable; et toujours de même, jusqu'au temps sans fin où tous les accidents se succèdent, mais qu'ils n'épuisent ni ne terminent. Ce n'est point à la sensation fugitive, limitée, finie, qu'a pu être empruntée la notion du temps infini et illimité. La réflexion remarque aussi que tous les objets extérieurs des sensations, elle les place dans un certain espace, et qu'elle distingue cet espace des objets eux-mêmes; que cet espace elle le place dans un plus grand, et toujours de même à l'infini, de telle sorte que des mondes innombrables, additionnés ensemble, mesurent l'espace, mais ne l'épuisent et ne le terminent pas plus que les événements n'épuisent et ne terminent le temps. Là encore est une notion d'infinité que la sensation n'a pu donner. Il est une autre idée qui tout aussi évidemment ne peut venir de la sensation : la réflexion s'aperçoit que tout acte de la pensée se résout en jugements, lesquels s'expriment en propositions, et que la forme nécessaire de tout jugement, de toute proposition, est une certaine unité. En effet, toute proposition est une. D'où vient cette unité? vient-elle des différents termes renfermés dans la proposition, de ces termes que nous devons supposer dérivés de la sensation? Ils sont alors, comme la sensation, marqués du caractère de la variété et de la multiplicité; ils peuvent bien être les matériaux d'une proposition, mais ils ne suffisent point à la constituer, puisque ce qui constitue essentiellement une proposition, c'est son unité même. D'où vient donc cette unité qui, s'ajoutant aux matériaux variés que fournit la sensation, les rassemble et les unit d'abord dans l'unité de pensée et de jugement, puis dans l'unité de proposition? La réflexion arrive ainsi à retirer l'unité à la sensation, comme elle lui a retiré l'espace, le temps, la liberté, et beaucoup d'autres idées; et elle rapporte à la pensée elle-même cette unité sans laquelle il n'y a nulle pensée, nul jugement, nulle proposition. Elle sort du monde de la sensation, elle entre dans celui de la pensée, dans ce monde jusqu'alors inaperçu où sont pourtant des phénomènes très-réels, et si réels que, si vous les supprimez, vous détruisez, je ne dis pas seulement un grand nombre de nos connaissances, mais la possibilité d'une seule connaissance, d'une seule pensée, d'un seul jugement, d'une seule proposition.

La réflexion aborde ces nouveaux phénomènes; elle les étudie, elle en fait un compte plus ou moins exact, elle examine les relations qu'ils soutiennent entre eux. Jusque-là tout est à merveille. Je vous ai dit le bien, mais voici le mal. La réflexion est si frappée de la réalité de ces nouveaux phénomènes et de leur différence d'avec les phénomènes sensibles, que dans sa préoccupation elle néglige ceux-ci, les perd de vue, quelquefois les nie; d'où il résulte un nouveau système, exclusif aussi, qui, prenant uniquement son point de départ dans les idées inhérentes à la pensée, s'appelle idéalisme, en opposition au sensualisme, qui prend uniquement son point de départ dans la sensation.

Voici en peu de mots comment procède l'idéalisme. Il part des idées que nous venons de rappeler, les distinguant avec raison des phénomènes sensitifs, mais négligeant les liens qui les y rattachent; il passe donc de leur différence qui est réelle à la supposition de leur indépendance ; elles sont distinctes des sensations, donc il les en déclare séparées. La conclusion excède les prémisses. En fait, ces deux ordres de phénomènes coexistent dans la conscience, car l'intelligence ne s'est développée qu'avec la sensibilité; tout vous était donné dans une complexité profonde; vous avez distingué ce qui devait être distingué; fort bien : mais il ne faut pas séparer ce qui ne doit pas être séparé. Tel est le premier pas hors de l'observation, la première erreur de l'idéalisme. Après avoir distingué, il sépare; et non-seulement il sépare, il va plus loin : puisque certaines idées sont indépendantes des sensations, elles peuvent leur être antérieures ; elles peuvent l'être, donc elles le sont. Elles sont alors la dot que l'intelligence apporte avec elle, elles lui sont innées; ou même elles lui préexistent, ou du moins l'âme, qui est immortelle, et qui par conséquent a pu être avant son existence actuelle, en participait déjà dans un autre monde, et les idées ne sont pas autre chose que des ressouvenirs de connaissances antérieures. Ce n'est point à l'analyse que sont empruntées de pareilles conceptions : l'analyse établit que certaines idées sont en elles-mêmes différentes des idées sensibles; mais indépendantes, mais antérieures, mais innées, mais préexistantes dans un autre monde, elle n'en dit pas un mot : et voilà l'idéalisme, parti d'une distinction vraie, qui se précipite dans la route de l'abstraction et de l'hypothèse. Une fois sur cette route, on ne s'arrête guère. L'idéalisme a reproché au sensualisme de ne pouvoir expliquer l'idée de l'unité; et vraiment de la variété on ne peut tirer l'unité d'aucune manière; cela est évident, et confond le sensualisme; mais la réciproque est vraie : comme on ne tire pas l'unité de la variété, on ne tire pas non plus la variété de l'unité; et l'idéalisme une fois parvenu à l'unité s'y enfonce et n'en peut plus sortir. Embarrassé par la variété, il la néglige s'il est faible et timide, il la nie s'il est fort et conséquent. Après avoir rejeté avec raison le sensualisme, c'est-à-dire la sensation comme principe unique de connaissance, il prétend qu'il ne vient de la sensation aucune connaissance; après avoir rejeté avec raison le matérialisme, c'est-à-dire l'existence exclusive de la matière, il en vient à nier l'existence même de la matière.

Voilà donc deux emplois de la réflexion, de l'analyse, qui tous deux ont abouti à des hypothèses. Et remarquez que ces hypothèses ne doutent pas d'elles-mêmes; elles sont profondément dogmatiques. Le sensualisme ne croit qu'à l'autorité des sens et à l'existence de la matière, mais il y croit fermement; l'idéalisme ne croit qu'à l'existence de l'esprit et à l'autorité des idées qui lui appartiennent, mais il croit à cette existence, il croit à cette autorité; ce sont deux dogmatismes opposés, mais également sûrs d'eux-mêmes. C'est que l'un et l'autre sont fondés sur une donnée également vraie; cette donnée vraie, quoique incomplète, fait leur force, et ils s'y retranchent toutes les fois qu'on les attaque. Le sensualisme en appelle au témoignage des sens, l'idéalisme à celui de la raison et à la vertu de certaines idées, inexplicables par la sensation seule. C'est là que le sensualisme et l'idéalisme sont forts; mais quand d'une donnée incomplète ils tirent un système exclusif, alors se montre leur commune faiblesse. Le sensualisme et l'idéalisme sont deux dogmatismes, également vrais par un côté, également faux par un autre, et qui tombent en des erreurs à peu près égales.

Cependant ces deux dogmatismes, étant opposés, ne peuvent paraître avec quelque éclat sans se choquer, sans se faire la guerre. Le premier a raison contre le second, et le second n'a pas tort contre le premier. Le résultat de cette lutte est que la réflexion, après s'être un moment donnée à l'un, puis à l'autre, aperçoit le creux de l'un et de l'autre, et se retire de tous les deux. Entouré d'hypothèses, contre leurs séductions le bon sens s'arme de la critique, et d'une critique impitoyable; par peur des extravagances du dogmatisme, il passe à l'autre extrémité et se jette dans le scepticisme,

Le scepticisme est la première forme, la première apparition du sens commun sur la scène de la philosophie. (*Quelques applaudissements dans une partie de la salle.*) Patience, messieurs : vous voyez comment le scepticisme commence; vous verrez tout à l'heure comment il finit.

Le scepticisme examine d'abord la valeur du sensualisme, c'est-à-dire le témoignage des sens, leur témoignage exclusif, et le réfute aisément. L'argumentation est connue. La sensation par elle-même est-elle juge du vrai? Il faut bien convenir que non, avec les perpétuelles illusions où les sens nous entraînent. La sensation atteste certainement sa propre vérité à elle-même; mais non celle de son objet, et les jugements qu'elle suggère sont incertains. Mais si les sensations peuvent se tromper, la raison les vérifie et les rectifie. Oui, cela est vrai; la raison, le raisonnement, la comparaison, l'attention, ces diverses facultés interviennent dans l'observation sensible, la confirment ou la redressent. Mais l'attention, la comparaison, le raisonnement, la raison, sont-ce des facultés qui viennent de la sensation, oui ou non? Si elles en viennent, elles ont le même caractère d'incertitude. N'en viennent-elles pas, vous sortez du système. Que la sensation se vérifie elle-même par la sensation ou par des facultés qui en dérivent, toutes les chances d'erreur de la sensation subsistent; et si l'opération de l'esprit qui intervient dans la vérification est différente de la sensation, il peut en effet la rectifier, mais à la condition qu'elle ait une autorité propre, et alors c'en est fait du sensualisme ; dans l'un et l'autre cas, sa base s'écroule sous cette première attaque. Le scepticisme dit encore au sensualisme : Quel est l'instrument de tout votre système? Pensez-y, c'est la relation de la cause à l'effet. Votre système est une génération perpétuelle. Vous engendrez toutes les idées des idées sensibles, celles-ci des sensations, les sensations de l'impression faite sur les sens, cette impression de l'action immédiate des objets extérieurs ; en un mot, vous bâtissez tout sur l'idée de la cause et de l'effet. Or, dans votre monde des sensations je n'aperçois pas de cause. Encore une fois, ne sortez pas de votre système. D'après ce système, que trouvez-vous hors de vous? Des phénomènes divers qui se succèdent dans une certaine conjonction accidentelle : vous trouvez une bille qui est ici après avoir été là, une autre qui est là après avoir été ici ; mais la raison de ce fait, mais la connexion qui donne à l'un de ces termes le caractère d'un effet et à l'autre celui d'une cause, comment pouvez-vous l'emprunter à la sensation? La sensation est un simple fait qui ne peut donner autre chose que lui-même. Vous faites tout ce que vous faites avec le rapport de l'effet à la cause, et jamais vous n'expliquez et ne justifiez ce rapport : vous ne le pouvez. Enfin votre système vous est cher comme formant un tout bien lié, une véritable unité : mais l'idée d'unité ne vient pas des sens. Ainsi le scepticisme bat en ruine les fondements, les procédés, les conclusions du sensualisme ; cela fait, il se retourne vers l'idéalisme, et ne lui fait pas moins forte guerre.

Il en examine aussi les fondements, les procédés, les conclusions. Les fondements de l'idéalisme sont les idées que la sensation ne peut expliquer. Contre ces idées, le scepticisme soulève le redoutable problème de leur origine ; et par là, sans qu'il soit besoin d'insister, il dissipe la chimère d'idées préexistantes à leur apparition dans la conscience de l'homme, celle d'idées innées, celle même d'idées tout à fait indépendantes de la sensation. L'instrument de l'idéalisme est en dernière analyse la raison humaine : le scepticisme démontre que l'idéalisme s'en sert souvent au hasard et en méconnaît la juste portée, les infranchissables limites. Pour rompre le prestige des plus sublimes hypothèses, il lui suffit de leur opposer une critique sévère de nos facultés. Poussant ensuite l'idéalisme de conséquences en conséquences, il n'a pas grand'-peine à lui enlever le monde extérieur tout entier : il ne lui laisse qu'un esprit qui est à lui-même son théâtre et sa matière, qui n'agit que sur lui-même, et s'épuise dans la contemplation solitaire de ses forces et de leurs lois.

Maintenant voyons où mène le scepticisme, et quelles sont à son tour ses conclusions. Sa seule conclusion légitime serait ici que dans le sensualisme et dans l'idéalisme il y a beaucoup d'erreurs. Mais la réflexion exagère dans ce troisième cas, comme elle a fait dans les deux premiers, parce qu'elle est encore, parce qu'elle est toujours faible. Au lieu de dire : Il y a bien du faux dans les deux systèmes de l'idéalisme et du sensualisme, le scepticisme dit : Tout est faux dans ces deux systèmes. Et non-seulement il dit : Tout est faux dans ces deux systèmes, mais il ajoute : Tout système est faux ; nouvelle conclusion encore plus loin de la légitime analyse que la précédente. Non-seulement il dit : Tout système est faux, mais encore : Il n'y a point de vérité pour l'homme, il n'y a point de certitude. Et nous voilà tombés dans un nouvel abîme d'exagérations. Il y a même ici de plus une contradiction insupportable. Car mettez sous sa forme rigoureuse cette dernière conclusion du scepticisme : Il n'y a point de vérité, il n'y a point de certitude ; traduisez : Il est vrai, il est certain qu'il ne peut y avoir de vérité, de certitude. Il est vrai, il est certain qu'il ne peut y avoir... mais c'est un dogmatisme évident. Il est vrai, il est certain... Qu'en savez-vous, vous qui n'admettez aucune vérité, aucune certitude ? Vous le voyez : le scepticisme aboutit lui-même au dogmatisme, et la négation de toute philosophie se résout dans un système de philosophie, tout aussi exclusif et extravagant, et même plus exclusif et plus extravagant qu'aucun autre. (*Applaudissements unanimes.*)

Il faut convenir que voilà l'esprit humain bien embarrassé. Consentira-t-il au scepticisme ? mais le scepticisme est une contradiction. Consentira-t-il au sensualisme ou à l'idéalisme ? mais le sensualisme et l'idéalisme ont été convaincus d'erreur, et ils poussent tous deux au scepticisme. Comment donc faire ? Il y a des gens avisés qui conseilleront à l'esprit humain d'étouffer sagement ce fatal besoin de savoir et de comprendre, de renoncer à la libre réflexion, à la philosophie. C'est aussi ce qui arrive quelquefois ; à la bonne heure ; bien que l'inconséquence soit manifeste ; car si les objections du scepticisme valent contre le dogmatisme philosophique, comment ne seraient-elles pas valables contre tout autre dogmatisme ? Ce point est délicat, je le sais : c'est un des champs de bataille du siècle ; j'y reviendrai plus d'une fois. Aujourd'hui je me contenterai d'une seule remarque. Il y a un vrai et un faux scepticisme ; il y a un scepticisme légitime et respectable, en tant qu'il est sincère ; et il y a un scepticisme qui n'est qu'une feinte, un jeu joué, qui, ayant pris parti d'avance contre la réflexion et la philosophie, en exagère à dessein la faiblesse et les fautes, pour en décourager les hommes et les ramener sous l'empire de la religion chrétienne, qui certes n'a pas besoin de pareilles manœuvres, inconnues à saint Augustin, à saint Anselme, à saint Thomas, à Bossuet et à Fénelon. Ce n'est pas là le vrai scepticisme, l'impossibilité loyalement reconnue et avouée d'admettre aucune certitude ; c'est la haine déguisée de la philosophie. Ce faux scepticisme a paru déjà plusieurs fois dans l'histoire de la philosophie : il a l'air de triompher aujourd'hui ; mais je le connais, je connais ses desseins, et lui ôterai son masque [1].

Au milieu de tant de contradictions, il ne reste à la

---

[1]. C'était alors le moment du plus grand éclat du système de l'abbé de Lamennais, qui, dans le jeune clergé, entraînait toutes les imaginations faibles, et que l'Église ne tarda pas à condamner comme faux à la fois et dangereux. Voyez dans la suite de ce volume l'histoire du

philosophie qu'une suprême ressource, une dernière voie à tenter.

La réflexion, en s'engageant dans une des parties de la conscience, la partie sensible, s'il est permis de s'exprimer ainsi, est arrivée au sensualisme ; en s'engageant dans la partie intellectuelle, dans les idées qui appartiennent à la raison, elle est arrivée à l'idéalisme ; en revenant sur elle-même, sur ses forces et leur emploi légitime, et sur les deux systèmes qu'elle avait déjà produits, elle est arrivée au scepticisme. Mais il y a quelque chose encore dans la conscience qu'elle n'a pas songé à aborder ; c'est le fait que je vous ai si souvent signalé, et que je vous rappelais tout à l'heure, le fait de la connaissance naturelle et spontanée, ouvrage de cette puissance merveilleuse, antérieure à la réflexion, qui produit toutes les croyances mêlées et confuses, il est vrai, mais au fond solides, sur lesquelles vit et dans lesquelles se repose le genre humain. La spontanéité avait jusqu'ici échappé à la réflexion par sa profondeur, par son intimité même ; c'est à la spontanéité que dans son désespoir la réflexion finit par s'attacher.

Le caractère essentiel de la connaissance naturelle, de l'intuition spontanée est d'être primitive, antérieure à tout retour de la pensée sur elle-même, à toute division, à toute analyse ; elle est donc nécessairement obscure et mystérieuse. C'est pourquoi le système qui

---

scepticisme au xviie siècle, leçon x, et surtout nos *Études sur Pascal*, 5e édit., première préface, p. 26, et deuxième préface, p. 41.

se fondera sur l'étude de ce fait à l'exclusion de tous les autres s'appellera le mysticisme.

Comme nous l'avons expliqué bien des fois, la spontanéité, l'inspiration, non encore altérée par le raisonnement, est accompagnée d'une foi sans borne, et par là elle exclut les incertitudes du scepticisme. Elle révèle à l'homme les plus importantes vérités, qu'elle semble emprunter directement à leur principe. Le mysticisme travaille donc sur un fait admirable. Il le décrit, le dégage, l'éclaircit, et en tire les trésors de vérité qu'il renferme. Rien de mieux, et tout commence toujours bien. Mais voici à quoi arrive peu à peu le mysticisme.

L'inspiration n'est bien puissante que dans le silence des opérations de l'entendement. Le raisonnement tue l'inspiration; l'attention même qu'on lui prête l'allanguit et l'amortit. Il faut, pour retrouver l'inspiration primitive, suspendre autant qu'il est en nous l'action de nos autres facultés. Tournez ceci en principe et en habitude, et bientôt vous prenez en dédain les plus excellentes facultés de la nature humaine. On fait alors assez peu de cas de ces sens grossiers qui empêchent ou obscurcissent l'inspiration; on fait peu de cas de cette activité volontaire et libre qui, par les combats douteux qu'elle rend contre la passion, répand dans l'âme les chagrins et les troubles, triste berceau de la vertu. Agir, c'est lutter; lutter, c'est souvent se déchirer le cœur, et quelquefois encore pour finir par succomber. Le sentier de l'action est semé d'amertumes. Fuir l'action paraît plus sûr au mysticisme. De plus, la science avec son allure méthodique, son analyse et sa synthèse artificielle, ne paraît guère qu'une vanité laborieuse à qui puise sans effort la vérité à sa source la plus élevée. Voilà donc le mysticisme qui néglige le monde, la vertu, la science, pour le recueillement intérieur et la contemplation, et il incline au quiétisme. Nous sommes déjà bien loin du vrai but de la vie, et pourtant nous ne sommes pas encore au terme des égarements où le mysticisme entraîne.

On veut des inspirations, des contemplations supérieures, de l'enthousiasme, soit : mais on n'en peut avoir tous les jours, à toutes les heures ; les âmes douces attendent en silence l'inspiration, les âmes énergiques l'appellent. On veut entendre la voix de l'esprit : il tarde ; on l'invoque, et bientôt on l'évoque. On appelle, on écoute, et on croit entendre ; on a des visions, et on en procure aux autres. On voit sans yeux, on entend sans oreilles ; on commande aux éléments sans connaître leurs lois ; les sens et l'imagination, qu'on croit avoir enchaînés, se mettent de la partie, et des folies tranquilles et innocentes du quiétisme on tombe dans les délires souvent criminels de la théurgie. Je n'invente pas, je tire d'un principe ses conséquences ; j'ai l'air de conjecturer, et je ne fais que raconter. Vous avez vu comment avaient commencé et comment ont fini le sensualisme et l'idéalisme ; vous avez vu par où a fini le scepticisme et son bon sens apparent : voilà par où finit à son tour le mysticisme[1].

1. Voyez DU VRAI, DU BEAU ET DU BIEN, leçon v, *Du Mysticisme.*

Tels sont les procédés les plus généraux de la réflexion : dans leur développements ils engendrent quatre systèmes qui embrassent l'histoire entière de la philosophie. Sans doute ces systèmes se combinent et se mêlent, tout se complique dans la réalité ; mais l'analyse retrouve aisément sous toutes les combinaisons leurs éléments essentiels.

Maintenant, dans quel ordre ces systèmes se succèdent-ils les uns aux autres sur le théâtre non plus de la réflexion, mais de l'histoire? Est-ce dans l'ordre où je vous les ai moi-même présentés? Peut-être, messieurs; peut-être, en effet, les premiers systèmes sont-ils plutôt sensualistes qu'idéalistes. Mais ce qu'il y a de certain, c'est que les deux systèmes qui se montrent d'abord sont le sensualisme et l'idéalisme : ce sont là les deux dogmatismes qui remplissent le premier plan de toute grande époque philosophique. Il est clair que le scepticisme ne peut venir qu'après ; et il est tout aussi clair que le mysticisme (j'entends comme système philosophique) vient le dernier ; car le mysticisme n'est pas autre chose qu'un acte de désespoir de la raison humaine, qui, forcée de renoncer au dogmatisme, et ne pouvant se résigner au scepticisme, croit se sauver en renonçant à elle-même.

Quels sont les mérites de ces quatre systèmes, et quelle est leur utilité? Leur utilité est immense ; et je ne voudrais pour rien au monde, quand je le pourrais, en retrancher un seul ; car ils sont tous presque également utiles. Supposez qu'un de ces systèmes périsse : selon moi, la philosophie tout entière est en péril.

Aussi, je veux réduire le sensualisme, je ne veux pas le détruire. Car le détruire, c'est ôter le système qui seul peut inspirer et nourrir le goût ardent des recherches physiques, et l'énergie passionnée qui fait faire des conquêtes sur la nature, comme étant la seule réalité évidente, la seule digne de l'attention et du travail de l'homme; et encore, c'est ôter à l'idéalisme la contradiction qui l'éclaire, le contre-poids salutaire qui le retient sur la pente glissante de l'hypothèse. D'un autre côté, supprimez l'idéalisme, et soyez sûrs que l'étude et la connaissance de la pensée et de ses lois en souffriront beaucoup, et que le sentiment de la dignité de la nature humaine en recevra un coup mortel. Et puis le sensualisme aura trop beau jeu, et lui-même se perdra dans des hypothèses déplorables. Si vous ne voulez pas que la philosophie se réduise bientôt au fatalisme, au matérialisme et à l'athéisme, gardez-vous de retrancher l'idéalisme; car c'est lui qui fait la guerre à ces trois terribles conséquences du sensualisme, qui les surveille et les empêche de triompher. Enfin, gardez-vous bien de supprimer le scepticisme; car le scepticisme est pour tout dogmatisme un adversaire indispensable. S'il n'y avait pas dans l'humanité des gens qui font profession de critiquer tout, même ce qui est bien, qui cherchent le côté faible des plus belles choses, et résistent à toute théorie, bonne ou mauvaise, on aurait bientôt plus de mauvaises théories que de bonnes; les conjectures seraient données pour des certitudes, et les rêveries d'un jour pour l'éternell vérité. Il est bon qu'on soit toujours forcé de prendre garde à soi ; il est bon que nous sachions, nous autres faiseurs de systèmes, que nous travaillons sous l'œil et sous le contrôle du scepticisme, qui nous demandera compte des principes, des procédés, des résultats de notre travail, et qui d'un souffle renversera tout notre édifice, s'il n'est pas appuyé sur la réalité et sur une méthode sévère. L'utilité du mysticisme n'est pas moins évidente. Le sensualisme s'enferme dans le monde sensible ; il n'admet que ce qu'il a senti, vu, touché. L'idéalisme s'enfonce dans le monde des idées, il se perd dans la raison pure. Le scepticisme, avec sa dialectique acérée, réduit en poussière les sensations comme les idées, et pousse à l'indifférence et à la moquerie universelle. Il faut donc que le mysticisme soit là pour revendiquer les droits sacrés de l'inspiration et de l'enthousiasme. Il est de la plus haute importance qu'on rappelle à l'homme que les sciences, avec leurs méthodes et leurs classifications, leurs divisions et leurs subdivisions, et leurs arrangements un peu artificiels, sont très-belles sans doute, mais que souvent la vie manque à ces chefs-d'œuvre d'analyse, et qu'elle a été surtout donnée aux vérités éternelles, à l'opération primitive et spontanée qui les révèle à l'ignorant comme au savant, opération rapide et sûre, qui se dissipe et périt sous l'abstraction de l'idéalisme comme sous le scalpel du sensualisme, dans le mouvement aride de la dialectique et dans les disputes de l'école comme dans les distractions du monde, et qui ne se retrouve, ne se conserve, ne s'alimente que dans le sanctuaire de l'âme, au foyer de l'inspiration solitaire.

Voilà l'utilité de ces quatre systèmes ; quant à leur mérite intrinsèque, accoutumez-vous à ce principe : ils ont été, donc ils ont eu leur raison d'être, donc ils sont vrais au moins en partie. L'erreur est la loi de notre nature, nous y sommes condamnés ; et dans toutes nos opinions, dans toutes nos paroles, il y a toujours à faire une large part à l'erreur et trop souvent à l'absurde. Mais l'absurdité complète n'entre pas dans l'esprit de l'homme ; c'est la vertu de la pensée de n'admettre rien que sous la condition d'un peu de vérité, et l'erreur absolue est impossible. Les quatre systèmes qui viennent de passer sous vos yeux ont été, donc ils ont du vrai, mais sans être entièrement vrais ; et ce que je vous propose, c'est de n'en pas rejeter un seul et de n'en admettre aucun que sous bénéfice d'inventaire et avec de fortes réserves.

Moitié vrais, moitié faux, ces systèmes reparaissent à toutes les grandes époques. Le temps n'en peut détruire un seul ni en enfanter un de plus, parce que le temps développe et perfectionne l'esprit humain, mais sans changer sa nature et ses tendances fondamentales. Il ne fait autre chose que multiplier et varier presque à l'infini les combinaisons des quatre systèmes simples et élémentaires. De là ces innombrables systèmes que l'histoire recueille et que sa tâche est d'expliquer. Mais elle ne le peut si elle n'est éclairée par la philosophie elle-même. Concevez-vous, en effet, qu'on puisse rien comprendre à l'histoire d'une science, sinon à la condition de posséder plus ou moins cette science, et qu'on puisse étudier avec fruit ou même avec intérêt l'histoire de la philosophie, si on n'est pas plus ou moins philosophe? En sorte que la philosophie est la clef nécessaire de l'histoire de la philosophie. D'autre part, que fait celle-ci? Elle nous montre la philosophie, c'est-à-dire les quatre systèmes qui la représentent, faibles d'abord, pauvres en observations et en arguments, puis s'enrichissant et se fortifiant sur leur route, et agrandissant de plus en plus la connaissance de tous les éléments, de tous les points de vue de l'esprit humain. D'où il suit que l'histoire de la philosophie n'est pas moins à son tour que la philosophie en action, pour ainsi dire, se réalisant à travers les siècles, dans un progrès perpétuel dont le terme recule sans cesse comme celui de la philosophie elle-même. Voilà cette harmonie de la philosophie et de son histoire sur laquelle j'ai tant de fois appelé votre attention, et qui est, vous le savez, le but suprême de mes efforts et de tout cet enseignement.

Au point où nous en sommes parvenus ensemble, et si j'ai réussi à faire passer dans vos esprits les principes de haute critique, historique et philosophique, que je viens de vous exposer, il me semble que vous pouvez aisément juger vous-mêmes combien se trompent la plupart des historiens de la philosophie qui, tantôt préoccupés d'une seule question, si importante qu'elle soit, tentent d'y ramener artificiellement toutes les autres questions; tantôt, ayant un parti pris, une doctrine particulière, qui leur est là vérité tout entière, y mesurent et y sacrifient toutes les autres doctrines. Nous, qu'une étude sincère a familiarisé avec les diverses tendances et dispositions de l'esprit humain, nous les respecterons dans les divers systèmes qui y correspondent, sachant bien qu'un seul de ces systèmes négligé ou altéré gâterait la fidélité de tout le tableau. Une impartialité scrupuleuse nous est donc plus particulièrement imposée. Mais entendons-nous bien : l'impartialité n'est pas l'indifférence. Parmi les différentes parties de la nature humaine, que nous reconnaissons et acceptons toutes avec respect et reconnaissance des mains de l'auteur des choses, il en est pourtant que nous préférons à d'autres : nous préférons l'esprit aux sens, quelque utiles que les sens nous paraissent, et la croyance est, à nos yeux, meilleure que le doute. Aussi nous ne nous défendons pas d'une sympathie déclarée pour tous les systèmes qui mettent l'esprit au-dessus des sens et ne s'arrêtent point à la négation et au scepticisme. Nous sommes hautement spiritualiste dans l'histoire de la philosophie, tout autant que dans la philosophie elle-même. Mais comme nous ne prétendons point enlever à la raison humaine le nécessaire appui de la sensibilité, et comme les plus solides croyances ont toujours besoin, selon nous, de s'épurer et de s'éclairer par la contradiction et par la lutte, de même nous nous ferons un devoir de relever et de faire paraître, en face du dogmatisme spiritualiste, les puissants efforts du sensualisme et du scepticisme ; et dans la grande famille idéaliste, nous applaudirons surtout aux systèmes qui ont su le mieux se retenir sur la pente de leurs tendances naturelles, et garder la modération qui appartient à la vraie sagesse. Vous le verrez, messieurs : Socrate et Platon ne sont rien moins que des fanatiques. Malgré leur saint enthousiasme pour toutes les idées sublimes qui leur révèlent un Dieu bienfaisant, ils savent douter, et quelquefois confesser leur ignorance. Un des traits les plus frappants du génie d'Aristote est de rechercher avec soin toutes les grandes opinions de ses devanciers, afin de les réunir, souvent mieux interprétées que par leurs auteurs eux-mêmes, dans le sein d'une doctrine plus vaste. Plotin, si profond et si pur, nous choque, nous repousse même par l'intempérance de son idéalisme et l'extravagant oubli de toutes les conditions de la destinée de l'homme sur la terre. Dieu n'a pas fait un esprit plus sobre et plus mâle que celui de notre grand compatriote Descartes, et Leibnitz nous est particulièrement cher pour avoir au moins conçu l'idée d'une philosophie qui ne périt point, *perennis philosophia*, dont les divers membres essentiels sont les systèmes célèbres, opposés entre eux, mais nécessaires les uns aux autres pour composer un tout immortel. L'art qui recherche et discerne le vrai dans les différents systèmes, qui, sans dissimuler ses justes préférences pour quelques-uns, au lieu de se complaire à condamner et à proscrire les autres pour leurs inévitables erreurs, s'applique plutôt à les redresser, à les justifier, et à leur faire aussi une place légitime dans la grande cité de la philosophie, cet art élevé et délicat s'appelle l'éclectisme. Il se compose d'intelligence, d'équité, de bienveillance. Il est la muse qui doit présider à une histoire vraiment philosophique de la philosophie, et c'est celle-là que nous invoquons.

DEUXIÈME LEÇON.

PHILOSOPHIE ORIENTALE.

Un mot sur l'Égypte et la Perse. — La Chine : Confucius et Lao-tseu. — Inde : vue générale de la philosophie indienne d'après Colebrooke. — Du sensualisme. École Sankhya de Kapila. Ses principes, ses procédés, ses conclusions. Matérialisme, fatalisme, athéisme indien. — Idéalisme, le Nyaya et le Védanta. — Scepticisme. — Mysticisme. École Sankhya de Patandjali. — Du Bhagavad-Gita comme appartenant à cette école. Sa méthode, sa psychologie, sa morale, sa théodicée. Moyen de s'unir à Dieu. Magie. — Le Bouddhisme.

Nous avons emprunté à l'analyse fidèle et complète de l'esprit humain les quatre points de vue qui servent de fondement à tous les systèmes, qui sont les éléments mêmes de la philosophie, par conséquent de l'histoire de la philosophie, et qui remplissent de leurs divisions et de leurs combinaisons toute grande époque philosophique. Il nous faut maintenant suivre ces quatre systèmes dans leur développement, depuis les plus faibles essais de la réflexion naissante jusqu'à la fin du xviiie siècle et à la révolution française qui ouvre à l'humanité et à la philosophie l'ère nouvelle que nous parcourons et qui n'appartient pas encore à l'histoire.

Sans plus de préambule, entrons en matière aujourd'hui même, et faisons les premiers pas dans l'immense carrière qui est devant nous.

L'Orient est le berceau de la civilisation. L'histoire remonte jusque-là et pas plus haut. Nous venons des Romains, les Romains des Grecs, et les Grecs ont reçu de l'Orient leur langue, leur religion, leurs arts. Mais l'Orient d'où vient-il? Quelles sont les racines de l'antique civilisation de l'Égypte, de la Perse, de la Chine, de l'Inde? L'histoire n'en dit rien. Comme, dans le raisonnement, il faut toujours arriver à des principes qui ne sont point explicables par d'autres principes, de même en histoire il faut bien, de toute nécessité, que la critique aboutisse à un ordre de choses qui n'a plus ses racines dans un état antérieur, et qui n'est explicable que par lui-même, par la nature humaine et les desseins de la Providence. L'Orient est donc pour nous le point de départ de l'histoire. Mais il y a bien des pays et très-différents dans l'Orient. Tous ont eu des religions célèbres, des arts plus ou moins florissants; mais tous ont-ils eu des systèmes philosophiques? Telle est la première question qui se présente à l'historien de la philosophie. Je n'hésite point à la résoudre négativement, du moins dans l'état actuel de nos connaissances.

A moitié asiatique, à moitié africaine, l'Égypte est assurément un monde profondément original, et nous ne doutons pas qu'il n'y ait eu de sérieuses pensées sous les symboles mystérieux qui couvrent encore l'intérieur de ses temples, sous ces hiéroglyphes qui ont résisté aux siècles comme à tous les efforts de l'érudition, et dont un de nos plus savants compatriotes [1] essaye en ce moment une clef nouvelle sur les lieux mêmes. Les nombreuses et puissantes dynasties égyptiennes ont fait de très-grandes choses et exécuté des travaux gigantesques. Les prêtres égyptiens possédaient des connaissances plus ou moins étendues en astronomie et en physique. Mais enfin dans toutes les représentations qu'il nous a été donné de voir, nous n'apercevons après tout qu'une religion de la nature, un panthéisme assez peu raffiné, l'adoration des astres, celle de certains animaux pris symboliquement, avec quelque idée d'une autre vie, de jugements après la mort, de peines et de récompenses. Il y a là peut-être une philosophie naissante, mais qui n'est pas encore parvenue à se dégager des mythes, et le nom même d'hiéroglyphes dit assez qu'en Égypte la réflexion s'était arrêtée à une enveloppe étrangère et n'était pas arrivée à sa forme propre, à sa forme philosophique [2].

La Perse possède déjà des livres sacrés qui renferent des dogmes à la fois plus certains et plus élevés. Le *Zend-Avesta*, tel du moins qu'Anquetil-Duperron nous le présente [3], et quelles que soient la date, l'ori-

1. M. Champollion jeune, qui était alors en Égypte.
2. Aujourd'hui même, après toutes les découvertes des disciples de Champollion, nous maintenons la même conclusion, et nous inclinons à penser que l'état de l'esprit humain en Égypte, tel que nous le peint Hérodote, correspond à peu près à l'âge des mystères en Grèce. Voyez plus bas, leçon III.
3. *Zend-Avesta*, etc., 2 vol. in-4°, Paris, 1771. Joignez-y le *Commentaire* sur le *Yaçna*, par M. Eugène Burnouf, in-4°, Paris, 1833. L'Yaçna et tout le Vendidad-Sadé n'est qu'une suite d'invocations, de litanies qui, comme les représentations égyptiennes, ne sortent guère

gine et la composition de ses différentes parties, offre incontestablement une théologie meilleure; mais c'est une théologie, ce n'est pas encore une philosophie.

Tout au contraire, en Chine, et surtout dans l'Inde, la philosophie a paru sous la forme qui lui appartient. On y compte plus d'un système conçu et exposé à la manière de l'Occident.

Ainsi, dans la Chine, après le règne des célèbres Kings, livres canoniques primitifs, purement mythologiques, Confucius a fondé une école qui, tout en prétendant ranimer l'antique doctrine religieuse, l'a réellement réformée, et popularisé une doctrine nouvelle, déposée dans des livres devenus canoniques à leur tour, et qui offre ce caractère extraordinaire de s'appuyer sur la seule raison. Voilà donc une philosophie en Chine près de six siècles avant notre ère. Il est vrai que cette philosophie ne s'élève pas bien haut et n'est guère qu'un recueil de maximes morales, politiques, administratives et même économiques. Il ne faut, ce nous semble, ni trop rabaisser ni trop élever Confucius. C'est un véritable sage, mais ce n'est pas un métaphysicien : il n'appartient point à la famille des grands philosophes. Ceux qui l'ont comparé à Socrate, à Platon, à Aristote, aux stoïciens, ont cédé à de superficielles analogies, à la ressemblance de quelques maximes, sans faire attention à cette profonde différence que chez les grands esprits auxquels ils prétendaient comparer le prince des lettrés chinois la morale faisait partie d'un vaste ensemble d'idées, tandis qu'elle est

du cercle de la nature : et encore, selon M. Burnouf, elles portent la trace d'un contact ancien avec le brahmanisme.

toute la philosophie de Confucius [1]. En face de cette philosophie raisonnable et utile mais un peu commune [2], il en est une autre d'un caractère tout différent, dont le fondateur est Lao-tseu. Cette école a la renommée d'être aussi spéculative que l'autre est pratique; malheureusement elle est encore ensevelie dans des manuscrits interdits aux profanes : elle en sortira, je l'espère ; mais enfin elle n'en est pas encore sortie. Nous devons à M. Abel Rémusat des vues ingénieuses sur ce système important [3]. Mais, si les amis de la philosophie ancienne ont reçu avec reconnaissance ces communications précieuses, ils n'ont pu en faire un grand usage, réduits qu'ils sont ou à accepter de confiance et sur la parole de leur auteur ces aperçus presque personnels, ou à les négliger, faute de documents positifs qui les confirment [4].

1. C'est un Français, un père jésuite, le père Couplet, qui le premier a fait connaître Confucius à l'Europe dans le grand et bel ouvrage: *Confucius, Sinarum philosophus, sive Scientia sinensis*, in-fol., Paris, 1687. Depuis, les divers livres du philosophe chinois ont été successivement traduits en français. Nous nous bornerons à citer l'*Invariable milieu*, par M. Abel Rémusat, auquel on peut joindre la traduction latine de Mencius par M. Stanislas Julien.

2. Ce qui répond en Grèce à l'école de Confucius est celle des Gnomiques et celle aussi des petits Socratiques.

3. *Mémoire sur la vie et les opinions de Lao-tseu*, philosophe chinois du sixième siècle avant notre ère, Paris, 1823, et *Mélanges asiatiques*, t. Ier, p. 88.

4. De bonne heure nous conçûmes de grands doutes sur les conclusions du mémoire de M. Abel Rémusat, et, comme nous ne reconnaissions pas Socrate dans Confucius, de même nous nous refusions à voir dans Lao-tseu un philosophe platonicien et chrétien. Aussi, dès lors nous nous adressâmes au plus habile disciple de M. Rémusat : nous suppliâmes M. Stanislas Julien de vouloir bien traduire intégralement Lao-tseu, en y mêlant le moins possible les commentaires postérieurs,

Jusqu'à ces derniers temps, nous n'étions guère plus avancés pour la philosophie de l'Inde. On en raisonnait à perte de vue, sans aucune base solidement établie. Quelques savants en parlaient entre eux, pour ainsi dire, et encore sans avoir l'air de s'entendre, et nous demandions tout bas qu'on voulût bien faire de nos jours pour l'Inde ce qu'on avait fait pour la Grèce au

pour qu'enfin nous puissions juger de sa vraie doctrine, non plus sur la foi d'un autre, mais d'après lui-même. M. Stanislas Julien a daigné se rendre à nos instantes prières, et, après bien des essais laborieux, la traduction si vivement attendue a paru en 1842 : *Le livre de la voie et de la vertu, composé dans le sixième siècle avant l'ère chrétienne par le philosophe Lao-tseu*, etc. Grâce à l'autorité et à l'exactitude incontestée de M. Stanislas Julien, devant le véritable Lao-Tseu s'est évanoui le fantôme imaginé par M. Rémusat, et à la place d'un théisme platonicien et chrétien il a été facile à tout le monde d'apercevoir, presque sans déguisement, un panthéisme mystique, très-opposé à l'esprit chinois, et qui atteste déjà l'influence de la philosophie Indienne. Voici, en effet, des maximes qui n'appartiennent pas plus à Platon qu'à Confucius, et qui sentent le *Baghavad-Gita* et peut-être même le bouddhisme. Lao-tseu, chap. II : L'être et le non-être naissent l'un de l'autre. Le saint fait son occupation du non-agir. — Chap. V : Le saint n'a point d'affection particulière ; il regarde tout le peuple comme le chien de paille du sacrifice. — Chap. XIV : Le Lao est éternel et ne peut être nommé. Il rentre dans le non-être. — Chap. XVI : Celui qui est parvenu au comble du vide garde fermement le repos. — Ch. XLIII : Le non-être traverse les choses impénétrables, c'est par là que je sais que le non-agir est utile. — Chap. XLIX : Le saint n'a point de sentiments immuables. Il adopte les sentiments du peuple. Celui qui est vertueux, il le traite comme un homme vertueux ; celui qui n'est pas vertueux, il le traite aussi comme un homme vertueux. C'est là le comble de la vertu. — Chap. LIII : La seule chose que je craigne, c'est d'agir. — Chap. XLIV : Celui qui agit échoue, celui qui s'attache à une chose la perd. De là vient que le saint n'agit pas, c'est pourquoi il n'échoue point. Il ne s'attache à rien, c'est pourquoi il ne perd point. Il fait consister son étude dans l'absence de toute étude.

xvie siècle, et qu'on donnât d'abord des textes, des traductions ou des extraits des philosophes indiens, sauf à disserter plus tard. Enfin M. Colebrooke, après les essais utiles mais insuffisants de M. Ward [1], vient de remplir les vœux des amis de la philosophie. Laissant là les dissertations prématurées, toujours stériles, tant qu'elles ne reposent point sur une base certaine, l'illustre président de la Société asiatique de Londres nous a donné des analyses étendues et détaillées des systèmes indiens, et par là nous a permis de les apprécier nous-même. Nous déclarons donc que pour nous, qui ne pouvons lire les originaux, la philosophie indienne est tout entière dans les Mémoires de M. Colebrooke, insérés de 1823 à 1827 dans les *Transactions de la Société asiatique de Londres* [2]. Telle est l'autorité sur laquelle nous nous appuierons constamment.

L'obstacle qui arrête et décourage lorsqu'on veut s'occuper de l'Inde, de sa philosophie ou de sa religion, de ses lois et de sa littérature, c'est l'absence de toute chronologie. Dans l'Inde, les différents systèmes philosophiques n'ont point de date certaine, pas même de date relative. Tous se citent les uns les autres, soit

---

1. W. Ward, *A View of history, literature, and religion of Hindoos*, 4 vol. Londres, 1817-1820.

2. On peut voir les extraits qu'en a donnés M. Abel Rémusat dans le *Journal des savants*, décembre 1825, avril 1826, mars et juillet 1828; et un article de M. Burnouf dans le *Journal asiatique*, mars 1825. Depuis on a réuni en deux volumes, Londres, 1837, in-8°, les *Mélanges de Colebrooke*; et ses *Essais sur la philosophie indienne* occupent de la page 227 à la page 419 du premier volume.

pour s'appuyer, soit pour se combattre : ils se supposent tous, et on dirait qu'ils sont nés tous ensemble le même jour. La raison vraisemblable de ce singulier phénomène est que les différentes écoles de l'Inde ont sans cesse retouché les monuments sur lesquels elles se fondent; et toutes ayant fait continuellement le même travail pour se tenir ou se remettre à l'ordre du jour, il en est résulté une apparente simultanéité de tous les différents systèmes, une extrême difficulté de déterminer lequel a précédé, lequel a suivi, et dans quel ordre ils se sont développés. Là, comme en toutes choses, il semble que l'Inde ait voulu échapper à la loi de la succession et du temps, et donner à tous ses ouvrages l'apparence de l'infinité et de l'éternité. On est donc réduit, quand on recherche l'ordre de développement des divers systèmes de la philosophie indienne, aux analogies qui se tirent de la comparaison avec les autres grandes époques de l'histoire de la philosophie, et aux inductions que suggère la connaissance des lois invariables de l'esprit humain. Et certes l'analogie et l'induction sont de grandes lumières en histoire; mais qui ose s'y confier comme à l'expérience elle-même? Qui ne s'efforce de la soutenir de l'autorité de faits assurés? Et quand les faits manquent, il est sage de n'accorder qu'une valeur approximative aux inductions les plus vraisemblables et aux classifications chronologiques auxquelles ces inductions conduisent. Je vous prie donc moi-même de n'accorder pas d'autre valeur à l'ordre dans lequel je vais vous présenter les differents systèmes de la philosophie indienne. Portez surtout votre attention sur chacun de ces systèmes si nouveaux pour nous et sur le riche ensemble qu'ils composent. En effet, la philosophie indienne est tellement vaste, qu'on peut dire, à la lettre, qu'elle est un abrégé de l'histoire entière de la philosophie. Admirez la force, la fécondité de l'esprit humain, qui a débuté par de si grandes choses.

Ne nous lassons point de le répéter, la religion est le fond de toute civilisation : c'est la religion qui fait les croyances générales et par là les mœurs, et par là encore, jusqu'à un certain point, les institutions. La religion contient aussi la philosophie ; mais, ou elle la retient en elle, la foi enchaînant la réflexion, et alors il n'y a pas de philosophie ; ou la réflexion s'exerce, mais seulement dans la mesure nécessaire pour régulariser et ordonner les croyances religieuses, présider à leur meilleure exposition et à leur enseignement, et alors il y a de la théologie ; ou enfin la réflexion s'émancipe jusqu'à chercher la vérité en ne s'appuyant que sur la lumière naturelle, et alors naît la philosophie. Ainsi la religion paraît seule d'abord ; puis de la religion sort la théologie, et de la théologie sort enfin la philosophie. Telle est la marche naturelle de l'esprit humain, et nous l'observerons constamment dans toutes les grandes époques de l'humanité, dans l'Europe chrétienne, dans la Grèce, et d'abord ici dans l'Inde.

La religion des Indiens est renfermée dans des livres sacrés appelés les Védas. Ils ont pour auteur Brahma lui-même ; c'est sur eux que repose toute la société brahmanique, avec ses institutions politiques [1], ses lois civiles, ses mœurs et ses arts. Tout en vient et tout s'y rapporte. Ils possèdent une autorité sans limite ; ils commandent une foi absolue. Les Védas sont la Bible et le Coran de l'Inde. Ils se composent de quatre livres ; le *Rich*, le *Iadjoush*, le *Saman*, l'*Atharvana*. Chacun d'eux se divise en deux parties ; la première, toute liturgique, ne contient que des prières, des invocations, des hymnes ; la seconde est un recueil de préceptes pour bien appliquer cette liturgie [2]. On dit que les hymnes des Védas ont des beautés lyriques du premier ordre, dignes du génie de la nation qui a produit les deux grandes épopées du Mahabarata et du Ramayana [3].

Mais l'esprit humain ne pouvait pas s'arrêter aux Védas. Comme ils sont obscurs et un peu énigmatiques, ainsi que tous les monuments des vieux âges, la foi la

---

1. Sur les institutions politiques et religieuses de l'Inde, voyez les *Lois de Manou* dans la traduction anglaise de Williams Jones, Londres, 1796, et surtout dans la traduction française de M. Loiseleur Deslongchamps, 1823.

2. Sur les Védas, voyez le travail spécial de Colebrooke, inséré en 1805 dans les *Recherches asiatiques*, et recueilli dans les *Mélanges*, t. Ier, p. 9-113.

3. Nous pouvons apprécier la beauté lyrique des Védas, depuis que M. Langlois nous a donné la première partie du *Rich*, sa partie liturgique, le Rig-Véda ou Livre des Hymnes, 4 vol., 1848-1851. Les hymnes mythologiques sont du même genre que ceux qui nous ont été conservés de l'époque correspondante en Grèce et qui sont attribués à Homère ; mais les hymnes qui célèbrent les grands phénomènes de la nature sont d'une beauté incomparable. C'est là qu'il faut chercher et goûter la poésie du panthéisme dans sa naïveté primitive, dans toute sa grâce et dans toute sa magnificence. Voyez en particulier, dans la traduction de M. Langlois, l'hymne au Soleil, t. Ier, p. 91 et p. 94 ; surtout les deux hymnes à l'Aurore, t. Ier, p. 222 ; ceux à l'Ame suprême, t. IV, p. 421 ; à l'Ame, *ibid.*, p. 265.

plus vive est bien forcée de s'adresser de temps en temps à la réflexion, pour tâcher de comprendre, autant qu'il est en elle, ce qu'elle adore. De là des essais d'exposition parfaitement orthodoxes qui développent le texte sacré pour le faire mieux entendre et se hasardent même à le présenter sous des formes qui semblent plus intelligibles. Ainsi l'on va de la religion à la théologie, et ce premier pas conduit à bien d'autres.

L'Inde est riche en commentaires théologiques qui se rapportent à quelque partie des Védas et qu'on appelle *Upanishads*[1], commentaires plus ou moins relevés et dont peuvent nous donner une idée les divers traités dont se compose l'*Oupnekhat*, publié par Anquetil-Duperron[2]. Il y a toute une école d'interprétation qui professe une soumission absolue aux Védas, mais qui y cherche, tantôt des directions salutaires pour la conduite, tantôt des vues spéculatives. Cette école se nomme la Mimansa.

L'objet propre de la Mimansa est de tirer des Védas la connaissance exacte des devoirs religieux et moraux. Les devoirs moraux n'y sont qu'une forme des devoirs religieux; si bien qu'un seul mot (*dharma*), pris au masculin, désigne la vertu ou le mérite moral, et pris au féminin, la dévotion ou le mérite acquis par les actes de piété. La Mimansa a pour monument principal un ouvrage très-obscur, qu'on appelle *Soutras* ou

---

[1]. Colebrooke, *Mélanges*, t. Ier, p. 92, dit que le mot *Upanishad* signifie la théologie elle-même, et le livre où elle est enseignée.

[2]. OUPNEKHAT, *id est secretum tegendum, continens antiquam et arcanam seu theologicam et philosophicam doctrinam e quatuor sacris Indorum libris excerptam*, 2 vol. in-4°. Argentorati, 1801.

aphorismes. Ces aphorismes sont divisés en soixante chapitres; chacun de ces chapitres est divisé en sections, et chaque section renferme différents cas de conscience; en sorte que la Mimansa se résout en une casuistique. Comme toute casuistique, elle procède avec l'appareil d'une méthode didactique et d'une analyse minutieuse. Par exemple, un cas de conscience, un cas complet, se divise en cinq membres : 1° le sujet, la matière qu'il s'agit d'éclaircir; 2° le doute qu'on élève sur cette matière, la question à résoudre; 3° le premier côté de l'argument, c'est-à-dire la première solution qui se présente naturellement à l'esprit; 4° la vraie réponse, la solution orthodoxe qui fait autorité, la règle; 5° un appendice qu'on appelle le rapport, où la solution définitive à laquelle on est arrivé est rattachée aux solutions de divers autres cas qui ont été successivement posés, de manière à montrer l'harmonie de toutes les solutions et à en composer un code régulier. Cette école s'appuie constamment sur les Védas, dont le texte révélé fait loi, et aussi sur la tradition, et même sur les paroles de saints personsages qu'on suppose avoir eu des lumières particulières. Elle admet ainsi une sorte de probabilisme. En effet, tout usage, même moderne, est l'indice d'une tradition probable, et cette probabilité suffit et fait autorité, pourvu que cet usage ne soit pas en opposition avec un texte formel des Védas. La Mimansa a pour premier auteur Djaimini; ses aphorismes sont très-anciens, mais ils ont été retravaillés plusieurs fois à diverses époques, et eux-mêmes enrichis de commentaires. L'école de Djaimini a toujours combattu l'hétérodoxie indienne; et c'est un commentateur de cette école, Koumarila, qui a été l'auteur ou du moins un des instruments les plus actifs de la violente persécution exercée contre le bouddhisme.

Après la Mimansa de Djaimini, dont l'interprétation est très-réservée et le but tout pratique, vient sinon dans l'ordre chronologique que nous ignorons, au moins dans l'ordre naturel du développement régulier des systèmes, une autre Mimansa, qui, tout en en appelant sans cesse à l'autorité de la révélation, se livre à une interprétation plus hardie, et remonte aux principes métaphysiques des maximes consignées dans les Védas. C'est pourquoi, en même temps qu'on la nomme Mimansa théologique, en opposition à la Mimansa pratique, on l'appelle aussi Védanta, c'est-à-dire conclusion tirée des Védas [1], conclusion qui forme un système. Son auteur, ou du moins celui qui a attaché son nom à l'exposition la plus développée de ses principes, est Vyasa. On le voit, nous sommes maintenant en pleine philosophie.

Déjà en effet avaient paru dans l'Inde deux systèmes fort différents du Védanta, à savoir la philosophie Nyaya et la philosophie Veiseshika. Nyaya est le raisonnement; Veiseshika est la distinction, la connaissance des divers éléments du monde. La philosophie

---

1. Colebrooke, *Mélanges*, t. Ier, p. 325, dit positivement que le Védanta est le complément de la Mimansa, et qu'à cause de cela on l'appelle quelquefois Mimansa *uttara*, c'est-à-dire postérieure : en sorte qu'il y a bien deux Mimansa, *ibid.*, p. 227.

Nyaya est une dialectique; la philosophie Veiseshika, une physique. La philosophie Nyaya a pour auteur Gotama. Il est assez difficile de dire si une logique est hétérodoxe ou orthodoxe : aussi la philosophie Nyaya a-t-elle été amnistiée et même acceptée par l'orthodoxie indienne. Il n'en est pas ainsi de la physique. Est-ce un effet de sa nature propre, ou le résultat de circonstances particulières? Toujours est-il que la philosophie Veiseshika, dont l'auteur est Kanada, a une assez mauvaise réputation dans l'Inde, et qu'elle passe pour hétérodoxe : c'est une philosophie naturelle dont la prétention est d'expliquer le monde avec des atomes seuls, avec des molécules simples et indécomposables, qui, en vertu de leur nature propre et de certaines lois qui leur sont inhérentes, entrent d'eux-mêmes en mouvement, s'agrégent, forment les corps et cet univers. La philosophie Veiseshika est, comme celle de Démocrite et d'Épicure, une physique atomistique et corpusculaire.

A la suite, ou, si vous voulez, à côté de ces deux systèmes, en vient un autre qui contient à la fois une physique, une psychologie, une logique, une métaphysique, qui est un système universel, une philosophie complète, la philosophie Sankhya. Sankhya signifie λόγος, *ratio*, compte, calcul, raison, raisonnement; c'est le compte que l'âme se rend à elle-même de sa nature par le procédé d'une analyse régulière[1]. L'auteur de la philosophie Sankhya est Kapila. Cette philosophie pousse l'indépendance jusqu'à l'hétéro-

---

[1]. Colebrooke : *The discovery of soul by means of a right discrimination.*

doxie; elle fait plus; et dans l'Inde, où l'on appelle les choses par leur nom, le Sankhya s'appelle nir-Isvara Sankhya, c'est-à-dire, mot pour mot, Sankhya sans Dieu.

Un pareil système ne pouvait manquer de rencontrer des adversaires, et la philosophie Sankhya les a trouvés dans son sein; c'est d'elle, en effet, qu'est sortie l'école dont le chef est Patandjali. La philosophie de Patandjali admet quelque chose de la physique et de la dialectique de Kapila, mais elle se sépare complétement de sa métaphysique. Ainsi, la métaphysique de Kapila, comme nous l'avons vu, est nir-Isvara, sans Dieu, celle de Patandjali est Sesvara, avec Dieu : l'une est athée, l'autre est théiste jusqu'au fanatisme.

Tels sont les systèmes sur lesquels porte le travail de M. Colebrooke. Après les avoir reconnus d'une vue générale, pour avoir une idée de l'ensemble de la philosophie indienne, il s'agit de les apprécier, d'y rechercher les éléments de toute philosophie : le sensualisme, l'idéalisme, le scepticisme, le mysticisme.

Il faut d'abord retrancher des systèmes soumis à notre examen les Védas, et au moins la première Mimansa, la Mimansa pratique; car ce sont là des monuments religieux et non pas des monuments philosophiques; nous étudierons donc seulement : 1° la philo-sophie Vedanta, qui a pour auteur Vyasa; 2° la philosophie Nyaya, qui a pour auteur Gotama; 3° la philosophie Weiseshika qui a pour auteur Kanada; 4° les deux Sankhya, c'est-à-dire le Sankhya de Kapila et le Sankhya de Patandjali.

Parmi ces diverses écoles, vous avez déjà nommé celle où se rencontrera, comme à son berceau dans l'Inde, cette célèbre philosophie de la sensation dont je vous ai retracé l'origine, les procédés, les conclusions. On pourrait tirer le sensualisme de la physique atomistique de Kanada; mais il est bien autrement manifeste, il est tout entier, avec ses principes et ses conséquences, dans le Sankhya de Kapila. Une sincère analyse du Sankhya vous l'y fera aisément reconnaître.

Le but de tout système philosophique dans l'Inde, théiste ou athée, est la délivrance des maux qui affligent l'homme, le souverain bien dans ce monde et dans l'autre. Tel est aussi le but du Sankhya. Et comment parvient-on au souverain bien? Ce n'est pas par les pratiques de la religion; ce n'est pas non plus par les calculs de la sagesse ordinaire, qui évite soigneusement toutes les chances de peine et met de son côté toutes les chances de bonheur; c'est par la science. Reste à savoir comment on parvient à la science, et avant tout quels sont nos moyens de connaître. Selon Kapila, il y a deux moyens de connaître. Le premier est la sensation ou la perception des objets extérieurs; le second est l'induction, le procédé qui conduit d'une chose à une autre, de l'effet à la cause ou de la cause à l'effet. Mais comme nous sommes dans l'Inde, et que là tout se mêle à tout, l'école de Kapila admet encore un troisième moyen de connaître, le témoignage des hommes, la tradition, la révélation [1]. Il est à remarquer que le Veiseshika,

1. *True revelation*, dit Colebrooke, se référant à un passage de la

l'école de Kanada, rejette la tradition, et qu'une branche du Sankhya, les Tscharvakas n'admettent qu'une seule voie de connaissance, la sensation. Kapila en admet trois ; mais on ne voit pas qu'il fasse grand usage de la troisième, et il aboutit à des conclusions si différentes de celles des Védas, qu'il faut bien que leur autorité ne lui soit pas sacrée.

Voilà les moyens de connaître, voilà par où l'on arrive à la science universelle, à la connaissance des principes des choses.

Il y en a vingt-cinq. 1° la matière, *moula prakriti* ; 2° l'intelligence, *bouddhi* ; 3° la conscience, *ahankara*, la croyance intime que je suis ; 4°-8° les cinq principes du son, de la couleur, de la saveur, de l'odeur, de la tangibilité, principes appelés *tanmatra*, et qui produisent les éléments positifs où ils se manifestent, à savoir : l'eau, l'air, la terre, le feu et l'éther ; 9°-19° onze organes sensitifs, cinq passifs, cinq pour l'action sensible ; les cinq instruments de la sensation sont l'œil, l'oreille, le nez, la langue et la peau ; les cinq instruments de l'action sont l'organe vocal, les mains, les pieds, les voies excrétoires et les organes de la génération. Le onzième est *manus* (*mens*), l'esprit à la fois passif et actif qui perçoit la sensation et la réfléchit. Les cinq sens extérieurs reçoivent l'impression ; l'esprit la perçoit, la réfléchit, l'examine ; la conscience se fait l'application de tout cela, l'intelligence décide, et les

---

*Karika, le principal monument du Sankhya, la vraie révélation, celle qui dérive des Védas, à l'exclusion des prétendues révélations des imposteurs.

cinq sens extérieurs exécutent; ainsi, treize instruments de connaissance, trois internes et dix externes, que l'on appelle les dix portes et les trois gardiens; 20°-24° les cinq éléments réels produits par les cinq principes énumérés plus haut : l'éther, le feu, l'air, l'eau et la terre; 25° l'âme, *pourousha*.

Pour vous bien faire comprendre l'esprit de la philosophie de Kapila, insistons sur quelques-uns de ces principes. Le premier principe, duquel dérivent tous les autres, c'est *moula prakriti*, la nature, « la matière éternelle sans formes, sans parties, la cause matérielle, universelle, qu'on peut induire de ses effets, qui produit et n'est pas produite. » Ce sont les termes mêmes de M. Colebrooke. S'ils laissaient quelque chose à désirer, si l'on pouvait dire que peut-être le principe premier n'est ici appelé matière qu'en tant que racine des choses, et qu'il n'est pas impossible que ce premier principe soit spirituel, tous les doutes seraient levés quand on arrive au second principe. En effet, ce second principe est *bouddhi*, l'intelligence, « la première production de la nature, production qui elle-même produit d'autres principes. » Donc le premier n'était pas l'intelligence : l'intelligence n'est qu'au second rang; elle vient de la matière, elle en est l'ouvrage. Je néglige tous les autres principes et passe de suite au vingt-cinquième et dernier, l'âme. De la combinaison de dix-sept principes antérieurs sort un atome animé d'une ténuité et d'une subtilité extrême, « sorte de compromis, dit M. Colebrooke, entre le dogme épuré d'une âme immatérielle et la difficulté de concevoir un être quelconque non attaché à une substance matérielle[1]. » Et où est logée cette âme? Dans le cerveau ; et « elle s'étend au-dessous du crâne, à l'exemple d'une flamme qui s'élève au-dessus de la mèche. » N'est-ce pas là la fameuse pensée intracrânienne, dont on a cru faire récemment une découverte merveilleuse[2]? Eh bien ! la voilà dans le Sankhya de Kapila ; et même avec elle j'y trouve le principe auquel elle se rattache, le principe de l'irritation et de l'excitation. En effet, je lis dans M. Colebrooke que deux branches du Sankhya, les Tscharvakas et les Lokayaticas, ne distinguent point l'âme du corps : ils pensent que les fonctions vitales constituent l'âme; que l'intelligence et la sensibilité, que l'on n'aperçoit pas, il est vrai, dans les éléments primitifs du corps, la terre, l'eau, le feu, l'air, pris isolément, peuvent très-bien se rencontrer dans ces mêmes éléments, lorsqu'ils sont combinés de manière à faire un tout, un corps organisé. La faculté de penser est une résultante de ces éléments agrégés, comme le sucre et d'autres ingrédients mêlés produisent une liqueur enivrante, et comme le bétel, l'arec, la chaux et l'extrait de cachou mêlés ensemble, acquièrent une certaine qualité excitante et irritante qu'ils n'avaient pas séparément. Tant que le corps vit, il y a de la pensée avec un sentiment de plaisir et de peine ; tout cela disparaît aussitôt que le corps n'est plus.

---

1. Colebrooke *ibid.*, p. 245. Cet atome s'appelle *linga*, et comme surpassant le vent en vitesse, *ativahika*.

2. Allusion à la doctrine et au langage d'un livre qui paraissait alors : *de l'Irritation*, par M. Broussais.

D'ailleurs, je me plais à reconnaître que le Sankhya de Kapila renferme d'excellentes observations sur la méthode, sur les causes de nos erreurs, sur leurs remèdes, et ce cortége de sages préceptes qui partout distinguent honorablement les écrits de l'école sensualiste. Kapila analyse avec finesse et sagacité tous les obstacles physiques et moraux qui s'opposent au perfectionnement de l'intelligence. Il compte quarante-huit obstacles physiques, soixante-deux obstacles moraux. Il y a, selon lui, neuf choses qui satisfont l'intelligence, et dans lesquelles elle peut se reposer ; mais, par-dessus celles-là, il y en a huit qui l'élèvent et la perfectionnent. Kapila recommande d'être un élève docile de la bonne nature, qui, par les sensations, nous fournit les matériaux de toute pensée ; en même temps il recommande de n'en pas être un élève passif, mais un élève qui sait interroger, et qui, au lieu de s'en tenir aux premiers mots du maître, en tire habilement des explications plus lumineuses et plus étendues. C'est en s'appuyant sur la nature, sur l'expérience que l'homme, avec la puissance de l'induction qui lui appartient, peut parvenir à une connaissance légitime. Kapila compare l'homme et la nature, dans le mutuel besoin qu'ils ont l'un de l'autre, à un aveugle et à un boiteux qui se réunissent tous les deux, l'un pour se faire porter, l'autre pour servir de guide. La nature, dit encore Kapila, est comme une danseuse qui fait bien d'abord quelques façons, mais qui, lorsqu'on a su s'en rendre maître, se livre sans pudeur aux regards de l'âme, et ne s'arrête qu'après avoir été assez vue. Sous la naïveté et la liberté de ce langage, ne trouvez-vous pas déjà quelque chose de la grandeur de celui de Bacon?

Une des idées qui résistent le plus au sensualisme est celle de cause : aussi Kapila a-t-il fait effort pour la détruire. L'argumentation de Kapila est, dans l'histoire de la philosophie, l'antécédent de celle d'Ænesidème et de celle de Hume. Selon Kapila, il n'y a pas proprement de cause, et ce que nous appelons une cause n'est qu'un effet relativement à la cause qui précède, laquelle est aussi un effet par rapport à une autre, et toujours de même, de manière que tout est un enchaînement nécessaire d'effets sans cause véritable et indépendante. Remarquons les maximes suivantes :

1° Ce qui n'existe pas ne peut, par l'opération d'aucune cause, arriver à l'existence. — N'est-ce pas l'axiome depuis si célèbre : *Ex nihilo nihil fit*, etc., c'est-à-dire le principe de l'athéisme grec?

2° La nature de la cause et de l'effet bien examinée est la même, et ce qui paraît cause n'est qu'effet [1].

---

[1]. Ici, sur une phrase assez obscure de Colebrooke, nous avions d'abord ajouté une troisième maxime qui, sous un autre point de vue, identifiait encore l'effet et la cause. M. Wilson, dans son grand ouvrage sur la Karika, d'après le commentaire de Gaurapada (*The Sankhya Karika*, in-4°, Oxford, 1837), nous ayant fait voir, p. 35, que la maxime par nous alléguée excédait le texte de Colebrooke, nous n'hésitons point à la retirer. Mais restent les deux maximes fidèlement empruntées à Colebrooke, et qui suffisent à la thèse que nous soutenons. 1° Ce qui n'existe pas ne peut, par l'opération d'aucune cause, être porté à l'existence. Colebrooke commente ainsi cette proposition, *ibid.*, p. 253:

Déjà vous avez vu Kapila, parti de la sensation et n'appuyant l'induction que sur elle, arriver au matérialisme. Ici la négation de toute cause vraie et indépendante et l'hypothèse d'une matière éternelle le conduisent au fatalisme, et en même temps à l'athéisme. Kapila ne cherche point à déguiser ce dernier résultat. Voici mot pour mot l'extrait de M. Colebrooke sur la cause qui produit et n'est pas produite. Kapila nie l'existence d'un Dieu qui gouverne le monde ; il soutient qu'on n'en peut donner aucune preuve, qu'il n'y en a aucune, ni perçue par les sens, ni tirée de la sensation par l'induction et le raisonnement, et qui par conséquent tombe sous quelqu'un de nos moyens légitimes de connaître. Il reconnaît bien une intelligence,

« *That is effects are educts rather than products*, cela veut dire que les effets ont lieu par éduction ou développement, plutôt que par production ; » conformément à cette autre proposition déjà citée par Colebrooke : « les effets sont antérieurs à l'opération de la cause ; » proposition qui rappelle à Colebrooke, comme à nous, et même aussi à M. Wilson, le fameux axiome sur lequel s'appuyaient les physiciens grecs pour soutenir qu'il ne peut y avoir eu création, production véritable du monde, mais simple éduction, comme parle Colebrooke, développement, formation ; et il faut convenir que cet axiome grec et indien s'accorde merveilleusement avec la doctrine essentielle de la Karika qui met à la tête de tous les principes la nature, *moula prakriti*, matière éternelle et cause suprême, non produite, mais produisant tout, l'intelligence même, et tous les autres principes ou causes secondaires qui communiquent et transmettent le mouvement sans le posséder réellement. 2° Colebrooke donne encore, *ibid.*, p. 254, cette autre maxime de la Karika : « *The nature of cause and effect is the same*, la nature de l'effet et de la cause est la même, » et il la donne sans aucun commentaire, parce qu'elle n'en a pas besoin. Cette maxime est commune à toutes les philosophies de l'Inde ; elle en est le fond, et nous la retrouverons plus bas dans l'analyse du *Védanta*. Or, mais l'intelligence dont je vous ai parlé, cette intelligence, fille de la nature, une sorte d'âme du monde. Voilà le seul dieu de Kapila. Et cette intelligence est si peu distincte du monde, c'est si peu un dieu, que Kapila, qui va toujours jusqu'au bout de ses principes, déclare qu'elle est finie, qu'elle a commencé avec le monde, qu'elle se développe avec le monde, et qu'elle finirait avec lui. Voici le dilemme fondamental sur lequel repose l'athéisme de Kapila. De deux choses l'une : ou vous supposez un dieu distinct du monde et ne le connaissant pas, et alors un tel être ne pourrait avoir aucune raison de sortir de lui-même et de produire le monde ; ou bien vous supposez ce dieu dans le monde même, et alors il n'a plus besoin de le produire [1].

---

cette maxime détruit évidemment toute distinction essentielle entre l'énergie causatrice et l'effet causé ; elle ôte la vraie connexion causale et met à la place de cette connexion spéciale la relation générale de l'antécédent et du subséquent, ce qui est bien l'opinion de Hume. M. Wilson conteste ce rapprochement, et il en fait lui-même un autre que nous acceptons bien volontiers : il prétend que la doctrine de Kapila n'est point celle de Hume, mais celle de M. Thomas Brown, successeur et non pas disciple de Dugald-Stewart à l'université d'Edinburgh. M. Wilson cite une phrase de Brown comme une interprétation légitime de celle de la Karika ; mais cette phrase elle-même est assez équivoque pour que Hume ne l'eût pas désavouée, surtout en la rapportant au système général de l'auteur, adversaire déclaré du principe de causalité, tel que Reid l'a exposé et défendu contre Hume ; en sorte qu'en substituant Brown à Hume en cette affaire, au fond M. Wilson remplace le même par le même, et fait pour nous au lieu de nous combattre.

1. Colebrooke, *ibid.*, p. 251 et 252. On ne peut pas se prononcer

Telle est la science que promettait Kapila comme le chemin assuré du parfait bonheur. L'âme qui possède cette science est libre de toutes les passions, indifférente à la joie et au plaisir, placée au-dessus de l'espérance et de la crainte, retirée en elle-même et heureuse. « Elle contemple à son aise la nature, et

plus nettement, et il n'est pas à croire que l'exact et consciencieux Colebrooke ait ainsi parlé sans de bonnes et sûres autorités. Il est donc bien étrange que M. Wilson n'ait pas pris la peine de s'expliquer une seule fois sur ce point important. Ne trouvant pas précisément l'athéisme dans la Karika et dans le commentaire de Gaurapada qui est de huit siècles après notre ère, il se tait, se bornant à reconnaître que, dans la Karika et dans son moderne commentateur, le premier principe de toutes choses, la nature est bien la matière sans personnalité et sans intelligence, et que le principe intelligent qui vient après est un produit ou plutôt un développement de la matière. Voyez p. 57. Dans un examen détaillé de l'ouvrage de M. Wilson (*Mémoires de l'Académie des Sciences morales et politiques*, t. VIII), M. B. Saint-Hilaire a suivi l'opinion du savant anglais : tantôt il nie l'athéisme de Kapila, tantôt il l'appelle un athéisme négatif, parce que Kapila omet l'idée de Dieu sans d'ailleurs la combattre. Il ne trouve pas que Kapila soit véritablement athée pour poser d'abord une nature inintelligente ; il tirerait bien plutôt l'athéisme du philosophe indien d'un prétendu idéalisme que ni Colebrooke ni Wilson ni personne n'a vu ni pu voir dans le Sankhya de Kapila, bien distinct de celui de Patandjali. M. Saint-Hilaire dit souvent que jamais l'idée de cause n'a été plus énergiquement affirmée que dans le Sankhya ; mais jamais aussi elle n'a été moins comprise ; car la cause première de Kapila, cette cause qui doit être le type de toutes les autres causes, est sans personnalité et sans intelligence. En vérité, si le Sankhya de Kapila n'est pas athée, qu'on nous dise où trouver l'athéisme dans le Sankhya, et que devient la distinction célèbre établie par Colebrooke, et partout admise, d'un Sankhya théiste, *Sesvara*, et d'un Sankhya athée, *nir-Isvara?* Le premier est évidemment celui de Patandjali ; reste que le second soit celui de Kapila, d'où le bouddhisme est sorti. En général, M. Saint-Hilaire nous semble trop indulgent pour le Sankhya de Kapila ;

n'a plus elle-même d'autre forme et d'autre condition que cette connaissance toute spirituelle. Elle reste ainsi quelque temps attachée au corps, comme la roue du potier continue de tourner, même après que le vase est achevé, par suite de l'impulsion qui lui a été donnée. L'émancipation de l'âme et sa félicité est encore incomplète, mais quand a lieu sa séparation d'avec le corps, alors s'accomplit sa délivrance absolue et définitive[1]. »

Et que devient l'âme ainsi délivrée? Kapila n'en dit absolument rien, au moins dans M. Colebrooke. Pas un mot sur la persistance de la conscience, pas un mot sur le compte que l'âme pourrait avoir à rendre de l'emploi qu'elle a fait de la vie; pas un mot sur l'état futur. En sorte que la délivrance de l'âme ressemble bien à la cessation de toute existence.

il va même bien au delà de M. Wilson en essayant de le justifier du reproche de matérialisme. M. Wilson, p. 136, entend comme Colebrooke le passage de la Karika, cité par celui-ci et que nous avons reproduit, et il adhère à la comparaison que nous avons faite de ce vieux matérialisme avec celui de M. Broussais. M. Saint-Hilaire prétend que ce sont les ennemis de Kapila qui l'ont accusé de sensualisme et de matérialisme, et il se jette dans une apologie un peu chimérique, car il ne conteste pas le sens du passage de la Karika, tel que l'entendent deux indianistes aussi consommés que Colebrooke et M. Wilson, mais il argumente de ce que le Sankhya de Kapila, qu'il ne sépare pas assez fortement de celui de Patandjali, contient des parties de mysticisme et de fanatisme en dehors de sa doctrine générale; comme si des inconséquences ôtaient le caractère bien établi d'un système, et comme si des considérations aussi indirectes et aussi contestables pouvaient prévaloir contre des textes formels! Nous persistons donc dans toutes nos anciennes conclusions sur le Sankhya de Kapila.

1. Colebrooke, *ibid.*, p. 256.

Ainsi le Sankhya de Kapila part des principes de tout sensualisme, emploie les procédés de tout sensualisme, et arrive aux conclusions de tout sensualisme, c'est-à-dire au matérialisme, au fatalisme et à l'athéisme.

Toujours appuyé sur le grand orientaliste qui nous sert de guide à travers le labyrinthe de la philosophie indienne, nous allons sans grande difficulté trouver aussi l'idéalisme dans cette philosophie.

Oui, l'idéalisme est aussi dans l'Inde; il y en a des traces manifestes jusque dans la dialectique Nyaya, dont l'auteur est Gotama. Le Nyaya, comme simple dialectique, aurait dû rester neutre entre le sensualisme et l'idéalisme, et cependant il renferme déjà une philosophie opposée à celle de Kapila. Pour que vous en puissiez mieux juger, il faut que vous ayez sous les yeux le système entier du Nyaya.

Les Védas disent quelque part qu'il y a trois conditions de la connaissance : premièrement, il faut appeler les choses dans les termes mêmes qu'emploient les Védas, termes sacrés et révélés comme les Védas; secondement, il faut définir les choses, c'est-à-dire rechercher quelles sont leurs propriétés et leurs caractères; troisièmement, il faut examiner si les définitions auxquelles on est arrivé sont légitimes. Le Nyaya se fonde sur ce passage des Védas, et s'en autorise pour se livrer à une dialectique hardie, sans sortir cependant du cercle consacré de l'orthodoxie indienne; de là toute la philosophie Nyaya. Elle est contenue dans de courts aphorismes, *Soutras*, divisés en cinq livres ou leçons, dont chacune est partagée en deux journées. Je vous en signalerai les points les plus importants.

D'abord ces termes sacrés sont les termes fondamentaux sur lesquels roulent les langues humaines, les termes qui expriment les idées les plus simples, c'est-à-dire les points de vue les plus généraux sous lesquels l'esprit peut considérer les choses. Et quelles sont ces idées simples, ces points de vue généraux? Il y en a six, selon l'opinion la plus accréditée dans l'école du Nyaya. Ce sont la substance, la qualité, l'action, le commun (le général, le genre), le propre (l'espèce, l'individu) et la relation. Quelques auteurs ajoutent un septième élément, la privation ou la négation; d'autres en ajoutent encore deux autres, la puissance et la ressemblance. En effet, quoi que vous considériez, vous ne pouvez pas ne pas le considérer sous quelqu'un de ces rapports. Ou cet objet vous paraît une substance, ou il vous paraît une qualité; il vous paraît actif ou passif, général ou particulier, doué ou dépourvu de certaines forces, semblable à tel autre ou dissemblable. Ce sont là les points de vue les plus généraux, les éléments les plus simples de la pensée, les termes auxquels peuvent se ramener tous les autres. Cela ne vous rappelle-t-il pas les catégories d'Aristote?

Une autre partie du Nyaya sur laquelle j'appelle votre attention est celle où il est question de la preuve ou de nos moyens de connaître. Il y en a quatre : la perception immédiate ou la sensation, l'induction, l'analogie, enfin l'affirmation légitime, c'est-à-dire la tradition, la révélation, l'autorité des Védas. Parmi ces quatre moyens de connaissance, l'induction joue un très-grand rôle dans une école de dialectique. Selon le Nyaya, une induction complète est l'entier développement d'un argument à cinq termes. Les voici, avec l'exemple de M. Colebrooke :

1° La *proposition*, la thèse que l'on veut prouver : Cette montagne est brûlante ;

2° La *raison*, le principe sur lequel repose l'argument : Car elle fume ;

3° L'*exemple* : Or ce qui fume est brûlant, témoin le feu de la cuisine ;

4° L'*application*, l'application au cas spécial dont il s'agit : Il en est de même de la montagne qui fume ;

5° La *conclusion* : Donc cette montagne est brûlante.

Tel est l'argument que l'on appelle particulièrement Nyaya, à savoir, raisonnement complet ; et il paraît que l'école de Gotama a reçu son nom de l'argument même qui est le chef-d'œuvre de la dialectique. Mais on n'énumère pas toujours les cinq termes du Nyaya et on le réduit aux trois derniers : « Ce qui fume est brûlant, témoin le feu de la cuisine ; il en est de même de la montagne qui fume : donc cette montagne est brûlante. » Ainsi réduit, le Nyaya n'est guère moins qu'un vrai syllogisme régulier. C'est là du moins l'opinion de M. Colebrooke, que nous devons suivre, faute de connaître le monument original. Voilà donc aussi, avec les catégories, le syllogisme dans l'Inde. De là ce problème historique : Le syllogisme péripatéticien vient-il de l'Inde, ou l'Inde l'a-t-elle emprunté à la Grèce? Les Grecs sont-ils les instituteurs ou les disciples des Hindous? Problème prématuré qui, dans l'état actuel de nos connaissances, est entièrement insoluble. En attendant que de nouvelles lumières viennent éclairer les communications qui ont pu avoir lieu entre l'Inde et la Grèce au temps d'Alexandre, ou à quelque autre époque jusqu'ici inconnue, il faut bien se résigner à mettre le syllogisme, et sans doute aussi les catégories, dans l'Inde comme dans la Grèce, sur le compte de l'esprit humain et de son énergie naturelle. Mais si l'esprit humain a pu très-bien produire le syllogisme dans l'Inde, il n'a pu le produire en un jour; car le syllogisme suppose une longue culture intellectuelle. Il y a une majeure dans tout raisonnement, quel qu'il soit, oral ou tacite, instinctif ou développé; et c'est cette majeure nettement ou confusément aperçue qui détermine l'esprit; mais il ne s'en rend pas toujours compte, et l'opération essentielle du raisonnement reste longtemps ensevelie dans les profondeurs de la pensée. Pour que l'analyse aille l'y chercher, la dégage, la traduise à la lumière, la mette en quelque sorte au dehors à l'aide d'un mécanisme qui reproduise et représente fidèlement le mouvement interne de l'esprit, il faut bien des années ajoutées à des années, de longs efforts accumulés; et le seul fait de l'existence du syllogisme régulier dans la dialectique du Nyaya serait une démonstration sans réplique du haut degré de culture intellectuelle auquel l'Inde était parvenue. Le syllogisme régulier suppose une culture très-avancée, et en même temps il l'accroît. En effet, il est impossible que la forme de la pensée n'influe pas sur la pensée elle-même, et que la décomposition du raisonnement dans les trois termes qui le constituent ne rende pas plus distincte et plus sûre la perception des rapports de convenance et de disconvenance qui les unissent ou les séparent. Amenées ainsi face à face, la majeure, la mineure et la conséquence manifestent d'elles-mêmes leurs vrais rapports, et la seule vertu de leur énumération précise et de leur disposition régulière s'oppose à l'introduction de rapports chimériques, dissipe les à peu près et les fantômes dont l'imagination remplit les intervalles du raisonnement. La rigueur de la forme se réfléchit sur l'opération qu'elle exprime; elle se communique à la langue du raisonnement, et bientôt à la langue générale elle-même. De là, peu à peu, des habitudes de sévérité et de précision qui passent dans tous les ouvrages d'esprit, et influent puissamment sur le développement de l'intelligence. Aussi, l'apparition du syllogisme régulier dans la philosophie a-t-elle été constamment le signal d'une ère nouvelle pour les méthodes et pour les sciences. Ne m'objectez pas la scolastique; car ce qui a fait l'impuissance de la scolastique, ce n'est pas du tout l'emploi du syllogisme, c'est, dans le syllogisme, l'admission de majeures artificielles. Mais entre ces majeures artificielles et les conclusions qu'elle en tirait, la scolastique a déployé une très-grande force de dialectique, et elle a imprimé à l'esprit humain des habitudes dont la philosophie moderne a profité. Qu'a fait la philosophie moderne? Elle a renversé les majeures de la scolastique, elle leur a substitué celles que lui fournissait une meilleure, une plus libre analyse; et ces majeures nouvelles, filles des temps nouveaux, elle les a soutenues et servies par la vigueur de raisonnement qu'avait mise dans le monde la dialectique de l'école. Voyez à quelle époque en Grèce paraît le syllogisme, ou plutôt la promulgation de ses lois. C'est avec le siècle de Périclès et d'Alexandre, avec Platon, surtout avec Aristote; or, on ne peut nier que ce ne soit précisément de cette époque que date le perfectionnement de la méthode et de la langue philosophique chez les Grecs. Si on en croit M. Abel Rémusat[1], la vieille philosophie chinoise n'a pas été au delà de l'enthymème; elle n'est pas arrivée au syllogisme régulier, et ce n'est pas impunément qu'il lui a manqué. En Orient, il ne se trouve que dans l'Inde[2], et il y suppose, je le répète, une culture antérieure assez forte à laquelle il a dû encore ajouter.

Après avoir traité des éléments de la pensée, de la preuve et de la figure la plus accomplie du raisonnement, le Nyaya entreprend de joindre l'exemple au précepte : il essaye d'appliquer nos moyens de connaître aux objets à connaître; de là douze questions qui

---

1. *Journal des Savants*, 1826, avril.
2. Un savant mémoire de M. B. Saint-Hilaire a depuis établi que le Nyaya ne contient pas la vraie et parfaite théorie du syllogisme, et que Colebrooke a exagéré l'analogie que sur quelques points le système de Gotama peut avoir avec celui d'Aristote. *Mémoires de l'Académie des sciences morales et politiques*, tome III, page 223 et suiv.

donnent naissance à douze théories. Et quelle est la première de ces questions? A quoi s'applique d'abord la dialectique Nyaya? En est-il ici comme dans le Sankhya de Kapila, et y trouvons-nous l'âme au dix-septième rang, comme le résultat de la combinaison de dix-sept principes antérieurs? Non, la première question qu'aborde le Nyaya est celle de l'âme; et cette question, il la résout tout autrement que le Sankhya « L'âme[1] est entièrement distincte du corps; elle est infinie dans son principe, et en même temps elle est une substance spéciale, différente dans chaque individu et ayant des attributs déterminés tels que la connaissance, la volonté, attributs qui ne conviennent pas à toutes les substances, et qui constituent une existence propre pour l'être qui les possède. » Voilà donc du spiritualisme dans l'Inde jusque dans la dialectique Nyaya. Mais il est un autre système indien où le spiritualisme a même été porté si loin qu'il a dégénéré en idéalisme.

Je vous ai montré comment la théologie dans l'Inde, comme plus tard dans la Grèce et dans notre Europe, a frayé la route à la philosophie, et que la Mimansa se divise en deux parties, la première toute pratique et qui s'attache aux Védas avec une circonspection sévère; la seconde qui, tout en restant dans les limites d'une sincère orthodoxie, est déjà spéculative et forme une école philosophique. Cette seconde Mimansa, cette Mimansa postérieure, *Uttara Mimansa*, s'appelle *Vedanta*,

---

1. Colebrooke, t. Ier, p. 267 et 268.

ou doctrine fondée sur les Védas, comme au moyen âge la philosophie de saint Thomas, celle de son maître Albert, ou celle aussi de son digne émule saint Bonaventure et de son redoutable rival Duns-Scot, se pourraient toutes appeler, en négligeant leurs différences et en ne considérant que leur commun caractère, philosophie fondée sur les saintes Écritures.

M. Colebrooke a consacré au Védanta un savant et laborieux [1] mémoire, où il déclare avoir particulièrement suivi, dans l'interprétation des obscurs aphorismes qui contiennent la doctrine Védanta, le commentaire célèbre de Sankara [2]. Nous, comme à l'ordinaire, nous suivons M. Colebrooke, et puisons à notre gré dans son travail ce qui se rapporte à notre objet.

Le but avoué du Védanta est de réfuter la doctrine du Sankhya sans Dieu. Le Sankhya donne pour premier principe la nature, pure matière, cause matérielle de l'univers, dépourvue en soi d'intelligence et de volonté, tandis que le Védanta professe un Dieu intelligent, cause volontaire de l'univers. Dieu est un être raisonnable et qui connaît, et on peut dire qu'il a une âme. De là une

1. Colebrooke, *ibid*, p. 325-378.
2. En 1833, M. Windischman, fils de l'auteur de *Philosophie im Morgenland*, 4 vol., 1827-1834, a publié à Bonn, *Sancara, sive de theologoumenis Vedanticorum*. Dans ce petit écrit, M. Windischman distingue trois périodes dans l'histoire du Védanta; la première, où le Védanta, se tenant plus près du texte sacré, est tout contemplatif et mystique; la seconde, où il est théologique et philosophique, occupé à défendre la sainte tradition et à l'expliquer, période que représente Sankara; la troisième et dernière, déjà rationnelle ou plutôt rationaliste, qui s'étend jusqu'à nos jours et que représente Rammohun-Roy.

théorie de la création qui semblerait constituer un théisme véritable, bien différent du panthéisme oriental. Le Védanta parle presque comme le *Timée :* « La cause suprême désira être plusieurs et féconde, et elle devint plusieurs [1]. » Ce désir-là n'est pas encore l'amour de Platon et du christianisme, mais il lui ressemble, et ce trait de ressemblance suffit à honorer le Védanta.

D'autre part, le panthéisme le plus manifeste ne respire-t-il pas dans ce passage ? « Cet univers est véritablement Brahma ; car il en sort, il s'y plonge, il s'en nourrit ; il faut donc le vénérer, l'adorer [2]. » — « Comme l'araignée tire d'elle et retire en elle son fil, comme les plantes sortent de la terre et y retournent, comme les cheveux de la tête et les poils du corps croissent sur un homme vivant, ainsi sort l'univers de l'inaltérable [3]. » — « Dans la jouissance, on distingue celui qui jouit et ce dont il jouit, mais cette distinction n'ôte pas l'unité et l'identité de Brahma comme cause et effet tout ensemble. La mer ne diffère pas de ses eaux, et cependant les vagues, l'écume, les gouttes, et ses autres modifications diffèrent les unes des autres. » — « Un effet n'est autre que sa cause. Brahma est unique et sans second. Il n'est pas séparé de lui-même lorsqu'il a pris un corps. Il est l'âme et l'âme est lui. » — « Comme le lait se change en lait caillé, et l'eau en glace, ainsi Brahma se transforme et se diversifie

---

1. Colebrooke, *ibid.*, p. 338.
2. *Ibid.*, p. 340.
3. *Ibid.*, p. 342.

sans outils ou moyens extérieurs d'aucune sorte : de la même façon l'araignée tire sa toile de sa propre substance, les esprits prennent des formes diverses, les grues propagent sans mâle, et le lotus se propage de marais en marais sans organes de mouvement [1]. » — « Le soleil lumineux, quoique unique, réfléchi dans l'eau, devient divers et multiple; ainsi fait l'âme divine incréée en revêtant divers modes [2]. » — « Dieu n'est ni de cette façon ni de celle-ci, car rien n'existe que lui [3]. »

Ces passages, fidèlement tirés par M. Colebrooke des traités authentiques du Védanta, le contraignent, lorsqu'il prend lui-même la parole dans une *récapitulation* [4], de définir ainsi le Dieu de la meilleure philosophie de l'Inde : « créateur et nature, formateur et forme, l'ouvrier et l'œuvre. »

D'une telle théodicée sort une psychologie qui y répond.

Il y a deux sortes d'âmes. Il y a d'abord l'âme individuelle qui émane de l'âme suprême, à peu près la ψυχή de la philosophie grecque, que l'on compare aux étincelles qui jaillissent d'un foyer enflammé, et dont le sort est celui de ces étincelles [5]. Ce sort-là est bien assez pour l'individu si fort méprisé dans l'Inde. Mais au-dessus de cette âme subalterne, est une autre âme

---

1. Colebrooke, *ibid.*, p. 351.
2. *Ibid.*, p. 360.
3. *Ibid.*
4. *Ibid.*, p. 370,
5. *Ibid.*, p. 353.

d'un ordre supérieur, qui n'est pas individuelle, et n'est pas seulement sensible mais intelligente, qui gouverne le corps sans être corporelle, qui est universelle, in-créée, immortelle[1]. C'est à peu près le νοῦς d'Anaxagore, de Platon et d'Aristote.

Mais cette âme qui gouverne le corps est elle-même gouvernée par l'âme suprême. Elle est active, mais son activité ne lui est pas essentielle [2]. C'est l'âme suprême qui la fait agir conformément aux instincts bons ou mauvais qui lui ont été donnés; elle n'est point libre. Et comment le serait-elle? « La relation de l'âme au suprême ordonnateur n'est pas celle de serviteur et de maître, de gouverné et de gouvernant; c'est celle de la partie et du tout [3]. Les Védas disent : Tous les êtres constituent un quart de lui, les trois autres quarts résident impérissables dans le ciel. Et en d'autres monuments védantiques il est positivement déclaré que l'âme qui anime le corps est une partie de l'essence suprême. »

Le Védanta est plein de la doctrine de la transmigration des âmes qui emportent avec elles la peine et la récompense de leurs œuvres dans les formes successives qu'elles traversent; doctrine essentiellement orientale, qu'on retrouve dans les représentations égyptiennes, et qui d'Égypte, nous le verrons, a passé en Grèce par Pythagore.

Affranchir l'âme de la nécessité de ces transmigrations successives et lui obtenir le bonheur éternel par

---

1. Colebrooke, *ibid.*, p. 353.
2. *Ibid.*, p. 354.
3. *Ibid.*

l'union directe avec Brahma, tel est l'objet que poursuit le Védanta comme le Sankhya, et qui, selon l'une et l'autre école, ne peut être atteint que par la science parfaite, laquelle consiste dans la parfaite connaissance de Brahma et des divers moyens par lesquels on arrive à l'entière absorption en lui.

L'âme, qui dès cette vie est en possession de cette délivrance anticipée, devient capable de choses si merveilleuses qu'ici, pour nous mettre à couvert sous une autorité incontestée, nous laisserons M. Colebrooke parler lui-même : « L'âme délivrée accomplit en ce monde des actions surnaturelles; par exemple, elle évoque les mânes des ancêtres, elle se transporte d'elle-même dans un corps différent du sien et qu'elle appelle à l'existence par la seule force de sa volonté, elle se déplace instantanément d'un lieu dans un autre, selon qu'il lui plaît, et exerce bien d'autres opérations qui excèdent le pouvoir ordinaire accordé à l'homme [1]. »

Ainsi l'idéalisme dans l'Inde n'a guère été plus heureux que le sensualisme, et l'Inde a possédé les deux excessifs dogmatismes qui remplissent le premier plan de toute grande époque de l'histoire de la philosophie. Que ces deux dogmatismes s'y soient combattus, cela est encore attesté par M. Colebrooke et se voit dans

---

[1]. Colebrooke, *ibid.*, p. 376. — Nous allons voir tout à l'heure les mêmes folies dans une autre école qui tient du *Védanta*, mais qui en diffère, l'école mystique de Patandjali, l'Ioguisme. Cette poursuite chimérique de la délivrance de l'âme, commune à toutes les écoles indiennes, les condamnait aux mêmes extravagances. Voyez plus bas, p. 77 et suiv.

les nombreux commentaires du Sankhya et du Védanta, qui se font une guerre perpétuelle. De là tirez cette conséquence qu'il doit aussi y avoir eu dans l'Inde plus ou moins de scepticisme; car il est impossible que deux dogmatismes opposés se combattent sans s'ébranler réciproquement, et sans qu'il en résulte des doutes graves sur la parfaite solidité de l'un et de l'autre. Il y a eu en effet du scepticisme dans l'Inde. Mais remarquez que la philosophie indienne n'est que la première époque de l'histoire de la philosophie, le début riche et puissant, mais enfin le début de l'esprit humain, et que l'esprit humain répugne d'abord au scepticisme. Par conséquent le dogmatisme a dû prévaloir dans l'Inde, et le scepticisme n'a dû y trouver qu'une assez faible place. Voilà ce que dit le raisonnement; c'est aussi ce que disent les faits.

C'est une opinion indienne fort accréditée que l'univers, que les sens nous montrent, n'existe réellement pas et n'est qu'une illusion; aussi l'illusion, Maya, est le nom que l'on donne au monde. La seule question agitée par les critiques est de savoir à quelle école cette opinion appartient. M. Colebrooke ne l'a trouvée ni dans les aphorismes primitifs de Vyasa ni dans les commentaires de Sankara, mais il déclare qu'on la rencontre souvent dans les traités élémentaires et dans les commentaires de second ordre. Étrangère au Védanta original, elle s'est glissée dans ses branches dérivées et postérieures [1]. Le scepticisme, en effet, est

---

1. Colebrooke, *ibid.*, p. 377.

un fruit tardif de la réflexion; il suppose bien des systèmes dont il est la négation.

Le scepticisme une fois né, il est difficile de l'arrêter et de lui faire sa part, comme dit M. Royer-Collard. Voilà pourquoi, dans l'Inde même, après avoir révoqué en doute l'autorité des sens et nié l'existence réelle de leurs objets, on en est venu à nier jusqu'à l'existence du moi qui réfléchit et qui doute. Ajoutons que, dans l'Inde, comme plus tard dans notre Occident, c'est une école théiste qui a nié l'existence du monde et une école sensualiste et athée qui a nié l'existence de l'âme. Cela n'est pas sans intérêt à constater pour l'histoire de la filiation des systèmes.

M. Colebrooke ne nous apprend pas seulement qu'une école védantique, sinon le Védanta lui-même, fait du monde une illusion, il nous apprend aussi que le Sankhya de Kapila rejette l'existence du moi. Et à l'appui de cette opinion il invoque la Karika[1], un des monuments les plus célèbres du Sankhya. Voici, selon la Karika, la vérité définitive, la vérité absolue, la vérité unique : « Je ne suis pas; ni moi, ni rien qui soit mien n'existe [2]. » C'est là, ce semble, un assez grand

1 Sur la Karika, et le grand ouvrage de M. Wilson, voyez plus haut, p. 56, la note.

2. Citons textuellement Colebrooke, *ibid.*, p. 259 : *Neither I am, nor is aught mine, nor I exist.* Voilà bien la *Maya* indienne étendue jusque sur l'âme, et le moi révoqué en doute aussi bien que le monde l'avait été précédemment. M. Wilson (*The Sankhia karika*, p. 178-181) est le premier qui ait contesté l'exactitude de la traduction de Colebrooke et celle des conclusions que nous en avons tirées : il prétend que partout où Colebrooke a mis *je n'existe pas*, il faut mettre *je n'agis pas*; en sorte que ce passage du Sankhya nie seulement l'acti-

scepticisme. Toutefois je m'empresse de vous rappeler que ce n'est là qu'une phrase de la Karika, que des phrases isolées ne constituent pas un système, et que l'illustre indianiste sur lequel nous nous appuyons ne parle d'aucune école indienne qui soit positivement sceptique.

Mais s'il y a eu peu de scepticisme dans l'Inde, le mysticisme y surabonde. Essayons de déterminer, autant qu'il est possible, l'origine de ce mysticisme, pour en bien comprendre la nature.

Le Sankhya compte des branches aussi nombreuses et aussi diverses que le Védanta. Vous connaissez le Sankhya de Kapila, qui pousse l'indépendance jusqu'à

vité de l'âme et nullement son existence, et qu'au lieu de voir là du scepticisme, il y faut voir au contraire la glorification de l'existence substantielle de l'âme retirée en elle-même, dégagée de toute participation active (*any active participation*) aux joies et aux peines de l'existence humaine. On pense bien que nous ne braverons pas le ridicule d'avoir une opinion entre les deux illustres indianistes. Remarquons seulement que les divers commentaires sur lesquels s'appuie M. Wilson sont loin de s'accorder entre eux. Par exemple, le commentaire de Gaurapada entend avec Colebrooke qu'il n'est pas question de l'action seule, qu'il s'agit bien de l'existence, mais de l'existence individuelle et personnelle : « *Neither I exist*, dit Gaurapada, *That is, exempt from egotism.* » Le scepticisme ne tomberait alors que sur l'individualité, mais ce serait toujours du scepticisme, un scepticisme au rebours de celui de Hume, qui conserve les phénomènes de l'âme et ne nie que leur substance, comme d'ailleurs toute substance. Il ne serait pas difficile de ramener à cette interprétation de Gaurapada celle des autres commentaires et celle de M. Wilson lui-même ; car l'action étant le signe et l'attribut fondamental de l'individualité, qui met l'une en doute y met aussi l'autre, et ne laisse subsister qu'un être en soi, une pure substance, une entité indéterminée, vide de toute individualité et de toute activité. — Nous regrettons que notre savant ami, l'hétérodoxie, l'hétérodoxie jusqu'à l'impiété, et qui, sensualiste dans ses principes, aboutit au fatalisme, au matérialisme, à l'athéisme, et y aboutit le sachant et le voulant. Mais le Sankhya a produit beaucoup d'autres écoles, une entre autres qui, partie du Sankhya, c'est-à-dire du tronc de l'hétérodoxie, soit par lassitude du triste dogmatisme du sensualisme, soit par toute autre cause, est allée se rattacher, avec le temps, à l'ancienne orthodoxie, à la philosophie Védanta, à la Mimansa et aux Védas; qui même, tombant d'un excès dans un autre, comme fait toujours l'humanité, s'est ralliée à ce qu'il y a de moins philosophique dans l'Inde, aux Pouranas; de là la phi-

M. B. Saint-Hilaire, ne tenant aucun compte de la traduction de Colebrooke et exagérant encore l'opinion de M. Wilson, ait vu ici le triomphe du plus pur spiritualisme, l'âme se distinguant, non pas de son individualité comme le veut Gaurapada, non pas de son activité comme le veut M. Wilson avec plusieurs commentateurs, mais de l'action de la nature extérieure. M. Saint-Hilaire entend que « en voyant la nature agir comme elle fait, l'âme se dit : ce n'est pas moi qui agit, toute cette activité n'est pas la mienne, tout cela n'est pas moi. » Il traduit en conséquence : « La science absolue consiste à se dire : je ne suis pas cela; ce n'est pas à moi, ce n'est pas moi. » Interprétation nouvelle et extraordinaire, en opposition avec l'idée de la science parfaite telle que la recommande et se la représente la philosophie indienne. Dans l'Inde, se séparer de la nature et lui dire : Tu n'es pas moi, à la façon du stoïcisme, est le commencement de la sagesse, ce n'en est pas le terme. La suprême sagesse, la science définitive, absolue, unique, que proclame ici la Karika, est d'un bien autre ordre et elle exige bien plus: elle commande à l'âme, si elle aspire au parfait repos, à la délivrance anticipée des liens qui l'attachent au monde, de se séparer de sa propre activité, de son individualité, et de s'absorber le plus possible dans le néant de la pure substance : cet anéantissement est dans l'Inde le plus haut, le dernier précepte de la philosophie.

losophie Sankhya-pouranika. Cette école ne vous représente-t-elle pas ce moment du développement de l'esprit humain, où, après la lutte de deux dogmatismes et une apparition plus ou moins considérable de scepticisme, l'âme, ne pouvant plus croire aux folies de l'idéalisme et du sensualisme, mais ayant toujours besoin de croire, se rejette alors, pour croire au moins quelque chose, sous l'ancienne orthodoxie fixe et régulière? Quoi qu'il en soit, et sans nous arrêter au Sankhya-pouranika encore trop peu connu, je veux vous entretenir d'une autre école célèbre qui vient également du Sankhya, mais qui en rejette le fatalisme, le matérialisme et l'athéisme, à savoir, l'école Sankhya de Patandjali, que je vous ai déjà signalée.

Cette école est théiste, mais quel est ce théisme nouveau? Sommes-nous enfin arrivés à la véritable philosophie, à celle qui sera assez sage pour n'être pas sensualiste et assez sage aussi pour ne pas tomber dans le mysticisme? Hélas! non. Car je lis dans M. Colebrooke que le théisme de Patandjali est un fanatisme absurde [1]. La philosophie Sankhya de Patandjali est contenue dans une collection appelée *Yoga-Soutras* et divisée en quatre livres. Premier livre, *sur la contemplation*; second livre, *sur les moyens d'y parvenir*; troisième livre, *sur l'exercice de pouvoirs supérieurs*; quatrième livre, *sur l'extase* [2]. Rien de plus clair:

1. Colebrooke, *ibid.*, p. 235.
2. Colebrooke : *spiritual insulation*, la réduction de l'esprit à lui-même. C'est bien à peu près l'extase, sauf le mot technique qui manque, à ce qu'il paraît, à la philosophie indienne. Il était réservé à la

voilà bien le mysticisme, avec ce qu'il a de bon, le théisme, mais aussi avec ce qu'il a de plus extravagant, la substitution de l'extase aux procédés réguliers du raisonnement et la prétention à des pouvoirs surhumains.

Mais nous avons ici mieux que la rapide analyse de M. Colebrooke, nous possédons un monument patandjali, le Bhagavad-Gita.

M. Guillaume de Humboldt est le premier, je crois, qui, en 1826, dans sa profonde analyse du Bhagavad-Gita, soupçonna que cet ouvrage pouvait bien appartenir au Sankhya de Patandjali. Ce simple soupçon de M. de Humboldt est devenu une certitude, au moins pour nous; car aujourd'hui, grâce aux mémoires de M. Colebrooke, nous avons entre les mains tous les systèmes de la philosophie indienne; or, le Bhagavad-Gita en renferme un qui ne nous paraît s'accorder parfaitement avec aucun de ceux que nous retrace M. Colebrooke, sinon avec le Sankhya de Patandjali.

Le Bhagavad-Gita [1] est un épisode du Mahabharata, immense épopée nationale, dont le sujet est la querelle des Kourous et des Pandous, deux branches de la même famille, dont l'une, après avoir été chassée par l'autre, entreprend de rentrer dans sa patrie et d'y

---

philosophie grecque, qui la première a introduit la psychologie dans la science philosophique, de bien étudier ce fait extraordinaire, de le décrire, et de le marquer d'un terme spécial et caractéristique. Voyez plus bas, leçon IV, école d'Alexandrie, etc.

1. Nous avons déjà fait connaître l'esprit du *Bhagavad-Gita*, INTRODUCTION A L'HISTOIRE DE LA PHILOSOPHIE, leçon III.

rétablir son autorité. Dieu est pour l'ancienne race exilée, les Pandous, et il protége leur représentant, le jeune Ardjouna ; il l'accompagne, sans que celui-ci sache quel est ce Crishna qui est avec lui sur son char et lui sert presque d'écuyer. L'épisode du Bhagavad-Gita prend l'action au moment où Ardjouna arrive sur le champ de bataille. Avant de donner le signal du combat, Ardjouna contemple les rangs ennemis, il n'y trouve que des frères, des parents, des amis, auxquels il doit faire mordre la poussière pour arriver à l'empire ; et à cette idée il tombe dans une mélancolie profonde ; il déclare à son compagnon qu'à ce prix l'empire et l'existence même n'ont pour lui aucun charme ; car que faire de l'empire et de la vie, quand ceux avec lesquels on voudrait partager l'empire et passer sa vie ne seront plus ? Il est prêt à abandonner son entreprise. Son impassible compagnon le gourmande, et lui rappelle qu'il est Shatrya, de la race des guerriers, que la guerre est son office, son devoir, et que non-seulement s'il recule il perd l'empire et la vie, mais l'honneur. Ces raisons ne paraissent pas faire une grande impression sur l'âme d'Ardjouna. Son mystérieux ami le prend alors de plus haut, et pour le décider à se battre, il lui expose un système de métaphysique. Un traité de métaphysique, avant une bataille, en dix-huit leçons, sous la forme d'un entretien entre Ardjouna et son compagnon Crishna, tel est le Bhagavad-Gita. Ce curieux monument a été traduit en anglais, en 1785, par Wilkins, et cette traduction est fort estimée. En 1787, elle a été traduite elle-même de l'anglais en français par l'abbé Parraud. En 1823, M. Guillaume Schlegel a publié de nouveau le texte déjà imprimé dans l'Inde, et il en a donné pour la première fois une traduction latine parfaitement littérale. C'est sur cette traduction, soigneusement confrontée avec les remarques critiques de M. de Chezy [1], que je m'appuie constamment dans l'analyse philosophique que je vais vous présenter du Bhagavad-Gita. Je le suivrai pas à pas, mais je ne le considérerai que par rapport au but qui m'importe, le développement des divers points de vue du mysticisme. J'appelle surtout votre attention sur la suite et le progrès de ces points de vue. Voyez comme l'esprit humain débute presque toujours bien, comment il dévie peu à peu de la bonne route, et finit par s'enfoncer dans les plus tristes extravagances.

Le propre de tout mysticisme est de se séparer de la science, de détourner de toute étude régulière, et d'attirer à la pure contemplation. Aussi le divin précepteur d'Ardjouna lui parle-t-il avec dédain des connaissances qu'on peut acquérir par les livres; il lui parle même fort légèrement des livres sacrés, des Védas. Il se moque de la loi religieuse qui recommande mille cérémonies et promet des récompenses dans un autre monde [2]. Il attaque les subtilités théologiques [3] aux-

---

1. *Bhagavad-Gita, id est* θεσπέσιον μέλος, *sive almi Crishnæ et Ardjunæ colloquium de rebus divinis, Baratheæ episodium recensuit...* A.-G. Schlegel, Bonnæ, 1823. — Article de M. de Chezy, *Journal des Savants*, 1825, janvier, p. 37.

2. Schlegel, p. 136. « Rituum varietate abundantem... sedem apud « superos finem honorum prædicantes... »

3. *Ibid.*, p. 137. « Quando mens tua prestigiarum ambages exsu-

quelles l'interprétation de la loi donne naissance. Il traite d'insensés ceux qui s'en tiennent à la lettre des Védas et prétendent qu'il n'y a point de certitude ailleurs [1]. Il va jusqu'à dire que les livres saints eux-mêmes, comme les autres livres, ne sont bons qu'à celui qui n'est pas capable de la véritable contemplation, et que, lorsqu'on est arrivé à la contemplation, les livres saints sont tout à fait inutiles. « Autant un puits, une citerne, avec ses eaux plus ou moins stagnantes, est inutile quand on a sous sa main une source vive, autant tous les livres sacrés sont inutiles au vrai théologien [2], » c'est-à-dire au théologien mystique et inspiré.

Voilà donc la guerre déclarée aux livres, à la théologie, à la science, à l'emploi méthodique et régulier de nos moyens de connaître. Tels sont en quelque sorte les prolégomènes du mysticisme : voici maintenant en langage occidental sa psychologie. Déjà son caractère s'y manifeste davantage.

Le Bhagavad-Gita enseigne expressément que, dans la hiérarchie des facultés humaines, l'âme est au-dessus

---

« peraverit, tunc pervenies ad ignorantiam omnium quæ de doctrina
« sacra disputari possunt vel disputata sunt; subtilitatum theologica-
« rum quando incuriosa mens tua steterit manetque in contempla-
« tione, tunc devotio tibi obtinget. »

1. Schlegel, p. 136. « Insipientes librorum sacrorum dictis gau-
« dentes, nec ultra quidquam dari affirmantes. »

2. C'est ainsi du moins que nous entendons cette phrase de la traduction de Schlegel, p. 136-137 : « Quot usibus inservit puteus, aquis
« undique confluentibus, tot usibus præstant universi libri sacri theo-
« logo prudenti. »

de la sensibilité, qu'au dessus de l'âme est l'intelligence, et qu'il y a quelque chose encore au-dessus de l'intelligence, l'être [1]. Mais l'être au-dessus de l'intelligence, c'est l'être sans intelligence, c'est l'être pur, la substance, sans attribut intelligible comme sans attribut sensible, puisque l'être est au-dessus de la sensibilité comme au-dessus de la pensée : c'est donc d'abord une abstraction, car toute substance ne nous est pas plus donnée sans attributs qu'un attribut ne nous est donné sans sujet; ensuite une substance sans attribut essentiel est une substance qui se prête également à tous les attributs possibles, qui admet parmi ses attributs la matière aussi bien que l'esprit, et peut servir de sujet à tous les phénomènes indistinctement [2]: Tout ceci vous semble assez peu important, peut-être. Poursuivons, et ce qui vous a semblé obscur ou indifférent en psychologie va grandir et s'éclaircir en morale. Si dans l'ordre intellectuel la contemplation est supérieure à l'emploi de la raison, si l'être en soi est supérieur à la pensée, il s'ensuit que dans l'ordre moral ce qui répond le mieux à la contemplation pure et à l'état d'être en soi, à savoir, l'inaction et l'inaction absolue, devra être supérieur à l'action. Ainsi rien n'est moins indifférent que ce qui se passe sur les hauteurs de la métaphysique; c'est là que sont les prin-

1. Schlegel, p. 142. « Sensus pollentes, sensibus pollentior animus, « anima autem pollentior mens ; qui vero præ mente pollet, is est. »
2. Nous avons bien souvent établi tous ces points; voyez les Premiers Essais, *passim*, et particulièrement du Vrai, du Beau et du Bien, leçon v, *du Mysticisme*.

cipes de tout le reste ; c'est de là que, par une pente cachée, mais irrésistible, dérivent en morale les résultats les plus admirables ou les plus absurdes. Suivez la série des conséquences étranges mais nécessaires où conduit dans la pratique le plus ou le moins d'importance donnée en psychologie à la substance en soi ou à la pensée.

Tout commence toujours bien, et le précepteur d'Ardjouna ne lui recommande pas d'abord l'inaction, ce qui choquerait le sens commun et les mâles habitudes du jeune Shatrya ; mais il lui recommande d'agir avec pureté, sans rechercher les avantages de son action, et par la simple considération du devoir, arrive ensuite que pourra. Rien de mieux assurément que le désintéressement et la pureté ; mais le chemin est glissant, car la pureté est modeste, elle doit fuir toutes les occasions de chute ; et comme on n'est jamais plus sûr de ne pas mal agir qu'en n'agissant point, bientôt on va du désintéressement à l'abstinence, et de l'abstinence à l'inertie. Aussi, après avoir recommandé à Ardjouna d'agir sans considérer les résultats de l'action, bientôt Crishna lui présente, comme l'idéal de la sagesse humaine, l'inaction dans l'action [1], et il nous semble lire un chapitre de Lao-Tseu. Mais le philosophe indien va plus loin que le philosophe chinois. Vous allez en juger.

Puisqu'il faut agir en ce monde, il faut agir au

---

1. Schlegel, p. 144. « Qui in opere otium cernit et in otio opus, is « sapit inter mortales. »

moins comme si on n'agissait pas, et cultiver surtout la vie contemplative, bien supérieure à la vie active ; car « les œuvres sont inférieures à la dévotion, à la foi [1]. » Cette maxime est déjà très-grave ; cependant on peut l'absoudre encore. En effet, on peut dire qu'une action n'a de valeur morale qu'autant qu'elle est faite en vue du bien, avec la volonté et la connaissance du bien, avec la foi au bien : autrement c'est une action matérielle, utile ou nuisible, mais sans mérite. La foi est donc le principe de l'action morale ; c'est la force et la profondeur de l'une qui mesure la bonté de l'autre ; elle lui est donc supérieure. Dans ce sens, et avec les réserves nécessaires, il ne serait pas absurde de soutenir que la foi est supérieure aux œuvres. Mais le mysticisme ne s'arrête pas là ; il élève tellement la foi au-dessus des œuvres, qu'il avilit les œuvres et en inspire le dédain. « En ce monde, le véritable dévot dédaigne toute action. » Quoi ! toute action, les bonnes comme les mauvaises, la vertu véritable comme la fausse ? Oui, en ce monde le vrai dévot dédaigne toutes les actions, « les bonnes aussi bien que les mauvaises [2]. » Nous voilà donc arrivés au mépris des œuvres. Une fois là, la pente est rapide vers toutes les folies, et les folies les plus perverses. De l'indifférence des œuvres et du prix absolu de la foi sort ce principe, que pour être clair et bref je mets encore ici en langage de l'Occident : La foi sans les

---

1. Schlegel, p. 137. « Longe inferiora sunt opera devotione mentis. »
2. *Ibid.*, p. 137. « Mente devotus in hoc œvo utraque dimittit, bene « et male facta. »

œuvres sanctifie et béatifie l'âme. Premier principe ; en voici un second qui sort du premier : Quand la foi est entière, elle sanctifie et béatifie, non plus seulement sans les œuvres, mais malgré les œuvres ; et si la foi est tout, si Dieu ne tient compte que de la foi et dédaigne toute action, il s'ensuit que les actions bonnes lui sont aussi indifférentes que les mauvaises, et que les mauvaises mêmes, si elles sont faites avec mépris pour elles, ne lui sont pas plus désagréables que les bonnes, et qu'enfin avec la foi on peut arriver à la sainteté et à la béatitude, malgré le péché. Je n'invente pas, je traduis. Écoutez Crishna : « Celui qui a la foi a la science, et celui qui a la science et la foi atteint, par cela seul, à la tranquillité suprême [1]... » « Celui qui a déposé le fardeau de l'action dans le sein de la dévotion, et qui a tranché tous les doutes avec la science, celui-là n'est plus retenu dans les liens des œuvres [2]. » « Fusses-tu chargé de péchés, tu pourras passer l'abîme dans la barque de la sagesse. Sache, Ardjouna, que, comme le feu naturel réduit le bois en cendres, ainsi le feu de la vraie sagesse consume toute action [3]. » « Je suis le même pour tous les êtres ; nul n'est digne de mon

---

1. Schlegel, p. 145. « Qui fidem habet, adipiscitur scientiam ; huic « intentus... ad summam tranquillitatem pervenit. »

2. *Ibid.*, p. 146. « Eum qui in devotione opera sua deposuit, qui « scientia dubitationem discidit spiritalem, non constringunt vinculis « opera. »

3. *Ibid.*, p. 145. « Si vel maxime omnibus peccatis sis contamina- « tus, universalis scientiæ saltu tamen infernum trajicies ; deinde ut « ligna accensus ignis in cinerem vertit, o Ardjuna ! pariter scientiæ « ignis omnia opera in cinerem vertit. »

amour ou de ma haine ; mais ceux qui me servent sont en moi comme je suis en eux. Le plus criminel, s'il me sert sans partage, est purifié et sanctifié par là [1]. »

Il ne manque à ce mysticisme qu'une dernière conséquence, le dogme de la prédestination, destructif de toute liberté et de toute moralité. Il est dans le Bhagavad-Gita : « Le présomptueux se croit l'auteur de ses actions; mais toutes les actions viennent de la force et de l'enchaînement nécessaire des choses [2]. » Un sort irrésistible destine les uns au bien, les autres au mal, à la vertu ou au vice, à la vérité ou à l'erreur, au bonheur ou à l'infortune [3]. Tous les hommes naissent sous l'empire de l'une ou de l'autre de ces deux destinées. Aussi comme tout ici bas n'est qu'une loterie, et qu'on n'est jamais sûr, avec les meilleures intentions du monde, d'avoir reçu un bon billet, Ardjouna frémit (et en effet le moment était solennel, on allait livrer bataille); il regarde avec effroi son singulier interlocuteur, qui, d'un regard puissant et serein, le rassure en lui disant : « Rassure-toi, Pandou, car tu es né sous la bonne destinée [4]. »

---

1. Schlegel, p. 160. « Æquabilis ego erga omnia animantia; nemo
« mihi est vel invisus vel carus; at me qui colunt religiose, insunt mihi
« et ego iis insum. Si vel admodum facinorosus me colit cultu non
« aliorsum distracto, is probus est æstimandus, is utique recte com-
« positus. »

2. *Ibid.*, p. 141. « Naturæ qualitatibus peraguntur omni modo opera;
« sua fiducia qui fallitur, eorum seipsum auctorem esse arbitratur. »

3. *Ibid.*, p. 178-179.

4. *Ibid.*, p. 177. « Noli mœrere! divina sorte natus tu es, o Panduida! »

Le résultat de cette théorie morale est un absolu quiétisme, une complète indifférence, le renoncement à l'action et à la vie ordinaire, et l'immobilité dans la contemplation. « Délivré de tout souci de l'action, le vrai dévot, reste tranquillement assis dans la ville à neuf portes (le corps), sans remuer lui-même et sans remuer les autres [1]. » Il se recueille en soi, « comme une tortue qui se retire en elle-même [2] ; » il « est comme une lampe solitaire qui brûle paisiblement à l'abri de toute agitation de l'air [3] ; » « ce qui est la nuit pour les autres est la veille du sage, et la veille des autres est sa nuit [4]. »

Telle est la vraie sagesse, la vraie dévotion, la vraie sainteté qui se termine à l'union avec Dieu. Aussi on appelle ce système yoga (union), et yogui celui qui le pratique. Le véritable yogui est mouni et sannyassi, c'est-à-dire solitaire et anachorète. Parmi les attributs de la sagesse est le parfait détachement de toute affection pour quoi que ce soit, pour sa femme et pour ses enfants ; il n'est pas même question de patrie. L'yogui est indifférent à tout. « Le brahme plein de sagesse et de vertu, le bœuf, l'éléphant, le chien et

---

1. Schlegel, p. 177. « Cunctis operibus animo dimissis commode « sedet temperans mortalis in urbe novem portis instructa, neque ipse « agens nec agendi auctor. »

2. *Ibid.*, p. 138. « Sicuti testudo. »

3. *Ibid.*, p. 150. « Sicuti lucerna citra venti impetum posita, haud « vacillat. » (La traduction française est de M. de Chezy.)

4. *Ibid.*, p. 138. « Quæ nox est cunctis animantibus, hanc pervigilat « abstinens; qua vigilant animantes, hæc est nox verum intuentis « anachoretæ. »

l'homme, tout est égal au sage [1]. » En effet, quel est
le seul exercice du sage ? La contemplation, la contemplation de Dieu. Et quel est ce Dieu ? Nous l'avons vu,
l'abstraction de l'être. Mais l'abstraction de l'être,
sans attribut fixe, se réalise tout aussi bien dans un
chien que dans un homme ; car il y a de l'être dans
tout, a dit Leibnitz, et il y en a dans une motte de
terre comme dans l'âme du dernier des Brutus. L'indifférence de l'yogui est donc très-conséquente ; il ne
cherche que Dieu, mais il le trouve également dans
tout. Seulement, pour le trouver dans toutes choses,
ce n'est que la substance des choses, l'être pur qu'il
faut considérer ; et comme le but de la contemplation
est de s'unir à Dieu, le moyen d'arriver à cette union
est de lui ressembler le plus possible, c'est-à-dire de se
réduire soi-même à l'être pur, par l'abolition de toute
pensée, de tout acte intérieur ; car la moindre pensée,
le moindre acte détruirait l'unité en la divisant, modi-
fierait et altérerait la substance de l'âme. Cet état d'absorption artificielle de l'âme en elle-même, cette suppression de toute modification interne et externe, et par
conséquent de la conscience, et par conséquent encore
de la mémoire, c'est la fin de la contemplation ; c'est
où tend l'yogui ; il aspire à s'anéantir en Dieu [2]. Or il y
a des moyens, et même des moyens physiques d'arriver
à cet anéantissement. Je ne veux pas entrer ici dans

---

1. Schlegel, p. 147. « In brachmane doctrina et modestia prædito,
« in bove, in elephante, tunc etiam in cane atque homine qui canina
« carne vescitur, sapientes idem cernunt. »

2. *Ibid.*, p. 148. « Devotus ad exstinctionem in numine pervenit. »

toutes les prescriptions qui sont dans le Bhagavad-Gita; je vous signalerai seulement la dernière, qui est de retenir même son souffle [1], et de se contenter de prononcer, je me trompe, de murmurer le mot ou plutôt le simple monosyllabe mystique *Om,* qui représente l'idée même de Dieu.

L'interlocuteur d'Ardjouna, après l'avoir ainsi préparé et développé en lui le sens de la contemplation divine, rejette enfin les voiles qui l'entouraient, et alors ce n'est plus un écuyer, un compagnon, un ami, c'est Dieu lui-même qui se révèle au héros Ardjouna. Mais, puisque Dieu est l'être en soi sans attribut fixe, il s'ensuit qu'il est en tout et que tout est en lui ; qu'il est tout et que tout est lui, et qu'il a mille et mille formes. Il les révèle à Ardjouna. Il se montre successivement à lui comme créateur, comme conservateur, comme destructeur ; il se montre comme esprit et il se montre comme matière ; il se manifeste dans les plus grandes choses et dans les plus petites, dans les plus saintes et dans les plus grossières. De là, dans le Bhagavad-Gita, une énumération dithyrambique des qualités de Dieu ; énumération qui se déroule presque sans fin avec le grandiose naïf de la poésie orientale, et dont la longueur, la monotonie à la fois et la variété ne produisent d'abord qu'un admirable effet poétique, mais qui,

---

[1]. Schlegel, p. 149. « Devotus... In regione pura figens sibi sedem
« stabilem... ibi animo in unum intento, coercitis cogitationibus, sen-
« sibus actibusque... æquabiliter corpus, caput cervicemque sustinens,
« firmus, intuens nasi sui apicem... »

bien étudiées, trahissent le principe philosophique du Bhagavad-Gita. Crishna, pour dire tout ce qu'il est, est bien obligé d'être long, car il est toutes choses. Cependant il faut bien qu'il choisisse, et je choisirai moi-même.

« Je suis l'auteur de la création et de la dissolution de l'univers[1]. Il n'y a aucune chose plus grande que moi, Ardjouna, et toutes dépendent de moi, comme les perles du cordon qui les retient. Je suis la vapeur dans l'eau, la lumière dans le soleil et dans la lune, l'invocation dans les Védas, le son dans l'air, l'énergie masculine dans l'homme, le doux parfum dans la terre, l'éclat dans la flamme, la vie dans les animaux, le zèle dans le zélé, la semence éternelle de toute la nature; je suis la sagesse du sage, la puissance du puissant, la gloire de celui qui a de la gloire... Dans les êtres animés, je suis l'amour chaste[2]... »

« Je suis le père[3] de ce monde, et j'en suis la mère, le grand-père et le tuteur; je suis la doctrine secrète, l'expiation, le saint monosyllabe, les trois livres des Védas; je suis le guide, le nourricier, le maître, le témoin, le domicile, l'asile, l'ami;... je suis la source de la chaleur et celle de la pluie; j'ai dans ma main l'ambroisie et la mort; je suis l'être et le néant. »

« Je[4] suis le commencement, le milieu et la fin de

---

1. Nous avons revu et corrigé la traduction française de Parraud sur la traduction latine de Schlegel, p. 153.
2. D'après Wilkins et M. de Chezy, contre Schlegel.
3. *Ibid.*, p. 159.
4. *Ibid.*, p. 162.

toutes choses. Parmi les dieux, je suis Vishnou, et le soleil parmi les astres... Parmi les livres sacrés, je suis le livre des cantiques... Dans le corps je suis l'âme, et dans l'âme l'intelligence... Je suis Mérou parmi les montagnes; parmi les prêtres je suis leur chef; parmi les guerriers je suis Skanda, et parmi les mers l'Océan... Je suis le monosyllabe parmi les mots; parmi les adorations, je suis l'adoration silencieuse, et parmi les choses immobiles, la montagne Himâlaya. De tous les arbres, je suis le figuier sacré...; Kapila[1], parmi les sages... (suit une énumération qu'il suffit d'indiquer : parmi les chevaux...; parmi les éléphants...; parmi les rochers...; parmi les serpents...; parmi les poissons...; parmi les oiseaux...); et parmi les rivières, je suis le Gange... De toutes les sciences, je suis celle qui enseigne à régler l'esprit, et dans l'orateur je suis l'éloquence. Parmi les lettres je suis A, et parmi les mots composés je suis le lien. Je suis le temps éternel; je suis le conservateur dont la face est tournée de tous côtés; je suis la mort qui engloutit tout; je suis le germe de ceux qui ne sont point encore. Parmi les choses féminines, je suis la fortune, la renommée, l'éloquence, la mémoire, la prudence, la vaillance, la patience; parmi les hymnes, je suis le grand hymne, et parmi les mesures harmonieuses je suis la première[2]. Parmi les mois, je suis le mois où se montre la constellation de

---

1. Preuve manifeste que le *Bhagavad-Gita* relève du Sankhya de Kapila.

2. Texte obscur.

la tête de l'antilope, et parmi les saisons, le printemps ; parmi les divertissements, je suis le jeu ; parmi les choses illustres, je suis la gloire, je suis la victoire, je suis l'art, je suis la force. Dans la race des Vrishnidas, je suis Vasudeva, et parmi les Pandous le brave Ardjouna (son propre interlocuteur) ; parmi les anachorètes Vyasa, et parmi les poëtes Usanasa. Dans les conducteurs, je suis la baguette ; dans les ambitieux, la prudence ; dans le secret, le silence ; dans les savants, la science. Quelle que soit la nature d'une chose, je la suis, et il n'y a rien d'animé ou d'inanimé qui soit sans moi. Mes divines vertus sont inépuisables, et ce que je viens de te dire n'est que pour t'en donner une faible idée. Il n'y a rien de beau, d'heureux et de bon qui ne soit une partie de ma gloire. Enfin qu'est-il besoin, ô Ardjouna, d'accumuler tant de preuves de ma puissance ? un seul atome émané de moi a produit l'univers, et je suis encore moi tout entier[1]. »

« Je ne puis être vu tel que tu viens de me voir par le secours des Védas, par les mortifications, par les sacrifices, par les aumônes[2].

« Mets ta confiance en moi seul ; sois humble d'esprit, et renonce au fruit des actions. La science est supérieure à la pratique, et la contemplation est supérieure à la science[3]. »

---

1. Cette phrase est de M. de Chezy (*ibid.*). Parraud, d'après Wilkins : « J'ai fait cet univers avec une portion de moi-même, et il « existe encore. » Schlegel ; « Stabilito ego hoc universo singula mei « portione requievi. »

2. *Ibid.*, p. 169.

3. *Ibid.*, p. 170.

«... Celui-là d'entre mes serviteurs est surtout chéri de moi, dont le cœur est l'ami de toute la nature... que les hommes ne craignent point, et qui ne craint point les hommes. J'aime encore celui qui est sans espérance, et qui a renoncé à toute entreprise humaine. Celui-là est également digne de mon amour, qui ne se réjouit et ne s'afflige de rien, qui ne désire aucune chose, qui est content de tout, qui, parce qu'il est mon serviteur, s'inquiète peu de la bonne et de la mauvaise fortune. Enfin celui-là est mon serviteur bien-aimé, qui est le même envers son ennemi et envers son ami, dans la gloire et dans l'opprobre, dans le chaud et dans le froid, dans la peine et dans le plaisir; qui est insouciant de tous les événements de la vie, pour qui la louange et le blâme sont indifférents, qui parle peu, qui se complaît dans tout ce qui arrive, qui n'a point de maison à lui, et qui me sert d'un amour inébranlable. »

Tel est le Bhagavad-Gita, monument du plus haut prix, et qui renferme tout le mysticisme indien. Mais non, il ne le renferme pas tout entier, car on y chercherait en vain les pires extravagances que le mysticisme porte dans son sein, et auxquelles est incontestablement arrivé le Sankhya de Patandjali, je veux parler des pouvoirs supérieurs à l'humanité et de leurs merveilleux effets que contient le troisième livre des yoga-soutras. L'yoguisme consiste à préférer la contemplation à la science, l'inaction à l'action, la foi aux œuvres, à se confier dans la prédestination, à ne chercher dans toutes choses que Dieu, et en même temps à voir Dieu en toutes choses, dans les moindres comme dans les plus grandes, dans la matière comme dans l'esprit, enfin à tendre à l'union la plus intime avec Dieu. La récompense de cette union, c'est l'exemption des conditions ordinaires de l'existence, c'est l'élévation de l'humanité à un degré plus haut dans l'échelle des êtres, c'est la conquête d'une puissance supérieure. « Cette puissance, dit Colebrooke[1] auquel nous revenons ici, consiste à pouvoir prendre toutes les formes, une forme si petite, si subtile, qu'elle puisse traverser tous les autres corps ; ou à pouvoir prendre une taille gigantesque, à s'élever jusqu'au disque du soleil, à toucher la lune du bout du doigt, à plonger et à voir dans l'intérieur de la terre et dans l'intérieur de l'eau. Elle consiste à changer le cours de la nature, et à agir sur les choses inanimées comme sur les choses animées. » Cette puissance, on le voit, c'est la magie. La magie est sans doute un produit naturel de l'imagination orientale, et elle se retrouve dans beaucoup d'autres sectes religieuses et philosophiques de l'Inde ; mais elle domine dans le Sankhya de Patandjali, elle est propre à l'yoguisme ; c'est pourquoi, dans tous les drames, dans tous les contes populaires où se trouvent des sorciers, tous les sorciers sont des yoguistes.

Terminons cette revue des divers systèmes indiens par quelques mots au moins sur la dernière philosophie de l'Inde, si célèbre et encore si peu connue, le boud-

---

1. Colebrooke, *ibid.*, p. 250.

dhisme. Colebrooke lui-même déclare qu'il n'a eu entre les mains aucun des monuments originaux qui en peuvent subsister en sanscrit et dans les dialectes prakrit et pali qui sont les dialectes des djainas et des bouddhistes. Il a puisé tous les renseignements qu'il nous donne dans les réfutations de leurs adversaires, et il pense qu'on peut s'y fier. « Si quand les livres mêmes des bouddhistes auront été traduits, la scrupuleuse exactitude de leurs adversaires, dit M. Abel Rémusat[1], se trouve constatée, ce sera un trait honorable du caractère des Brahmanes, et une singularité dans l'histoire des sectes religieuses et philosophiques. En attendant, une saine critique conseille d'user avec réserve de notions qui ont une telle origine, et de ne pas prononcer définitivement sur des idées qu'on ne connaît que par le rapport de ceux qui ont intérêt à les défigurer. » Si un orientaliste tel que M. Abel Rémusat croit devoir encore garder le silence sur le bouddhisme, combien à plus forte raison une semblable circonspection ne nous est-elle pas imposée ! Nous nous contenterons donc de répéter, d'après Colebrooke, que le bouddhisme sort du Sankhya de Kapila[2]; et tout ce qu'on en dit confirme bien cette origine. Le bouddhisme n'est pas seulement postérieur à toutes les autres doctrines indiennes, mais il est leur ennemi. Il est ouvertement hétérodoxe et rejette l'autorité des Védas; il attaque l'ordre religieux et social du brahmanisme, et on n'a pas dû seulement em-

---

1. *Journal des Savants*, juillet 1828, p. 289.
2. Colebrooke, *ibid.*, p. 103. « The Sankhya philosophy from which the sect of Bouddha seems to have borrowed its doctrines. »

ployer contre lui des arguments comme contre le San-. khya de Kapila, mais l'épée a été tirée, et toute l'école Mimansa, éminemment brahmanique[1], a fait effort pour l'étouffer par le fer et par le feu. La persécution a été si loin que le bouddhisme a dû quitter l'Inde, ou du moins se réfugier dans certaines parties de l'Inde, passer le Gange, entrer dans la presqu'île indo-chinoise et dans la Chine même, où il est devenu, pour quelques habiles, le dernier terme de la philosophie, et pour le peuple une superstition abrutissante[2].

1. Colebrooke : emphatically orthodox.
2. Tout est changé à la fois et rien n'est changé dans la connaissance du bouddhisme, depuis que M. Houghton Hogdson, résident anglais à la cour de Nepaul, a découvert les originaux bouddhiques écrits en sanscrit. C'est de ces ouvrages, généreusement communiqués à la Société asiatique de Paris, que M. Eugène Burnouf a tiré les éléments de sa belle *Introduction à l'histoire du Bouddhisme,* t. Ier, in-4°, 1844. Selon M. Burnouf, le bouddhisme date à peu près de cinq ou six cents ans avant notre ère ; et cette date certaine démontre la haute antiquité des systèmes brahmaniques qui tous avaient nécessairement duré et fleuri bien avant que le bouddhisme fût venu substituer à la vieille religion et à la vieille philosophie de l'Inde une religion et une philosophie d'un ordre, selon nous, très-inférieur. En effet, grâce au savant ouvrage de M. Burnouf, on peut affirmer aujourd'hui que Colebrooke avait raison dans le jugement qu'il a porté de la nouvelle doctrine, que les Brahmanes n'avaient point calomnié les bouddhistes, et que la philosophie qui règne maintenant dans une si grande partie de l'Indo-Chine n'est qu'un rameau dégénéré du Sankhya. Pour l'apprécier, on n'a qu'à lui demander quelle est sa psychologie, car la psychologie est la mesure souveraine de tout système. Voici celle du bouddhisme contenue dans deux propositions que M. Burnouf a lui-même extraites des livres bouddhiques : « 1° la pensée ou l'esprit, car la faculté n'est pas distinguée du sujet, ne paraît qu'avec la sensation et ne lui survit pas ; 2° l'esprit ne peut se saisir lui-même ; et en portant son regard sur lui-même, il n'en retire que la conviction de son im-

Nous ne nous dissimulons pas combien cette leçon sur la philosophie indienne est imparfaite, mais notre guide, M. Colebrooke, ne nous en a pas appris davantage, et avant nous les historiens de la philosophie ou ne tenaient aucun compte de l'Orient ou mêlaient ensemble à tort et à travers la philosophie et la mythologie, déplorable confusion pire encore qu'un absolu silence. Du moins vous avez dû vous convaincre qu'il y a incontestablement dans l'Inde une philosophie différente de la mythologie, et que désormais il est impossible de ne pas la comprendre dans le cadre général de l'histoire de la philosophie, puisque, sérieusement étudiée, cette philosophie embrasse déjà tous les points de vue sous lesquels l'intelligence humaine pourra jamais

---

puissance à se voir autrement que comme successif et passager; deux thèses, ajoute M. Burnouf, dont la seconde n'est que la conséquence de la première, et qui sont radicalement contraires au brahmanisme, dont le premier article de foi est la perpétuité du sujet pensant. » Ainsi le bouddhisme, quelles que soient les apparences, n'est que le panthéisme indien rappelé à ses principes et poussé à ses dernières conséquences, le Sankhya à l'état de religion, c'est-à-dire la superstition fondée sur l'athéisme, des prétentions immenses aboutissant à la doctrine du néant, une sorte d'idéal de notre saint-simonisme, dont l'athéisme, connu des seuls habiles, se masquait aux yeux des faibles sous les dehors d'un culte et d'une hiérarchie sacerdotale qui affectait toutes les formes du christianisme. Dès l'apparition de l'*Introduction* de M. Burnouf, notre conviction fut entière à cet égard, et nous n'hésitâmes point à l'exprimer. Tous les ouvrages publiés depuis, et parmi lesquels il faut mettre au premier rang le grand travail posthume de M. Burnouf, le *Lotus de la bonne loi*, avec ses admirables appendices, n'ont fait que l'accroître, et nous la voyons aujourd'hui partagée par les meilleurs juges. Voyez le *Bouddha* de M. B. Saint-Hilaire, Paris, 1860.

considérer les choses, et qu'elle nous montre sur les bords du Gange et au pied de l'Himalaya, sous leur première forme, à la fois subtile et grossière, les quatre mêmes systèmes que nous allons retrouver en Grèce dans tout leur éclat, puis, plus tard, dans les cloîtres du moyen âge, et dont nous étudierons en détail, au dix-septième et au dix-huitième siècle, en France, en Angleterre et en Allemagne, le dernier et le plus riche développement.

TROISIÈME LEÇON.

PHILOSOPHIE GRECQUE. SES COMMENCEMENTS. SA MATURITÉ.

En Grèce comme dans l'Inde la philosophie sort de la théologie. — Naissance et durée de la philosophie grecque : elle se divise en trois grandes époques qui embrassent douze cents ans. — La première époque se passe dans les colonies grecques, et comprend déjà deux écoles différentes, qui expriment les différents caractères des deux branches principales de la race grecque. — Dans ces deux écoles on étudie surtout la nature, mais on l'y envisage différemment. Commencements de sensualisme et d'idéalisme dans l'école ionienne et dans l'école pythagoricienne ; ils se développent dans l'école d'Élée et dans l'école d'Abdère. — Lutte des deux écoles. Essais de rapprochement : Anaxagore, Empédocle. — Naissance du scepticisme : les Sophistes. Ils transportent la philosophie sur le continent grec et particulièrement à Athènes. — Renouvellement de la philosophie grecque, seconde époque : la psychologie et Socrate. — Philosophie de Socrate. — Cynisme, cyrénaïsme, mégarisme. — Platon réunit ce qu'il y a de mieux dans les systèmes antérieurs, et il a l'air de s'effacer pour ne laisser paraître que Socrate. — De la définition socratique il tire la théorie des idées et la dialectique. — Théodicée, esthétique, morale, politique : partout une tendance idéaliste sagement tempérée. — Aristote. Ses différences générales avec Platon. Pas aussi empirique qu'on le prétend. Explication de sa définition de l'âme, et distinction de l'âme et de l'intelligence, de la ψυχή et du νοῦς. — Théisme d'Aristote : son imperfection. — Aristote plus grand comme physicien et naturaliste que comme mathématicien et astronome. Sa théorie de la formation des idées générales, et son principe qu'il n'y a pas de pensée sans image. — Esthétique, morale, politique. — Tendance sensualiste contenue en de raisonnables limites.

Je vous ai signalé le sensualisme, l'idéalisme, le scepticisme et le mysticisme dans l'Inde, à leur première apparition dans l'histoire. Je me propose aujourd'hui de vous faire assister à leur seconde apparition, en Grèce. Nous aurons cette fois un grand avantage : la Grèce a une chronologie certaine, et les systèmes philosophiques s'y succèdent dans un ordre tout aussi rigoureusement déterminé que les autres phénomènes de la civilisation grecque. Si donc, faute de dates positives, nous attachions moins d'importance à l'ordre dans lequel nous vous présentions les différents systèmes indiens qu'à ces systèmes eux-mêmes, ici, au contraire, nous appellerons surtout votre attention sur l'ordre des systèmes, parce que cet ordre est certain, et parce qu'il contient et peut nous révéler le secret du développement régulier de l'esprit humain dans la philosophie.

Aussi haut que vous remontez dans l'histoire de la Grèce, sans vous enfoncer dans des origines hypothétiques, vous trouvez, autochthone ou venue d'ailleurs à telle ou telle époque, une population une sans doute mais composée de tribus très-différentes; vous y trouvez une même langue, une dans ses racines et dans ses formes générales, mais riche de plusieurs dialectes importants; enfin vous y trouvez une religion qui se divise dans une foule de cultes locaux. Ces cultes, répandus sur un territoire peu vaste, le vivifient, président à la formation des villes, des arts de tout genre, des gouvernements tour à tour républicains ou monarchiques, et remplissent les siècles fabuleux et héroïques de la Grèce. Une haute vénération environne les ministres de ces cultes; mais ces ministres ne forment pas un corps, une hiérarchie, un monde à part. De même il y a des traditions sacrées sur lesquelles reposent les divers sacerdoces, mais ces traditions ne sont point déposées dans un livre révélé, qui soit là toujours et partout pour rappeler l'autorité des dogmes à quiconque serait tenté de s'en écarter. Il n'y a point eu de Védas en Grèce, et cette circonstance, trop peu remarquée, a été une des raisons les plus puissantes du rapide développement de l'esprit de recherche indépendante. Aussi le temps qui, dans la Grèce, correspondrait à peu près au règne des Védas dans l'Inde, est très-court; on l'aperçoit à peine dans l'histoire, et il fait place très-promptement à d'autres temps déjà plus historiques, où commence à paraître une sorte d'interprétation théologique qui représenterait assez bien en Grèce l'école Mimansa de l'Inde, et à la tête de laquelle est Orphée, *le théologien*, ὁ θεόλογος. Orphée est le fondateur des mystères. Si un voile épais couvre encore à nos yeux les mystères, du moins savons-nous très-bien ces deux choses, les seules qui nous importent : 1° la base des mystères devait être la religion ordinaire, car les mystères ont été institués par des prêtres, et ils avaient lieu d'abord dans l'intérieur des temples; 2° en même temps, il est impossible que dans les mystères on ne fît que répéter la légende, car il répugne qu'on fasse une espèce de société secrète, avec des conditions plus ou moins sévères d'admission, pour y dire précisément les mêmes choses qui se disaient chaque jour publiquement. Il faut donc que les mystères aient renfermé quelque chose de plus, ou une exposition plus régulière, ou déjà même une interprétation quelconque, physique ou morale, des cultes populaires. Les mystères sont une sorte de compromis entre l'autorité religieuse et le besoin naissant de la réflexion; ils opèrent sans trouble le passage de la religion à la philosophie; car ils ouvrent l'ère de la théologie, et celle-ci insensiblement prépare et amène celle de la philosophie.

Or, il est à remarquer que c'est précisément alors que commence à s'éclaircir et à se fixer la chronologie grecque, en sorte que nous savons avec une parfaite exactitude la date précise de la naissance de la philosophie en Grèce. Elle est née six cents ans avant le christianisme; et, nous le verrons, elle s'est prolongée six cents ans après. Elle a donc eu douze siècles d'existence, douze siècles de développement non interrompu, pendant lesquels elle a produit, avec une fécondité admirable, une infinité de systèmes différents, dont les rapports chronologiques nettement déterminés nous permettent d'embrasser et de suivre ce vaste mouvement dans ses commencements, dans son progrès et jusqu'à sa fin.

La philosophie grecque parcourt trois époques distinctes qui expriment dans leur succession ses commencements, sa maturité, sa décadence.

La première époque voit la philosophie naître, avec la civilisation, les arts et les lettres, dans les colonies grecques des îles de l'Archipel et des côtes de l'Asie Mineure et de l'Italie. Dans la seconde époque, la philosophie passe sur le continent grec, s'élablit, grandit et porte ses plus beaux fruits à Athènes. Dans la troisième époque, elle émigre à Rome et à Alexandrie, et elle revient jeter ses dernières lueurs et s'éteindre à Athènes, dans l'école fondée par les Antonins et que ferme un ordre de Justinien, l'an 529 de l'ère chrétienne.

Les colonies grecques ont précédé le continent dans le goût et la culture des choses de l'esprit, parce que la navigation et le commerce les avaient enrichies de bonne heure, et y avaient créé, pour un certain nombre d'hommes, le loisir qui engendre la curiosité et d'autres besoins que ceux de la vie ordinaire.

D'autre part, ces colonies, appartenant à diverses tribus de la race grecque, surtout aux deux tribus principales, les Ioniens et les Doriens, dont le caractère différait essentiellement, ont dû prendre et ont pris en effet des développements très-différents, et ces différences ont fini par se marquer dans la philosophie comme dans tout le reste [1].

Les systèmes ou plutôt les essais qui remplissent la première époque de la philosophie grecque ont tous cela de commun qu'ils ont bien plus pour objet le monde et la nature que l'homme et la société civile. La pensée, dans le premier exercice de ses forces, au lieu de se replier sur elle-même, est presque irrésistiblement entraînée au dehors, et ce qui la sollicite est d'abord le monde terrible ou gracieux qui l'environne. En sorte que la philosophie grecque, à ses débuts,

---

1. Sur l'esprit dorien et sur l'esprit ionien en philosophie, voyez FRAGMENTS DE PHILOSOPHIE ANCIENNE, *Xénophane*, p. 24 et 54.

devait être et a été surtout une philosophie de la nature. Mais jusque dans ces étroites limites il y a encore deux points de vue possibles. Quand on considère la nature, on peut l'envisager sous deux aspects distincts : on peut être frappé de deux choses différentes, ou des phénomènes en eux-mêmes ou de leurs rapports. Les phénomènes tombent sous les sens, ils sont visibles, tangibles, etc.; nous ne les connaissons qu'à la condition de les avoir vus, touchés, sentis ; mais les rapports de ces phénomènes, vous ne les touchez pas, vous ne les voyez pas, vous ne les sentez pas ; vous les concevez. Que la philosophie de la nature s'applique particulièrement à l'étude des phénomènes sensibles, et la voilà sur la route de la pure physique. Au contraire, qu'elle néglige un peu les termes et s'arrête davantage à leurs rapports, la voilà sur la route de l'abstraction mathématique. De là, avec le temps, deux écoles qui toutes deux seront des écoles de philosophie naturelle, mais dont l'une sera une école de sensualisme et de physiciens, et l'autre une école d'idéalisme et de géomètres : nous voulons parler de l'école ionienne et de l'école pythagoricienne [1].

On ne peut nier que Thalès, de Milet, le fondateur

---

[1]. Pour toute cette première époque où les monuments nous manquent et où nous ne possédons que des fragments très-imparfaits avec des traditions recueillies assez tard, nous nous fondons principalement sur l'autorité d'Aristote, dans ses écrits les plus authentiques, surtout dans le premier livre de sa *Métaphysique* dont nous avons donné la première traduction française. — Nous prendrons aussi la liberté de renvoyer aux dissertations particulières que contiennent nos FRAGMENTS DE PHILOSOPHIE ANCIENNE.

de l'école ionienne, qui florissait à peu près six cents ans avant Jésus-Christ, n'ait eu quelques connaissances mathématiques et astronomiques; mais sa principale étude a été la physique. Le phénomène avec lequel il expliquait tous les autres était l'eau; et on dispute encore pour savoir s'il admettait l'intervention d'un principe supérieur qui de l'humide eût tiré toutes choses [1]. Mais s'il y a quelques mathématiques dans Thalès, il y en a moins dans son élève Anaximandre, et moins encore dans Anaximène. Il semble bien qu'Anaximandre ne sortait point de la nature, et que c'est elle qui, prise dans sa totalité vague et indéfinie, lui paraissait Dieu [2]. Thalès l'avait constituée tout entière avec l'élément de l'eau; Anaximène [3], ainsi que plus tard Diogène d'Apollonie, employa l'air, élément un peu plus raffiné, dont les diverses qualités et transformations expliquent la génération universelle. Le dernier représentant de l'école ionienne, Héraclite [4], prit un élément plus subtil encore, mais toujours matériel, le feu. Or, le feu anime et détruit toutes choses; d'où cette maxime que tout change, tout coule, πάντα ῥεεῖ, que l'état de toutes choses est une opposition per-

---

1. Aristote n'en dit rien, *Métaphysique*, liv. Ier, chap. III. Cicéron seul attribue à Thalès ce qu'il ne faut peut-être attribuer qu'à Anaxagore, *de Nat. deor.*, I, 10.

2. Τὸ ἄπειρον τὸ θεῖον, Aristote, *Physique*, III, 4.

3. Aussi de Milet, élève d'Anaximandre, florissait vers 557 avant Jésus-Christ. Sur Anaximène et Diogène d'Apollonie, voyez Aristote, *Métaphysique*, liv. Ier, chap. III, p. 135 de notre traduction.

4. D'Éphèse, environ 500 ans avant Jésus-Christ. Aristote, *ibid.*, et Platon, dans le *Cratyle*, t. XI de notre traduction.

pétuelle, ἐναντιότης, une guerre, mais une guerre constituée ; car elle-même a ses lois [1], qui sont les lois mêmes de ce monde, lois nécessaires et immuables, εἱμαρμένη.

Dans l'école ionienne, l'âme joue un assez faible rôle ; vous pensez bien qu'elle n'est pas spirituelle dans un système où le principe premier ne l'est pas lui-même ; elle est tantôt une modification de l'air, tantôt une modification du feu : c'est le matérialisme à son berceau. Le fatalisme est évident dans Héraclite ; et toute l'école est tellement occupée du monde qu'elle ne s'élève guère au delà.

Cette école se prolonge dans une autre qui en est l'expression la plus relevée, celle de Leucippe et de Démocrite, à Abdère, colonie ionienne [2]. Ici ce sont les atomes qui produisent le monde ; le mouvement est leur attribut essentiel ; ils entrent en action par eux-mêmes, et forment tous les corps, en se combinant entre eux suivant certaines lois qui leur sont inhérentes [3]. Vous voyez que c'est un système tout fataliste et encore plus nettement matérialiste que celui d'Héraclite. L'âme est une collection d'atomes ronds et ignés, d'où résultent le mouvement et la pensée [4]. Voici la théorie de la connaissance humaine, suivant ce système : les corps composés d'atomes sont con-

---

1. Aristote, *Morale à Nicomaque*, VIII, 1.
2. Environ 500 ans avant Jésus-Christ.
3. Aristote, *de la Génération et de la Corruption*, I, 7 ; *Physique*, IV, 3.
4. Aristote, *Métaphysique*, I, 4 ; *de l'Ame*, I, 2.

tinuellement en mouvement, et par conséquent en perpétuelle émission de quelques-uns de leurs atomes ; ces émanations des corps extérieurs en sont des images, εἴδωλα : c'est pour la première fois, je crois, que ce mot paraît dans la langue de la philosophie : ces images, en contact avec les organes, produisent la sensation, et la sensation produit la pensée. De là une morale dont l'unique but est le bien-être, lequel ne se trouve que dans la tranquillité de l'âme, εὐθυμία [1]. De Dieu, pas un mot : pour l'école ionienne, dans son second âge comme dans le premier, il n'y a pas d'autre Dieu que le monde ; le panthéisme est propre à toute cette école. Qu'est-ce en effet que le panthéisme? La conception du tout, τὸ πᾶν, comme uniquement existant, comme se suffisant à lui-même et s'expliquant par lui-même, c'est-à-dire comme Dieu. Toute philosophie naissante est une philosophie de la nature, et incline au panthéisme ; mais le sensualisme ionien y tombait nécessairement, et le panthéisme à parler sincèrement, n'est pas autre chose que l'athéisme.

Si vous voulez me permettre un rapprochement qui n'est pas une hypothèse, je vous dirai que, dans l'histoire générale de l'esprit humain, l'école ionienne est l'analogue du Sankhya de Kapila, le Sankhya sans Dieu [2].

Passons de l'Ionie sur les côtes de l'Italie et en Sicile,

---

1. Cicéron., *de Finibus*, V, 8 et 29.
2. Voyez la IIe leçon, p. 51-60.

dans les colonies de la race dorienne. Là, presque contemporain de Thalès et d'Anaximandre, inspiré par leurs exemples, peut-être même par leurs leçons, mais guidé par un autre génie, un sage, né à Samos, mais descendant d'une vieille famille pélasgienne, et établi à Crotone, en Italie, Pythagore, au lieu de s'arrêter aux phénomènes pris en eux-mêmes, considère surtout leurs rapports : or, ces rapports ne sont perceptibles qu'à la pensée; de là une tendance contraire à la tendance ionienne, une tout autre école. Le caractère éminent de cette école est d'être mathématique et par conséquent idéaliste; car les mathématiques sont fondées sur l'abstraction, et il y a une affinité naturelle entre les mathématiques et l'idéalisme. Aussi la liste des pythagoriciens est précisément celle des grands mathématiciens et des grands astronomes en Grèce : d'abord Archytas et Philolaüs, plus tard Hipparque et Ptolémée. L'école pythagoricienne est tellement occupée de mathématiques, qu'on l'a souvent désignée par le seul nom d'école mathématique. Elle étudiait particulièrement l'arithmétique, la géométrie, l'astronomie et la musique, toutes études qui élèvent l'esprit au-dessus de la sphère des objets sensibles.

La physique ionienne considérait les rapports des phénomènes comme de simples modifications de ces phénomènes; elle fondait l'abstrait sur le concret : au contraire, la physique italienne néglige les phénomènes pour leurs rapports, qui lui tiennent lieu des phénomènes eux-mêmes, fondant ainsi le concret sur l'abstrait. Les choses ne sont pour elle que des imitations des nombres [1]. Ces nombres sont des principes actifs, des causes. Les dix nombres fondamentaux contiennent tout le système du monde ; et comme le nombre dix a sa racine dans l'unité, les dix grands corps tournent autour d'un centre qui représente l'unité. Le centre du monde, selon l'apparence, les sens et l'école d'Ionie, est la terre; selon la raison et l'école italienne, c'est le soleil. Or, comme le soleil représente l'unité, et que l'unité, quoique principe actif, est immobile, le soleil est immobile. Les lois du mouvement des dix grands corps autour du soleil constituent la musique des sphères ; le monde entier est un tout arrangé harmonieusement, κόσμος, et il a depuis gardé ce beau nom. Voilà donc une physique toute mathématique [2]. La psychologie pythagoricienne a le même caractère. Qu'est-ce que l'âme, selon les pythagoriciens? Un nombre qui se meut lui-même [3]. Mais l'âme, en tant que nombre, a pour racine l'unité, c'est-à-dire Dieu. Dieu, en tant qu'unité, est la perfection, et l'imperfection consiste à s'écarter de l'unité : le perfectionnement consiste donc à aller sans cesse de l'imperfection au type de la perfection, c'est-à-dire de la diversité à l'unité. Le bien est l'unité, le mal est la diversité ; le retour au bien, c'est le retour à l'unité ; et par conséquent la loi, la règle de toute morale, c'est

---

1. Μίμησιν εἶναι τὰ ὄντα τῶν ἀριθμῶν, Aristote, *Métaphysique*. I, chap. IV, p. 142-145 de notre traduction, et chap. V, p. 150.

2. Voyez, pour tout ceci, l'excellente dissertation de M. Boeckh, *de Vera indole astronomiæ Philolaicæ*, Heildeberg, 1810; et son écrit intitulé *Philolaos*, Berlin, 1819.

3. Aristote, *de l'Ame* I, 2, ἀριθμὸν εἶναι τὴν ψυχὴν, κινοῦν δὲ ἑαυτόν.

la ressemblance de l'homme à Dieu, ὁμολογία πρὸς τὸ θεῖον, c'est-à-dire le retour du nombre à sa racine, à l'unité, et la vertu est une harmonie [1]. De là aussi la politique pythagoricienne. Elle est fondée sur un rapport, celui d'égalité; et la justice est un nombre carré, ἀριθμὸς ἰσάκις ἴσος [2]. Pythagore avait voyagé en Égypte [3], et des représentations symboliques des temples et de ses conversations avec les prêtres il avait rapporté la grande idée d'un jugement après la mort, et celle de la métempsycose au service de la justice distributive. La justice, en ce monde et dans l'autre, dans la vie sociale comme dans la vie privée, telle est la pensée suprême de l'école pythagoricienne, et cette pensée a souvent inspiré Platon.

Voilà donc une école idéaliste. L'école d'Élée la compromet en l'exagérant. Ce que l'école atomistique est à l'école ionienne, l'école d'Élée l'est à l'école pythagoricienne : elle en est la conséquence extrême. Pythagore avait signalé l'harmonie qui règne dans le monde et y manifeste l'unité de son éternel principe. Xénophane, frappé de cette idée de l'harmonie du monde, commence déjà à tenir plus de compte de l'unité que de la variété dans la composition des choses, et il tient

---

1. Aristote, *Morale à Nicomaque*, I, 6, Diogène, VIII, 33.
2. Aristote, *Morale à Nicomaque*, I, 1.
3. En effet, quelque soin qu'on mette à éviter les fables et les légendes alexandrines, il est impossible de ne tenir aucun compte du témoignage, quelque indirect qu'il soit, d'Hérodote, II, 123, et surtout de celui d'Isocrate qui est clair et décisif, *Éloge de Busiris* : « Ἀφικόμενος εἰς Αἴγυπτον καὶ μαθητὴς ἐκείνων (ἱερέων) γενόμενος τήν τε ἄλλην ιλοσοφίαν πρῶτος εἰς τοὺς Ἕλληνας ἐκόμισε, etc. »

assez mal la balance entre l'unité des pythagoriciens, et la variété qu'Héraclite et les Ioniens avaient seule considérée. Bientôt Parménide, qui succède à Xénophane, se préoccupe tellement, à l'exemple de son maître, de l'unité que, sans nier peut-être la variété, il la néglige entièrement. Zénon va plus loin : il ne néglige pas la variété, il la nie; par conséquent il nie le mouvement, par conséquent l'existence du monde [1]; et alors vous avez en face l'une de l'autre deux écoles qui, toutes deux placées sur le fondement exclusif, l'une du témoignage des sens, l'autre de la raison, ne reconnaissant que l'unité sans variété ou la variété sans unité, arrivent à la négation de la matière et du monde, ou à celle de la pensée et de Dieu, à un panthéisme insuffisant et à un théisme chimérique.

L'école d'Élée, avec sa subtile dialectique, confond aisément l'empirisme ionien, et le pousse à la contradiction et à l'absurde, en lui prouvant que, soit dans le monde extérieur, soit dans celui de la conscience, la variété n'est possible et n'est concevable qu'à la condition de l'unité. En même temps le bon sens de l'empirisme ionien fait aisément justice de l'unité éléatique, qui, existant seule, sans aucun dualisme, et par conséquent sans pensée, car toute pensée suppose au moins la dualité du sujet pensant et de l'objet pensé, exclut toute pensée, toute notion, jusqu'à celle d'elle-même, et se réduit à une existence absolue, fort semblable au néant de l'existence.

1. Pour toute l'école d'Élée, voyez dans nos FRAGMENTS DE PHILOSOPHIE ANCIENNE les deux morceaux sur Xénophane et Zénon d'Élée.

Cette lutte des deux écoles ne pouvait manquer de les décrier peu à peu toutes les deux.

Quelques esprits supérieurs, survenant au milieu de cette lutte, essayèrent de la faire cesser en empruntant quelque chose à l'un et à l'autre système.

Anaxagore est le grand homme de cette époque, et son nom mérite d'être conservé avec respect dans la mémoire des hommes. Il était d'Ionie [1], très-versé dans la physique et la physiologie, et observateur infatigable de la nature. Mais, au lieu de s'y arrêter, comme ses devanciers, la profondeur même de ses études, et peut-être aussi l'influence pythagoricienne, lui firent reconnaître un principe du monde, distinct et différent du monde, qui est-même lui un esprit, une intelligence, Νοῦς, cause et raison de l'ordre de l'univers. On chercherait en vain dans la philosophie théiste de l'Inde et dans toute l'école Védanta un personnage aussi véritablement éclairé, d'un entendement à la fois aussi élevé et aussi sain [2]. Ajoutez, pour accroître l'intérêt qu'il doit inspirer, l'odieuse persécution dont il a été l'objet. L'adorateur de Dieu fut accusé d'irrévérence envers la mythologie du temps, et toute l'éloquence de son disciple, Périclès, ne

---

1. De Clazomène, maître et ami de Périclès, vers 456.
2. Aristote, *Métaph.*, I, 3, p. 137 de notre traduction. « Quand un homme vint dire qu'il y avait dans la nature comme dans les animaux une intelligence qui est la cause de l'arrangement et de l'ordre de l'univers, cet homme parut seul avoir conservé sa raison au milieu des folies de ses devanciers. » Platon, avant Aristote, avait dit à peu près la même chose d'Anaxagore à la fin du *Phédon*.

put le sauver : on le condamna à une prison qu'il ne changea dans ses vieux jours que pour un exil perpétuel.

Empédocle[1], sorti de l'école pythagoricienne, se rapprocha de l'école ionienne et en prit le goût des recherches physiques. Dans la théorie de l'âme, il est presque Ionien; pour lui, l'âme est un composé d'éléments [2], tandis que chez les pythagoriciens c'était un nombre. Enfin, ainsi qu'Héraclite, il considère le feu comme le principal agent de la nature [3].

Mais ces combinaisons savantes, qui exigeaient de grands efforts et de grandes connaissances, firent bientôt place au découragement qu'engendra la lutte prolongée des deux systèmes. On en conclut fort naturellement qu'il n'y avait rien de certain dans l'un ni dans l'autre; et, une fois arrivé là, on ne tarda pas à conclure encore qu'il ne peut y avoir rien de certain. Si la sensibilité est la mesure de toutes choses, ainsi qu'on le dit dans l'école ionienne, comme pour les sens tout est variable, tout est dans un écoulement, dans une métamorphose perpétuelle, il s'ensuit que, selon les circonstances ou l'état de la sensibilité, ce qui paraissait vrai hier paraît faux aujourd'hui, et l'est au même titre. Et si, selon l'école d'Élée, on admet l'unité seule sans aucune variété, tout est dans tout, tout se ressemble, et on peut dire de la même chose qu'elle est vraie ou fausse; de même pour le bien et le mal; c'est ainsi que sont nés

---

1. D'Agrigente, vers 460.
2. Aristote, *de l'Ame*, I, 2.
3. Aristote, *Métaphysique*, I, 3, p. 140 de notre traduction.

les Sophistes [1]. Un scepticisme universel faisait le fond de leur enseignement, et il est à remarquer qu'ils venaient presque également de toutes les écoles. Gorgias était de Léontium en Sicile, et disciple d'Empédocle le pythagoricien ; Prodicus de Céos et Euthydème de Chio avaient aussi étudié dans la grande Grèce ; Protagoras d'Abdère était un disciple de Démocrite, et Diagoras de Mélos avait été, dit-on, son affranchi. Ce scepticisme porta ses conséquences : il dégoûta des grandes spéculations, et, s'il eût duré, il eût éteint dans leur foyer même le patriotisme et la vertu ; mais, parmi ses effets malfaisants, il eut au moins l'avantage d'exciter la curiosité et le goût de l'instruction, de soulever d'ardentes polémiques, par là d'éveiller le sentiment de la critique, et de rendre nécessaires des recherches nouvelles, mieux dirigées et plus approfondies.

Ce n'est là que l'enfance de la philosophie en Grèce, des préludes heureux et hardis, qui pouvaient suffire à de petites colonies, où la civilisation avait devancé celle de la mère-patrie sans aller très-loin ; mais quand l'invasion médique eut fait refluer les colonies sur le continent, quand les Sophistes, se répandant sur toute sa surface, eurent porté partout la connaissances des systèmes ioniens et italiens, et provoqué une contradiction féconde, alors il se forma, quatre siècles avant le christianisme, au sein de la Grèce proprement dite, dans Athènes, qui en était comme la capitale, un nouvel esprit

---

1. Pour les sophistes, voyez les dialogues de Platon, Aristote, Sextus, et le savant ouvrage de M. Geel, *Historia critica Sophistarum*, Traject. ad Rhen., 1823.

philosophique qui, s'appuyant d'abord sur les systèmes antérieurs, et bientôt les surpassant, commence une nouvelle et seconde époque, tout autrement riche que la précédente, et qui est la philosophie grecque par excellence.

Cette philosophie avait été d'abord une philosophie de la nature ; arrivée à sa maturité, elle change de caractère et de direction, et elle devient, c'est ici un progrès sur lequel j'appelle toute votre attention, une philosophie humaine. Cela ne veut pas dire qu'elle n'a que l'homme pour objet ; loin de là, elle tend, comme elle le doit toujours, à la connaissance du système universel des choses, mais elle y tend en partant d'un point fixe, la connaissance de l'homme. C'est Socrate qui ouvre cette nouvelle ère, et qui en représente l'esprit en sa personne [1].

1. Nous avons si souvent exposé le caractère de cette grande révolution qu'ici ce peu de lignes nous ont paru suffire. INTRODUCTION A L'HISTOIRE DE LA PHILOSOPHIE, leçon II, p. 34 : « Nous savons aujourd'hui, d'une manière certaine, quand s'accomplit ce grand événement. C'est la troisième année de la LXXVIIe olympiade, c'est-à-dire 470 ans avant le christianisme que naquit Socrate. Socrate est un personnage éminemment historique... S'il n'y a pas de système socratique, il y a un esprit socratique. Que faisait Socrate ? Sans être sceptique le moins du monde, il doutait et il apprenait à douter. Il s'adressait à l'industriel, au légiste, à l'artiste, au ministre du culte, surtout aux beaux esprits et aux savants du temps qu'on appelait les Sophistes, et il leur demandait compte de leurs pensées. Il secouait l'esprit et le fécondait par l'examen ; il ne demandait guère aux autres que de s'entendre avec eux-mêmes. S'entendre, se rendre compte, bien savoir ce qu'on dit et ce qu'on pense, voilà quel était le but de Socrate, but négatif, au moins en apparence ; mais si ce n'était pas là la fin de la philosophie, c'en était le commencement, etc. » *Ibid.*, leçon III, p. 68 : « Socrate n'a pas de système bien arrêté, mais il a des directions pour la pensée. S'il

Socrate, comme on l'a dit, a fait descendre la philosophie du ciel sur la terre, en ce sens qu'il l'a détournée des hypothèses cosmologiques de l'école ionienne et de l'école italienne, et qu'il l'a ramenée à l'étude de la pensée humaine, non pas comme la borne, mais comme le point de départ de toute étude régulière. Le *Connais-toi toi-même*, qui n'avait été jusque-là qu'un sage précepte, devint une méthode, et, pour parler ce langage moderne, la psychologie fut posée comme le fondement de toute saine métaphysique. C'est assez pour la gloire de Socrate d'avoir mis dans le monde une méthode, et d'en avoir fait quel-

ne lui trace pas toute sa carrière, il lui assigne au moins son point de départ : ce point de départ, c'est la réflexion appliquée à toutes choses et d'abord à la nature humaine. L'étude de la nature humaine, la connaissance de soi-même, tel est le principe nouveau introduit par Socrate. Tandis qu'avant lui les Pythagoriciens mettaient toute philosophie dans les nombres et les Ioniens dans les phénomènes physiques, Socrate démontra le premier que si l'homme peut connaître quelque chose, les nombres et le monde, c'est en vertu de sa propre nature et des lois de sa nature, qu'ainsi c'est cette nature qu'il faut examiner avant tout : en un mot aux mathématiques et à la cosmologie Socrate substitua ou ajouta la psychologie. Ainsi voilà l'homme, jusque-là négligé et inaperçu, pris pour point de départ et pour centre de toute étude, constitué à ses propres yeux un être d'un prix infini, et le plus digne objet de la pensée, etc. » — Pour bien connaître et apprécier Socrate, entre Xénophon, qui ne comprend et n'exprime bien que la partie pratique de sa philosophie, et Platon qui, comme nous le dirons tout à l'heure, par une abnégation sublime, lui prête souvent ses propres spéculations, il faut placer Aristote, uniquement occupé de la vérité historique. Règle générale : Rechercher ce que disent également Xénophon et Platon, et le tenir pour certain; lorsqu'ils diffèrent ou lorsque leurs témoignages ne tombent pas sur le même point, recourir à Aristote toutes les fois que cela est possible, et ne pas négliger Diogène en faisant bien attention aux sources où il a puisé.

ques applications décisives à la logique, à la morale, à la théodicée.

On ne peut comprendre quoi que ce soit sans de justes définitions. Aussi est-il incontestable que la première chose qu'enseignait ou plutôt recommandait Socrate, c'était la recherche de vraies définitions, c'est-à-dire la recherche de ce qu'il y a de général engagé dans les choses ou les notions particulières qui permet de s'en rendre compte [1]. En sorte que c'est à lui qu'il faut rapporter les premiers germes de la théorie platonicienne des idées.

Sans la connaissance de soi-même, comment arriver à la vertu et au bonheur qui évidemment se rapportent à nous, à notre nature? Qui s'ignore ne peut savoir ni ce qui lui convient, ni ce qu'il doit, ni ce dont il est capable [2].

Nul n'a jamais été plus pénétré que Socrate du sentiment de la justice. Il professait le culte des lois de la patrie, qu'il rattachait aux lois non écrites et au type universel du bien [3].

Rencontrant au fond de son être une intelligence, cause certaine de tout ce qu'il faisait de bon, il attribuait à une intelligence parfaite les œuvres merveilleuses dont l'univers est rempli; il mettait à la place du hasard et d'une force sans conscience d'elle-même un ouvrier sage dont le bien est le but suprême [4].

---

1. Aristote, liv. Ier de la *Métaphysique*, ch. v, p. 147 de notre traduction.
2. Xénophon, *des Choses mémorables de Socrate*, IV, 2.
3. Platon, dans le *Criton*; Xénophon, *Ibid.*, IV, 4.
4. Xénophon, *ibid.*, I, 4, et la fin du *Phédon*.

La méthode constante de Socrate, comme celle de toute école psychologique, est d'aller de lui-même et de la nature humaine à l'univers et à Dieu.

Et cette noble et si nouvelle philosophie, Socrate ne l'a pas seulement découverte par une méditation assidue, il l'a répandue avec un zèle admirable, il en a été le martyr et l'a scellée de son sang [1].

Il semble, au premier coup d'œil, qu'une direction si sage va préserver l'esprit humain des illusions des systèmes exclusifs, et qu'au moins il faudra attendre quelque temps pour retrouver des folies idéalistes ou sensualistes. Non, sous les yeux même de Socrate s'élèvent deux écoles qui se vantent de venir de lui, et qui déjà tombent l'une dans un rigorisme outré, l'autre dans un relâchement excessif : la première est la philosophie morale d'Antisthène ou le cynisme; la seconde est celle d'Aristippe ou le cyrénaïsme. Enfin, Euclide de Mégare fonde sur la dialectique de Socrate, corrompue par un mélange adultère avec les traditions éléatiques, une école éristique qui dégénère bientôt en une école de scepticisme.

Mais laissons là ces tristes débuts de la révolution dont Socrate est l'auteur. C'est dans Platon et dans Aristote qu'il en faut chercher le vrai développement. Quel caractère a-t-elle pris entre les mains des deux plus beaux génies du plus beau siècle de la philosophie ancienne?

Commençons par protester contre le caractère

---

1. Sur les vraies causes de la mort de Socrate, voyez FRAGMENTS DE PHILOSOPHIE ANCIENNE, p. 115.

exclusif en sens contraire que les amis et les ennemis de Platon et d'Aristote ont imputé à leur doctrine, les uns pour la glorifier, les autres pour la rabaisser. Ces deux excellents génies ont élevé les deux grands systèmes opposés de la philosophie dogmatique à leur plus haute puissance, et en même temps ils ont su les retenir dans les limites de la sobriété et de la tempérance socratique.

Platon est un élève de Socrate ; il est tout pénétré de son esprit et de sa méthode ; il s'est comme consacré à sa mémoire ; il s'est fait son historien, son interprète, et par une piété touchante il s'efface lui-même, il rapporte tous ses travaux, toutes ses découvertes à son maître chéri et vénéré : il a l'air de n'être que son secrétaire. Mais jamais homme peut-être n'a été plus original, en prenant toutes les précautions pour ne le pas paraître. Il unissait les qualités les plus dissemblables : il avait le génie de la métaphysique et le génie de la morale, l'étendue et la hauteur des conceptions avec le sentiment exquis de la vertu, la finesse à la fois et l'élévation, un talent de polémique que nul n'a surpassé avec une aménité charmante, de profondes convictions sur les points essentiels avec un parfait bon sens, et souvent même avec le doute ingénieux de Socrate qui se trahit par un sourire. Ajoutez que c'est en même temps un artiste consommé, que ses grands et authentiques dialogues sont des œuvres profondément travaillées et de tout point accomplies, où l'esprit sarcastique d'Aristophane se mêle à la beauté tranquille de Sophocle, et qui demeurent sans rivales dans toute l'antiquité. Le style de Platon est toujours d'une simplicité extrême, mais dans cette simplicité domine le sublime tempéré par la grâce [1].

Ce merveilleux mortel est né 430 ans avant Jésus-Christ [2]. Il résume en lui toute la philosophie qui l'a précédé et il en exprime la fleur. C'est à la fois Héraclite, Pythagore et Anaxagore, transformés, agrandis, et concourant tous, chacun à leur place, à une fin plus élevée. Dans le monde sensible, Platon maintient la théorie de l'écoulement perpétuel d'Héraclite. Les nombres de Pythagore ont frayé la route aux Idées, et le Νοῦς d'Anaxagore se termine à une providence bienfaisante. Platon représente tous ses devanciers dans ce qu'ils ont de meilleur, mais celui auquel il doit et emprunte le plus est assurément Socrate [3].

---

1. ÉTUDES SUR PASCAL, 5ᵉ édition, *Avant-propos*, p. VIII : « Platon et Bossuet; à nos yeux, voilà les deux plus grands maîtres du langage humain qui aient paru parmi les hommes, avec des différences manifestes, comme aussi avec plus d'un trait de ressemblance : tous deux parlant d'ordinaire comme le peuple, avec la dernière naïveté, et par moments montant sans effort à une poésie aussi magnifique que celle d'Homère, ingénieux et polis jusqu'à la plus charmante délicatesse, et par instinct majestueux et sublimes. Platon sans doute a des grâces incomparables, la sérénité suprême et comme le demi-sourire de la sagesse divine; Bossuet a pour lui le pathétique, où il n'a de rival que le grand Corneille. »

2. Voyez Corsini, *de Die natali Platonis*. Platon est né le septième jour du mois de Targelion, première année de la LXXXVIIIᵉ olympiade, c'est-à-dire le 21 mai 430 avant Jésus-Christ. Il est mort la première année de la CVIIIᵉ olympiade, c'est-à-dire 348 ans avant Jésus-Christ, à l'âge de quatre-vingt-un ans. Il était né l'année même de la mort de Périclès. A la mort de Socrate dans la XCVᵉ olympiade, Platon, né dans la LXXXVIIIᵉ, avait à peu près vingt-cinq ans. Il connut Socrate à vingt ans, et jouit cinq ans de ses leçons.

3. Aristote devait très-bien savoir quelle avait été l'éducation philo-

Leur point de départ est à peu près le même.

Socrate se vantait d'accoucher les esprits, à l'exemple de sa mère qui était accoucheuse. A force d'interrogations, il contraignait ses interlocuteurs à se mieux connaître eux-mêmes, et à remplacer leurs préjugés et leur fausse science ou par une ignorance éclairée ou par des notions plus bornées et moins ambitieuses, mais exactes et précises. Le premier il s'occupa, comme nous l'avons dit, de définitions. Or, la définition de l'objet le plus vulgaire suppose quelque chose de général, d'une compréhension plus ou moins étendue, à quoi vous rapportiez l'objet à définir, et qui lui donne son rang dans l'ordre des êtres. Ainsi vous ne définissez, c'est-à-dire vous ne connaissez véritablement, qu'à l'aide d'idées générales. Les idées générales, et d'un seul mot les *Idées*, τὰ εἴδη, puisque la généralité est leur essence même, voilà où le disciple de Socrate, régularisant et systématisant la pratique de son maître, trouva le fondement et en quelque sorte le piédestal de sa philosophie.

Les Idées sont radicalement différentes des notions particulières qui ne les peuvent expliquer, puisqu'elles-mêmes ne sont explicables que par les Idées. Elles ne viennent donc pas des sens, qui sont la source des notions particulières ; elles relèvent de la raison, dont elles sont les objets propres. Mais en même temps que la raison les atteint, elle reconnaît qu'elle ne les consti-

---

sophique de celui qui avait été vingt ans son maître, et son témoignage est parfaitement d'accord avec les écrits mêmes de Platon. Aristote, liv. I, de la *Métaphysique,* chap. v, p. 149-153 de notre traduction.

tue pas. Sans les Idées, sans les genres, nous connaissons mal les individus, et ce n'est pas nous qui faisons les genres; ils sont par eux-mêmes, et ils sont nécessaires et immuables. Sans l'Idée du bien, par exemple, nous ne pouvons déterminer si telle ou telle action est bonne ou mauvaise, et l'Idée du bien n'est pas notre ouvrage : nous pouvons nous élever jusqu'à elle, nous n'en sommes ni le principe ni la mesure.

Voilà donc les Idées qui, d'un côté, sont dans la raison humaine comme ses objets, et qui, de l'autre, sont essentiellement indépendantes de la raison même qui les conçoit. Et il ne faut pas croire qu'en cet état Platon leur donne une existence propre et réelle [1]; quand elles ne sont pas de pures conceptions de la raison humaine, Platon en fait les formes générales et permanentes des choses, les lois du monde, et en dernière analyse il les place dans la raison divine : c'est là qu'elles existent substantiellement. Comme notre raison n'est qu'un reflet de la raison de Dieu, ainsi les Idées en nous ne sont que des reflets des Idées prises en elles-mêmes, lesquelles sont les types de toutes choses, types éternels comme le Dieu qu'ils manifestent.

En apparaissant soit dans la raison de l'homme comme conceptions générales, soit dans la nature comme lois ou formes générales, en se mêlant avec les choses ou avec les notions particulières, les Idées ne sont plus que des copies d'elles-mêmes; mais de ces copies on

---

1. Sur ce point fondamental, voyez notre livre : DU VRAI, DU BEAU ET DU BIEN, leç. IV, p. 71 et suiv.

peut remonter à leurs modèles incorruptibles. Il y a du divin dans le monde et dans l'entendement, à savoir, l'élément général et un, τὸ καθόλου, τὸ ἕν, mêlé à l'infinie variété des phénomènes particuliers et sensibles, τὰ πολλά, τὸ ἄπειρον. Au lieu de s'enfoncer et de se perdre dans l'étude de cette diversité infinie et toujours changeante, comme les Ioniens, il faut, comme Pythagore, y rechercher et y saisir les traces des Idées qui seules contiennent l'ordre, l'harmonie. Or, on ne le peut qu'en séparant du sensible et du variable les Idées qui y sont infuses pour s'y attacher comme à ce qui est véritablement, τὸ ὄντως ὄν, tandis que tout ce qui est particulier n'est qu'un phénomène, une pure apparence, un non être, μὴ ὄν.

Le procédé par lequel on sépare l'Idée de l'objet particulier qui l'enveloppe, c'est l'abstraction. L'abstraction est l'instrument de la dialectique platonicienne ; celle-ci part de l'idée la plus humble pour parcourir successivement la hiérarchie des Idées, et de degré en degré parvenir à leur suprême principe, que l'esprit alors aperçoit d'une intuition sublime dont la dialectique était la préparation nécessaire. Ce premier principe devant lequel la dialectique s'arrête parce qu'au delà il n'y a plus rien à chercher, c'est l'Idée du bien, le bien en soi, et le bien efficace et tout puissant, car l'Idée est cause et cause finale, en sorte que le bien est l'essence même de Dieu. Telle est la théodicée de Platon, fille de sa psychologie et de sa dialectique.

Saisissez-en le trait caractéristique. Oui, Platon met

le bien au-dessus de l'être, mais cela ne veut pas dire que le bien n'a pas d'existence et n'est qu'une idée ; cela veut dire que le bien domine l'être lui-même, et que sans lui l'être n'aurait ni sa raison d'être ni sa loi. Dieu alors n'est plus seulement l'intelligence d'Anaxagore, c'est une intelligence qui repose sur le bien. Ce n'est donc pas assez de dire que Dieu a formé le monde avec intelligence ; il faut dire qu'il l'a formé aussi en vertu du bien et parce qu'il est bon, il faut dire qu'il l'a produit et qu'il est sorti de lui-même par l'effusion de sa bonté et dans une fin bienfaisante. « Disons la cause qui a porté le suprême ordonnateur à produire et à composer cet univers : il était bon[1]. » Ainsi l'intelligence divine elle-même est comme pénétrée par la bonté et par l'amour : voilà la pleine et achevée conception de la Providence.

La théorie des Idées est tout ensemble le fondement, le faîte et le centre de la philosophie de Platon[2] : tout en dérive et tout y conduit ; c'est de là que vient son goût décidé pour les mathématiques.

Il avait écrit, dit-on, sur la porte de son école : Nul n'entre ici qui n'est géomètre. Vous concevez, en effet, combien l'habitude de ne considérer dans les quantités et les grandeurs que leurs propriétés essentielles, était

1. *Timée*, t. XII de notre traduction, p. 119.
2. Sur la théorie des Idées de Platon, voyez dans nos écrits trois passages de quelque importance : 1° FRAGMENTS DE PHILOSOPHIE ANCIENNE, une note sur la langue de la théorie des Idées, p. 121-125 ; 2° une défense de cette théorie contre Reid, PHILOSOPHIE ÉCOSSAISE, leç. IX ; 3° plus bas la leçon IX, où nous distinguons la théorie des Idées de Malebranche de la théorie platonicienne.

une préparation heureuse à la dialectique platonicienne. Lui-même était un géomètre éminent[1], un zélé astronome[2]. Sur la fin de sa vie, il adopta le système pythagoricien[3] qui fait tourner la terre autour du soleil, et place le soleil immobile au centre du monde. Il rapporte sans cesse le particulier au général, l'apparent au réel, le monde sensible et changeant à celui des Idées où se trouve la vérité éternelle. Ainsi, dans un bel objet, il sépare sévèrement la matière du beau, qui est apparente, visible, tangible, sensible enfin, de la beauté véritable elle-même, qui ne tombe pas sous nos sens, qui n'est pas une image mais une Idée; et c'est à cette beauté idéale qu'il rapporte l'amour, l'amour véritable aussi, celui de l'âme, abandonnant la matière même de la beauté, son objet visible, à l'amour sensible qui y correspond. Telle est la théorie de la beauté idéale et de l'amour platonique[4]. En morale, la loi directe et

1. Il est l'auteur de l'*Analyse géométrique*, et c'est à lui ou à ses disciples immédiats qu'il faut rapporter les sections coniques et les lieux géométriques. Voyez Montucla, *Histoire des Mathématiques*, t. Ier, p. 164.

2. Delambre, *Histoire de l'Astronomie ancienne*, t. Ier, p. 17. « Platon mérite d'être considéré comme l'un des premiers promoteurs de la véritable science astronomique. »

3. Il est bien certain que l'astronomie du *Timée* n'est nullement pythagoricienne ; mais Théophraste, cité par Plutarque, dans ses *Questions platoniciennes*, nous apprend que Platon devenu vieux se repentit de n'avoir pas mis la terre à sa vraie place dans le système du monde ; et selon plusieurs historiens, que cite Diogène, III, 2, Platon aurait acheté de Philolaüs trois traités pythagoriciens au prix de cent mines par l'intermédiaire de Dion.

4. Voyez l'*Hippias*, le *Phèdre* et le *Banquet*, t. IV et VI de notre traduction.

immédiate que Platon impose à l'action est la conformité de cette action à la raison, pourvue de l'Idée du bien. De plus, l'Idée du bien, à laquelle doit se rapporter notre action, se rapportant elle-même au bien absolu, à Dieu, il s'ensuit que cette première maxime : la loi de toute action est sa conformité à la raison, s'élève, sur les hauteurs de la théodicée et de la métaphysique platonicienne, à cette autre maxime tout autrement générale : la vertu est l'effort de l'homme pour atteindre à la ressemblance avec son auteur, ὁμοίωσις Θεῷ. La politique de Platon est sa morale transportée de la conscience dans la société. Il donne presque à l'État les mêmes lois qu'à l'individu, il lui assigne le même but, le bonheur dans le bien : il gourmande Thémistocle et Périclès de s'être occupés seulement de la prospérité matérielle de la patrie, au lieu de songer avant tout à sa force morale, à la vertu des citoyens[1].

Platon a sans doute les yeux dirigés vers l'avenir, mais il est plein de vénération pour le passé. Quoique libéral et ennemi déclaré de l'arbitraire et de la tyrannie, il incline plus vers Sparte que vers Athènes ; il a sous les yeux la législation de Minos et de Lycurgue, et s'il prend pour fondement de la sienne[2] celle de Solon, c'est pour la rendre quelquefois plus sévère. En tout son génie est dorien, et répugne à la licence ionienne. Vous ne lui surprendrez pas un mot d'éloge pour aucun philosophe ionien : s'il emprunte à Héra-

---

1. Le *Gorgias*, t. III de notre traduction avec l'Argument.
2. Les *Lois*, t. VII et VIII de notre traduction avec l'Argument et les notes.

clite sa théorie de l'écoulement et de la guerre perpétuelle de toutes choses, c'est pour la reléguer dans le monde inférieur des phénomènes sensibles, tandis que le monde des Idées est l'asile de la fixité, de la paix, de l'harmonie. Il célèbre le Dieu d'Anaxagore, mais il le met, et avec raison, bien au-dessous de celui de Socrate. Il combat avec force l'école d'Élée et son unité immobile, mais il professe pour l'école pythagoricienne la plus haute admiration, et il en reproduit plus d'une fois avec complaisance les principes et même le langage. Sa théorie des Idées est presque la théorie des nombres de Pythagore. Sans doute elle la surpasse infiniment ; car si les nombres sont plus intellectuels que les atomes, les Idées le sont encore plus que les nombres : elles substituent dans l'esprit de l'homme la dialectique à l'arithmétique, et dans Dieu des attributs intellectuels et moraux à des puissances géométriques[1] ; elle la surpasse, dis-je, mais elle en vient ; c'est un progrès considérable, mais c'est une imitation manifeste. Indépendant comme un élève de Socrate, Platon use assez librement des traditions religieuses de son temps ; mais s'il ne s'y asservit pas comme Xénophon, il ne s'élève jamais contre elles. Il les combat bien rarement et seulement quand elles pourraient égarer la conscience, comme dans l'Euthyphron[2] ; d'ordinaire il les

---

1. Voyez, dans les FRAGMENTS DE PHILOSOPHIE ANCIENNE les *Antécédents du Phèdre ;* et en général pour les ressemblances et les différences de Platon et de Pythagore, outre ce morceau, celui qui est intitulé : *Examen d'un passage pythagoricien du Ménon.*

2. T. Ier de notre traduction.

accueille avec un bienveillant sourire en leur donnant des interprétations favorables; quelquefois il y mêle ce qu'on appelle des mythes philosophiques [1]. On sent partout, et particulièrement dans ses derniers écrits, qu'il se propose bien plutôt d'éclairer, d'épurer et d'élever la religion populaire que de la détruire. Et en cela il se montre encore pythagoricien. Quant à la forme de ses ouvrages, ce n'est plus sans doute la poésie des pythagoriciens et des éléates; déjà il écrit en prose, mais il écrit des dialogues, et sa prose respire un souffle poétique.

En résumé, car il faut bien quitter Platon pour suivre dans son cours la philosophie grecque, ou, pour vous le faire connaître d'une façon moins imparfaite, je devrais vous arrêter longtemps sur les divers côtés de ce beau génie; en résumé, le caractère de la philosophie platonicienne est en toutes choses une tendance idéale. L'idéal, c'est un mot que Platon a mis dans le monde; et le nom est resté attaché à sa manière comme à son système. Ce système est un idéalisme avoué. La gloire de Platon, je le répète, est de l'avoir élevé si haut et d'avoir su le retenir quelque temps sur la pente qui d'ordinaire entraîne tout idéalisme vers la région des chimères.

La même gloire dans un autre genre n'a pas manqué à Aristote. Platon fait usage de l'analyse psychologique et de la dialectique pour tirer du sein de la connaissance humaine un élément qui ne vient pas des

---

1. Voyez le *Phédon* et le *Gorgias*, vers la fin.

sens ; cet élément trouvé, il s'en sert comme d'un point de départ et d'un point d'appui pour s'élancer par delà : les Idées dans l'esprit le conduisent aux Idées absolues, et celles-ci à Dieu, leur sujet propre. Au contraire, Aristote, au lieu de partir des Idées pour s'élever par l'abstraction jusqu'à leur source, s'applique à les suivre dans la réalité. Platon s'attache au général, τὸ καθόλου, Aristote au particulier, τὸ καθ'ἕκαστον. L'un semble aspirer à sortir du monde, l'autre s'y enfonce ; il l'étudie sous toutes ses formes et dans tous ses grands phénomènes ; il étudie la nature comme l'humanité, l'esprit comme la matière, les arts comme les sciences. De là la métaphysique menée de front avec l'histoire naturelle, la logique avec la physique, la poétique, la rhétorique et la grammaire avec la morale et la politique. Platon a des ailes pour s'envoler au-dessus de la terre ; Aristote a les pieds de plomb que Bacon demande pour y tracer un sillon profond. Platon est le génie de l'abstraction, Aristote celui de la classification. Le premier a plus d'élévation, le second plus d'étendue.

Platon triomphe dans la dialectique. Il excelle à combattre toute vue particulière ; son grand objet est de montrer l'inconsistance des notions particulières et de conduire aux Idées, où réside toute certitude, toute science. Platon est essentiellement réfutatif, et sa polémique contre les Sophistes est, à tous égards, la plus grande lutte intellectuelle et morale qu'il y ait eu parmi les hommes. Aristote est moins dialecticien que logicien. Il ne réfute pas tant, il démontre ; ou du moins la réfutation ne joue chez lui qu'un rôle secondaire dans la démonstration, tandis que dans Platon la réfutation semble la démonstration tout entière. Aussi l'un procède par le dialogue si propre à la réfutation, et voile son but dogmatique; l'autre commence par bien marquer ce qu'il veut établir, et marche ouvertement à son but par la dissertation régulière et la grande voie de la démonstration. Platon se sert davantage de l'induction; Aristote, de la déduction : aussi en a-t-il perfectionné l'instrument, en donnant le premier, en Occident du moins, les lois du syllogisme régulier.

Il n'est point aussi vrai qu'on se plaît à le dire qu'Aristote tire toutes les connaissances humaines d'une seule source, l'expérience. Aristote distingue soigneusement trois classes de vérités : 1° les vérités qu'on obtient par la démonstration, les vérités déduites; 2° les vérités générales qui sont les bases de toute démonstration et qui viennent de la raison même, de l'intelligence; 3° les vérités particulières qui viennent de la sensation. Comme Platon, il admet la distinction essentielle du particulier et de l'universel. « L'expérience, dit-il, donne ce qui est ici, là, maintenant, de telle ou telle manière, mais il est impossible qu'elle donne ce qui est partout et toujours [1]. » « Les vérités premières, les principes ne se prouvent pas; ils entraînent immédiatement notre assentiment, notre foi; il ne faut pas rechercher leurs fondements : ils reposent sur eux-mêmes [2]. »

1. *Derniers Analytiques*, I, 31.
2. *Topiques*, I, 1.

Nul, pas même Platon, n'a mieux qu'Aristote séparé la raison, l'intelligence, de la sensibilité et de toutes les impressions qui viennent du dehors. Il va jusqu'à distinguer deux espèces d'intelligences, l'une qui est une sorte de réceptacle des impressions sensibles et donne naissance à un ordre inférieur de connaissances ; l'autre, active et pure, qui n'a pas de commerce avec les objets extérieurs et par conséquent n'a pas besoin des organes, et n'a pour objets propres que l'universel, les principes, les vérités nécessaires. Et ce n'est pas là une opinion qui se rencontre comme par hasard dans quelque passage isolé ; non, c'est un dogme qui est partout dans Aristote et a fait dire à Bossuet que sur ce point « Aristote a parlé divinement [1]. »

Sans doute il est l'auteur de la définition célèbre que l'âme est la forme du corps organisé [2], ce qui la rend inséparable des organes et l'associe à leur sort. Mais il faut bien entendre Aristote. Il ne s'agit pas ici de l'âme au sens moderne, mais de la ψυχή antique, notre principe vital. Or, ainsi comprise, l'opinion d'Aristote est parfaitement vraie. Dans l'homme, comme dans l'animal et dans la plante, le principe de vie et d'organisation est à la fois distinct et inséparable des organes. Mais Aristote met au-dessus de la ψυχή le νοῦς, l'esprit, l'intelligence, l'âme des modernes et des chrétiens, principe qui est uni à la ψυχή sans en dépendre ;

---

[1]. *De la Connaissance de Dieu et de soi-même*, chap. I, § 17.
[2]. *De l'Ame*, II, 1 et 2.

et ce principe-là il le déclare immortel et divin. « Demandons-nous, dit-il [1], si quelque chose subsiste après la mort. Pour quelques êtres, rien ne s'y oppose, par exemple pour l'âme, non pas pour l'âme tout entière, mais seulement pour l'intelligence, car pour l'âme entière cela est impossible. »

Le Νοῦς, voilà ce qui distingue l'homme des animaux, constitue sa supériorité, sa place à part dans l'échelle des êtres. C'est le Νοῦς qui est le lien de l'homme avec Dieu. Car Aristote, comme Pythagore, comme Anaxagore, comme Socrate, comme Platon, proclame un Dieu. Il reconnaît une cause première à l'univers, une cause qui commence le mouvement sans y tomber [2]; et cette cause du mouvement n'est pas une cause physique, c'est une intelligence [3], et une intelligence qui se connaît elle-même [4].

Le dieu d'Aristote se suffit à lui-même; il est différent du monde, à ce point même qu'il ne le connaît pas; extrémité opposée à celle du panthéisme, et qui n'est malheureusement ni moins absurde ni moins dangereuse [5]. Ce n'est pas en effet la vue et la con-

---

1. *Métaphysique*, liv. XII, chap. III, p. 186, de notre traduction. Voyez aussi sur l'âme séparée, *de l'Ame*, III, v.

2. *Physique*, VIII, 5. Τὸ πρῶτον κινοῦν ἀκίνητον. Voyez aussi la *Métaphysique*, liv. XII, chap. VII, p. 198 de notre traduction.

3. *Physique*, II, 5. Ἀνάγκη πρότερον Νοῦν αἴτιον.

4. *Métaphysique*, liv. XII, chap. IX, p. 214 de notre traduction : « Dieu se pense lui-même, s'il est ce qu'il y a de plus puissant, et sa pensée est la pensée de la pensée. »

5. Aristote, dans la *Métaphysique*, liv. XII, chap. IX, déclare que l'intelligence première ne pense, c'est-à-dire ne connaît qu'elle-même,

naissance de l'imparfait, du mal même, qui peut dégrader l'intelligence suprême, ce serait bien plutôt l'ignorance de quoi que ce soit. Comme si d'ailleurs la qualité de l'objet à connaître affectait la nature du sujet connaissant! Nous l'avouons, la théodicée d'Aristote est ici fort différente de celle de Socrate et de Platon.

De même sa physique générale présente un tout autre caractère que le *Timée*. Selon lui le mouvement est éternel ainsi que le monde [1], ce qui réduit le rapport du monde à Dieu à une vague et aveugle aspiration de l'effet à sa cause, et, comme le dit Aristote, des choses douées du désir à leur objet souverainement désirable.

Aristote est beaucoup moins grand comme mathématicien et astronome que comme physicien, et surtout comme naturaliste. Je n'ai pas besoin de vous rappeler la *Météorologie* qui contient tant d'observations neuves et profondes, et particulièrement cette *Histoire des Animaux*, qui fait encore aujourd'hui l'admiration de la science moderne. Mais contrairement à l'école pythagoricienne et platonicienne, et

---

et rien autre chose, et que connaître autre chose la dégraderait. « Il est évident que l'intelligence première pense à ce qu'il y a de plus excellent et de plus divin, et qu'elle ne change pas d'objet, car changer pour elle ce serait déjà tomber dans le mouvement. »

1. *Du Ciel*, I, 12; *Métaphysique*, liv. XII, chap. vi, p. 190. « Il est impossible que le mouvement naisse ou périsse, car il est éternel... » *Idid.*, p. 193 : « Le monde est éternel soit en son état de mouvement périodique, soit d'une autre manière. » *Ibid.*, p. 196 : « Il existe un être éternellement mû d'un mouvement continu. »

conformément à l'école ionienne, il a fait tourner le soleil autour de la terre [1].

Il y a bien de l'empirisme aussi et bien de l'inconséquence à prétendre, comme il le fait quelquefois, que les notions les plus générales viennent de la comparaison des notions particulières et celles-ci de la sensation [2], comme à soutenir absolument qu'il n'y a pas de pensée sans image [3] : théorie fausse en elle-même, car quelle est l'image de l'idée de l'universel, de l'être, de l'infini, de la personne, du moi que nous sommes? Cette théorie d'ailleurs ne s'accorde guère avec celle d'une intelligence différente de la sensibilité et de l'imagination, qui entre en exercice par sa propre énergie, et tire d'elle-même des idées de toute sorte, sublime privilége qu'Aristote accorde à l'homme.

L'esthétique d'Aristote est encore à moitié empirique; l'art n'y est presque jamais que l'imitation de la nature; d'où la théorie célèbre opposée à celle du beau idéal du platonisme [4]. Pour la tragédie, Aristote ne fait qu'ériger en maximes la pratique des tragiques grecs, surtout celle de Sophocle, et particulièrement de Sophocle dans l'*OEdipe Roi*. Il suit l'art grec; Platon avait entrepris de le guider [5].

---

1. *Métaphysique*, liv. XII, chap. VIII. — Montucla, *Histoire des Mathématiques*, t. I, p. 186.

2. *Derniers Analytiques*, II, 19.

3. *De l'Ame*, III, 8.

4. Nous convenons qu'Aristote n'est pas toujours conséquent, et qu'il y a des passages où il recommande lui-même à l'artiste d'embellir, de généraliser, de s'élever à des types. Voyez *Poétique*, chap. II et IX.

5. La *Poétique* est un livre précieux, si on le prend pour ce qu'il est

En morale, Aristote confond trop souvent la volonté avec le désir et l'appétit[1]. Il ne s'élève pas aussi vivement que Platon contre les passions ; il ne veut que les régler ; mais comment les règle-t-il ? Qu'est-ce que la vertu, selon lui ? l'équilibre entre les passions[2], le juste milieu, la mesure, τὸ μέσον. Mais qui déterminera la mesure qu'il faut garder dans la passion ? Quelle est la formule qui prescrira la dose convenable en laquelle on doit mêler la colère et la douceur, la vivacité et la paresse, pour en composer la vertu ? La loi d'Aristote est bonne ; mais elle est arbitraire, et elle en suppose une autre plus élevée et plus fixe[3].

Le même homme qui avait soumis à une analyse sévère les divers éléments de l'organisation des animaux et ceux de la pensée humaine, ce même homme avait aussi porté l'analyse dans l'étude de tous les gou-

---

véritablement, une analyse et une classification des règles du théâtre grec. Au XVIIe siècle, on en a fait un livre absurde et funeste en en tirant des règles absolues qu'on a prétendu imposer au théâtre moderne, ce qui manqua d'arrêter chez nous le génie de Corneille. Il est heureux que ni Dante ni Shakespeare n'aient pas connu la *Poétique* d'Aristote.

1. *De l'Ame*, III, IX, X. Aristote résume ainsi l'homme, *Métaphysique*, livre XII : « L'homme est corps, désir, intelligence, σῶμα, ὄρεξις, νοῦς. » Où est ici la volonté, la volonté libre ?

2. *Morale à Nicomaque*, II.

3. Aristote semble l'avoir lui-même senti, comme le fait voir le passage suivant tiré de cette même *Morale à Nicomaque*, II, 6, § 17 : « Voilà pourquoi la vertu, prise dans son essence et dans sa définition caractéristique, doit être considérée comme un milieu ; mais relativement à la perfection et au bien, c'est un extrême, un sommet. » Διὸ κατὰ μὲν τὴν οὐσίαν καὶ τὸν λόγον τὸν τί ἦν εἶναι λέγοντα μεσότης ἐστὶν ἡ ἀρετή, κατὰ δὲ τὸ ἄριστον καὶ τὸ εὖ ἀκρότης.

vernements connus jusqu'à lui, grecs et étrangers ; il avait décrit les formes de tous ces gouvernements, et sans incliner ni vers l'un ni vers l'autre, avec l'impassible sang-froid qui le caractérise, il les avait rappelés à leurs lois les plus générales. C'était une sorte d'*Esprit des Lois*. Cet écrit a péri [1] ; mais grâce à Dieu, il a passé en partie dans le grand ouvrage politique qui nous reste d'Aristote. Cet ouvrage est un des plus beaux monuments de l'antiquité ; il est profondément historique, et il contient aussi une théorie politique. Le principe de cette théorie est l'utilité [2]. Ce principe a certes sa vérité, mais il n'est pas toute la vérité ; il peut égarer, et il a égaré Aristote. Le vrai principe de la politique comme de la morale est la justice : la justice est toujours utile, et la réciproque est généralement vraie ; mais en intervertissant les rôles, en mettant l'utilité pour principe au lieu de la justice, la plus petite erreur sur l'utile, l'utile si difficile à discerner, précipite dans d'innombrables injustices. Ainsi Aristote rencontre sur son chemin la grande question de l'antiquité, celle de l'esclavage, et il la résout en faveur de l'esclavage. Il y aura donc des hommes destinés à l'esclavage, d'autres à la liberté et à la tyrannie ; les uns doivent commander, les autres obéir, et cela pour leur plus grand avantage : Aristote le dit expressément [3]. Il va jusqu'à réclamer quelquefois la tyrannie,

1. Diog., v, 5. Voyez la collection qu'a donnée Neumann des fragments qui en subsistent, Heidelberg, 1827.
2. *Politique*, liv. Ier, les premières lignes.
3. *Ibid.*, liv. Ier.

toujours dans l'intérêt général. Assurément il est des cas où il faut savoir remettre temporairement les lois entre les mains d'un homme de génie, et un despotisme éclairé a sa place dans l'économie des sociétés humaines; mais, selon Aristote, il y a des mortels qui sont rois de droit naturel [1], théorie qui se lie parfaitement à celle de l'esclavage et du commandement par droit de nature, et ressemble un peu trop à la théorie moderne du droit divin [2].

Enfin, dans ses vues historiques, Aristote ne vante jamais le passé. Nul emploi des formes mythologiques; jamais un appel, jamais une allusion favorable aux religions connues et à celle de son pays et de son temps [3]. Son indépendance ressemble au mépris ou à une absolue indifférence. Il ne faut pas oublier qu'il a créé presque la prose didactique; car autant la majesté et la grâce dominent dans le style de Platon, autant la rigueur et la précision distinguent celui d'Aristote. Mais, comme il s'est trouvé un critique [4] pour reprocher à Platon, dans quelques endroits, un peu de luxe poétique, on peut aussi quelquefois reprocher à Aristote une assez grande sécheresse [5]. Si l'un

1. *Politique*, III, 8.
2. Nous renvoyons pour un jugement plus détaillé de la politique d'Aristote à l'Argument des *Lois*, t. VII de notre traduction de Platon.
3. Simplic. *ad Aristot. Categor.*, édit. princ., Venetiis, 1499, fol. 4; et édit. Basil., 1551, fol. 2 : Οὐ μὲν οὐδὲ μύθοις οὐδὲ συμβολικοῖς αἰνίγμασιν, ὡς τῶν πρὸ αὐτοῦ τινές, Ἀριστοτέλης ἐχρήσατο.
4. Denys d'Halicarnasse.
5. Il y a dans les ouvrages authentiques d'Aristote des passages d'une mâle simplicité et d'une sobre élégance que le vrai goût doit placer

abuse de l'abstraction et de la généralisation, l'autre à son tour abuse de ce talent de décomposition à l'infini qui, s'exerçant à la fois sur les idées et sur leurs signes (car Aristote avait très-bien vu leur influence), aboutit quelquefois à une subtilité excessive, et réduit tout méthodiquement en une poussière imperceptible ; tandis que Platon, alors même qu'il s'égare dans les cieux, est toujours entouré de brillants nuages.

Tels sont, bien rapidement, mais fidèlement représentés [1], les deux grands génies, ou plutôt les deux

---

très-haut ; par exemple, des chapitres entiers de la *Politique,* des pages nombreuses de la *Physique,* des *Morales,* et dans la *Métaphysique* tout le premier livre, écrit de main de maître, et qui nous paraît un modèle de style philosophique, grave sans pédanterie, concis sans obscurité, et semé à propos de traits ingénieux.

1. En terminant cette imparfaite esquisse de la philosophie de Platon et de celle d'Aristote, indiquons aux lecteurs instruits sans être hellénistes les traductions modernes où ils peuvent étudier les monuments immortels laissés par ces deux grands hommes.

Il y a quatre traductions complètes des œuvres de Platon. La plus ancienne est en italien par Dardi Bembo, en cinq petits volumes in-12, Venise, 1601, réimprimés en 1742, en trois volumes in-4°, à Venise, avec les arguments et les notes de De Serres, l'auteur de la version latine employée par H. Étienne dans sa magnifique édition de Platon en trois volumes in-folio, 1578. La traduction du gentilhomme vénitien est faite avec soin et d'un style agréable. Au commencement du dix-neuvième siècle, Thomas Taylor publia à Londres, en 1804, une traduction anglaise de Platon en cinq beaux volumes in-4°, avec une introduction générale et des introductions particulières. La partie de cette traduction qui est empruntée à Sydenham est fort estimable, mais celle qui appartient à Taylor mérite moins de confiance, et les introductions et les notes sont imbues de l'esprit néoplatonicien qui n'est pas toujours l'esprit de Platon. La traduction allemande de Schleiermacher, dont cinq volumes ont paru de 1804 à 1828, et qui comprend aussi une introduction générale et des introductions particulières, est grands systèmes que produisit presque en même temps la philosophie grecque en ses beaux jours, dans son âge de vigueur, de maturité et de sagesse; et déjà ces deux systèmes contiennent le sensualisme et l'idéalisme en des limites raisonnables.

un chef-d'œuvre de critique, duquel date une ère nouvelle pour l'intelligence historique et philosophique de Platon. Malheureusement ce bel ouvrage est inachevé, et malgré le talent de l'auteur, le système de fidélité verbale qu'il a suivi, et qui était alors à la mode en Allemagne, rend ces dialogues, si charmants dans l'original, d'une lecture médiocrement agréable et facile. Notre traduction, en treize volumes, de 1823 à 1840, laisse beaucoup à désirer sans doute, mais peut-être tient-elle une assez juste balance entre une élégance infidèle et une exactitude à ce point littérale qu'elle en est équivoque et obscure. Nous en préparons une seconde édition qui ajoutera des arguments nouveaux, réformera quelquefois et perfectionnera les anciens.

Aristote a été moins heureux que Platon. Nous n'en connaissons qu'une seule traduction complète en langue moderne, celle de Thomas Taylor en onze volumes in-4°, de 1801 à 1812. Ce nouvel et gigantesque labeur du savant anglais doit imprimer le respect et désarmer la critique. M. B. Saint-Hilaire, qui embrasse si heureusement dans ses études la philosophie indienne et la philosophie grecque, a entrepris une traduction d'Aristote qu'il poursuit avec un talent égal à sa persévérance : treize volumes en ont déjà paru.

QUATRIÈME LEÇON.

PHILOSOPHIE GRECQUE. SES DÉVELOPPEMENTS ET SA FIN.

L'école platonicienne et l'école péripatéticienne inclinent de plus en plus à l'idéalisme et au sensualisme. — L'épicuréisme et le stoïcisme bien plus encore. — Lutte des deux systèmes. — Scepticisme. Première école sceptique, née de l'idéalisme : nouvelle académie. — Seconde école sceptique, née du sensualisme : Ænésidème et Sextus. — Renouvellement de la philosophie grecque, sa troisième et dernière époque : retour du besoin de savoir et de croire. Mysticisme. — École d'Alexandrie. Elle prétend unir en elle tout ce qu'il y a de bon dans les écoles précédentes et représenter l'antiquité tout entière. Elle est et se dit éclectique ; mais dans cet éclectisme domine le néo-platonisme. — Mysticisme néoplatonicien. Sa théodicée : vice essentiel de la trinité Alexandrine. — Sa psychologie : l'extase. — Sa morale : unification avec Dieu. — Plotin, Proclus. — École d'Athènes fermée en 529 ; persécution des philosophes ; leur dispersion. — Fin de la philosophie grecque.

Vous avez vu Platon et Aristote, presque au sortir des mains de Socrate, encore tout plein de son esprit et de sa méthode, diviser d'abord la philosophie grecque en deux grands systèmes qui, bien que retenus en de sages limites par le génie plein de bon sens de ces deux grands hommes, inclinent pourtant vers l'idéalisme et vers le sensualisme, et continuent en la surpassant, l'un l'école ionienne, l'autre l'école pythagoricienne. Une analyse imparfaite a dû vous en convaincre ; mais si cette analyse ne vous suffisait pas, vous pouvez consulter un dialecticien bien autrement sûr que moi, le temps, l'histoire, qui sait tirer infailliblement des principes qu'on lui confie les conséquences qu'ils recèlent, et qui éclaire ces principes de la lumière de leurs conséquences. Je vous ai dit que le système d'Aristote se rapportait davantage au sensualisme ionien, et le système de Platon à l'idéalisme pythagoricien. Interrogeons les faits et l'histoire. Qu'a fait des principes de Platon l'école platonicienne ? qu'a fait des principes d'Aristote l'école péripatéticienne ?

Après la mort de Platon, cinq hommes[1] soutiennent à l'Académie la philosophie platonicienne avec talent et avec fidélité. La fidélité est ici précieuse à constater, et un très-bon juge l'atteste[2]. Eh bien ! quel caractère a pris le platonisme entre les mains de ces disciples si fidèles à leur maître, et surtout du plus illustre, Xénocrate ? Je lis dans Aristote[3] que Xénocrate définit l'âme un nombre qui se meut lui-même, définition pythagoricienne ; et Cicéron déclare que Xénocrate séparait tellement l'âme du corps qu'il était difficile de dire ce qu'il en faisait[4]. Enfin, en morale ce même Cicéron

1. Speusipe, Xénocrate, Polémon, Cratès et Crantor.
2. Cicéron, *Academ.*, 1, 9. « Speusipus et Xenocrates, qui primi
« Platonis rationem auctoritatemque susceperunt, et post hos Polemon
« et Crates unaque Crantor in Academia congregati diligenter ea quæ
« a superioribus acceperant, tuebantur. »
3. Arist., *de l'Ame*, I, 2. Cicéron dit la même chose, *Tusc.*, I, 10.
4. Cicéron, *Academ.*, I, 11. « Expertem... corporis animam. » — *Academ.*, II, 39 : « Mentem quoque sine ullo corpore, quod intelligi
« quale sit vix potest. »

nous apprend[1] que Xénocrate exagérait la vertu et déprimait tout le reste. Voilà donc l'Académie devenue presque absolument idéaliste. Voyons ce qu'est devenue de son côté l'école d'Aristote, le fameux Lycée.

Au premier coup d'œil que l'on jette sur la liste des platoniciens et des péripatéticiens[2], on est frappé de trouver surtout des moralistes parmi les platoniciens, et des physiciens parmi les péripatéticiens. Ainsi Théophraste a laissé un nom dans l'histoire naturelle, et Straton de Lampsaque était appelé le physicien. Reconnaissons ce que ces physiciens ont fait du péripatétisme. Théophraste, selon Cicéron[3], attribue le caractère de divinité tantôt à l'intelligence, ce qui est la pure doctrine d'Aristote, et tantôt au ciel et à tout le système astronomique. Mais voici quelque chose de plus net. Dicéarque enseigne[4] qu'il n'y a point d'âme, que l'âme est un mot, *nomen inane,* dit Cicéron ; que cette force

---

1. *Tusc.*, v, 18. « Exaggerabat virtutem, extenuabat cætera et ab-
« jiciebat. »

2. On a vu plus haut celle des platoniciens ; voici celle des péripatéticiens : Théophraste, Eudème, Dicéarque, Aristoxène, Héraclide, Straton, Démétrius de Phalère, Lycon, Hiéronyme, Ariston, Critolaüs, Diodore de Tyr.

3. Cicéron, *de Nat. Deor.*, I. « Modo... menti divinum tribuit
« principatum, modo cœlo, tunc autem et signis sideribusque cœles-
« tibus. »

4. Cicéron, *Tusc.*, I, 10. « Nihil esse omnino animum, et hoc esse
« nomen inane totum, frustraque animalia animantes appellari, neque
« in homine inesse animum et animam, nec in bestia, vimque omnem
« eam qua vel agamus vel sentiamus in omnibus corporibus vivis
« æquabiliter esse fusam, neque separabilem a corpore esse, quippe
« quæ nulla sit, nec sit quidquam nisi corpus unum et simplex ita
« figuratum ut temperatione naturæ vigeat et sentiat. »

par laquelle nous agissons et nous sentons n'est pas autre chose que la vie répandue également dans tous les corps; que ce qu'on appelle âme est inséparable du corps, qu'elle n'est qu'un corps, une matière une et simple dans son essence, mais dont les différents éléments sont arrangés et tempérés entre eux de manière à produire la vie et le sentiment. Aristoxène le musicien, sorti également de l'école d'Aristote, regarde l'âme[1] comme une vibration du corps, comme la résultante des différents éléments et mouvements du corps. Ce que Dicéarque et Aristoxène avaient fait pour l'âme, Straton le physicien le fit pour Dieu. Selon lui, ce que l'on appelle Dieu, intelligence et puissance divine[2], n'est pas autre chose que la puissance de la nature dépourvue de toute conscience d'elle-même; il n'y a pas besoin de l'hypothèse d'un dieu pour expliquer le monde[3] : tout s'opère et s'explique par l'enchaînement nécessaire des causes et des effets, par les poids et les contre-poids de la nature. Le monde est un pur mécanisme[4]; l'espace n'est que le rapport de distance des

---

1. Cicéron, *Tusc.*, I, 10. « Aristoxenus musicus idemque philoso-
« phus (animam) ipsius corporis intentionem quamdam velut in cantu
« et fidibus, quæ harmonia dicitur, sic ex corporis totius natura et
« figura varios motus cieri, tanquam in cantu sonos dicit... »

2. Cicéron, *de Natur. Deor.*, I, 13. « Strato, is qui *physicus* ap-
« pellatur, omnem vim divinam in natura sitam esse censet, quæ cau-
« sas gignendi, augendi et minuendi habeat, sed careat omni sensu. »

3. Cicéron, *Academ.*, IV, 38. « Lampsacenus Strato negat opera deo-
« rum se uti ad fabricandum mundum; quæcumque autem sunt docet
« omnia esse effecta naturæ, et quidquid aut sit aut fiat naturalibus
« fieri aut factum esse docet ponderibus et motibus. »

4. Plutarque, *contre Colotès*, 14 : « Straton, le coryphée du Lycée,

corps entre eux[1] ; le temps, le rapport des événements[2]. En métaphysique, tout est relatif[3], et le vrai et le faux se réduisent à de purs mots. Pour la morale[4],- Straton s'en était peu occupé. Enfin, dans un commentaire inédit d'Olympiodore sur le *Phédon*, qui est à la Bibliothèque du Roi[5], je trouve une polémique de ce même Olympiodore en faveur de l'immortalité de l'âme contre Straton le physicien. Le peu de moralistes que renferme la liste des successeurs immédiats d'Aristote ne sont que des rhéteurs sensualistes[6]. Voilà où le Lycée était tombé un siècle après la mort d'Aristote.

Trois siècles avant l'ère chrétienne, les deux écoles péripatéticienne et platonicienne, abaissées et dégénérées, sont remplacées par deux autres écoles qui héritent de leur importance, et reprennent en sous-œuvre la querelle du péripatétisme et du platonisme. Je veux

τῶν ἄλλων περιπατητικῶν κορυφαιότατος, combat Platon sur le mouvement, sur l'intelligence, sur l'âme, et prétend que le monde est un pur mécanisme, οὐ ζῶον εἶναι φησί. »

1. Stobée, *Eclog. Phys.*, liv. Ier, édit. Héeren, p. 380. Τόπον δὲ εἶναι τὸ μεταξὺ διάστημα τοῦ περιέχοντος καὶ τοῦ περιεχομένου.

2. Τὸ ἐν ταῖς πράξεσι πόσον. Simplicius, *sur la Physique d'Aristote*, liv. IV.

3. Sextus Empir, *advers. Mathem.*, VII, 13.

4. Cicéron, *de Finib.*, v, 5. « Perpauca de moribus. »

5. Voyez sur ce commentaire les Fragments de Philosophie ancienne, p. 384, etc. Plutarque, *contre Colotès*, 14, dit nettement que Straton ramenait au hasard tout ce qu'on considérait comme l'œuvre de lois naturelles : « τὸ δὲ κατὰ φύσιν ἕπεσθαι τῷ κατὰ τύχην.

6. Cicér., *ibid.*, Lycon : « Oratione locuples, rebus ipsis jejunior. » — Ariston : « Gravitas in eo non fuit. » — Hieronime : « Summum bonum vacuitatem doloris... » — Critolaus : « Summum bonum ponit perfectionem vitæ recte fluentis secundum naturam. »

parler de l'épicuréisme et du stoïcisme. Mais ici se présente un phénomène qu'il importe de vous signaler : nous allons assister au démembrement de la philosophie grecque. L'école ionienne et l'école pythagoricienne s'étaient particulièrement occupées du monde extérieur, et la philosophie n'avait guère été d'abord que l'étude de la nature. Socrate lui donna pour fondement l'étude de l'humanité. Aristote et Platon, tout en restant fidèles à l'esprit de Socrate et en partant de l'humanité, étaient arrivés à un système complet qui comprenait à la fois l'âme, Dieu, le monde. Mais après Aristote et Platon, à la suite du conflit de leurs écoles, le génie systématique s'affaiblit, quitte les hauteurs pour ainsi dire, descend dans la plaine, et aux vastes spéculations de la métaphysique succèdent les recherches intéressantes, mais bornées, de la morale. Le stoïcisme et l'épicuréisme tendent en effet à réduire ou du moins à subordonner la haute philosophie à la morale[1]. Suivons-les sur cet étroit terrain ; il nous sera plus facile d'y discerner le vrai caractère de l'un et de l'autre système. Commençons par l'épicuréisme.

L'épicuréisme se propose de conduire l'homme à sa fin. Ce qui peut cacher à l'homme sa véritable fin, ce sont ses illusions, ses préjugés, ses erreurs, son ignorance. Cette ignorance est de deux sortes. C'est d'abord l'ignorance des lois du monde extérieur au sein duquel l'homme passe sa vie ; ignorance qui peut donner naissance à des superstitions absurdes, et troubler l'âme du

---

[1]. Cela est plus vrai des épicuriens et des stoïciens de Rome que de leurs maîtres grecs dont malheureusement les ouvrages ont péri.

délire des fausses craintes et des fausses espérances; de là la nécessité de la physique comme moyen même de morale. L'autre ignorance est celle de la nature de l'homme, de ses facultés, de leur puissance et de leurs limites. Il faut donc, et avant tout, une connaissance exacte de la raison ; de là ces prolégomènes de la philosophie épicurienne, appelés Canonique, c'est-à-dire recueil de règles sur la raison et sur son légitime emploi.

Voici quelle est la théorie de la raison humaine selon Épicure. Les corps dont se compose l'univers sont eux-mêmes composés d'atomes, lesquels sont dans une perpétuelle émission de quelques-unes de leurs parties, ἀπόρροια. Ces atomes, en contact avec les sens, produisent la sensation, αἴσθησις. Je vous dis les mots grecs ; car l'histoire du langage philosophique n'est pas une partie indifférente de l'histoire des idées. Une sensation peut être considérée ou par rapport à l'objet qui la cause ou par rapport au sujet qui l'éprouve. Par rapport à celui qui l'éprouve, elle est affective, agréable ou désagréable ; elle engendre les passions. En tant qu'elle donne la connaissance de son objet, Épicure l'appelle ἐπαίσθησις ; la sensation n'est plus alors seulement affective mais représentative, comme dira un jour Condillac ; c'est l'idée de sensation, l'idée sensible des modernes. Des idées sensibles nous tirons toutes nos idées générales ; et nous les en tirons, parce que les sensations en contiennent les germes, comme par anticipation. Ce sont là les προλήψεις, les anticipations d'Épicure sur lesquelles on dispute encore. Les idées générales, δόξαι, appartiennent à l'homme et sont l'ouvrage de sa raison; elles sont donc seules sujettes à l'erreur. L'erreur n'est pas dans la sensation ni dans l'idée de sensation, mais dans les généralisations que nous en formons. Telle est la canonique d'Épicure.

Sa physique est la physique atomistique. Quand on néglige les différences de détail pour ne s'attacher qu'au fond, on trouve que la physique d'Épicure est celle de Démocrite renouvelée dans ses principes et nécessairement aussi dans ses conséquences.

Si le monde n'est qu'un composé d'atomes qui possèdent en eux-mêmes le mouvement et les lois de toutes leurs combinaisons possibles, le monde se suffit à lui-même et s'explique par lui-même, il n'est besoin ni d'un premier moteur, ni d'une intelligence première; ainsi point de Providence. Épicure n'admet pas de Dieu, mais des dieux. Et quels sont ces dieux? Ce ne sont pas de purs esprits; car il n'y a pas d'esprit dans la doctrine atomistique : ce ne sont pas non plus des corps; car où sont les corps que l'on peut appeler dieux? Dans cet embarras, Épicure, forcé pourtant de reconnaître que le genre humain croit à l'existence des dieux, s'adresse à une vieille théorie de Démocrite; il en appelle aux songes, aux rêves. Comme dans les rêves il y a des images qui agissent sur nous, et déterminent en nous des sensations agréables ou pénibles, sans venir cependant des corps extérieurs, de même les dieux sont des images, semblables à celles de nos songes, mais plus grandes et ayant la forme humaine; images qui ne sont pas précisément des corps[1] et qui ne sont pas non plus dépourvues de matérialité, qui sont ce que vous voudrez, mais enfin qu'il faut bien admettre, puisque l'espèce humaine croit à des dieux, et que l'universalité du sentiment religieux est un fait dont il faut bien donner la cause; et cette cause on la trouve non dans un dieu spirituel qui ne peut pas être, non dans des dieux corporels que personne n'a vus, mais dans des fantômes qui produisent sur l'âme humaine, telle qu'elle est faite, une impression analogue à celles que nous recevons dans le rêve. Voilà les dieux d'Épicure.

Vous pensez bien que l'âme, dans un pareil système, n'est qu'un corps, ἡ ψυχὴ σῶμα ἐστίν[2]. Ce corps est composé d'atomes, des plus fins, des plus délicats, d'atomes ronds, de feu, d'air, de lumière. Cela avait suffi à Démocrite, mais n'a pas suffi à Épicure; et ici est un progrès que je veux vous signaler. Épicure, en faisant le compte des atomes avec lesquels on peut expliquer l'âme, n'en trouve pas d'autres que ceux que je viens de vous nommer, mais il avoue que ces atomes ne peuvent rendre raison de la sensation; il avoue que, pour expliquer la sensation, il faut un autre élément encore, un élément qui n'est pas le feu, qui n'est pas l'air, qui n'est pas la lumière, un quatrième élément qui échappe à toute analyse, qui est pourtant quelque chose, un je ne sais quoi, sans nom[3]. Est-ce encore cette âme

---

1. Μεγάλων εἰδώλων καὶ ἀνθρωπομόρφων. Sext. Empir., *Advers. Mat.* IX, 25.

2. Diog. L., x, 63.

3. Stob., *Eclog. Phys.*, édition de Héeren, liv. Ier, chap. LII, p. 798 :

que nous avons déjà rencontrée dans le Sankhya de Kapila, et que M. Colebrooke avait très-bien définie une sorte de compromis entre une âme matérielle et une âme immatérielle[1]? Ou bien est-ce le je ne sais quoi de quelques matérialistes modernes, ce je ne sais quoi qui, loyalement proposé et bien compris, suffirait à un spiritualisme circonspect qui n'a pas la prétention de connaître la nature même de l'âme? Je crains que ce ne soit pas autre chose qu'un élément matériel mal analysé, et par conséquent encore sans nom dans la physiologie d'Épicure, comme, par exemple, les esprits animaux du dix-septième siècle ou le fluide nerveux du dix-huitième. Même dans ce cas ce serait déjà un progrès dans la physique antique. De tout cela il s'ensuit évidemment que si l'âme est matérielle, elle est mortelle. Elle est un composé qui se dissout à la mort; les atomes se séparent, et tout est fini.

Voyons à quelle morale conduiront une pareille canonique et une pareille physique. S'il n'y a pas d'autres phénomènes moraux primitifs que les sensations agréables ou désagréables, quelle règle appliquer à ces sensations, sinon la recherche des unes et la fuite des autres? Et à quoi arrive-t-on en fuyant les sensations pénibles et en recherchant les sensations agréables? au plaisir. Mais les plaisirs sont fort différents entre eux; il y a les plaisirs du corps et il y a les plaisirs de l'esprit; le plaisir en tant que plaisir est égal à lui-

---

Τόδε ἀκατονόμαστον τὴν ἐν ἡμῖν ἐμποιεῖν αἴσθησιν· ἐν οὐδενὶ γὰρ τῶν ὀνομαζομένων στοιχείων εἶναι αἴσθησιν.

1. Plus haut, leç. II, *Philosophie orientale*, p. 53 et 54.

même ; il n'y a pas de plaisir qui ait en soi plus de valeur qu'un autre ; mais si tous sont égaux en dignité, ils ne sont point égaux en vivacité, ils ne sont point égaux en durée, ils ne sont point égaux dans leurs suites. Première distinction, qui mène Épicure à une distinction plus générale, dans laquelle réside l'originalité de sa philosophie morale.

Le plaisir le plus vif, celui qui remue le plus l'âme, Épicure l'appelle ἡδονὴ ἐν κινήσει. Ce plaisir est mêlé de de peine. C'est le bonheur de la passion, dont la jouissance est courte et inquiète et les fruits souvent amers. Aristippe n'avait pas été plus loin que ce bonheur; mais Épicure a très-bien vu que c'est là un bonheur d'un ordre inférieur, qu'il faut saisir quand on le rencontre sur sa route, mais toujours subordonner au bonheur véritable, qui consiste dans le repos de l'âme, ἡδονὴ καταστηματική. En effet, quand l'âme n'est pas en paix, il n'y a pas de bonheur, il n'y a que du plaisir. Ne repoussez pas le plaisir, mais prenez-le sous cette réserve qu'il ne mettra pas en péril la paix de l'âme. Il faut donc opposer aux attraits des plaisirs la raison qui n'apprécie pas seulement leur vivacité, mais leur durée, mais leurs suites. L'application de la raison aux passions est la sagesse, φρόνησις, et la sagesse prescrit la modération qui est la vertu suprême. Sans vertu, sans sagesse, plaisirs agités, féconds en tristes conséquences; avec la sagesse, avec la vertu, moins de plaisirs agités, mais repos et bonheur de l'âme. Épicure n'a donc jamais songé à se passer de la vertu, et en ceci je le défends et le distingue d'Aristippe; mais il n'a jamais pensé non plus à donner à la vertu une excellence qui lui soit propre; il n'en a fait qu'un moyen de bonheur; il l'a fondé uniquement sur l'intérêt personnel.

La morale sociale comme la morale privée ne repose aussi que sur l'utilité[1]. La société est un contrat; elle ne se soutient que parce que les deux parties contractantes observent le contrat; et elles l'observent parce qu'elles ont intérêt à l'observer. Objecteriez-vous à Épicure que dans beaucoup de cas l'intérêt même d'une des parties est de ne pas observer le contrat? Il répondrait qu'en effet si l'une des parties ne considère que le plaisir du moment, l'avantage immédiat, elle violera souvent le contrat; mais que si elle considère l'avenir et un temps de quelque étendue, elle reconnaîtra qu'elle a intérêt à observer le contrat dans beaucoup plus de cas qu'elle n'a intérêt à le violer, et que par conséquent en l'observant toujours elle s'impose un sacrifice momentané dans son intérêt même, de sorte que l'utilité personnelle suffit à enseigner la vertu. Bien répondu, mais pas encore assez bien. Oui, quand il y a de l'avenir et de longues chances; mais quand il n'y a pas d'avenir, quand il s'agit sur-le-champ de violer le contrat ou de périr? Placez qui vous voudrez entre un devoir et la mort[2]; quel est ici l'avenir, quelles sont les chances réservées, quel fondement est laissé aux calculs de l'intérêt personnel? Il n'y a point d'autre vie,

1. Diog. L., x, 150.
2. Nous avons pris plus d'une fois cet exemple, entre autres, Du Vrai, du Beau et du Bien, leç. xvi, p. 415, et Philosophie de Locke, leç. viii.

et la mort à l'heure même ; nul avenir d'aucun genre, ni dans ce monde ni dans l'autre ; il s'agit ou de violer le contrat ou de se perdre sans retour. Si donc pour observer ou violer le contrat vous n'avez d'autre règle que votre utilité, soit dans le présent, soit dans l'avenir, il est clair qu'alors vous violerez très-légitimement le contrat. Tel est le droit naturel, telle est la morale sociale d'Épicure. Elle renverse la société, qu'elle met à la merci d'un mauvais calcul. Elle la détruit encore par un autre côté. Épicure place beaucoup moins le bonheur dans la jouissance agitée des plaisirs positifs, que dans la possession de ce plaisir presque négatif qui est la tranquillité de l'âme. Mais en se mêlant à la vie pratique, en étant époux et père, on court bien des risques, on compromet singulièrement l'ἡδονὴ κατα-στηματική; on la compromet bien davantage si on veut être citoyen, magistrat, guerrier, si on entre dans les affaires publiques. Épicure en conclut qu'il faut bien se garder d'introduire le trouble dans son âme, en y donnant place aux affections domestiques, ou au patriotisme plus dangereux encore ; et on arrive ainsi à une douce indifférence, à un parfait égoïsme décoré du beau nom d'impassibilité, ἀταραξία.

Le stoïcisme procède à peu près comme l'épicuréisme. La morale est pour tous les deux la philosophie par excellence. Les stoïciens comparent la philosophie à un jardin : la logique est l'enclos, la physiologie la terre et les arbres, la morale le fruit. Ainsi que l'épicuréisme encore, le stoïcisme admet comme introduction à la morale la physiologie et la logique; c'est la physique et la canonique de l'épicuréisme; les noms seuls sont un peu changés. D'ailleurs, tout le reste diffère jusqu'au plus absolu contraste.

Selon l'une et l'autre école, toute connaissance commence par la sensation. Mais comment la sensation s'opère-t-elle et que suppose-t-elle hors de l'homme et dans l'homme? Elle suppose au dehors, selon les stoïciens, un mouvement dans les choses mêmes qui se communique à l'homme, et au dedans une puissance propre mise en mouvement par les impressions du dehors, et qui s'y applique par l'attention, principe de la perception [1].

Comme il y a dans la connaissance deux éléments, de même dans la nature il y a deux éléments tout à fait différents aussi, l'un passif, la matière première, indéterminée, ὕλη πρώτη, l'autre, qui est une force toujours en action [2], dont l'emblème, peut-être même l'agent universel est le feu, selon la doctrine d'Héraclite, principe excellent auquel a été donné l'empire et qui possède l'intelligence, τὸ λογιστικὸν, τὸ ἡγημονικόν. L'intelligence divine, appliquée à la matière [3], y a mis les raisons primitives et séminales des choses, λόγοι σπερματικοί; et Dieu est la raison du monde, τοῦ παντὸς τὸν

1. Cicéron, *Academ.* II, 10 : « Mens... naturalem vim habet quam intendit ad ea quibus movetur. » Sext. Emp., *Adversus Math.* VII : « ἐκτείνει τὴν ὄψιν. »

2. Diog. VII, 1. § 68. « Δοκεῖ δ'αὐτοῖς ἀρχὰς εἶναι τῶν ὅλων δύο, τὸ ποιοῦν καὶ τὸ πάσχον. » Sénèque, *Epist.* 65. Dicunt, ut scis, stoici nostri duo esse in rerum natura ex quibus omnia fiant, causam et materiam.

3. Plutarque, *Contre les Stoïciens*, 36.

λόγον. Les lois du monde sont immuables comme la raison dont elles viennent; de là le destin des stoïciens; mais ce destin n'est que l'application de la raison éternelle au monde [1], il suppose au-dessus de lui une providence qu'il représente. Telle est la vraie théodicée du stoïcisme. S'il se rencontre dans cette école plus d'une trace même grossière de sensualisme et souvent de matérialisme [2], qui rapproche tristement la doctrine stoïcienne de celle d'Épicure dans la décadence générale de la philosophie, il est impossible d'y méconnaître, à toutes les époques, et dans l'hymne à Dieu de Cléanthe, et dans Épictète, et dans Marc-Aurèle, un théisme non équivoque, bien qu'il se produise quelquefois sous l'apparence du panthéisme. Si Dieu est, et s'il est dans le monde par les lois qu'il y a mises, ce monde, au moins dans sa forme et dans son ordonnance, est bien fait, il est beau, il est immortel, il est raisonnable, et il faut se conformer à ses lois comme à celles de la raison et de Dieu.

Puisque la raison est le fond de l'humanité, de la nature, de Dieu même, il s'ensuit que la loi morale par excellence est de vivre conformément à la raison. On trouve souvent aussi chez les stoïciens cette formule : Vivre conformément à la nature. Mais ou il s'agit de la nature du monde, qui est la raison, ou de la nature de

---

1. Diog. VII, ı. § 74. Ἐστὶ δὲ εἱμαρμένη τῶν ὅλων αἰτία εἰρημένη ἢ λόγος καθ᾽ ὃν ὁ κόσμος διεξάγεται.

2. Ὄντα μόνα τὰ σώματα καλοῦσιν, Plutarque, *Contre les Stoïciens*, 30. Le même, *des opinions des philosophes*, IV, 20 : πᾶν τὸ δρώμενον ἢ ποιοῦν, σῶμα. Sénèque, lettre cvı : « Quæ corporis bona sunt, corpora « sunt, ergo et quæ animi sunt; nam et hic corpus est. »

l'homme, qui est la raison aussi ; en sorte que tout revient à la raison, ζῆν ὁμολογουμένως λόγῳ. C'est là l'axiome fondamental de la morale stoïque. Or, si la règle unique des actions est d'être conforme à la raison, toutes les actions, quelles qu'elles soient, se divisent en deux classes seulement : les unes qui sont conformes à la raison, les autres qui n'y sont pas conformes, καθήκοντα, παρὰ τὸ καθῆκον. Et encore, si la raison est la loi suprême et la fin de l'homme, là est pour lui le souverain bien, car le souverain bien d'un être est ce qui est conforme à la loi et à la fin de cet être, c'est-à-dire à sa nature véritable. Le souverain bien de l'homme étant donc la conformité de ses actions à la raison, le mal est la non-conformité des actions à la raison : là est le mal, il n'y en a pas d'autre. La douleur et le plaisir, n'étant ni conformes ni non conformes à la raison, ne sont ni bons ni mauvais ; il n'y a en eux ni bien ni mal, et les conséquences physiques des actions sont comme si elles n'étaient pas. Nous devons faire ce qui est bien, sans prendre garde à ce qui peut en arriver, et ce n'est pas pour l'utilité qui en résulte ou qui n'en résulte pas que la justice doit être pratiquée, mais pour l'excellence qui est en elle. Enfin la justice est bonne, non par la loi des hommes, mais par sa nature propre, φύσει, οὐ νόμῳ. On conçoit que de tels principes devaient exercer la plus noble influence sur la législation, et la jurisprudence romaine a plus d'une fois heureusement ressenti l'impression du stoïcisme. Voilà la belle partie de cette doctrine. Il nous reste à la suivre dans ses égarements.

Première aberration. Toutes les actions qui sont conformes à la raison ont cela de commun d'être conformes à la raison; elles sont donc en cela égales les unes aux autres : de là l'égalité de toutes les bonnes actions. Toutes les mauvaises actions ont ce commun caractère d'être non conformes à la raison; elles sont donc aussi égales entre elles dans l'abstraction de leur non-conformité à la raison : de là, dans quelques stoïciens, ce paradoxe, que toutes les mauvaises actions sont égales entre elles; qu'ainsi ne pas dire la vérité ou tuer est aussi mal l'un que l'autre, puisqu'il y a mal également des deux côtés.

Autre aberration. La raison est le tout de l'homme; la conformité à la raison est la règle unique de ses actions, et le caractère moral des actions est la mesure unique du bien et du mal en général. Or le plus grand bien, c'est le plus grand bonheur; donc l'homme vertueux est le plus heureux; et si dans le bonheur on comprend la liberté, la beauté, la richesse, etc., il faut avouer que celui qui se conforme à la raison est libre, beau, riche, etc.

Autre aberration encore, qui tient à ce qu'il y a de plus grand dans le stoïcisme. Qui empêche l'homme de se conformer toujours à la raison? La passion. Quand l'âme y succombe, elle s'amollit et perd son ressort. La passion, voilà donc l'ennemi qu'il s'agit de combattre. D'où la nécessité de la vertu qui rend à l'homme le ton nécessaire, l'énergie morale, la magnanimité, la constance, et ce mâle précepte : Ἀνεχοῦ, *sustine*, supporte. Supporte les chagrins qui s'engendrent de la lutte amère contre les passions; supporte tous les maux que la fortune t'enverra, la calomnie, la trahison, la pauvreté, l'exil, les fers, la mort même. On ne peut trop applaudir à une pareille maxime; mais il faudrait qu'elle fût suivie de celle-ci : Agis, sois utile à tes semblables. Loin de là; le stoïcisme a trop peur de compromettre dans l'action la pureté et la paix de l'âme; aussi à la maxime Ἀνέχου, supporte, il a ajouté cette autre maxime Ἀπέχου, *abstine*, abstiens-toi, excellente assurément dans certaines limites, déplorable quand elle est trop étendue. Le stoïcisme l'a poussée jusqu'à l'apathie. Ce n'est pas seulement la lutte contre les passions, c'est leur entière destruction qu'il recommande, oubliant qu'en éteignant la flamme on consume aussi le foyer, c'est-à-dire le principe d'action, le principe de toute énergie morale, le principe qui seul peut mettre l'homme en conformité avec la raison et en rapport avec Dieu. Aussi la morale stoïcienne n'a souvent été qu'une morale d'esclave, noble et à sa place dans Épictète, admirable encore, mais presque inutile au monde dans Marc-Aurèle. Comme aux yeux du stoïcisme la seule chose importante est la pureté de l'âme, quand cette pureté est trop en péril, ou quand on désespère d'être victorieux dans la lutte, on peut la terminer comme a fait Caton, αὐτοχειρίᾳ, de sa propre main. Alors la philosophie n'est plus qu'un apprentissage de la mort et non de la vie; elle tend à la mort par son image, l'apathie et l'ataraxie, ἀπάθεια καὶ ἀταραξία, et se résout définitivement en un égoïsme sublime. Vous le voyez : nous ne sommes pas loin de la dernière conclusion de l'épicuréisme, et les deux extrémités contraires se terminent à la même exagération.

L'épicuréisme et le stoïcisme, nés à peu près [1] ensemble, se sont développés l'un avec l'autre et l'un par l'autre. Leur lutte ardente ne finit qu'un siècle à peu près avant l'ère chrétienne. C'est dans cet état que la philosophie grecque a passé à Rome, où, cultivée sans aucune originalité spéculative, mais poussée à toutes ses conséquences dans la pratique par ces âmes énergiques, elle n'a produit que l'épicuréisme grossier qui a déshonoré la décadence de l'Empire, avec des saillies de vertu sublime, mais outrée et stérile, dans un Helvidius, dans un Thraséas. Je demande s'il était possible que l'esprit humain s'arrêtât à l'une ou à l'autre de ces deux doctrines ; je demande s'il était possible que du sein des combats qu'elles se sont livrées ne sortît pas le scepticisme? Il en est sorti, et de toutes parts. Il est d'abord sorti de l'idéalisme, de la nouvelle Académie.

---

1. Épicure, né 337 ans avant J.-C. ; Zénon, 340.

Liste des épicuriens.	Liste des stoïciens.
Métrodore.	Cléanthe, flor. 264 avant J.-C.
Timocrate.	Chrysippe, mort en 208.
Colotès.	Zénon de Tarse, flor. 212.
Polyænus.	Antipater.
Hermachus.	Panætius, flor. 115.
Polystrate.	Posidonius, m. 50.
Dionysius.	Sénèque, m. 56 ans après J.-C.
Basilides.	Cornutus et Musonius, exilés, 66.
Apollodore.	Épictète, flor. 90.
Zénon de Sidon.	Arien, flor. 134.
Diogène de Tarse.	Marc-Aurèle, 161.
Diogène de Séleucie.	
Phèdre et Philodème de Gadara.	

La nouvelle Académie est en effet sceptique ; et cependant elle succédait à l'Académie platonicienne fort opposée au scepticisme. Mais elle avait reçu de Platon l'ironie socratique, c'est-à-dire la prudence du sage qui sait douter et s'arrêter, avec l'art du dialecticien qui pousse l'adversaire à ruiner lui-même ses principes par les conséquences qu'il le force d'en tirer. Je vous l'ai dit : Socrate et Platon, si dogmatiques sur certains points, sont très-circonspects sur d'autres ; ils abondent en doutes et en réserves, et ils se complaisent dans la réfutation par l'absurde. Leurs successeurs purent donner à l'ironie une fausse apparence. Et puis, l'école naissante exagéra fort le spiritualisme du maître, comme nous l'avons vu, et pour s'être trop avancée, elle fut bientôt forcée de reculer, et de se retrancher dans une vive polémique contre les deux dogmatismes d'Épicure et de Zénon. C'est ainsi du moins que paraît s'être formé le caractère sceptique que présente la nouvelle Académie. Elle n'alla pourtant pas jusqu'au scepticisme universel, ce qui eût atteint jusqu'au platonisme. Arcésilas se borne à combattre le dogmatisme des stoïciens ; il combat, par exemple, le principe stoïque, que l'image ($\varphi\acute{\alpha}\nu\tau\alpha\sigma\mu\alpha$) qui naît de la sensation est conforme à son objet ; polémique depuis bien souvent renouvelée, et par Carnéade qui en fit une des bases du scepticisme académique, et dans la philosophie moderne par Berkeley, Hume et l'école écossaise. Il reprit aussi la manière d'enseigner de Socrate : au lieu d'exposer une doctrine, il invitait ses élèves à dire eux-mêmes ce qu'ils pensaient, et il se chargeait de les redresser en argumentant contre eux [1]. Carnéade, un des hommes les plus habiles de la nouvelle Académie, épuisa toutes ses forces contre Chrysippe. Il a dit lui-même : « Si Chrysippe n'était pas né, il n'y aurait pas eu de Carnéade. » Son scepticisme se réduit au probabilisme, τὸ πίτανον, c'est-à-dire à un dogmatisme affaibli. Quelques années après lui, Philon de Larisse, contemporain et ami de Cicéron [2], commence à démasquer le dogmatisme caché de l'Académie. Il dit assez ingénieusement que le vrai académicien ressemble à un sage médecin qui, appelé près d'un malade (et ce malade, c'est ici le pauvre esprit humain), commence par lui parler avec vivacité de sa maladie (discours sur la faiblesse de l'esprit humain et l'incertitude des opinions), combat ensuite à outrance l'avis de ses confrères les médecins avec lesquels il consulte (polémique contre l'épicuréisme et le stoïcisme), et finit aussi par donner son avis (conclusion dogmatique de cet apparent scepticisme [3]).

1. Cicéron, *de Finibus*, II, 1. « Arcesilaus morem socraticum revo« cavit, instituitque ut ii qui se audire vellent, non de se quærerent, « sed ipsi dicerent quid sentiant; ille autem contra. »
2. Cicéron, *Academ.* I, 4, et IV, 4.
3. Stob., *Eclog. Phys.*, liv. II, ch. VII, t. III, p. 40 de l'édit. de Héeren.

Liste des philosophes de la nouvelle Académie.

Arcésilas, né 316 ans avant J.-C., m. 239.
Lacydes.
Évandre et Téléclès de Phocide.
Hégésinus de Pergame.
Carnéade de Cyrène, né vers 215 ; m. 129.
Clitomachus de Carthage, flor. 129.
Philon de Larisse, flor. vers 106.
Antiochus d'Ascalon. m 69.

Mais il était réservé au sensualisme de produire le véritable scepticisme; et il est à remarquer que l'histoire nous montre le scepticisme venant ordinairement de ce côté. Un siècle avant l'ère chrétienne, d'une école de physiciens et de médecins, et de médecins empiriques, sort un nouveau scepticisme avec Ænésidème. Cependant le dogmatisme est tellement enraciné dans l'esprit de l'homme qu'Ænésidème lui-même, si on en croit son plus illustre disciple [1], ne mettait en avant le scepticisme que dans une intention dogmatique, comme avait fait Arcésilas; mais ce n'était pas l'idéalisme qu'il voulait favoriser, c'était la physique d'Héraclite. On ne peut nier qu'Ænésidème, quelles qu'aient été ses vues secrètes, n'ait présenté le scepticisme bien plus puissamment qu'Arcésilas; il l'a vraiment constitué; il en a fait une école qui depuis a eu ses principes fixes et sa méthode. Il avait composé un commentaire, malheureusement perdu, sur la tradition sceptique, et en particulier sur Pyrrhon. Vous pensez bien que dans sa polémique il n'avait pas ménagé la notion de cause, objet perpétuel des attaques du scepticisme et son ordinaire écueil [2].

Après Ænésidème, le personnage le plus distingué de l'école sceptique est le médecin Agrippa; il réduisit les arguments ordinaires de cette école à cinq, qui représentent tous les autres. Voici ces arguments : 1° la discordance des opinions; 2° la nécessité indéfinie pour toute preuve d'être elle-même prouvée; 3° le caractère

---

1. Sextus, *Hyp. Pyrrh.*, I, 29.
2. *Hyp. Pyrrh.*, II, 17.

relatif de toutes nos idées ; 4° le caractère hypothétique de tous les systèmes ; 5° le cercle vicieux auquel est presque ordinairement condamnée la démonstration. Mais le dernier et le plus considérable interprète de l'école sceptique est Sextus, de Mitylène, médecin empirique, de là appelé Sextus Empiricus. C'est une bonne fortune que le monument qu'il avait élevé au scepticisme ait échappé au temps. Nous le possédons tout entier. Il peut fort bien remplacer tous les écrits d'Ænésidème et d'Agrippa qui ont péri, et il contient un système parfaitement lié dans toutes ses parties. Le procédé fondamental du scepticisme, selon Sextus, consiste à mettre aux prises les idées sensibles et les conceptions de l'esprit, afin d'arriver par cette contradiction à une égale négation de l'idéalisme et du sensualisme, et à la suspension absolue de tout jugement. Sa maxime favorite était : Ni ceci ni cela, pas plus l'un que l'autre, Οὐδὲν μᾶλλον[1].

Le scepticisme condamnait donc l'esprit humain à l'immobilité. Mais l'esprit humain ne se résigne pas au suicide ; pour l'esprit exister, c'est agir, c'est juger, c'est penser, et par conséquent c'est croire. Le besoin de penser et de croire subsistait ; seulement il ne s'accommodait plus des anciens systèmes. Lequel de ces systèmes pouvait en effet le séduire ? Ce n'était pas le sensualisme épicurien, car le stoïcisme l'avait décrié ; ce n'était pas l'idéalisme stoïque, car l'épicuréisme l'avait décrié à son tour ; le scepticisme les avait ruinés

---

1. Sextus florissait deux siècles après Jésus-Christ. L'édition classique de ses ouvrages est celle de Fabricius, in-folio, Lipsiæ, 1718.

l'un et l'autre, et en même temps il s'était ruiné lui-même. L'esprit humain appelait donc une philosophie nouvelle que le scepticisme n'eût pas encore ébranlée.

Tous les procédés philosophiques jusqu'alors employés supposaient une certaine confiance soit dans les sens, soit dans la raison humaine. Mais la raison et la sensibilité ayant été convaincues d'impuissance, il fallait bien rechercher s'il n'y avait pas dans l'homme une autre force, jusque-là inconnue ou trop négligée, qui, sans le secours de l'abstraction qui souvent se dissipe en chimères, ni de l'empirisme qui nous retient dans une sphère inférieure et bornée, atteigne directement la vérité, et avec elle le principe de toute vérité, son principe absolu et réel, c'est-à-dire Dieu. Le seul moyen nouveau de connaître, laissé à l'esprit humain, était le mysticisme.

L'histoire de la philosophie grecque devait avoir et elle a eu un dernier moment illustre. Une première époque avait été presque entièrement consacrée à la philosophie naturelle; une seconde, avec Socrate, Platon, Aristote et leurs successeurs, avait été remplie par une philosophie qui, sans oublier ni l'univers ni Dieu, avait surtout un caractère moral et humain; la troisième et dernière époque a été celle de la philosophie religieuse. Ainsi, les trois grandes époques de la philosophie grecque parcourent et éclairent successivement les trois grands objets de la science philosophique : la nature, l'homme, Dieu.

L'esprit mystique de la dernière époque s'explique aussi par des causes extérieures que je me bornerai à vous rappeler rapidement. Nous sommes arrivés au second siècle de l'ère chrétienne. Alors où en était le monde? où en était la société? où en était la littérature? où en était l'art? où en était toute la civilisation antique? La liberté grecque était finie sans retour; la puissance romaine, à peu près achevée, commençait à se dévorer elle-même, et l'âme, abandonnée par tous les grands intérêts pratiques de l'existence, tombait à la merci des caprices d'un oisif égoïsme. De là, dans le grand nombre, les bassesses de l'épicuréisme, et dans quelques solitaires la folie sublime du stoïcisme; dans les arts, l'absence de toute vraie grandeur et de toute naïveté; partout le besoin d'émotions nouvelles, partout la recherche de raffinements inouïs. Il n'y avait plus rien de grand à faire en un tel monde, et le seul asile de l'âme était réellement le monde invisible : il était bien naturel de quitter la terre ainsi faite pour le ciel, et une pareille société pour le commerce de Dieu.

Ajoutez les relations de jour en jour plus fréquentes de la Grèce avec l'Orient. L'esprit grec, en touchant l'esprit oriental, s'était empreint en toutes choses, et dans l'art comme dans la philosophie, d'une couleur mystique jusqu'alors inconnue.

Aussi commencent à paraître de toutes parts des sectes et des écoles à moitié philosophiques, à moitié religieuses, qui toutes ont pour procédé non plus l'abstraction, non plus l'analyse, non plus la dialectique, mais l'inspiration, l'enthousiasme, l'illumination. De là presque en même temps et Philon[1] et le gnosti-

---

1. Philon, savant juif, né quelques années avant Jésus-Christ, et

cisme[1] et la cabale[2], dont le commun caractère est un mélange sans critique de la philosophie grecque et d'assez vagues traditions orientales, mélange où se rencontraient ensemble Platon, Moïse et Zoroastre, le théisme et le panthéisme, la doctrine de la création et celle de l'émanation. Mais je me hâte d'arriver à l'école qui

qui vivait à Alexandrie au premier siècle de notre ère, est le premier auteur célèbre de ce mélange qui était dans toutes les nécessités du temps. On pourrait dire que c'est un philosophe alexandrin venu avant l'école d'Alexandrie.

1. Γνῶσις, connaissance par excellence, c'est-à-dire connaissance de l'Être divin. La Gnose contient des éléments de toute sorte, grecs, juifs, persans. Elle est différente de la doctrine de Philon et de la cabale, mais elle y tient. Elle compte des sectateurs de divers pays et de divers cultes. Simon le Magicien, Ménandre le Samaritain et Cerinthe sont des Juifs du premier siècle; Saturninus, Basilides, Carpocrate et Valentin, Marcion, Cerdon, Bardesanes, presque tous Syriens, sont du IIe siècle, et le Persan Manès est du IIIe.

2. La cabale est toute juive. Ses fondateurs, ou du moins ses plus célèbres interprètes, semblent avoir été Akiba, mort 138 ans après notre ère, et son disciple Siméon Ben-Iochai, surnommé *l'étincelle de Moïse*. Voyez l'ouvrage de M. Franck, LA KABBALE, *ou la Philosophie religieuse des Hébreux*, Paris, 1843. La conclusion de cet excellent travail, dont nous sollicitons ardemment la suite, est que, malgré bien des ressemblances et des contacts certains, la Cabale n'est ni une imitation de la philosophie de Platon, ni une imitation de l'école d'Alexandrie, ni l'œuvre de Philon, ni encore bien moins un emprunt fait au christianisme, mais une assez vieille tradition hébraïque, née vraisemblablement au temps de la captivité de Babylone, et qui s'est successivement agrandie et développée dans le commerce constant de la Judée avec la Perse. Elle offre de nombreux et frappants rapports avec le Zend-Avesta et la théologie des anciens Parses. On voit combien en cela elle ressemble à la Gnose; mais elle en diffère par d'autres côtés, et quoiqu'elle soit en grande partie composée d'éléments étrangers, elle n'en constitue pas moins dans son ensemble, selon M. Franck, une doctrine nationale et la philosophie religieuse des Hébreux.

représente le mysticisme régulier et scientifique de cette époque, je veux dire l'école d'Alexandrie.

Les Alexandrins sont les représentants fidèles de leur temps. Comme Philon, les gnostiques et la cabale, leur prétention est d'unir tout ce qu'ils connaissent. Ils entreprennent de rassembler tout ce qu'il y avait de bon dans toutes les écoles précédentes, et d'en faire un tout homogène qu'ils puissent opposer à la religion nouvelle. Ils se portent les représentants de l'antiquité tout entière : ils sont ouvertement éclectiques; le nom même vient d'eux. On les a accusés de n'avoir abouti qu'au syncrétisme, d'avoir laissé dégénérer une noble tentative de conciliation en une confusion déplorable. On peut, en effet, très-bien leur adresser ce reproche; on peut aussi leur faire, et avec plus de raison, le reproche contraire. Placée entre l'Afrique, l'Asie et l'Europe, il était bien naturel qu'Alexandrie voulût unir l'esprit oriental et l'esprit grec; mais dans cette union ce qui domine est l'esprit oriental. Elle voulut unir la religion et la philosophie, mais ce qui domine est la religion. Elle voulut unir toutes les parties de la philosophie grecque, mais ce qui domine est Platon, souvent confondu avec Pythagore. Des trois systèmes dans lesquels nous avons vu se résoudre la philosophie grecque, le sensualisme, l'idéalisme, le scepticisme, assurément on n'accusera pas l'école d'Alexandrie d'avoir fait une trop large part au scepticisme. Mais où il n'y a pas une certaine dose de scepticisme, il n'y a pas de véritable éclectisme, il n'y a place qu'à un dogmatisme intempérant. Restaient le sensualisme et l'idéalisme. Accusera-t-on l'école d'Alexandrie d'avoir trop accordé au sensualisme? Sans doute elle a voulu concilier Aristote avec Platon, mais c'est du côté de Platon qu'elle incline, et elle y incline si bien qu'elle y tombe : elle a été justement appelée la nouvelle école platonicienne. Or, une école qui se condamne à un seul élément philosophique est forcée de l'exagérer pour en tirer la philosophie tout entière; et l'idéalisme exclusif de l'école néoplatonicienne l'a bientôt entraînée dans toutes les folies du mysticisme.

Le mysticisme, c'est là le caractère véritable de l'école d'Alexandrie, c'est là ce qui lui donne un rang élevé et original dans l'histoire de la philosophie. Si le temps nous manque pour vous développer avec l'étendue convenable le mysticisme alexandrin, nous tâcherons du moins de vous présenter avec quelque précision ses traits essentiels, son principe et quelques-unes de ses conséquences les plus caractéristiques.

Puisque l'école d'Alexandrie est une école mystique, ce qui y joue le principal rôle c'est la théodicée. Examinons donc cette théodicée.

Le Dieu des Alexandrins est une trinité, visible imitation de la trinité chrétienne, qui déjà se répandait dans le monde, mais imitation trompeuse, qui diffère essentiellement de son sublime exemplaire et lui est profondément inférieure.

Dieu est avant tout l'unité, l'unité absolue; cette absolue unité est son essence; elle constitue le Bien encore plus que le Bien ne la constitue. Et Dieu n'est pas seulement l'unité, c'est aussi l'intelligence, une intelligence vraie et se connaissant elle-même. Enfin Dieu est un principe actif et vivant, capable de produire et de créer. Voilà la trinité alexandrine : Dieu en soi comme absolue unité, Dieu comme intelligence, Dieu comme puissance.

L'erreur fondamentale de cette trinité est que les trois termes dont elle se compose, les trois hypostases, pour parler la langue de l'école d'Alexandrie, ne sont point égales entre elles, qu'elles ne sont ni consubstantielles ni contemporaines, et que la première précède et domine les deux autres.

L'école d'Alexandrie a mis dans sa trinité, au-dessus de l'intelligence, une absolue unité qui, pour être et demeurer absolue, est nécessairement supposée, ne fût-ce qu'un moment, sans intelligence pour être sans division. Voilà où la passion de l'unité a poussé les Alexandrins, Plotin à leur tête.

Mais d'abord qu'est-ce que l'unité absolue sans intelligence et par conséquent ne se connaissant pas? Une unité toute abstraite. Est-ce là Dieu? que nous sommes loin du Dieu de Platon et de celui d'Aristote! Aristote et Platon ne mettent rien avant le Νοῦς; le Νοῦς leur est le premier principe, τὸ πρότερον; et ils mettent dans le Νοῦς ce sans quoi il ne serait pas, la conscience, la pensée de la pensée [1]. Mais à Alexandrie

---

[1]. Nous avons cent fois prouvé, et nous tenons pour un point établi qu'il n'y a point d'intelligence sans conscience. INTRODUCTION A L'HISTOIRE DE LA PHILOSOPHIE, leç. v. « Le propre de l'intelligence n'est pas de pouvoir connaître, mais de connaître en effet. A quelle condition y a-t-il intelligence pour nous? Il ne suffit pas qu'il y ait en nous un

l'esprit grec a fait place à l'esprit oriental ; l'intelligence est détrônée ; Dieu n'est plus une pensée que la pensée conçoive et adore : c'est une unité qui s'ignore et qui nous est incompréhensible, une abstraction indéfinissable, innommable, un pur néant.

Et puis, si l'intelligence n'est pas dans l'unité primitive, comment en viendra-t-elle ? Si l'intelligence n'est pas première, elle ne sera jamais, elle ne peut plus être. Comment faire venir l'intelligence après l'unité absolue qui par elle-même ne la contient point et qui ne peut pas la produire ? Il en est de même de la puissance. Comment sortirait-elle de l'unité pure ?

principe d'intelligence, il faut que ce principe s'exerce, se développe, et se prenne lui-même comme objet de son intelligence. La condition nécessaire de l'intelligence, c'est la conscience, c'est-à-dire la différence. Il ne peut y avoir connaissance que là où il y a plusieurs termes dont l'un aperçoit l'autre et en même temps s'aperçoit lui-même. C'est là connaître et se connaître, c'est là l'intelligence. L'intelligence sans conscience est la possibilité abstraite de l'intelligence, ce n'est pas l'intelligence réelle. » Du Vrai, du Beau et du Bien, leç. III, p. 63. « Une raison qui n'est pas mienne, qui, sous le prétexte d'être universelle, infinie et absolue dans son essence, ne tombe pas sous la perception de ma conscience, est pour moi comme si elle n'était pas. Vouloir que la raison cesse entièrement d'être subjective, c'est vouloir une chose impossible à Dieu lui-même. Non, Dieu lui-même ne peut connaître qu'en le sachant, avec son intelligence et avec la conscience de cette intelligence. Il y a donc de la subjectivité dans la connaissance divine elle-même, etc. » Philosophie de Kant, *Esquisse d'un système moral et politique*, p. 330 : « Examinez-vous au moment où vous pensez ; de quelque manière et à quelque objet que vous pensiez, vous reconnaîtrez qu'alors que vous pensez vous savez que vous pensez. Penser et savoir que vous pensez est pour vous une seule et même chose. Que serait-ce que penser sans savoir que l'on pense ? Essayez de le comprendre, vous n'y parviendrez pas. »

Enfin, pourquoi l'intelligence est-elle au second rang dans la trinité alexandrine, et pourquoi la puissance au troisième? Dieu, comme unité, est donc supérieur à Dieu comme intelligence et comme puissance! D'où il suit, en général, que la puissance et l'action, l'intelligence et la pensée, sont inférieures à l'unité. Voilà le principe qui, dans ses conséquences nécessaires a perdu l'école d'Alexandrie. Non, il n'est pas vrai que l'unité soit supérieure à l'intelligence et à la puissance, car que serait-ce qu'une unité inintelligente et impuissante? Non, il n'est pas vrai que l'unité soit supérieure à la dualité et à la multiplicité, quand la multiplicité et la dualité dérivent de l'unité et y demeurent unies. Qu'est-ce en effet que la dualité et la multiplicité produites par l'unité, sinon la manifestation de l'unité, c'est-à-dire l'unité elle-même? Une unité qui ne se développerait pas ne serait qu'une unité abstraite. Ou l'unité est purement abstraite, et alors elle est comme si elle n'était pas; ou elle est réelle et vivante, et elle porte avec elle la dualité et la multiplicité. La variété sort de la vraie unité; elle ne la dissout pas, elle la fait paraître. Mais pour arriver à cette conception achevée de l'unité divine, il fallait à la philosophie le christianisme, les grands docteurs de l'Église, et au xviie siècle Leibniz et Bossuet [1].

---

[1]. Leibniz, jeune encore, a écrit en 1671 une très-remarquable dissertation intitulée : *Sacrosancta Trinitas per nova inventa logicæ defensa*. Bossuet, dans ses *Élévations sur les Mystères*, a donné une explication philosophique de la trinité chrétienne qui compose une théodicée profonde; et cette théodicée il l'a mise jusque dans le catéchisme de Meaux, destiné à des enfants, il est vrai, mais à des enfants chré-

La psychologie des Alexandrins est appropriée à leur métaphysique. Ils admettent dans la connaissance humaine différents degrés : 1° la connaissance sensible ; 2° la connaissance des opérations de l'âme ; 3° celle que donne l'emploi de l'analyse et de la synthèse ; 4° la connaissance des vérités premières, des principes ; 5° enfin il y a, selon les Alexandrins, une opération de l'âme qui est en psychologie ce qu'est dans la théodicée l'unité de Dieu placée au-dessus de l'Intelligence ; à savoir, la capacité de s'élever aussi au-dessus de l'intelligence. Mais, comment s'élève-t-on au-dessus de l'intelligence ? Par un moyen que les Alexandrins appellent la simplification, ἅπλωσις, c'est-à-dire la réduction de l'âme à l'unité. Et quelle est l'opération qui nous fait arriver à cette simplification, à cette réduction de l'âme à l'unité ? L'extase, ἔκστασις [1]. Vous le voyez : la philosophie grecque retourne au mysticisme oriental, et l'extase nous ramène à l'Ioguisme [2].

Telle est la psychologie des Alexandrins ; elle dérive de leur théodicée, et elle produit leur morale. Platon avait dit profondément que l'homme doit tendre à ressembler à Dieu, et qu'il y ressemble, autant qu'il est en lui,

---

tiens. Voyez l'INTRODUCTION A L'HISTOIRE DE LA PHILOSOPHIE, leç. V, p. 99.

1. Ce mot n'exprimait d'abord que le changement d'une chose qui perd subitement ou violemment son état ordinaire. Il s'est dit ensuite de toute émotion physique ou morale qui enlevait le corps ou l'âme à leur état normal, et il s'appliquait surtout à la folie. Ce sont les Alexandrins qui les premiers l'ont employé favorablement, pour peindre le ravissement religieux, la folie sublime de l'âme perdue dans l'unité divine.

2. Voyez plus haut, leç. II, *Philosophie orientale*, p. 77 et la note.

par la pensée et par l'action vertueuse, conforme à l'idée du Bien ; car le Dieu de Platon est la substance même de cette idée qui est à la tête de toutes les autres. Voilà un Dieu intelligent et bon ; aussi la morale platonicienne, quoique parfois un peu contemplative encore, recommande partout l'action et la science ; mais au lieu du Dieu de Platon, sujet et source des Idées, l'école d'Alexandrie met un Dieu dont le type unique est l'unité absolue, un Dieu par conséquent auquel l'homme ne peut ressembler qu'en se faisant lui-même le plus possible absolument un : de là une morale et une religion ascétiques. Platon avait proposé la ressemblance de l'homme à Dieu ; c'était assez, ce semble ; l'école d'Alexandrie propose l'unification de l'homme avec Dieu, ἕνωσις, c'est-à-dire la suppression de l'humanité ; car si l'homme, en essayant de ressembler à Dieu, s'élève au-dessus des conditions ordinaires de l'existence, il ne peut s'unir avec Dieu qu'en s'y absorbant, en se détruisant lui-même.

Une fois le mysticisme arrivé à ce point, il est aisé de prévoir dans quels égarements il tombera. Déjà nous vous les avons signalés, lorsque autrefois vous entretenant du mysticisme et rencontrant sur notre route celui d'Alexandrie, nous avons essayé de vous faire connaître la source de ses erreurs et leurs conséquences inévitables. Au risque de quelques répétitions, permettez-nous de remettre sous vos yeux ce passage d'une leçon déjà bien ancienne [1] :

---

1. Du Vrai, du Beau et du Bien, leç. v.

« Le mysticisme brise en quelque sorte l'échelle qui nous élève jusqu'à la substance infinie : il considère cette substance toute seule, indépendamment de tout ce qui la manifeste, et il s'imagine posséder ainsi l'absolu pur, l'unité pure, l'être en soi. L'avantage que cherche ici le mysticisme, c'est de donner à la pensée un objet où il n'y ait nul mélange, nulle division, nulle multiplicité, où tout élément sensible et humain ait entièrement disparu. Mais pour obtenir cet avantage il en faut payer le prix. Il est un moyen très-simple de délivrer la théodicée de toute ombre d'anthropomorphisme, c'est de réduire Dieu à une abstraction, à l'abstraction de l'être en soi. L'être en soi, il est vrai, est pur de toute division, mais à cette condition qu'il n'ait nul attribut, nulle qualité, et même qu'il soit dépourvu de science et d'intelligence ; car l'intelligence, si élevée qu'elle puisse être, suppose toujours la distinction du sujet intelligent et de l'objet intelligible. Un Dieu dont l'absolue unité exclut l'intelligence, voilà le dieu de la philosophie mystique. Comment l'école d'Alexandrie, comment Plotin, son fondateur, au milieu des lumières de la civilisation grecque et latine, a-t-il pu arriver à cette étrange notion de la divinité? Par l'abus du platonisme, par la corruption de la meilleure et de la plus sévère méthode, celle de Socrate et de Platon.

« La méthode platonicienne, la dialectique, comme l'appelle son auteur, recherche dans les choses particulières, variables, contingentes, ce qu'elles ont aussi de général, de durable, d'un, c'est-à-dire leur idée, et s'élève ainsi aux Idées, comme aux seuls vrais objets de l'intelligence, pour s'élever encore de ces Idées qui s'ordonnent dans une admirable hiérarchie, à la première de toutes, au delà de laquelle on n'a plus rien à concevoir ni à chercher. C'est en écartant dans les choses finies leur limite, leur individualité, que l'on atteint les genres, les Idées, et, par elles, leur souverain principe. Mais ce principe n'est pas le dernier des genres, ni la dernière des abstractions; c'est un principe réel et substantiel. Le dieu de Platon ne s'appelle pas seulement l'unité, il s'appelle le Bien ; il n'est pas la substance morte des Éléates ; il est doué de *vie* et de *mouvement*[1]; fortes expressions qui montrent à quel point le dieu de la métaphysique platonicienne est différent de celui du mysticisme. Ce Dieu est le *père du monde*[2]. Il est aussi le père de la vérité, cette lumière des esprits[3]. Il habite au milieu des Idées *qui font de lui un dieu véritable en tant qu'il est avec elles*[4]. Il possède *l'auguste et sainte intelligence* [5]. Il a fait

1. *Le Sophiste*, t. XI de notre traduction, p. 261.
2. *Timée*, t. XII, p. 117.
3. *République*, liv. VII, p. 70 du t. X.
4. *Phèdre*, p. 55, t. VI.
5. *Le Sophiste*, p. 261-262. Il faut citer ce passage peu connu et décisif que nous avons traduit pour la première fois : « L'Étranger. Mais quoi, par Jupiter ! nous persuadera-t-on si facilement que dans la réalité le mouvement, la vie, l'âme, l'intelligence ne conviennent pas à l'être absolu? que cet être ne vit ni ne pense, et qu'il demeure immobile, sans avoir part à l'auguste et sainte intelligence? — Théétète. Ce serait consentir, cher Éléate, à une bien étrange assertion. — L'Étranger. Ou bien lui accorderons-nous l'intelligence en lui refusant la vie? — Théétète. Cela ne se peut. — L'Étranger. Ou bien encore dirons-nous qu'il y a en lui l'intelligence et la vie, mais que ce n'est pas dans une âme qu'il les possède? — Théétète. Et comment

le monde sans aucune nécessité extérieure et par ce motif seul qu'il était bon [1]. Enfin il est la beauté sans mélange, inaltérable, immortelle, qui fait dédaigner toutes les beautés terrestres à qui l'a une fois entrevue [2]. Le beau, le bien absolu est trop éblouissant pour que l'œil d'un mortel puisse le regarder en face ; il le faut contempler d'abord dans les images qui nous le révèlent, dans la vérité, dans la beauté, dans la justice, telles qu'elles se rencontrent ici-bas et parmi les hommes, de même qu'il faut habituer peu à peu l'œil du captif enchaîné dès l'enfance à la splendide lumière du soleil [3]. Notre raison, éclairée par la vraie science, peut apercevoir cette lumière des esprits ; bien conduite, elle peut aller jusqu'à Dieu, et il n'est pas besoin pour y atteindre d'une faculté particulière et mystérieuse.

« Plotin s'est égaré en poussant à l'excès la dialectique platonicienne, et en l'étendant au delà du terme où elle doit s'arrêter. Dans Platon, elle se termine à l'Idée du bien, et produit un dieu intelligent et bon ; Plotin l'applique sans fin, et elle le mène dans l'abîme du mysticisme. Si toute vérité est dans le général, et si toute individualité est imperfection, il en résulte que

pourrait-il les posséder autrement? — L'ÉTRANGER. Enfin que, doué d'intelligence, d'âme et de vie, tout animé qu'il est, il demeure dans une complète immobilité? — THÉÉTÈTE. Tout cela me paraît déraisonnable. »

1. *Timée*, p. 119 : « Disons la cause qui a porté le suprême ordonnateur à produire et à composer cet univers : il était bon. »
2. *Banquet*, discours de Diotime, t. VI.
3. *République*, liv. VII.

tant que nous pourrons généraliser, tant qu'il nous sera possible d'écarter quelque différence, d'exclure quelque détermination, nous ne serons pas au terme de la dialectique. Son objet dernier sera donc un principe sans aucune détermination. Elle n'épargnera pas en Dieu l'être lui-même. En effet, si nous disons que Dieu est un être, à côté et au-dessus de l'être on peut mettre l'unité de laquelle l'être participe, et qu'on peut dégager pour la considérer seule. L'être ici n'est pas simple, puisqu'il est à la fois être et unité : l'unité seule est simple, car on ne peut remonter au delà. Et encore quand nous disons unité, nous la déterminons. La vraie unité absolue doit donc être quelque chose d'absolument indéterminé, qui n'est pas, à proprement parler, qui ne peut même se nommer, l'*innommable*, comme dit Plotin. Ce principe, qui n'est pas, à plus forte raison ne peut pas penser, car toute pensée est encore bien plus une détermination, une manière d'être. Ainsi l'être et la pensée sont exclus de l'unité absolue. Si l'alexandrinisme les admet, ce n'est que comme une déchéance, une dégradation de l'unité. Considéré dans la pensée et dans l'être, le principe suprême est inférieur à lui-même ; ce n'est que dans la simplicité pure de son indéfinissable essence qu'il est le dernier objet de la science et le dernier terme de la perfection.

« Pour entrer en rapport avec un pareil dieu, les facultés ordinaires ne suffisent point, et la théodicée de l'école d'Alexandrie lui impose une psychologie toute particulière.

« Dans la vérité des choses, la raison conçoit l'unité

absolue comme un attribut de l'être absolu, mais non pas comme quelque chose en soi, ou, si elle la considère à part, elle sait qu'elle ne considère qu'une abstraction. Veut-on faire de l'unité absolue autre chose que l'attribut d'un être absolu, ou une abstraction? ce n'est plus rien que la raison puisse accepter à aucun titre. Cette unité vide sera-t-elle l'objet de l'amour? Mais l'amour, bien plus que la raison encore, aspire à un objet réel. On n'aime pas la substance en général, mais une substance qui possède tel ou tel caractère. Dans les amitiés humaines, supprimez toutes les qualités d'une personne ou modifiez-les, vous modifiez ou vous supprimez l'amour. Cela ne prouve pas que vous n'aimiez pas cette personne; cela prouve seulement que la personne n'est pas pour vous sans ses qualités. Ainsi ni la raison ni l'amour ne peuvent atteindre l'absolue unité du mysticisme. Pour correspondre à un tel objet, il faut en nous quelque chose qui y soit analogue, il faut un mode de connaître qui emporte l'abolition de la conscience. En effet, la conscience est le signe du moi, c'est-à-dire de ce qu'il y a de plus déterminé; l'être qui dit : moi, se distingue essentiellement de tout autre, et c'est là qu'est pour nous le type même de l'individualité. Ce mode de communication pure et directe avec Dieu, qui n'est pas la raison, qui n'est pas l'amour, qui exclut la conscience, c'est l'extase. Ce mot, que Plotin a le premier appliqué à ce singulier état de l'âme, exprime cette séparation d'avec nous-mêmes que le mysticisme exige, et dont il croit l'homme capable. L'homme, pour communiquer avec l'être absolu, doit sortir de lui-même.

Il faut que la pensée écarte toute pensée déterminée, et, en se repliant dans ses profondeurs, arrive à un tel oubli d'elle-même que la conscience soit ou semble évanouie. Mais ce n'est là qu'une image de l'extase ; ce qu'elle est en soi, nul ne le sait ; comme elle échappe à la conscience, elle échappe à la mémoire, elle échappe à la réflexion, et par conséquent à toute expression, à toute parole humaine.

« Ce mysticisme philosophique repose sur une notion radicalement fausse de l'être absolu. A force de vouloir affranchir Dieu de toutes les conditions de l'existence finie, on en vient à lui ôter les conditions de l'existence même ; on a tellement peur que l'infini ait quoi que ce soit de commun avec le fini, qu'on n'ose reconnaître que l'être est commun à l'un et à l'autre, sauf la différence du degré, et comme si tout ce qui n'est pas n'était pas le néant même ! L'être absolu possède l'unité absolue, sans aucun doute, comme il possède l'intelligence absolue ; mais, encore une fois, l'unité absolue sans un sujet réel d'inhérence est destituée de toute réalité. Réel et déterminé sont synonymes. Un être n'est lui-même qu'à la condition de ne pas être un autre ; il ne peut donc pas ne pas avoir des traits caractéristiques. Tout ce qui est, est tel ou tel. Or, si l'existence emporte la détermination, il s'ensuit que Dieu, principe et modèle de l'existence, est le plus déterminé des êtres. Aristote est bien plus platonicien que Plotin, lorsqu'il dit que Dieu est la pensée de la pensée, qu'il n'est pas une simple puissance, mais une puissance en acte, c'est-à-dire une puissance en possession de la réalité. C'est à la nature finie qu'il convient d'être, en un certain sens, indéterminée, puisque, étant finie, elle a toujours en elle des puissances qui ne sont pas réalisées; cette indétermination diminue à mesure que ces puissances se réalisent. Ainsi la vraie unité divine n'est pas l'unité abstraite, c'est l'unité précise de l'être parfait, en qui tout est achevé. Au faîte de l'existence, encore plus qu'à son plus humble degré, tout est déterminé, tout est développé, tout est distinct, comme tout est un. La richesse des déterminations est le signe certain de la plénitude de l'être. La réflexion distingue ces déterminations entre elles, mais il ne faut pas voir dans ces distinctions des limites. Dans nous, par exemple, est-ce que la diversité de nos facultés et leur plus riche développement divise notre être et altère l'identité et l'unité de la personne? chacun de nous se croit-il moins lui-même parce qu'il possède et la sensibilité et la raison et la volonté? Non, assurément. Il en est de même de Dieu. Faute d'avoir passé par une psychologie suffisante, le mysticisme alexandrin s'est imaginé que la diversité des attributs est incompatible avec la simplicité de l'essence, et de peur de corrompre la simple et pure essence il en a fait une abstraction. Par un scrupule insensé, il a craint que Dieu ne fût pas assez parfait s'il lui laissait toutes ses perfections; il les considère comme des imperfections, l'être comme une dégradation, la création comme une chute; et, pour expliquer l'homme et l'univers, il est forcé de mettre en Dieu ce qu'il appelle des défaillances, pour n'avoir pas vu que ces prétendues défaillances sont les signes mêmes de la perfection infinie.

« La théorie de l'extase est à la fois la condition nécessaire et la condamnation de la théorie de l'unité absolue. Sans l'unité absolue, comme objet direct de la connaissance, à quoi bon l'extase dans le sujet de la connaissance? L'extase, loin d'élever l'homme jusqu'à Dieu, l'abaisse au-dessous de l'homme; car elle efface en lui la pensée en ôtant sa condition, qui est la conscience. Supprimer la conscience, c'est rendre impossible toute connaissance; c'est ne pas comprendre la perfection de ce mode de connaître, où l'intimité du sujet et de l'objet donne à la fois la connaissance la plus simple, la plus immédiate et la plus déterminée.

« Le mysticisme alexandrin est le mysticisme le plus savant et le plus profond qui soit connu. Dans les hauteurs de l'abstraction où il se perd, il semble bien loin des superstitions populaires; et pourtant l'école d'Alexandrie réunit la contemplation extatique et la théurgie. Ce sont là deux choses en apparence incompatibles, mais qui tiennent à un même principe, à la prétention d'apercevoir directement ce qui échappe invinciblement à toutes nos prises. Ici un mysticisme raffiné aspire à Dieu par l'extase, là, un mysticisme grossier croit le saisir par les sens. Les procédés, les facultés employées diffèrent; mais le fond est le même, et de ce fond commun sortent nécessairement les folies les plus opposées. Un culte nouveau éclatait par des miracles; le culte ancien voulut avoir les siens, et des philosophes se vantèrent de faire comparaître la Divinité devant d'autres hommes. On eut des démons à soi, et en quelque sorte à ses ordres ; on n'invoqua plus seulement les dieux, on les évoqua. L'extase pour les initiés, la théurgie pour la foule.

« De tout temps et de toutes parts, ces deux mysticismes se sont donné la main. Dans l'Inde et dans la Chine, les écoles où s'enseigne l'idéalisme le plus quintessencié ne sont pas loin des pagodes de la plus avilissante idolâtrie. Un jour, on lit le Bhagavad-Gita ou Lao-tseu[1], on enseigne un Dieu indéfinissable, sans attributs essentiels et déterminés ; et le lendemain, on fait voir au peuple telle ou telle forme, telle ou telle manifestation de ce Dieu qui, n'en ayant pas une qui lui appartienne, peut les recevoir toutes, et qui, n'étant que la substance en soi, est nécessairement la substance de tout, de la pierre et d'une goutte d'eau, du chien, du héros et du sage. Ainsi, dans les dernières années du monde ancien, le même homme était à la fois professeur à l'école d'Athènes et gardien du temple de Minerve ou de Cybèle, tour à tour obscurcissant par de subtils commentaires le *Timée* et la *République*, et déployant aux yeux de la multitude, soit le voile sacré, soit la châsse de la bonne déesse[2], et dans l'une et l'autre fonction, prêtre ou philosophe, en imposant aux autres et à lui-même, entreprenant de monter au-dessus de l'esprit humain et tombant misérablement au-des-

---

1. Plus haut, leç. II, *Philosophie orientale*, p. 40, et p. 78-93.
2. Lucien, Apulée, Lucius de Patras.

sous, payant en quelque sorte la rançon d'une métaphysique inintelligible en se prêtant aux plus honteuses superstitions. »

Excusez cette longue citation. Du moins elle vous tiendra lieu de beaucoup de détails, et elle témoigne de l'importance et du soin que nous mettons à vous bien faire connaître la dernière grande école de la philosophie grecque, et à vous armer d'avance contre le retour des principes qui produisent de pareilles extravagances.

Sans doute, au début de l'école d'Alexandrie, celui qui la fonda la maintint pure quelque temps des excès où se précipitèrent ses successeurs. Plotin[1] présente, il est vrai, Platon sous ce jour infidèle qu'on appelle le néoplatonisme, mais il en a souvent les sublimes spéculations et la beauté morale : il est digne d'avoir inspiré plus d'un père de l'Église, et particulièrement saint Augustin. Dans les liens de son système, il lui échappe de nobles inconséquences. Si son système le condamne à réduire Dieu à une unité abstraite, vide de toute détermination, le sens commun le ramène souvent au Dieu vivant que le monde et l'humanité réclament ; et en dépit de la logique, Plotin restitue lui-même à son unité absolue les attributs dont il l'avait

---

1. Plotin était né en 205 à Lycopolis, en Égypte ; il avait étudié à Alexandrie sous Ammonius Saccas ; il vécut et enseigna à Rome, il accompagna en Perse l'empereur Gordien et mourut en 270. Son disciple Porphyre a écrit sa vie et publié ses ouvrages. On peut lire aujourd'hui Plotin bien aisément dans l'excellente traduction de M. Bouillet, *Ennéades de Plotin*, 3 volumes, 1857-1860, traduction partout accompagnée de savants commentaires.

dépouillée[1] : mémorable exemple de l'impuissance du système et de la bonne foi de l'auteur. D'ailleurs il était sous le joug et dans toutes les illusions du mysticisme, et son disciple Porphyre nous apprend qu'il croyait, grâce à l'extase, s'être plusieurs fois élevé jusqu'à l'union intime avec le principe suprême et jusqu'à la vision de Dieu[2].

Ouvrez Eunape, ou, si vous voulez, lisez l'extrait fidèle que nous en avons donné[3]; et vous trouverez dès le IIIe siècle toute l'école d'Alexandrie se livrant à des opérations de théurgie. Porphyre[4] est encore assez retenu, mais Jamblique n'est plus guère un philosophe; c'est un prêtre, un mystagogue, un hiérophante : il enseigne l'union réelle avec Dieu (δραστικὴ

---

1. Par exemple, au livre VIII de la VIe Ennéade, Plotin fait de grands efforts pour établir que l'*Un* possède la liberté, la volonté, la puissance. « 1° Celui dont la nature est de faire des êtres libres et qu'on pourrait appeler l'auteur de la liberté (ἐλευθεροποιός), à qui pourrait-il être asservi? Il est libre par son essence. » Trad. de M. Bouillet, t. III, p. 516. « 2° La volonté de Dieu et son essence ne font qu'un. Tel il a voulu être, tel il est. » *Ibid.*, p. 517. — « On ne saurait le concevoir sans la volonté d'être ce qu'il est. » *Ibid.*, p. 518. — « L'essence du Bien est véritablement sa volonté. » *Ibid.*, p. 519. — « 3° Être ce qu'il est, voilà son acte par rapport à lui-même... Il se donne ainsi l'existence parce que l'acte qu'il produit est inséparable de lui... Dieu est ce qu'il se fait par son action vigilante (ἐγρήγορσις). » *Ibid.*, p. 525.

2. Vie de Plotin par Porphyre, p. 27 du t. Ier de la traduction de M. Bouillet : « C'est ainsi que cet homme divin... eut la vision du Dieu qui n'a pas de forme, qui n'est pas une Idée, qui est édifié au-dessus de l'Intelligence et de tout le monde intelligible. J'ai eu moi-même (ajoute Porphyre) le bonheur d'approcher de ce Dieu, et de m'y unir lorsque j'avais soixante-huit ans. »

3. FRAGMENTS DE PHILOSOPHIE ANCIENNE, p. 152-200.

4. Né en Syrie en 233; meurt en 304.

ἕνωσις); il fait des évocations et des miracles[1]. Il a autour de lui de nombreux disciples qui défendent et soutiennent le paganisme à son déclin. Julien est le héros de l'école : c'est l'école d'Alexandrie sur le trône. Il a tous les préjugés de ses maîtres, avec le talent et l'énergie nécessaires pour faire voir ce que pouvait ou plutôt ce que ne pouvait pas le néoplatonisme. Julien a succombé vers la fin du IVe siècle[2], et avec lui tout le monde ancien.

Cependant, avant de s'éteindre, la philosophie grecque se ranime un peu à Athènes, et reprend quelque vie à son berceau. Proclus[3] lui donne un dernier moment d'éclat. Il est le géomètre et l'astronome le plus distingué de ce temps de décadence; il avait toute la science d'Hipparque et de Ptolémée, et il a laissé sur Euclide et sur Ptolémée des commentaires qu'on regarde comme le dernier mot des mathématiques anciennes. C'était aussi un homme d'une vaste érudition : il possédait une connaissance plus ou moins approfondie non-seulement des religions de la Grèce mais de toutes les religions alors répandues dans le monde, qu'il honorait toutes à ce point qu'il s'appelait lui-même une sorte de prêtre universel, un hiérophante du monde entier, τοῦ ὅλου κόσμου ἱεροφάντην[4]. Ses commentaires sur les plus importants dialogues de Platon, tels que l'*Alcibiade*, le *Cratyle*, le *Parménide*, le *Timée*, sont d'inépuisables

---

1. Meurt en 333. Son principal ouvrage est le livre célèbre sur les *Mystères des Égyptiens*.
2. En 363.
3. Né à Constantinople en 412, mort en 485.
4. Marinus, *Vie de Proclus*.

sources de renseignements de toute espèce qui accroissent la connaissance du dernier âge de la philosophie ancienne. Proclus écrit encore assez bien, et peut-être a-t-il mieux exposé qu'aucun de ses devanciers, et que Plotin lui-même, ce phénomène de l'extase qui est le trait caractéristique de la psychologie alexandrine. Je définirais volontiers Proclus, avec son talent d'analyse et ses vastes connaissances, l'Aristote du mysticisme alexandrin. Et savez-vous par où il a fini ? Par des hymnes empreints d'une profonde mélancolie, où, désespérant de la terre et l'abandonnant aux barbares et à la religion nouvelle, il se réfugie un moment en esprit dans la vénérable antiquité, avant de se perdre à jamais dans le sein de l'unité éternelle, objet constant de toutes ses pensées, suprême asile de ses misères [1].

1. Nous ne regrettons pas d'avoir consacré bien des années de notre jeunesse à étudier et à mettre au jour les ouvrages inédits de Proclus que possède la bibliothèque royale de Paris, puisque ce travail nous a livré sur tous les grands problèmes de la philosophie la dernière expression du système alexandrin : PROCLI PHILOSOPHI PLATONICI OPERA, *e codd. mss. biblioth. regiæ parisiensis*, 6 vol. in-8°, 1819-1827. Nous en préparons une édition plus complète et meilleure qui, nous l'espérons, ne tardera pas à paraître, en la même forme que les œuvres d'Abélard. Nous pouvons signaler comme exemple de très-bonne prose grecque du v° siècle le début du commentaire sur le *Parménide*, l'invocation par laquelle s'ouvre le I⁰ʳ livre, t. IV, p. 3 de l'ancienne édition, et p. 617 de la nouvelle. Plusieurs fois Proclus s'est attaché à décrire l'extase. Citons ce passage d'un traité court et profond sur la providence, le destin et la liberté humaine, dont le texte grec a péri, et qui ne nous a été conservé que dans une vieille et barbare traduction latine du moyen âge, de Guillaume de Morbeck, archevêque de Corinthe : *De Providentia et de Fato et eo quod in nobis*. Proclus y analyse et expose les divers degrés de la connaissance humaine. Arrivé au cinquième et dernier, il s'exprime ainsi

Après Proclus, à peine paraissent encore quelques philosophes dignes d'être connus de la postérité, son biographe Marinus, Isidore de Gaza, Ammonius, fils d'Hermias, le syrien Damascius, le savant stoïcien et péripatéticien Simplicius de Cilicie, et les deux Olympiodore, l'un qui commenta la météorologie d'Aristote, l'autre, plusieurs dialogues de Platon[1]. Voilà à peu près les derniers interprètes de l'antique religion et de la philosophie qui la représente. Bientôt victimes d'une persécution de plus en plus violente, chassés de cette école d'Athènes que les Antonins avaient fondée pour le perpétuel enseignement du platonisme, et qu'un décret de Justinien ferma l'an 529 de notre ère, ces pauvres Alexandrins, après avoir été chercher quelque temps un

(t. Ier, p. 41 de l'ancienne édition, et p. 171 de la nouvelle) : « Quintam etiam post has omnes cognitiones intelligentiam volo te accipere qui credidisti Aristoteli quidem usque ad intellectum operationem sursum ducenti, ultra hanc autem nihil insinuanti; assequentem autem Platoni et ante Platonem theologis qui consueverunt nobis laudare cognitionem supra intellectum, et μανίαν, ut vere hanc divinam divulgant... Omnia simili cognoscuntur, sensibile sensu, scibile scientia, intelligibile intellectu, unum uniali. Intelligens quidem anima et se ipsam cognoscit et quæcumque intelligit contingentia. Super intelligens autem et se ipsam et illa ignorat, quo, adjacens τῷ uni, quietem amat clausa cognitionibus, muta facta et silens intrinseco silentio... Fiat igitur unum ut videat τὸ unum, magis autem ut non videat. Videns enim, intellectuale videbit et non supra intellectum, et quoddam unum intelliget et non αὐτὸ τὸ unum. Hanc, o amice, divinissimam Entis operationem animæ aliquis operans, soli credens sibi ipsi, scilicet flori intellectus, et quietans se ipsum non ab exterioribus motibus, sed ab interioribus, Deus factus... »

1. Sur ce platonicien Olympiodore, et ses commentaires sur l'*Alcibiade*, le *Philèbe*, le *Gorgias* et le *Phédon*, voyez nos FRAGMENTS DE PHILOSOPHIE ANCIENNE, p. 234-463.

refuge dans leur cher Orient, à la cour de Chosroès[1], revenus en Europe, se dispersent sur la surface du monde, et la plupart se perdent et s'éteignent dans les déserts de l'Égypte, convertis pour eux en Thébaïde philosophique.

Nous sommes arrivés au terme de la philosophie grecque. Le sensualisme et l'idéalisme étaient épuisés, consommés ; le scepticisme les avait détruits, et s'était détruit lui-même ; il n'avait laissé d'autre ressource que le mysticisme, et il ne peut pas y avoir d'autres systèmes philosophiques que ceux-là. Le cercle des systèmes était donc parcouru ; avec le mysticisme alexandrin la philosophie grecque est pour ainsi dire à son lit de mort : elle expire sans retour au vi[e] siècle. Pour qu'un autre mouvement philosophique recommence, il faut que du sein de la grande révolution qui emporte l'antiquité grecque et romaine, sorte un nouveau monde qui peu à peu enfante une nouvelle philosophie.

1. Suidas, v. πρεσβεῖς; Agathias, *Hist.* II, 30.

CINQUIÈME LEÇON.

PHILOSOPHIE SCHOLASTIQUE.

Son caractère et son origine. — Division de la scholastique en trois époques. — Première époque : la philosophie subordonnée à la théologie. Elle travaille sur l'*Organum* d'Aristote. Ses débuts; ses progrès; Jean Scot, saint Anselme, Abélard, etc. — Seconde époque : alliance de la philosophie et de la théologie. C'est le beau temps de la scholastique : il est préparé par l'importation en Europe de la Physique et de la Métaphysique d'Aristote, par une certaine connaissance de la philosophie arabe et juive, et par la fondation de l'Université de Paris. — Mouvement philosophique extraordinaire à Paris au xiiie siècle. — École dominicaine : Albert et saint Thomas. — École franciscaine : saint Bonaventure, Duns Scot, Roger Bacon. — Lutte des deux écoles. Importance des ordres religieux au moyen âge. — Troisième époque. Naissance de l'indépendance philosophique. Querelle du nominalisme et du réalisme qui représentent l'idéalisme et le sensualisme dans la scholastique. — Occam. Ses partisans et ses adversaires. — Décri des deux systèmes et de la scholastique. Commencements de scepticisme qui aboutissent vite au mysticisme. — Tauler, Pétrarque, Raymond de Sebunde, l'*Imitation de Jésus-Christ*, Gerson. — Fin de la philosophie du moyen âge.

Nous avons vu constamment jusqu'ici, dans l'Inde et dans la Grèce, la philosophie sortir de la religion; et en même temps nous avons vu qu'elle n'en sort pas immédiatement, et qu'elle traverse une époque en quelque sorte préparatoire, où elle essaye ses forces, réduite à l'emploi modeste d'ordonner et de régulariser des croyances qu'elle n'a pas faites, en attendant le moment où elle pourra chercher elle-même la vérité à ses risques et périls. La philosophie moderne présente le même spectacle. Elle est aussi précédée d'une époque qui lui sert d'introduction et pour ainsi dire de vestibule. Cette époque est la scholastique. Comme le moyen âge est le berceau de la société moderne, de même la scholastique est celui de la philosophie moderne. Ce que le moyen âge est à la société nouvelle, la scholastique l'est à la philosophie des temps nouveaux. Or, le moyen âge n'est pas autre chose que le règne absolu de la religion chrétienne et de l'Église. La philosophie du moyen âge ne pouvait donc pas être autre chose que le travail de la pensée au service de la foi régnante et sous la surveillance de l'autorité ecclésiastique.

Telle est la philosophie scholastique. Son emploi est borné, ses limites bien étroites, son existence précaire, inférieure, subordonnée. Eh bien! là encore la philosophie est la philosophie; et à peine avec le temps s'est-elle un peu fortifiée, à peine la main qui était sur elle est-elle devenue moins pesante, que la philosophie reprend son allure naturelle, et reproduit successivement les quatre grands systèmes qu'elle a déjà produits et dans l'Inde et dans la Grèce.

A mesure qu'on avance dans l'histoire de l'humanité, la chronologie s'éclaircit et se fixe. Dans l'Inde, faute d'une chronologie certaine, nous n'avons pas osé établir les dates relatives des systèmes, et affirmer quand a paru l'école qui correspond le mieux à la philosophie scholastique dans l'Occident, à savoir la Mimansa[1]. L'induction nous porte à croire que la Mimansa a dû précéder le Sankhya ; cependant dans cette Inde où tout dure si longtemps, où tout subsiste à côté de tout, les faits nous montrent la Mimansa à une époque assez récente. Ainsi Koumarila, le fameux docteur Mimansa qui a été l'ardent persécuteur du bouddhisme [2], est du quatorzième siècle de notre ère. En Grèce nous savons au moins avec certitude quand a commencé la philosophie ; elle a commencé six siècles avant notre ère avec Thalès et Pythagore. Mais l'époque qui précède, celle des mystères, est couverte d'épaisses ténèbres. Que s'est-il passé entre Orphée et Thalès et son contemporain Pythagore ? Comment l'esprit humain a-t-il été du sanctuaire des temples aux écoles de l'Ionie et de la grande Grèce ? Nous le savons mal, ou plutôt nous ne le savons pas. Nous sommes plus heureux au moyen âge. Nous savons non-seulement quand la scholastique est née mais comment elle s'est peu à peu développée et émancipée.

Quand est née la scholastique ? C'est demander quand est né le moyen âge ; car la scholastique est l'expression philosophique du moyen âge. Le moyen âge a été conçu, pour ainsi dire, au premier siècle de l'ère chrétienne ; mais il n'a paru à la lumière qu'avec le triomphe même de son principe. Or, si la religion chrétienne a triomphé d'abord avec Constantin, elle

---

1. Voyez plus haut, leç. II, p. 46-48, p. 67.
2. *Ibid.*, p. 48.

n'est arrivée à la domination parfaite qu'après avoir été délivrée de tous les débris de l'ancienne civilisation, et après que le sol de notre Europe, enfin assuré contre le retour d'invasions et de débordements barbares, fut devenu plus ferme, et capable de recevoir les fondements de la société nouvelle que l'Église portait dans son sein. L'Europe et l'Église ne se sont véritablement assises qu'au temps de Charlemagne, et à l'aide de Charlemagne. Charlemagne[1] est le génie du moyen âge; il l'ouvre à la fois et le constitue. Il représente essentiellement l'idée de l'ordre. Il avait plus d'une tâche à accomplir, et il a suffi à toutes. 1° Il fallait fonder l'ordre matériel, en finir avec ces invasions de toute espèce, qui, remuant sans cesse le sol de l'Europe, s'opposaient à tout établissement fixe. Aussi, d'une main Charlemagne a arrêté les Sarrasins au Midi, de l'autre les Barbares du Nord, dont lui-même il descendait; il a mêlé en sa personne, lui fils de Franc, mais né sur les bords de l'Oise, les Francs, les Gaulois, les Gallo-Romains, et de ces divers éléments fondus ensemble il a composé, et fortement établi, entre le Rhin et l'Océan, les Alpes et les Pyré-

---

1. Défense de l'Université et de la philosophie, discours du 21 avril 1844 : « Quel est, à l'entrée du moyen âge, ce personnage extraordinaire, fils de Franc et lui-même presque sans culture, mais portant dans son sein tous les instincts qui font le grand homme, aussi passionné qu'Alexandre, aussi réfléchi que César, jeté par le sort au milieu des ruines de l'empire romain et parmi les flots de peuplades à demi sauvages, et là ne rêvant qu'ordre et discipline, barbare qui soupire après la civilisation, conquérant dont toutes les entreprises sont des conceptions politiques? »

nées, cette nation nouvelle, originairement si diverse et de plus en plus une, qui devait être la France. 2° Il fallait fonder l'ordre moral. On ne le pouvait que sur la base de la seule autorité morale du temps, l'autorité religieuse ; aussi ce Charles, dont la personnalité était si forte, n'a pas hésité à redemander la couronne qui était déjà sur sa tête à l'autorité pontificale. 3° Il fallait fonder l'ordre scientifique. C'est Charlemagne, ou c'est à l'exemple de Charlemagne, que ses successeurs ou ses rivaux, Charles le Chauve et Alfred le Grand, ont de toutes parts recherché les moindres étincelles de l'ancienne culture, pour rallumer le flambeau presque éteint de la science. C'est Charlemagne qui le premier ouvrit des écoles, *scholæ* [1]. Ces écoles étaient le foyer de la science d'alors ; aussi la science d'alors fut-elle appelée *scholastique*. Voilà l'origine de la chose et du mot. Et où Charlemagne institua-t-il et pouvait-il instituer des écoles ? Là où il y avait le plus d'instruction encore, le plus de loisir pour en acquérir, le devoir aussi d'en répandre le bienfait, c'est-à-dire auprès des siéges épiscopaux et dans les grands monastères. Oui, les couvents sont le berceau de la philosophie moderne, comme les mystères avaient été celui de la philosophie grecque ; et la scholastique est empreinte, dès sa naissance, d'un caractère ecclésiastique.

Maintenant que vous connaissez son origine, voyons

---

[1]. Voyez l'ouvrage de Launoy, *de Scholis celebrioribus seu a Carolo Magno seu post Carolum per Occidentem instauratis*, 1672 ; et le *Discours* de l'abbé Lebeuf *sur l'état des sciences dans l'étendue de la monarchie française sous Charlemagne*, 1734.

quelle a été sa fin. La scholastique a fini quand a fini le moyen âge; et le moyen âge a fini quand l'autorité ecclésiastique a cessé d'être tout, quand la royauté, comprenant sa mission et ses droits, sans s'écarter de la juste déférence et de la vénération qui est toujours due à la puissance religieuse, a revendiqué et conquis son indépendance. Il ne se pouvait pas que la philosophie, qui marche toujours à la suite des grands mouvements de la société, ne revendiquât aussi son indépendance et ne la conquît peu à peu. Je dis peu à peu; car la révolution qui a fait passer la philosophie de l'état de servante de la théologie à celui de puissance indépendante, ne s'est pas accomplie en un jour; elle a commencé dès le quinzième siècle, mais elle a été terminée beaucoup plus tard, et la philosophie moderne ne date véritablement que de Bacon et de Descartes.

Voilà donc les deux points extrêmes posés; d'une part le siècle de Charlemagne, de l'autre celui de Bacon et de Descartes, le huitième siècle et le commencement du dix-septième. Reste à déterminer ce qui s'est passé entre ces deux points extrêmes.

Qu'est-ce que le début de la scholastique? L'absolue soumission de la philosophie à la théologie. Qu'est-ce que la fin de la scholastique? La fin de cette soumission et la revendication de la liberté de la pensée. Donc, le milieu de la scholastique doit avoir été un milieu aussi entre l'asservissement et la liberté, une alliance dans laquelle la théologie et la philosophie se prêtent un mutuel appui. De là trois moments distincts dans la scholastique : 1° subordination de la philosophie à la théologie ; 2° alliance de la philosophie et de la théologie ; 3° commencement d'une séparation, faible d'abord, mais qui peu à peu grandit et produit la philosophie moderne.

La première époque de la scholastique n'est pas autre chose que l'emploi de la philosophie comme simple forme sur le fond de la théologie chrétienne. La théologie embrassait, avec les saintes Écritures, les saints Pères, surtout les Pères latins, car les Pères grecs étaient alors presque ignorés hors de Constantinople. Toutes les ressources de la philosophie se réduisaient à l'*Organum* [1] d'Aristote, traduit en latin, avec quelques écrits médiocres, demi-littéraires et demi-philosophiques, qui renfermaient le peu de connaissances échappées à la barbarie : c'étaient les écrits de Boëce [2], de Mamert [3], de Capella [4], de Cassiodore [5],

---

[1]. Ou plutôt à quelques-unes de ses parties ; car à parler rigoureusement on ne connaissait alors de l'*Organum* que l'*Introduction de Porphyre*, les *Catégories* et l'*Interprétation*. Voyez nos FRAGMENTS DE PHILOSOPHIE SCHOLASTIQUE, p. 70, sqq.

[2]. Né en 470 ; encore païen, mais bien près du christianisme ; sénateur du roi goth Théodoric ; commente l'*Organum*, écrit le traité *de Consolatione philosophiæ* dans sa prison de Pavie, d'où il ne sortit que pour être décapité. Opp., Bâle, 1570, 1 vol. in-fol.

[3]. De Vienne en Dauphiné, m. vers 477. *De Statu animæ*. Souvent réimprimé.

[4]. Marcien Capella, de Madaure en Afrique, fl. v. 474. *Satyricon de nuptiis philologiæ et Mercurii, et de* VII *artibus liberalibus*. La dernière et meilleure édition est celle de Kopp, in-4°, 1836.

[5]. Né à Squillace, v. 480, m. en 575. *De Septem disciplinis*. Opp., 2 vol. in-fol. Rouen, 1679.

d'Isidore [1], de Bède le Vénérable [2], d'Alcuin enfin que Charlemagne mit à la tête de cette régénération de l'esprit humain [3].

Pour bien comprendre cette première époque, il ne faut jamais séparer dans son esprit saint Augustin et l'*Organum*; de là la grandeur du fond et la pauvreté de la forme. On rencontre alors un ordre d'idées bien supérieur à ces temps barbares; et quand on ne sait pas quelle en est la source, on est tenté de voir des profondeurs dans ces premiers essais de la philosophie du moyen âge : c'est au christianisme et à saint Augustin qu'il faut rapporter son admiration. Quant à la forme, elle est, comme je vous l'ai dit, pauvre, faible, incertaine, et cette forme est toute la philosophie.

Telle est l'enfance de la scholastique. Mais peu à peu le chaos du moyen âge se débrouille, les écoles carlovingiennes se développent, et de siècle en siècle se fait un progrès continu et de plus en plus marqué. Si les maîtres de cette première époque se ressemblent dans leur soumission sans bornes à l'Église, ils diffèrent comme hommes, comme penseurs, et comme appartenant à des temps divers. La philosophie n'est toujours pour eux que la forme de la théologie; mais

---

1. Évêque de Séville, m. en 636. Opp., Romæ, 1796, 7 vol. in-4°.
2. Anglo-Saxon, né v. 673, m. en 735. Opp., Cologne, 1612, 8 vol. in-fol.
3. Né à York en 726, m. en 804. Opp., Ratisbonne, 3 vol. in-fol., 1777. Il eut pour élève Rhabanus Maurus, mort archevêque de Mayence, en 856. Opp., 6 vol. in-fol. Colog., 1626. Voyez sur quelques écrits inédits de dialectique de Rhaban les FRAGMENTS DE PHILOSOPHIE SCHOLASTIQUE, p. 104-110, et p. 311.

cette forme se modifie et se perfectionne successivement entre leurs mains. Bornons-nous à citer quelques noms.

Jean Scot [1] se distingue par une érudition assez rare pour avoir trompé sur son originalité. Il savait le grec, et il a traduit Denis l'Aréopagite. Or, Denis l'Aréopagite est un écrivain mystique, qui réfléchit plus ou moins le mysticisme alexandrin. Jean Scot avait puisé dans ce commerce une foule d'idées depuis longtemps perdues en Europe et qui parurent bien nouvelles lorsqu'il les produisit dans ses deux ouvrages, l'un sur *la Prédestination et la Grâce*, l'autre sur la *Division des Êtres*. Comme ces idées n'avaient de racines ni dans les études ni dans les tendances du temps, elles l'étonnèrent plus qu'elles ne l'instruisirent, et de nos jours elles ont ébloui ceux qui n'en connaissaient pas l'origine. Jean Scot n'est point un profond métaphysicien, comme on le croit en Allemagne, c'est tout simplement un Alexandrin attardé, qui aurait dû naître trois ou quatre siècles plus tôt ou plus tard.

Le vrai métaphysicien de cette époque est saint Anselme, né en 1034 à Aoste en Piémont, prieur et

---

1. Jean Scot Érigène, ainsi nommé parce qu'il était Irlandais, vécut à la cour de Charles le Chauve, qui le protégea; tombé en disgrâce, il retourna en Angleterre, sur l'invitation d'Alfred le Grand, et enseigna à Oxford, où il mourut en 886. Il a traduit en latin Denis l'Aréopagite. Ses ouvrages imprimés sont : 1° *de Divina prædestinatione et gratia*, dans la collect. de Maugin, t. Ier, p. 103 sqq., Paris, 1650; 2° *de Divisione naturæ*, lib. V, éd. Th. Gale, in-fol., Oxford, 1681. Il y en a une réimpression récente, Munster, in-8°, 1838.

abbé du Bec en Normandie, mort archevêque de Cantorbéry en 1109. On lui a donné le surnom de second saint Augustin. Parmi ses écrits [1], il en est deux dont je vous citerai au moins les titres, car ces titres en indiquent l'esprit et révèlent déjà un progrès remarquable. Dans l'un saint Anselme suppose un homme ignorant qui cherche la vérité avec les seules forces de sa raison; fiction bien hardie pour le onzième siècle : *Monologium, seu exemplum meditandi de ratione fidei*; Monologue, ou modèle de la manière dont on peut arriver raisonnablement à la foi [2]. L'autre s'appelle *Proslogium, seu Fides quærens intellectum*, Allocution, ou la Foi qui tente de se comprendre. Dans le premier écrit, saint Anselme n'est pas en possession de la vérité, il la cherche par le chemin de la raison; dans le second il est en possession de la vérité, et il essaye de s'en rendre compte [3]. Le nom

1. Opp., 1 vol. in-fol., 1675.
2. *Monologium*. — « Præfatio... Quæcumque autem ibi dixi, sub « persona secum sola cogitatione disputantis et investigantis ea quæ « prius non animadvertisset, prolata sunt... Quæ de Deo necessario « credimus, patet quia ea ipsa quislibet, si vel mediocris ingenii fuerit, « sola ratione sibimetipsi magna ex parte persuadere possit. Hoc cum « multis modis fieri possit, meum modum hic ponam, quem estimo « cuique homini esse aptissimum. » Ce mode consiste à tirer toutes les vérités théologiques d'un seul point, l'essence de Dieu, et l'essence de Dieu de l'idéal unique de beauté, de bonté, de grandeur que tous les hommes possèdent et qui est la mesure commune de tout ce qui est beau, bon, grand. Cet idéal unique doit exister, puisqu'il est la forme nécessaire de tout ce qui est. De là saint Anselme déduit en soixante-dix-neuf chapitres les attributs de Dieu, la Trinité, la création, la relation de l'homme à Dieu, enfin toute la théologie.
3. *Proslogium*. — « Proœmium. Postquam opusculum quoddam

de saint Anselme est attaché à l'argument qui de la seule idée d'un *maximum* absolu de grandeur, de beauté, de bonté, tire la démonstration de l'existence de son objet, lequel ne peut être que Dieu. Sans citer saint Anselme, que très-probablement il ne connaissait pas, Descartes un jour reprendra cet argument dans les *Méditations*, lorsque, sur la simple idée d'un être parfait, il établira la nécessité de l'existence de cet être [1].

Dans cette revue rapide, comment passer sous si-

« velut exemplum meditandi de ratione fidei, cogentibus me precibus
« quorumdam fratrum, n persona alicujus tacite secum ratiocinando
« quæ nesciat investigantis, edidi, considerans illud esse multorum
« concatenatione contextum argumentorum, cœpi mecum quærere si
« forte posset inveniri unum argumentum quod nullo alio ad se pro-
« bandum quam se solo indigeret... » Cet argument est celui du *Monologium* resserré. Le plus insensé athée, *insipiens*, a dans la pensée l'idée d'un bien souverain au-dessus duquel il n'en peut concevoir un autre. Ce souverain bien ne peut exister seulement dans la pensée, car, en ce cas, la pensée pourrait le concevoir comme n'existant pas. Elle ne le peut, donc ce souverain bien existe hors de la pensée, donc Dieu existe. Le *Proslogium* se compose de vingt-six petits chapitres ; il a pour texte ce passage : *Dixit insipiens in corde suo : Non est Deus*. Un moine de Marmoutier, Gaunillon, combattit l'argument de saint Anselme dans un petit écrit sous ce titre : *Liber pro insipiente*. Anselme y répondit dans son *Liber apologeticus contra Gaunillonem*. — Nous avons exposé plus au long la doctrine de saint Anselme, surtout en ce qui regarde le nominalisme et le réalisme, FRAGMENTS DE PHILOSOPHIE SCHOLASTIQUE, p. 140 et suiv. Voyez la traduction des deux écrits de saint Anselme, de celui de Gaunillon et de la réponse de saint Anselme par M. Bouchitté, *du Rationalisme chrétien à la fin du onzième siècle*, in-8°, 1842 ; et *Saint Anselme de Cantorbéry*, par M. de Rémusat, liv. IIe, *Doctrines de saint Anselme*, in-8°, 1833.

1. Voyez plus bas la leçon VIIIe.

lence le fameux, le hardi, l'infortuné Abélard [1]? On connait les malheurs où le jeta sa passion pour Héloïse. On peut le regarder comme le père du rationalisme moderne : il est le premier qui ait appliqué la critique philosophique à la théologie, et fondé une école de libre et trop libre interprétation. En métaphysique,

---

[1]. Né à Palais, près Nantes, en 1079, mort en 1142. Nous avons donné une nouvelle et complète édition de tous ses ouvrages en 2 vol. in-4°, PETRI ABÆLARDI OPERA, 1849 et 1859, et mis au jour pour la première fois ses traités de dialectique et le *Sic et non*, avec une introduction et des notices sur divers manuscrits du neuvième, dixième, onzième et douzième siècle, *Ouvrages inédits d'Abélard*, 1 vol. in-4°, 1836. Nous avons reproduit cette introduction et ces notices dans nos FRAGMENTS DE PHILOSOPHIE SCHOLASTIQUE. Qu'il nous soit permis de placer ici ce portrait, par lequel s'ouvre le travail spécial que nous avons consacré à cet aventureux génie : « Abélard, de Palais, près Nantes, après avoir fait ses premières études en son pays et parcouru les écoles de plusieurs provinces pour y augmenter son instruction, vint se perfectionner à Paris, où d'élève il devint bientôt le rival et le vainqueur de tout ce qu'il y avait de maîtres renommés : il régna en quelque sorte dans la dialectique. Plus tard, quand il mêla la théologie à la philosophie, il attira une si grande multitude de toutes les parties de la France et même de l'Europe, que, comme il le dit lui-même, les hôtelleries ne suffisaient plus à les contenir ni la terre à les nourrir. Partout où il allait, il semblait porter avec lui le bruit et la foule; le désert où il se retirait devenait peu à peu un auditoire immense. En philosophie, il intervint dans la plus grande querelle du temps, celle du réalisme et du nominalisme, et il créa un système intermédiaire. En théologie, il mit de côté la vieille école d'Anselme de Laon, qui exposait sans expliquer, et fonda ce qu'on appelle le rationalisme. Et il ne brilla pas seulement dans l'école; il émut l'Église et l'État, il occupa deux grands conciles, il eut pour adversaire saint Bernard, et un de ses disciples fut Arnauld de Brescia. Enfin, pour que rien ne manquât à la singularité de sa vie et à la popularité de son nom, ce dialecticien, qui avait éclipsé Roscelin et Guillaume de Champeaux, ce théologien contre lequel se leva le Bossuet du douzième siècle, était beau, poëte et musi-

disciple tour à tour de Roscelin [1] et de Guillaume de Champeaux [2], il les a vaincus tous les deux, et il a introduit, entre le nominalisme de l'un et le réalisme de l'autre, un système nouveau, le conceptualisme [3]. Il a eu tour à tour de prodigieux succès et des revers éclatants, qui tous ensemble ont puissamment contribué à répandre le goût de la théologie et de la philosophie, à multiplier les écoles autour de Notre-Dame, près du pont Saint-Michel, sur la montagne Sainte-Geneviève, à créer enfin ce grand mouvement intellectuel d'où naîtra bientôt l'Université de Paris.

Jean de Salisbury, quoique disciple d'Abélard, n'est pas un philosophe : c'est un homme d'esprit et de goût, égaré dans la scholastique, un charmant écrivain, qui se moque un peu des controverses de l'école, mais qui nous les fait parfaitement connaître [4].

cien ; il faisait en langue vulgaire des chansons qui amusaient les écoliers et les dames; et chanoine de la cathédrale, professeur du cloître, il fut aimé jusqu'au plus absolu dévouement par cette noble créature, qui aima comme sainte Thérèse, écrivit quelquefois comme Sénèque, et dont la grâce devait être irrésistible, puisqu'elle charma saint Bernard lui-même. Héros de roman dans l'Église, bel esprit dans un temps barbare, chef d'école et presque martyr d'une opinion, tout concourut à faire d'Abélard un personnage extraordinaire, etc. » Voyez encore, voyez surtout l'ouvrage à la fois si exact et si élégant de M. de Rémusat, *Abélard*, 2 vol., 1845.

1. Sur Roscelin, voy. Fragments de philosophie scholastique, p. 57, 119, etc.

2. Sur Guillaume de Champeaux, *ibid.*, p. 152 et 332.

3. *Ibid.*, p. 224, etc. Voyez aussi plus bas, en cette leç., p. 229, etc.

4. *Policratus, seu de nugis curialium et vestigiis philosophorum*, lib. VIII. Sur Jean de Salisbury, comme élève d'Abélard, voyez Fragments de philosophie scholastique, page 304. M. Giles a donné

Son contemporain Pierre le Lombard est un tout autre personnage : c'est essentiellement un professeur, un esprit didactique et méthodique; il a compilé les Pères de l'Église, et essayé ce qu'on appellerait aujourd'hui une concordance des arguments puisés à ces différentes sources; il les mit dans un ordre si commode à l'enseignement que son livre a fait loi dans les écoles et y a régné pendant plusieurs siècles[1].

On ne pouvait aller plus loin avec le seul *Organum*. Pour avancer, il fallait à l'esprit humain de nouveaux secours. Il les trouva dans les autres ouvrages d'Aristote restés jusqu'alors ignorés de l'Europe occidentale, et qui au milieu du treizième siècle nous arrivèrent de divers côtés, surtout par les écoles arabes d'Espagne.

Le Mahométisme s'était répandu dans une grande partie de l'Afrique et de l'Asie et jusqu'au sein de la péninsule espagnole: Il avait fondé un vaste empire qui peu à peu s'était civilisé; et peu à peu aussi cette civilisation avait porté ses fruits; elle avait eu sa littérature, sa poésie, ses arts, et en particulier la plus brillante architecture, de nombreuses et florissantes écoles, en Maroc, en Égypte, en Syrie, en Perse, en Andalousie : elle devait avoir aussi et elle a eu sa philosophie, qu'on

---

de ses divers ouvrages une édition complète en cinq volumes, Oxford, 1848,

1. De Novare, professeur de théologie à Paris, mort en 1164. *Sententiarum libri IV*. De là son surnom de *Magister sententiarum*. Il y a mille éditions de toute forme de ce manuel théologique.

appelle la philosophie arabe, et qui serait plus justement nommée philosophie musulmane, puisqu'elle embrasse toutes les contrées soumises à la religion de Mahomet. Cette philosophie s'est développée comme l'avaient fait auparavant la philosophie indienne et la philosophie grecque : d'abord, elle n'est qu'un commentaire du Coran, puis elle s'émancipe et finit par une indépendance qui alarme l'orthodoxie et provoque une énergique réaction. Elle est originale en ce sens que, prise dans son ensemble, elle porte le caractère de la race qui a produit Mahomet et donné au monde la civilisation musulmane, à savoir, l'exaltation à la fois et un raffinement poussé jusqu'à la subtilité ; mais en même temps il faut bien reconnaître qu'elle n'a pas apporté à l'esprit humain une seule idée nouvelle, et cela parce qu'au lieu de suivre son propre génie elle s'est bornée à recueillir et à commenter la philosophie qu'elle rencontrait, se survivant à elle-même et à moitié morte, sur les côtes orientales de la Méditerranée, la philosophie grecque, surtout celle d'Aristote conservée dans ses derniers interprètes alexandrins. Voilà le trait général de la philosophie musulmane ; son histoire renouvelle celle du péripatétisme, avec ses innombrables divisions et subdivisions, et tel qu'on l'avait enseigné en Afrique et en Asie, depuis Alexandre d'Aphrodisée jusqu'à Simplicius et Jean Philopon. Elle commence à peu près vers le neuvième siècle et décline dès la fin du douzième.

Les principaux représentants de cette époque de l'histoire de la philosophie, plus curieuse qu'importante, sont Al-Farabi[1], Avicenne[2], Ibn-Tophail[3], Algazel[4], et cet Averroès dont l'enthousiasme de ses contemporains et de ses disciples a osé dire : la nature interprétée par Aristote, Aristote interprété par Averroès. Tous ces philosophes ne diffèrent entre eux que comme leurs

1. Al-Farabi, du dixième siècle, fleurit à Bagdad, à Alep, à Damas. Nous ne connaissons de lui que *Alpharabii, vetustissimi Aristotelis interpretis, opera omnia quæ latina lingua conscripta reperiri potuerunt*. Paris, 1638 ; et deux opuscules publiés et traduits par M. Schmölders, *Documenta philosophiæ Arabum*, Bonnæ, 1836.

2. Avicenne, Ibn-Sina, Persan, né à Bochara, vers 980, vécut à la cour d'Ispahan, et mourut en 1036. Il est célèbre surtout comme médecin. Nous n'avons entre les mains d'autres écrits philosophiques d'Avicenne que sa Métaphysique, *Metaphysica Avicennæ, sive ejus prima philosophia*, Venetiis, 1495, in-fol.; et la *Logique du fils de Sina, communément appelé Avicenne*, par Vatier, Paris, in-12, 1658.

3. Ibn-Tophail, Espagnol d'Andalousie, fleurit au douzième siècle à Grenade, et mourut au Maroc. Pococke a traduit en latin son principal ouvrage, *Philosophus autodidactus*, Oxonii, in-4°, première édition, 1671, et deuxième édition, 1700.

4. Al-Gazel, Al-Gazali, né à Tous, ville du Khorasan, enseigna avec le plus grand succès à Bagdad ; et, après avoir fait le pèlerinage de la Mecque et visité Damas, Jérusalem et Alexandrie, il revint mourir en sa ville natale vers 1127. Le seul ouvrage d'Algazel, traduit en latin et imprimé, *Logica et philosophia Al-Gazelis Arabis*, Venetiis, 1506, ne contient pas sa vraie philosophie. Il paraît qu'il s'était vite dégoûté de la spéculation, et qu'il était devenu sceptique, mais sceptique seulement en philosophie, et au profit du mysticisme. Algazel est un Soufi qui combat les philosophes avec leurs propres armes (sur le Soufisme ou mysticisme musulman, voyez le savant écrit de M. Tholuk, *Sufismus sive theolophia Persarum pantheistica*, Berlin, 1821). Étonné de rencontrer jusque sur les bords de l'Euphrate, au douzième siècle, un genre de scepticisme sur lequel nous avions déjà appelé l'attention et que nous nous proposions de combattre de toutes nos forces (voyez plus haut dans ce volume, leç. I, p. 23 et 24), nous exhortâmes vivement un jeune orientaliste italien, que les révolutions politiques avaient jeté en France,

maîtres d'Alexandrie, par une tendance ou plus rationelle ou plus mystique. Averroès lui-même est sans doute un esprit étendu et puissant, mais qui s'agite dans un passé stérile au lieu de suivre le mouvement du monde. Quoique né au milieu du douzième siècle[1], c'est un homme du cinquième ou du sixième, pour lequel le temps n'a pas marché, et qui semble n'avoir connu ni le mosaïsme, ni le christianisme, ni le mahométisme lui-même, tant il a peu profité de leurs lumières. C'est un autre Alexandre d'Aphrodisée, et il n'ajoute guère à

à étudier pour lui-même et pour nous un manuscrit d'Al-Gazel que possède la bibliothèque royale de Paris, et qui a pour titre : *Celui qui délivre de l'erreur et qui expose l'état vrai des choses.* On peut voir le fruit des premières études de M. Pallia dans un mémoire lu à l'Académie des sciences morales et politiques, le 15 juillet 1837, *Mémoires, savants étrangers,* t. Ier, p. 155-193. La mort de M. Pallia ayant arrêté un travail si heureusement commencé, nous priâmes M. Schmölders, qui était alors à Paris, de vouloir bien achever l'œuvre interrompue ; de là l'*Essai sur les écoles philosophiques chez les Arabes, et notamment sur la doctrine d'Algazzali,* par Auguste Schmölders, Paris, 1842. M. Schmölders traduit un peu différemment que M. Pallia le titre de l'ouvrage d'Al-Gazel : *Ce qui sauve des égarements et ce qui éclaircit les ravissements.* Et il ajoute cette note : « Si l'on voulait paraphraser le titre rimé qui, comme les titres de presque tous les ouvrages arabes, est un peu obscur et vague, on pourrait dire : Avertissements sur les erreurs des sectes, suivis de notices sur les extases des Soufis. » C'est bien là du moins l'objet de l'ouvrage intéressant et curieux du théologien de Bagdad ; son procédé est le scepticisme, son but et sa conclusion est le Soufisme.

1. Averroès, Ibn-Roschd, né à Cordoue en 1120, mort vers 1198 au Maroc après une carrière brillante et agitée. Il était jurisconsulte, médecin, mathématicien, philosophe. Nous avons d'Averroès divers ouvrages traduits en latin et imprimés à part, un commentaire sur les deux traités d'Aristote, *les Parties des animaux* et *la Génération,* traduit par un médecin juif d'Espagne, Jacob Mantin, in-folio, Rome,

celui-ci que ce qu'il emprunte aux commentateurs des âges suivants, à Themistius ou à Simplicius, qui couvraient et étouffaient les grandes lignes de la philosophie d'Aristote sous la poussière de subtilités et d'abstractions chimériques, comme les néoplatoniciens corrompaient de leur côté la philosophie de Socrate et de Platon par des interprétations d'un mysticisme bien souvent extravagant.

Cependant les écoles musulmanes jouissaient d'une renommée qui retentissait dans l'Europe entière, et celles d'Espagne, par leur voisinage, attirèrent de bonne heure les Français amateurs de connaissances nou-

---

1521, avec un privilége de Léon X; un commentaire sur les *Analytiques postérieurs*, avec des paraphrases des *Topiques*, des *Arguments sophistiques*, de la *Rhétorique*, de la *Poétique*, et quelques autres écrits logiques, traduits par un juif nommé Abraham de Balmes, in-folio, Venise, 1523. On a rassemblé tous les commentaires d'Averroès dans la belle édition latine d'Aristote, donnée par les Juntes, en onze volumes in-fol., à Venise, en 1552. C'est dans le neuvième volume qu'est la réponse d'Averroès à la polémique d'Al-Gazel contre la philosophie, réponse appelée *Destruction des destructions d'Al-Gazel*, avec deux autres écrits, *de la Béatitude de l'âme* et *de l'Intelligence*. Cette belle et riche édition a été reproduite à Venise, petit in-4°, en 1560, même nombre de volumes. — Sur Averroès, voyez l'ingénieux et savant écrit de M. Renan, *Averroès et l'Averroïsme*, Paris, 1852, qui jette de si vives lumières sur toute la philosophie arabe. Nous regrettons seulement que M. Renan, faute de connaître assez la philosophie grecque, se soit laissé séduire à la théodicée panthéiste d'Averroès, qui lui-même, abusé par les commentateurs alexandrins les moins sûrs, a méconnu et embrouillé la théodicée d'Aristote, imparfaite sans doute, mais où la base du théisme est au moins très-nettement posée, c'est-à-dire l'idée d'un premier moteur qui ne tombe pas dans le mouvement, et d'un principe essentiellement intelligent, qui par conséquent a conscience de son intelligence.

velles. Ainsi déjà, au dixième siècle, Gerbert d'Aurillac, qui depuis devint pape sous le nom de Sylvestre II, alla étudier à Cordoue et à Séville, et en rapporta, avec les chiffres arabes, des notions mathématiques et astronomiques[1] fort supérieures à celles de ses contemporains, qu'il essaya d'introduire dans les monastères institués par lui à Aurillac sa patrie, à Reims, à Chartres, à Bobbio. Mais c'étaient surtout les Juifs qui, séjournant habituellement en Espagne, en Perse, en Maroc et en Syrie, tolérés, favorisés même sous les Abassides, puisèrent dans les écoles musulmanes un savoir inconnu à l'Occident. Ils traduisirent en hébreu plusieurs philosophes arabes; ces traductions se traduisirent bientôt en latin, et se répandirent, de proche en proche, jusque dans Paris. Les Juifs ont été à cette époque, si l'on peut s'exprimer ainsi, des espèces de courtiers philosophiques. Eux-mêmes produisirent à leur tour des philosophes, entre autres Avicebron et Maimonide, qui rappellent plus ou moins Avicenne et Averroès, comme ceux-ci rappellent les derniers Alexandrins[2].

1. Sur Gerbert, voyez FRAGMENTS DE PHILOSOPHIE SCHOLASTIQUE, p. 291, etc.

2. Avicebron n'était jusqu'ici qu'un nom célèbre; c'est un savant juif français, M. Münck, qui en a fait un personnage vraiment historique, dont on connaît assez bien maintenant la vie et les ouvrages; voyez *Mélanges de philosophie juive et arabe*, Paris, 1859. Ce mystérieux Avicebron n'est autre qu'un juif espagnol, nommé Salomon ben-Gebirol, né à Malaga au onzième siècle, élevé à Saragosse et mort à Valence. Il était poëte aussi bien que philosophe, et M. Münck en cite des vers empreints de la touchante mélancolie d'une race opprimée. Le plus célèbre de ses écrits est le *Fons vitæ*, que les scholastiques du

Vous jugez quelle fermentation s'alluma dans les écoles françaises, lorsqu'après quelques parties de l'*Organum* ou même après l'*Organum* tout entier, les autres ouvrages d'Aristote, la *Métaphysique*, la

treizième siècle citent si souvent et que jusqu'ici personne n'avait vu. M. Münck en a découvert des extraits hébreux, et de plus une traduction latine qui nous a enfin révélé la *Source de vie*. C'est un dialogue entre le maître et le disciple. La doctrine elle-même est le péripatétisme arabe avec une nuance néoplatonicienne ; elle n'aurait pas une très-grande importance, si en dépit de ses maîtres anciens et modernes, d'Alexandrie ou d'Espagne, ben-Gebirol n'était resté juif, et n'avait gardé la marque du mosaïsme dans une très-forte intervention de la volonté, qui joue chez lui le rôle de l'unité dans la théodicée alexandrine. Il donne la volonté comme l'attribut essentiel de l'être premier, la cause première, le principe de toute forme, la raison à la fois et l'instrument de la création. « Divina voluntas, dit la version latine citée par M. Münck, p. 212, est causa prima agens; idcirco forma omnium est in ejus essentia ad modum quo forma omnis causati est in sua causa, et exemplatum in suo exemplari, secundum formam quam habet; scilicet in causa rei est ut res sit hujusmodi vel formæ hujus. » C'est par ce trait que le livre retrouvé est vraiment original et essentiellement juif, plus original et plus juif que celui de Spinoza lui-même, qui, sans s'en douter, et en croyant être très-novateur, revenait, par un détour, à la vieille doctrine de l'émanation. Voyez plus bas, leçon VIII. — Maimonide était né à Cordoue au milieu du douzième siècle. Sous les Almohades, aussi fanatiques, aussi persécuteurs que les Abassides avaient été éclairés et tolérants, Maimonide fut forcé d'abjurer le judaïsme, il quitta l'Espagne, se réfugia en Afrique, séjourna quelque temps à Fez, toujours contraint de cacher sa religion, et il ne commença à respirer un peu librement qu'en Égypte, à la cour de Saladin, où sa science médicale le mit en grand crédit. Il mourut au Caire dans les premières années du treizième siècle. Il a composé beaucoup d'ouvrages : celui qui contient sa doctrine philosophique a été traduit en latin et imprimé à Paris, en 1520, in-folio : *Rabi Mossei Ægyptii dux seu director dubitantium et perplexorum, in tres libros divisus*. L'éditeur de cette traduction très-peu connue est *Augustinus Justinianus, ordinis prædicatorum, episcopus Nebiensium ;* mais lui-même, dans la dédicace

Physique, le *Traité de l'âme*, la *Morale*, la *Politique*, etc., avec les commentaires alexandrins, arabes et juifs, mêlés confusément ensemble, y pénétrèrent. C'est de ce mouvement tout à fait nouveau et d'abord

adressée à Étienne Perponcher, évêque de Sens, déclare qu'elle n'est pas de lui, mais d'un plus ancien interprète qu'il ne nomme pas et qui pourrait bien être Jacob Mantin. Jean Buxtorf en a donné une autre traduction latine, Bâle, 1629, in-4°. M. Münck, en 1856 et 1861, a publié le texte hébreu des deux premiers livres, avec une traduction française sous ce titre : *le Guide des égarés*. Cet ouvrage atteste un esprit judicieux et éclairé, mais plus arabe que juif, et que la peur du mysticisme et de la superstition a jeté dans l'extrémité contraire : il est, comme on dirait aujourd'hui, tout à fait rationaliste, et sa théodicée se réduit à un vague déisme qui ne laisse guère à Dieu qu'une existence nominale. Maimonide combat, dans les premiers chapitres, les préjugés d'une foi aveugle qui, abusée par les métaphores qui abondent nécessairement dans un livre fait pour le peuple, tel que la Bible, imagine Dieu comme un être sujet à toutes les passions de l'humanité. Il démontre solidement à quel point ce grossier anthropomorphisme altère la juste notion de la divinité. On ne peut trop applaudir à cette partie de l'ouvrage de Maimonide, et l'interprétation qu'il propose d'une foule d'expressions métaphoriques usitées est encore très-bonne à lire, et pourrait servir même à d'autres qu'à des Juifs. Mais la crainte de l'anthropomorphisme poursuit tellement *le Guide des égarés* qu'elle finit par l'égarer lui-même. Il épure si bien, en effet, la notion de Dieu qu'il ôte à Dieu tout attribut; et ici se montre le disciple des philosophes arabes et du dernier péripatétisme alexandrin, si peu conforme à la vraie doctrine d'Aristote. Dans les chapitres L, LI, LIII, LVIII, Maimonide s'efforce d'établir qu'il faut concevoir Dieu dépouillé de toute espèce d'attributs et qu'on ne doit lui attribuer ni l'unité, ni même l'existence. Il répète sans cesse que les attributs sont des *êtres ajoutés* à Dieu qui dégradent son essence, tandis que dans la vérité les attributs de Dieu et de tout être quel qu'il soit ne sont que cet être lui-même, mais réel, par conséquent étant de telle ou telle manière, car il n'y a pas plus d'essence pure, d'être sans qualités, qu'il n'y a de qualités sans un sujet quelconque d'inhérence. Maimonide rappelle le fameux principe alexandrin que « l'unité exclut assez mal réglé que sortit, dans le premier quart du treizième siècle, la seconde époque de la scholastique.

Disons-le avec un juste sentiment d'orgueil national : c'est en France, à Paris, dans l'Université nouvellement fondée par Philippe Auguste, qu'a jeté son plus vif éclat cette seconde époque qu'on peut appeler l'époque classique du moyen âge dans la philosophie comme en

toute multiplicité hors de l'esprit et dans l'esprit », ce qui fait de l'unité non-seulement une abstraction, mais une abstraction sans un esprit qui l'opère, c'est-à-dire un rien impossible. Il voit dans les attributs des imperfections au lieu d'y voir la perfection même, la plénitude, l'accomplissement de l'être, et quand le moindre retour sur lui-même eût pu lui montrer ce qu'il serait sans ses facultés, et lui faire reconnaître qu'elles ne sont pas moins que la manifestation de son être, et, comme dirait Aristote, le moi en acte et non pas seulement en simple puissance. Enfin Maimonide croit triompher en invoquant cette maxime qu'il ne peut y avoir rien de semblable entre le créateur et la créature, lorsqu'au contraire il est inadmissible que le créateur puisse créer sans rien mettre de soi dans sa créature. Il est vrai qu'il y a des passages où Maimonide se contredit, comme Plotin lui-même (plus haut, leçon IV, p. 183), et défend la providence et même les attributs moraux de Dieu, mais c'est une inconséquence manifeste, ou peut-être une louable prudence, selon M. Münck. Avec une telle métaphysique, il ne faut pas trop admirer Maimonide de s'être préservé de l'ascétisme, et d'avoir une morale assez saine, mais subalterne, composée de préceptes applicables à la vie usuelle, tels qu'on les devait attendre d'un sage médecin. Il ne faut pas non plus s'étonner qu'il ait trouvé des adversaires dans le sein du mosaïsme, et que les Juifs de France en particulier, vivant au milieu des lumières du treizième et du quatorzième siècle, l'aient accusé d'être un novateur dangereux, qui met en péril tout ensemble et la foi juive et la foi en Dieu. Nous pouvons au moins le défendre de l'accusation de novateur : il ne l'est point ; c'est un disciple des philosophes arabes, disciples eux-mêmes des péripatéticiens d'Alexandrie. On ne parle de l'originalité de Maimonide comme de celle d'Averroès que faute de connaître la source commune où ils ont puisé. Sur Maimonide, voyez plus bas la leç. VIII.

tout le reste. La France alors est l'école de l'Europe entière. Si elle n'a pas donné naissance à tous les maîtres illustres de ce temps, c'est elle qui les a formés ou attirés et mis en lumière. Le treizième siècle est notre grand siècle, en attendant le dix-septième. Il a laissé d'immortels monuments en tout genre, et produit des hommes supérieurs dans la politique, dans la guerre, dans les lois, dans les arts et dans les lettres. Rappelez-vous Philippe-Auguste et saint Louis. Regardez d'ici Notre-Dame et la Sainte-Chapelle, ces deux chefs-d'œuvre de majesté et de grâce. Nos troubadours ont éveillé la poésie italienne et peut-être aussi la poésie allemande. Chaque jour on retrouve des fragments de belle sculpture, et des lambeaux d'épopées nationales où le grandiose s'unit à la naïveté. N'oubliez pas aussi que Joinville et Villehardoin commencent cette prose qui sera un jour notre gloire particulière. La philosophie ne pouvait pas rester en arrière, et elle a enfanté de son côté des ouvrages dignes à plus d'un égard de rivaliser avec nos épopées et nos cathédrales, et qui méritent une étude approfondie.

Une circonstance inattendue contribua puissamment au rapide développement de la philosophie : l'apparition de deux ordres nouveaux, l'ordre de Saint-Dominique et celui de Saint-François. Ces deux ordres, jeunes et ardents, en entrant dans l'Université de Paris, toute jeune elle-même, en redoublèrent le mouvement et la vie ; et en soumettant les esprits à l'autorité de l'Église, les fécondèrent tout ensemble et les disciplinèrent, et concoururent merveilleusement à réaliser l'idée de cette seconde époque de la scholastique, l'alliance intime de la théologie et de la philosophie.

Mais il était impossible que les écrits récemment retrouvés d'Aristote, la Physique, la Métaphysique, le Traité de l'âme, et surtout leurs interprétations arabes et juives, n'étonnassent pas d'abord, jusqu'à les jeter dans l'éblouissement et le trouble, des hommes longtemps retenus dans l'étroite enceinte de la logique. A la la fin du douzième siècle et dans les premières années du treizième, les études nouvelles commencèrent à porter leurs fruits, et on vit paraître dans l'Université de Paris des doctrines étranges, favorisant, au moins en apparence, les hérésies alors répandues, particulièrement celle des Cathares qui dans le midi de la France menaçait et balançait presque le christianisme. L'Église alarmée frappa à diverses reprises sur les écoles des Juifs, suspectes de propager le poison [1]; et en 1204 elle contraignit un des professeurs de la faculté de théologie, Amaury de Bène, dans le diocèse de Chartres, qui passait pour enseigner les opinions nouvelles, de les désavouer publiquement devant toute l'Univer-

---

1. Il est certain que jusqu'à la fin du douzième siècle il y avait à Paris un grand nombre de synagogues en plein exercice auprès desquelles étaient des écoles. C'est vers 1182 seulement qu'elles commencèrent à exciter les ombrages et les rigueurs de l'autorité ecclésiastique et civile. Du Boulay, *Historia universitatis Parisiensis*, t. II, p. 450. Toutes les synagogues de Paris furent fermées à la fin du douzième siècle. Grégoire IX fit condamner par l'Université plusieurs livres juifs, et en 1244 on rechercha ces mêmes livres avec soin dans toutes les parties du royaume et on les livra aux flammes. Du Boulay, *ibid.*, t. III, p. 191.

sité. Amaury obéit, mais la honte d'une telle rétractation lui causa tant de chagrin qu'il en mourut peu de temps après. Son école ne périt point avec lui, et c'est parmi ses disciples que les Cathares recrutèrent des partisans. Aussi en 1209, dans la grande persécution contre les Cathares de Paris, on fit remonter jusqu'à lui la doctrine proscrite, on intenta un procès à sa mémoire, on le déclara anathème, on exhuma son corps du saint lieu, et ses os furent jetés au vent [1]. Le décret du concile de Paris, qui contient cette terrible sentence, condamne au feu en même temps les écrits d'un autre professeur qui n'était plus, mais qui avait laissé un livre réputé dangereux, et fort répandu dans les écoles. Ce professeur s'appelait maître David ; il était Breton comme Abélard, et de la petite ville de Dinant; son livre avait pour titre *Quaternuli*. C'est le décret précité qui nous apprend tout cela. On ne se borna pas à condamner au feu les *Quaternuli*, on déclara hérétique tout étudiant chez lequel on les trouverait. Nul doute qu'Amaury et David n'eussent été enivrés et égarés par ce premier et redoutable commerce avec Aristote et ses commentateurs [2] : de là cet article du décret : « *Nec libri Aristotelis de naturali philosophia nec commenta legantur Parisiis publice*

---

1. Du Boulay, *ibid.*, p. 25, et p. 48 et 49.
2. C'est ce qui se voit clairement par les réfutations mêmes qu'en ont données saint Thomas et Gerson. — Il serait curieux de rechercher avec soin les moindres vestiges des opinions philosophiques et théologiques de ces deux intéressantes victimes du péripatétisme arabe, et d'en composer une monographie spéciale.

vel secreto, et hoc sub pœna excommunicationis inhibemus[1]. » Il paraît bien que les nouveaux et grands sujets qu'agitaient librement les ouvrages condamnés étaient devenus à la mode et passionnaient les esprits, puisque, bannis de l'enseignement public, ces ouvrages avaient suscité des conférences particulières qui se tenaient dans l'ombre, et qu'on était forcé de les poursuivre jusque-là. En sorte que sept ans après le décret de 1209, il fallut le renouveler en termes plus exprès et plus étendus : « *Non legantur*, dit en 1215 le cardinal-légat Robert de Courçon [2], *libri Aristotelis de metaphysica et naturali philosophia, nec summa de iisdem, aut de doctrina magistri David de Dinant, aut Almarici hæretici, aut Mauritii Hispani.* » Il y avait donc à Paris des abrégés de la métaphysique et de la physique d'Aristote qui servaient en quelque sorte de manuels; on avait des résumés de la doctrine de David de Dinant et d'Amaury de Chartres, et même d'un Espagnol à nous inconnu, nommé Maurice, qui sans doute avait apporté à Paris le péripatétisme qui s'enseignait dans les écoles de Cordoue et de Séville.

C'est dans ces circonstances que les deux nouveaux ordres religieux commencèrent leur enseignement à Paris, à deux pas d'ici, les dominicains dans leur couvent de la rue Saint-Jacques, dont vous voyez d'assez grands restes dans la rue des Grès; les franciscains

---

1. Martène, *Thesaurus novus anecdotorum*, t. IV, p. 166. Tout le décret mérite d'être étudié pour les documents qu'il contient.
2. Du Boulay, t. III, p. 82.

dans leur maison qui s'étendait de la place de l'École-de-Médecine jusqu'à la rue de la Harpe, et dont la chapelle subsiste à moitié ruinée, mais imposante encore par ses hautes voûtes, ses portes et ses fenêtres en ogive. Le dévouement déjà éprouvé des nouveaux venus à l'Église leur donnait un peu de liberté : ils en usèrent avec une hardiesse habile. Ils se fièrent à la puissance de la vérité; au lieu d'étouffer des discussions qui paraissaient dangereuses, ils les reprirent; malgré les deux décrets que nous avons fait connaître, ils portèrent à la grande lumière de l'enseignement public les livres prohibés; ils firent voir qu'ils les avaient étudiés et les entendaient mieux que personne; ils s'en déclarèrent les admirateurs intelligents; ils célébrèrent plus haut que leurs adversaires ce qu'ils renfermaient de vrai et de grand; et en séparant Aristote de ses commentateurs arabes qu'ils combattirent avec force, tout en reconnaissant et en mettant à profit leur savoir spécial en mathématiques, en astronomie, en physique, en médecine, en redressant aussi les propositions d'Aristote qui avaient besoin d'être expliquées et même réfutées, ils parvinrent à ce résultat inattendu de mettre de leur côté et de conquérir à leur cause celui dont on voulait se faire une arme contre elle. L'Église, qui dans toutes les querelles philosophiques n'a d'autre intérêt que l'intérêt de la foi chrétienne, voyant que, grâce aux nouveaux docteurs, Aristote semblait favorable et non contraire à une saine théologie, laissa peu à peu tomber en désuétude les anciennes prohibitions, et elle-même, entraînée au delà des justes limites, un siècle à peine écoulé, elle recommandait, elle imposait même l'étude de ces mêmes ouvrages qu'elle avait d'abord tenté d'étouffer [1].

Après avoir marqué avec quelque précision le caractère de ce second âge de la scholastique, sa formation et son objet, nous regrettons que le temps nous permette à peine de vous signaler quelques-uns des docteurs les plus illustres qui ont fleuri dans cette grande époque.

L'ordre de Saint-Dominique nous présente au premier rang de ses philosophes au treizième siècle un bienheureux et un saint.

Albert, de la maison de Bolstædt, né à Lavingen en Souabe, fut tour à tour professeur à Cologne et à Paris ; nommé évêque de Ratisbonne en 1260, il ne tarda pas à quitter son évêché pour se livrer tout entier à ses études à Cologne dans un couvent de son ordre, où il mourut en 1280. Il est douteux qu'il sût l'arabe ni peut-être même le grec, mais il parvint à se procurer des traductions latines d'Aristote et de ses commentateurs d'Espagne, qu'il paraît avoir assez bien connus. Son goût dominant était pour les sciences proprement dites, pour les mathématiques et la physique ; aussi passait-il autour de Cologne pour un magicien. Il a été appelé grand par ses contemporains, et l'Église l'a mis parmi les bienheureux. C'est incontestablement un es-

---

1. Voyez Launoi, *de Varia Aristotelis in Academia Parisiensi fortuna, etc.* Lutetiæ, 1653. Il y en a bien des éditions. La meilleure et la plus complète, donnée par l'auteur lui-même, est la troisième, de 1672, in-8°.

prit libre, passionné pour toute espèce de recherches, un compilateur infatigable, une sorte de savant allemand au treizième siècle[1]. Sa meilleure gloire est d'avoir fondé l'école dominicaine de Paris et de lui avoir donné saint Thomas.

Saint Thomas est Italien, né dans le royaume de Naples, à Aquino, en 1225, d'une famille noble qui naturellement voulait le pousser dans le monde et dans les emplois. Il s'y refusa et entra dans l'ordre de Saint-Dominique, afin de n'avoir à s'occuper que de théologie. Il étudia sous Albert à Cologne, et vint avec lui à Paris, où il eut bientôt les plus grands succès. Il porta dans toute sa carrière le même désintéressement qu'il avait fait paraître à son début : il déclina toutes les dignités, et ne voulut être que professeur, mais il fut un professeur incomparable. Aussi l'appela-t-on *doctor angelicus*, l'ange de l'école. Mais ce surnom mal entendu pourrait tromper sur la nature de son talent. Ce n'est point un homme éloquent dont la parole ou la plume ait une grande élévation ; c'est un maître accompli dont le mérite essentiel est une clarté parfaite. Il décompose, divise et subdivise les questions, au risque de paraître les amoindrir, ne songeant à rien qu'à les éclaircir, et sans nul souci de l'intérêt littéraire. Son style n'a ni grandeur, ni éclat, ni élégance, mais il est d'une fermeté, d'une rigueur, d'une précision qui ne fléchissent jamais. C'est juste la manière opposée à celle de saint Augustin. Celui-ci, comme

---

1. *Alberti magni opera*, édit. Jammy. Lyon, 21 vol., in-fol., 1651.

Platon son maître, habite dans la région de l'idéal ; il a le souffle puissant, et jusque dans la plus austère dialectique il introduit involontairement du mouvement, de la vie et de la grâce. Celui-là, comme son maître Aristote, demeure toujours dans l'école, sévère comme l'analyse, et presque aussi froid que l'abstraction. Jamais un mot qui parte du cœur, qui élève et qui soutienne. Il ne faut pas non plus voir dans saint Thomas un membre de la famille des grands philosophes, un rival de Platon, d'Aristote ou de Plotin : son originalité est bien plus dans la qualité de son esprit que dans celle de sa doctrine. Il n'a mis dans le monde ni une méthode, ni un principe, ni même une direction qui lui appartienne ; mais, à défaut de génie, on n'a pas plus de justesse, de mesure, d'équilibre dans toutes ses pensées. Ajoutez que saint Thomas, tout grand théologien qu'il est, ne cesse jamais d'être fidèle à l'esprit philosophique. Si dans les choses de l'ordre surnaturel il soumet la raison à la règle de la foi, il n'en méconnaît pas la puissance dans les choses de son ressort, et il se plaît à reconnaître que la lumière naturelle est parfaitement capable par ses propres forces de s'élever à la connaissance et même à la démonstration de l'existence de Dieu et de ses principaux attributs [1]. Son chef-d'œuvre est la fameuse Somme, *Summa theologiæ*, qui est un des monuments les plus respectables du

---

1. *Contra Gentiles*, I, 3 : « Est in his quæ de Deo confitemur duplex veritatis modus. Quædam namque vera sunt de Deo quæ omnem facultatem humanæ rationis excedunt, ut Deum esse trinum et unum ; quædam vero sunt ad quæ etiam ratio naturalis pertingere potest, sicut

moyen âge et comprend, avec une haute métaphysique, un système entier de morale et même de politique; et cette politique n'est nullement servile. Entre autres choses [1], vous y trouverez une défense des Juifs qu'on persécutait alors, et qui étaient si utiles non-seulement au commerce, mais à la science. Saint Thomas ne pouvait pas atteindre à l'égalité civile de nos jours, mais, comme chrétien, il recommande l'humanité à leur égard, même comme moyen politique. Saint Thomas est particulièrement un grand moraliste. Il est mort en 1274, et il a été canonisé en 1323 [2].

est Deum esse, Deum esse unum, et alia hujusmodi quæ etiam philosophi demonstrative de Deo probaverunt, docti naturalis lumine rationis. »

1. Tirons au hasard de la *Somme* quelques pensées qui montrent le métaphysicien et le moraliste éminent. *Summa theologiæ*, pars 1, quæstio 11, art. 1 : « Etiam qui negat veritatem esse, concedit veritatem esse ; si enim veritas non est, non verum est non esse veritatem... sed enim Deus est ipsa veritas ; ergo veritatem esse verum est. » — La vertu est un moyen de foi et de science. *Ibid.*, pars I, quæstio 82, art. 4 : « Qualis unusquisque, talis intelligit, et talis finis videtur esse. »

2. La première édition complète des œuvres de saint Thomas est de Rome, 1572, 18 vol. in-fol. Elle a été faite par les ordres de Sixte-Quint ; elle contient des commentaires du cardinal Cajetan ; elle est très-correcte et très-nette. Souvent réimprimée à Paris, à Lyon, à Anvers. La dernière édition est de Venise, 28 vol. in-4°, 1775. — Il y aurait de l'injustice à ne pas mentionner aussi dans l'ordre de Saint-Dominique un Français, Vincent de Beauvais, qui n'a pas été professeur, mais qui a tenu une assez grande place au treizième siècle comme précepteur et lecteur de saint Louis, et qui, dans un immense ouvrage appelé *Miroirs, Specula*, a donné une véritable encyclopédie du xiiie siècle. Cette compilation est divisée en *Speculum doctrinale, Spe-*

L'ordre de Saint-François a donné à l'Université de Paris des docteurs qui ne le cèdent point à Albert et à saint Thomas. A peine a-t-il mis le pied à Paris qu'il attire à lui un des professeurs les plus autorisés, argumentateur accoutumé à vaincre, le maître du syllogisme, Alexandre de Halès, *doctor irrefragabilis* [1]. Alexandre inaugure l'école franciscaine, où il est bientôt remplacé par trois personnages éminents à divers titres, saint Bonaventure, Duns Scot, Roger Bacon.

On ne peut prononcer sans respect le nom de ce Jean Fidanza, né en Toscane, à Bagnaréa [2], en 1221, dans son ordre frère Bonaventure, dont l'Église a fait un saint, et auquel ses contemporains ont donné, avec tant de raison, le nom de docteur séraphique, *doctor seraphicus*. Saint Bonaventure est en effet le séraphin de la

---

culum rationale et *Speculum historiale*. Il y a de Vincent de Beauvais une rare et magnifique édition en plusieurs vol. in-fol., sortie des presses de Mentelin, Argentorati, 1473. Disons aussi que l'ordre de Saint-Dominique ainsi que l'ordre de Saint-François avaient été précédés dans leur entreprise contre les erreurs importées de l'Orient, par un Français du plus rare mérite, Guillaume d'Auvergne, qui fut évêque de Paris de 1228 à 1245. Témoin de l'enivrement panthéiste qui s'était répandu des écoles juives dans celles de Paris, et qui avait perdu Amaury et David, Guillaume fut un des premiers à le combattre, et il concourut à la sentence portée en 1248 contre le Talmud. Il mourut en 1249. Ses deux principaux ouvrages sont intitulés *de Universo* et *de Anima*. Voyez *Guillelmi Alverni episcopi Parisiensis Opera omnia*, 2 vol. in-fol. Aureliæ, 1674.

1. Il était Anglais et du comté de Glocester. Mort en 1245. *Summa universæ theologiæ*. La meilleure et la dernière édition est de Venise en 1575, 4 vol. in-fol.

2. Bagnaréa est une petite ville entre Orvieto et Viterbe. Dante l'appelle Bagnoregio (*Paradis*, chant XII, v. 128).

philosophie, comme son compatriote Fra-Angelico est le séraphin de la peinture. Plus près de saint François d'Assise, il en avait retenu la bienveillance universelle, cette tendresse, ce saint amour qui, le suivant fidèlement au milieu des luttes de l'école, lui a fait définir le but de la science ainsi que de la vertu l'union la plus intime de l'âme avec Dieu. Saint Bonaventure est un mystique, mais le mystique le plus doux et le plus éclairé, qui tire le mysticisme de son cœur, et non pas d'une érudition profane. Il n'est Alexandrin en aucun degré, il n'est que chrétien, mais chrétien adorable, comme l'était le père de son ordre, et comme le seront un jour Gerson, sainte Thérèse et Fénelon. L'*Itinerarium mentis ad Deum* est un des livres les plus profonds et les plus touchants avant l'*Imitation de Jésus-Christ*[1].

Duns Scot, ainsi nommé parce qu'il était de Duns en Irlande, né vers 1266, et mort à Cologne en 1308[2], est un homme tout différent. Il n'incline pas du tout au mysticisme, il penche bien plutôt vers la rudesse et la sécheresse de l'école. C'est un esprit d'une trempe saine

---

1. Saint Bonaventure est mort à Lyon, en 1274, cardinal avant d'être saint. Sixte-Quint a fait pour saint Bonaventure ce qu'il avait fait pour saint Thomas; il a recueilli ses œuvres en 7 beaux vol. in-fol. imprimés au Vatican, Rome, 1588-1596.

2. Il y a quelque obscurité sur la date précise de sa naissance. Il faut s'en tenir à son épitaphe : *Scotia me genuit, Anglia me suscepit, Gallia me docuit, Colonia me tenet*, Wadding, vie de Duns Scot, à la tête de ses œuvres, 12 vol. in-fol., Lugduni, 1639; édition dédiée à l'archevêque de Lyon, le cardinal Alphonse de Richelieu, frère du grand ministre.

et forte, et d'une solidité peu commune. Moins moraliste que saint Thomas, il est plus dialecticien que lui, et il l'est jusqu'à la dernière subtilité. Aussi a-t-il été surnommé, non pas le docteur angélique, ni encore moins le docteur séraphique, mais le docteur subtil, *doctor subtilis*. C'est un digne interprète d'Aristote, qu'il étudie en lui-même sans l'embrouiller par les Alexandrins ni par les Arabes. Comme son maître, c'est sur les choses particulières qu'il prend son point d'appui, et la détermination la plus précise, l'individualité, l'hæccéité, *hæcceitas*, lui est la condition de toute réalité. Nul être, dit-il, ne peut être sans être tel ou tel, ceci ou cela, *hoc aliquid*, sans posséder tel ou tel degré déterminé d'existence : *Quodcumque ens est in se quid, et habet in se aliquem gradum determinatum in entibus*[1]. Scot a encore l'immense mérite d'avoir parfaitement connu la volonté et ce qui fait la liberté, à savoir, la conscience de pouvoir toujours choisir autrement qu'elle ne choisit[2]. En opposition directe avec les chimères des philosophes alexandrins et arabes, qui ont peur de mettre en Dieu aucun attribut,

---

1. Sur le Maître des sentences, liv. I, distinction II, question 7, p. 370-374 de la première partie du t. V de ses œuvres, et *ibid.*, p. 1018, distinction XIX, question 1.

2. *Ibid.*, p. 1301 et suiv. : « Voluntas in quantum est actus primus libera est ad oppositos actus; libera etiam est, mediantibus illis actibus oppositis, ad opposita objecta in quæ tendit, et ulterius ad oppositos actus quos producit... Attamen libertatem non comitatur una potentia ad opposita manifesta. Licet enim non sit in ea potentia ad simul velle et non velle, quia hoc nihil est, tamen in ea est potentia ad velle post non velle, sive ad successionem oppositorum... Voluntati, etiam quando producit hoc velle, non repugnat oppositum velle. »

lui, comme Avicebron, place en Dieu la volonté, la volonté libre ; il lui fait même créer l'univers non-seulement avec une entière liberté, ce qui est très-vrai, mais sans aucun motif qui repose sur sa propre nature, extrémité contraire à celle de l'émanation, excès manifeste qui risque de réduire la création à un acte arbitraire. Par là il entrait en lutte avec saint Thomas qui, tout en admettant la liberté de Dieu, le fait agir et créer conformément à sa nature et à ses attributs essentiels, tandis que selon Scot la volonté de Dieu lui est sa seule, sa suprême loi[1]. Enfin Scot n'est pas très-net sur l'unité et la simplicité de l'âme[2] ; il ne croit pas que la raison puisse prouver son immortalité[3] ; et comme la création n'a pas d'autre motif que la pure volonté de Dieu, de même à ses yeux la loi morale n'est fondée que sur cette volonté[4].

1. Saint Thomas avait dit : « Excluditur error quorumdam dicentium omnia procedere a Deo secundum simplicem voluntatem, ut de nullo oporteat rationem reddi, nisi quia Deus vult, quod etiam divinæ Scripturæ contrariatur quæ Deum perhibet secundum ordinem sapientiæ suæ omnia fecisse. « *Contra Gentiles*, I, 86, et II, 24, 25, 29 et suiv. Scot, pour réfuter Avicenne, va jusqu'à prétendre qu'il n'y a rien dans l'essence de Dieu qui lui soit une raison de créer. *Ibid.*, t. III, de primo rerum Principio, quæst. 4, Utrum Deus ex necessitate producat res, p. 17-28. Scot triomphe en montrant que Dieu n'obéit à aucune coaction : *Deus vult, non necessitate coactionis quæ tollit libertatem ;* mais il ne prouve nullement que *nullum habet motivum in causando.*

2. T. VIII, p. 649.

3. Il dit positivement, première partie du tome VI, p. 786 : « Non potest demonstrari quod sit immortalis. » Ailleurs, tome X, sur le livre IV du Maître des sentences, dist. 43, q. II, il agite la question de l'immortalité de l'âme, et la résout par la foi.

4. Deuxième partie du t. V, p. 1368 : « Sicut Deus potest aliter

Roger Bacon est un homme à part au treizième siècle, par la passion des sciences mathématiques et physiques, et aussi par celle des langues. On dirait un novateur ou un curieux de la renaissance plutôt qu'un moine du moyen âge. Évidemment il a beaucoup emprunté aux Arabes, mais il est incontestable qu'il avait fait lui-même de nombreuses expériences ; et même en réduisant un peu, comme on l'a fait, ses découvertes, il lui en reste assez pour lui composer une juste gloire. Anglais d'origine, né à Ilchester, dans le comté de Somerset, en 1214, c'est en France et dans l'Université de Paris qu'il est venu continuer et perfectionner ses études ; c'est là qu'il a enseigné, et là aussi qu'il a souffert. Devenu suspect à son ordre, à cause des connaissances merveilleuses qu'il avait acquises, non-seulement on lui interdit de professer, mais de communiquer ses écrits et ses opinions. Heureusement un Français qui l'avait connu et qui l'appréciait, Guy Foulques, devenu pape en 1265, sous le nom de Clément IV, étendit sa protection sur le pauvre franciscain, leva toutes les prohibitions, de son autorité souveraine, et lui demanda de lui envoyer à lui-même ces ouvrages qui faisaient si peur aux supérieurs de son couvent. Roger Bacon se mit à l'œuvre, et composa un résumé assez ample de toutes ses opinions, qu'il fit porter à Rome par un de ses élèves. Puis, craignant que le précieux envoi ne parvînt point à son adresse, il en fit un double avec bien des changements;

agere, ita potest etiam legem statuere rectam, quia si statueretur a Deo recta esset, quia nulla lex est recta, nisi quatenus a voluntate Dei acceptatur. »

enfin, n'étant entièrement satisfait ni de sa première ni de sa seconde rédaction, il en fit une troisième qui contenait la dernière et la meilleure expression de sa pensée. Telle est l'origine des écrits, appelés *Opus majus*, *Opus minus*, *Opus tertium*. Le premier seul a été publié[1] ; et il est fort à regretter que le second, et surtout le troisième, le plus important des trois, soit encore enseveli dans la poussière des bibliothèques d'Angleterre[2].

1. Publié par Jebb, à Londres, 1733, grand in-fol., et réimprimé à Venise en 1750. — Dans des études nouvelles sur Roger Bacon, nous avons prouvé que l'*Opus majus*, tel qu'il est dans l'édition de Jebb, est incomplet, et qu'outre les six parties qu'il contient dans l'imprimé, il en avait une septième, très-importante, consacrée à la philosophie morale; et sur nos indications cette septième partie vient d'être retrouvée dans le même manuscrit du collège de la Trinité de Dublin, sur lequel Jebb avait travaillé. Voyez *Journal des Savants*, décembre 1859.

2. Nous avons fait connaître l'*Opus tertium* d'après un manuscrit de la bibliothèque de Douai, collationné sur un manuscrit du Musée Britannique, *Journal des Savants*, 1848, mars, avril, mai et juin. On y peut voir indiquées toutes les matières que Roger Bacon s'était proposé d'embrasser, les ouvrages de l'antiquité qu'il connaissait, surtout ses jugements sur ses contemporains, sur ses maîtres et sur ses disciples, dont plusieurs étaient entièrement inconnus, et particulièrement son opinion sur Albert et sur saint Thomas, où paraît d'une manière si frappante l'antagonisme, pour ne pas dire l'inimitié, qui déjà régnait entre l'école dominicaine et l'école franciscaine.— Depuis, en 1859, dans la grande collection des *Rerum Britannicarum medii ævi scriptores*, M. Brewer a publié *Fr. Rogeri Bacon opera quædam inedita*, parmi lesquels l'*Opus tertium* et l'*Opus minus*, en se servant pour l'*Opus tertium* de ce même manuscrit du Musée Britannique que nous avions pris soin de collationner. Un jeune et savant professeur de philosophie, M. Charles, vient de donner sur Bacon le travail le plus complet que nous connaissions : *Roger Bacon, sa vie, ses ouvrages, ses doctrines, etc.*, 1861. — Après avoir établi que Roger Bacon était aussi un moraliste, nous l'avons présenté comme métaphysicien, d'après un manuscrit fort ancien de la bibliothèque d'Amiens, qui contient, avec

Tant que vécut Clément IV, Roger fut assez ménagé par son ordre; mais à peine l'excellent pontife eut-il fermé les yeux que la persécution recommença ; et l'homme de génie, coupable d'être venu un siècle ou deux trop tôt, fut enfermé, dit-on, comme sorcier, *doctor mirabilis*, dans un cachot de son couvent pendant de longues années.

Je ne veux point quitter le treizième siècle sans vous dire un mot d'un tout autre personnage, qui n'appartient à aucun ordre religieux, qui n'a été professeur dans aucune université, qui au fond n'a laissé aucune découverte sérieuse, mais qui dans son temps a fat grand bruit dans l'Europe entière : je veux parler du fameux Raymond Lulle, né vers 1235 ou 1240, à Palma, petite ville de l'île de Majorque, entre l'Espagne et l'Afrique. C'est en effet un esprit espagnol et africain, exalté et mystique, fort bien surnommé le docteur illuminé, *doctor illuminatus,* et en même temps subtil et fécond, *magnus inventor artis*. Entraîné par une imagination inquiète, il passa sa vie à courir le monde; sa jeunesse avait été légère ; sa maturité fut studieuse et sainte, mais toujours agitée, et sa fin déplorable : il périt en 1315 sur les côtes d'Afrique, près de Bougie, entreprenant de convertir les infidèles, ce qui le fit honorer comme un martyr, quoique plusieurs

---

des gloses sur la *Physique* d'Aristote et sur le *Traité des plantes*, une glose assez étendue sur la plupart des livres de la *Métaphysique*. Ce manuscrit, que nous recommandons à M. Brewer et que M. Charles n'a pu suffisamment étudier, mérite l'attention de quiconque veut connaître toute l'entreprise du grand et infortuné franciscain. Voyez *Journal des Savants*, août 1848.

de ses opinions lui aient attiré des censures canoniques. Il avait imaginé sous le nom d'Art universel, *Ars universalis*, une espèce de tableau dialectique où toutes les idées de genre étaient distribuées et classées ; de sorte qu'on pouvait se procurer à volonté dans telle ou telle case tel ou tel principe. C'est cette invention ingénieuse, mais fort peu utile, comme la machine arithmétique de Pascal, qui, jointe à l'éclat de ses aventures, rendit célèbre le nom de Raymond Lulle, et l'a soutenu dans l'école jusqu'à la fin du seizième siècle[1].

Telle est, beaucoup trop rapidement esquissée, la seconde et brillante époque de la philosophie scholastique. Aristote y est le philosophe par excellence ; il a fini par surmonter tous les ombrages, toutes les résistances ; il règne dans cette même Université de Paris qui, en 1209, avait proscrit ses meilleurs, ses plus illustres ouvrages. On prétend même que ses admirateurs fanatiques formèrent le projet le plus étrange, celui (devinez-le) de le faire déclarer authentiquement infaillible et en quelque sorte de le canoniser. Nous

---

1. Il avait beaucoup écrit parmi les agitations de sa vie et le mouvement de ses continuels voyages. Ses ouvrages sont datés de Paris, de Montpellier, de Naples, de Messine, de Rome, de Vienne, de Majorque, de Tunis, les uns en latin, les autres en espagnol. Toute sa dialectique se trouve à peu près dans : *Raymundi Lulli Opera ea quæ ad inventam ab ipso artem universalem scientiarum artiumque omnium pertinent*, Argentorati, 1609, chez Zetzner, avec divers traités logiques de Jordano Bruno servant de commentaires. Il y a une grande et magnifique édition des œuvres complètes de Raymond Lulle, donnée par Salzinger, à Mayence, en 10 vol. in-fol., de 1721 à 1742. Aujourd'hui très-rare.

tenons ce projet comme un conte, inventé à plaisir ; mais ce conte-là signifie qu'à la fin de cette seconde époque la philosophie était parvenue à une assez grande puissance pour traiter avec la théologie presque d'égale à égale.

Signalons encore les luttes fécondes qui déjà commencent entre les deux grandes écoles qui partageaient alors la scholastique, l'école dominicaine et l'école franciscaine. Elles avaient été instituées dans le même dessein, pour défendre à la fois Dieu et le christianisme, la vraie philosophie et l'Église, contre l'école juive et arabe qui, comme nous l'avons vu, renouvelait, en plein treizième siècle, s'imaginant le tirer d'Aristote, le subtil et raffiné panthéisme dans lequel l'antiquité païenne s'était éteinte. Elles avaient glorieusement rempli leur tâche, arrêté l'Averroïsme, et par les armes de la seule dialectique remporté à Paris une solide victoire sur l'esprit oriental. Les deux écoles étaient admirablement unies contre l'ennemi commun, mais hors de là elles étaient fort divisées. Elles se firent d'abord une guerre sourde qui ne tarda pas à se déclarer. Saint Thomas et Duns Scot se prononcèrent l'un contre l'autre sur le grand problème de la création ; ils se combattirent encore, et plus ouvertement, sur un autre terrain, celui de la théologie positive, dans la controverse sur l'immaculée conception de la Vierge. La question des ordres est alors très-importante, beaucoup plus importante que celle des nationalités ; car où domine l'unité de l'Église, les individualités nationales, sans s'effacer entièrement, s'affaiblissent. La grande affaire est la différence des ordres. Une fois qu'un ordre a adopté une doctrine, ou du moins une tendance quelconque, il la garde longtemps, par habitude, par préjugé, par amour-propre, par ambition, par intérêt; en sorte que l'histoire, des ordres savants et religieux, est l'histoire de l'esprit humain au moyen âge. Nous ne voudrions point affirmer que l'ordre des Dominicains, par ses tendances incontestablement élevées et rationnelles, représente l'idéalisme dans la théologie scholastique, et l'ordre des Franciscains le peu d'empirisme qu'il y avait alors; la distinction serait beaucoup trop absolue; mais il est à remarquer que c'est surtout des Franciscains et des Scotistes que sont sortis pendant plus d'un siècle ceux qui se distinguaient par des connaissances plus ou moins étendues dans les sciences physiques et par l'esprit d'innovation, tandis que les Dominicains et les Thomistes ont particulièrement produit les métaphysiciens et les moralistes, qui ont soutenu le plus longtemps la scholastique en l'épurant et la perfectionnant.

Cependant partout commençait à se faire jour un mouvement d'indépendance. Cette indépendance devait passer jusque dans la philosophie, et peu à peu elle a amené la troisième époque de la scholastique, c'est-à-dire la séparation de plus en plus marquée de la philosophie d'avec la théologie, et par là successivement l'affaiblissement et la destruction de la scholastique elle-même.

Comment ce grand événement a-t-il eu lieu? comment la guerre s'est-elle établie entre la forme et le fond, entre la philosophie et la théologie, qui jusqu'alors avaient vécu en bon accord, et quel a été le champ de bataille? Ç'a été la vieille querelle des nominalistes et des réalistes.

A la fin du onzième siècle, à l'occasion d'un passage de l'introduction de Porphyre à l'*Organum* sur les diverses opinions des platoniciens et des péripatéticiens touchant les idées de genre, un chanoine de Compiègne, nommé Rousselin, ou plus élégamment Roscelin, *Roscelinus,* osa dire que les genres sont de simples abstractions que l'esprit se forme en rassemblant sous une idée commune ce qu'il y a de semblable en divers individus ; il alla même jusqu'à dire que les genres ne sont que des mots, *flatus vocis.* Cette opinion avait ses conséquences. Si tout genre n'est qu'un mot, il s'ensuit qu'il n'y a de réalité que dans les individus ; alors beaucoup d'unités peuvent paraître de simples abstractions : entre autres, l'unité par excellence, l'unité qui fait le fond de la très-sainte Trinité : il n'y a plus de réel que les trois personnes, et la Trinité elle-même n'est qu'une unité nominale, un simple signe représentant le rapport des trois. Le pauvre chanoine de Compiègne fut mandé au concile de Soissons en 1092 ; il se rétracta, *metu mortis,* dit saint Anselme, qui écrivit contre lui un traité de l'unité dans la Trinité. Guillaume de Champeaux, se jetant à l'autre extrémité, prétendit que les genres sont si loin d'être de purs mots, des entités nominales, que ce sont les seules entités qui existent, et que les individus dans lesquels on a voulu résoudre les genres n'ont eux-mêmes d'existence que par leur rapport aux universaux. Par exemple, disait-il, dans les hommes ce qui existe substantiellement, c'est l'humanité, dont les différents hommes participent. Alors intervint Abélard, qui, sans tomber dans le nominalisme de Roscelin, et tout en reconnaissant qu'il y a de la réalité dans les genres, soutint que les individus constituent l'essence vraie, et que les genres existent seulement dans l'esprit, ce qui est encore une manière d'exister très-réelle. Il prit donc, comme nous l'avons dit[1], un parti intermédiaire, il proposa le conceptualisme ; et, ainsi que cela arrive toujours, il ne satisfit personne, et mécontenta son maître, l'altier Guillaume de Champeaux. La querelle en resta là quelque temps. Le réalisme triompha. Saint Thomas et Scot, en effet, les deux grands représentants de l'école dominicaine et de l'école franciscaine au treizième siècle, sont, quoi qu'on en ait dit, très-sensément mais très-positivement réalistes. Ils condamnent le nominalisme et le conceptualisme, qu'ils ne séparent point, et ils admettent la réalité des genres, sans leur attribuer une existence chimérique à part, et en les plaçant à la fois dans les choses naturelles où elles coexistent inséparablement avec l'élément particulier, matière et principe de l'individualité, et hors de là, avant le monde, dans le plan et dans l'essence même de Dieu.

La querelle sommeillait donc, quand, au commencement du quatorzième siècle, un disciple de Duns Scot, un Anglais, un Franciscain, reprit en sous-œuvre l'opi-

---

1. Plus haut, p. 199, etc.

nion nominaliste. Il faut d'abord que je vous dise quel était cet Anglais. Il se nommait Guillaume, d'Occam, dans le comté de Surrey, d'où, selon l'usage, il fut appelé simplement Occam. Il était professeur à Paris, sous Philippe le Bel. C'était l'époque où les pouvoirs politiques tendaient à s'émanciper du pouvoir ecclésiastique. Vous connaissez les entreprises de Philippe le Bel. Occam, tout moine qu'il était, se mit du côté du roi : il écrivit pour lui contre les prétentions du saint-siége et du pape Boniface VIII. Il écrivit aussi pour l'empereur Louis de Bavière, qui entrait dans la même route que le roi de France, et résistait au pape Jean XXII. Occam disait à Louis : *Tu me defendas gladio, ego te defendam calamo*, Défends-moi avec l'épée, et je te défendrai avec ma plume. Violemment persécuté, il se réfugia et alla mourir, en 1347, à Munich, à la cour de Louis de Bavière. Vous sentez bien qu'un tel homme, aussi hardi en politique, ne devait pas être timide en philosophie. Il fut donc un nominaliste obstiné. Son courage et sa fermeté lui firent donner le surnom de *Doctor invincibilis*[1]. Voici les traits principaux de sa philosophie :

---

1. Abélard, qui a précédé les deux grands ordres du moyen âge, et qui a laissé une mémoire éclatante mais entachée d'hétérodoxie, avait été entièrement négligé jusqu'au dix-septième siècle, et c'est même de nos jours seulement qu'on en a donné une édition complète. Occam appartenait à un ordre riche et puissant, qui soignait sa gloire dans celle de chacun de ses membres ; mais cet ordre le rejeta comme il avait fait de Roger Bacon. C'est à l'Angleterre, qui leur a donné le jour, de leur élever de dignes monuments. Grâce aux appels partis de l'étranger et surtout de France, elle commence, comme nous l'avons dit, p. 224,

Les genres ne peuvent avoir d'existence que dans les choses ou dans Dieu. Dans les choses il n'y a point de genres, car ils y seraient le tout ou la partie; si le tout, il n'y a plus d'individus; si la partie, il répugne que la partie soit un genre. Dans Dieu, ils ne sont pas comme essence indépendante, mais comme simple objet de connaissance [1], ainsi que dans l'esprit humain. Il n'y a pas tant de difficulté à expliquer la connaissance de l'universel. La sensation atteint l'objet particulier, et de plusieurs particuliers le jugement comparatif et abstractif tire l'idée générale. Le genre, l'universel n'est donc qu'une abstraction; et Occam en revenait à la thèse de Roscelin. Après avoir attaqué les universaux, il s'en prit à une autre théorie célèbre, liée à la première, la théorie des espèces sensibles et intelligibles. Jusque-là toute la scholastique avait pensé qu'entre les corps extérieurs, placés devant nous, et l'esprit de l'homme, il y a des images qui tiennent aux corps extérieurs et en font plus ou moins partie, comme les εἴδωλα de Démocrite, dont

---

à s'occuper de Roger Bacon; qu'elle s'occupe aussi d'Occam; nous renouvelons donc ici publiquement notre instante prière à M. Giles, d'Oxford, auteur de nouvelles éditions de plusieurs *Patres Ecclesiæ anglicanæ*, tels que Lanfranc et Jean de Salisbury, pour qu'il achève et couronne son utile collection en y comprenant Occam, et en rassemblant enfin ses divers écrits si difficiles à retrouver et à réunir. Les principaux sont un *Commentaire sur le Maître des sentences*, des *Questions quodlibétiques*, et une *Logique* souvent réimprimée.

1. « Ideæ non sunt in Deo subjective et realiter, sed tantum sunt in ipso objective, tanquam quædam cognita ab ipso... » *In Magistrum sententiarum*, I, dist. 35, q. 5.

je vous ai entretenus [1], images ou espèces sensibles qui représentent les objets externes par la conformité qu'elles ont avec eux. De même l'esprit était supposé ne pouvoir connaître les êtres spirituels que par l'intermédiaire des espèces intelligibles. Occam détruisit la chimère de l'un et de l'autre intermédiaire, et maintint qu'il n'y a de réel que les êtres matériels, et l'esprit de l'homme qui les conçoit directement. Gabriel Biel[2], élève d'Occam, a exposé avec beaucoup de netteté cette théorie de son maître. Vous le voyez : Occam renouvelait, sans le savoir, la polémique d'Arcésilas contre l'école stoïcienne[3]; et il est dans l'Europe moderne l'antécédent de Reid et de l'école écossaise[4]. Le résultat de toute cette polémique fut d'appeler l'attention sur les mots qui sont le vrai intermédiaire entre l'esprit et les choses, selon les nominalistes, opinion qui depuis a fait fortune. De là enfin cette règle générale, cet axiome qui n'appartient peut-être pas à Occam, mais qu'il a invoqué plus souvent qu'aucun autre philosophe de la même époque : Il ne faut pas multiplier les êtres sans nécessité, *Entia non sunt multiplicanda præter necessitatem. Frustra fit per plura quod fieri potest per pauciora.*

Voilà le bon côté d'Occam; ses autres mérites sont

---

1. Voyez plus haut, leç. III, p. 107.
2. Né à Spire, mort en 1495. *Epitome et Collectarium super IV libros Sententiarum.* Bas. 1508, in-fol. Lugd. 1514; *Supplementum*, Parisiis, 1521.
3. Plus haut, leç. IV, p. 159.
4. PHILOSOPHIE ÉCOSSAISE, leç. VII.

loin d'être aussi purs. S'il a bien fait de démontrer qu'il n'y a pas d'aperception directe de l'essence divine, qu'on ne connaît Dieu que par ses attributs, la sagesse, la bonté, la puissance[1], etc., on peut lui reprocher d'être tombé dans l'erreur contraire. De ce qu'on n'arrive aux substances que par leurs attributs, Occam en conclut qu'on ne peut avoir aucune idée de la nature des substances, et il tira de ce principe ses conséquences bien connues. De même qu'on ne connaît Dieu que par ses attributs, de même on ne connaît l'âme que par ses qualités; on peut observer ces qualités et s'en rendre compte; mais quant à la substance de l'âme, comme on ne la perçoit pas directement, il n'est pas aisé de dire quelle elle est; il n'est pas aisé, par exemple, de prouver qu'elle est immortelle, car on ne peut pas même prouver qu'elle est immatérielle. On ne peut démontrer quel est le *substratum*, l'être, l'agent qui réside sous ses qualités, et c'est peut-être un agent naturel et matériel : la foi seule est ici de mise. Cette théorie, empruntée à Duns Scot [2], n'est-elle pas déjà

---

1. « Essentia divina potest à nobis cognosci in aliquibus concepti-« bus qui de Deo verificantur, ut dum, exempli gratia, cognoscimus « quid sit sapientia, justitia, charitas, etc.; licet enim hi conceptus « dicant aliquid Dei, nullus tamen realiter dicit ipsum quod est Deus; « sed dum caremus conceptu Dei proprio, quod ipsum intuitive non « videmus, attribuimus ipsi quidquid Deo potest attribui, eosque con-« ceptus prædicamus, non pro se, sed pro Deo, etc. » *Ibid.*, I, dist. 3, 7, 9.

2. Voyez plus haut, p. 222. Occam, *Quodlibeta*, I, q. 10. « Quod « illa forma sit immaterialis, incorruptibilis ac indivisibilis, non po-« test demonstrari nec per experientiam sciri. Experimur enim quod

au quatorzième siècle la théorie célèbre de Locke[1]? D'ailleurs, rien de plus faux que tout ce raisonnement. En effet, si on ne connaît les substances que par leurs attributs, par cela même, étant donné un attribut d'un certain caractère, est inévitablement exclue une substance d'une nature opposée au caractère de cet attribut; par conséquent, étant donnée la pensée, c'est-à-dire ce qu'il y a de plus simple, comme attribut fondamental de la substance que nous pouvons être, par là est exclue une substance étendue et matérielle de la pensée. J'insiste là-dessus parce qu'il ne serait pas impossible que, sous un faux air de méthode et de circonspection, la philosophie moderne, qui n'est pas très-loin du nominalisme, ne prétendît aussi que la question des substances, et à sa suite celle du principe matériel ou immatériel des phénomènes de la pensée, est sans importance, et que ce qui importe seulement est l'observation des phénomènes. Oui, sans doute l'observation des phénomènes intellectuels importe fort; mais c'est précisément cette observation qui, nous donnant des phénomènes d'un certain caractère, nous impose une substance d'une nature analogue [2].

Une autre théorie de Scot et d'Occam, moins séduisante, et qui pourtant compte encore aujourd'hui de

---

« intelligimus et volumus et nolumus, et similes actus in nobis habe-
« mus; sed quod illa sint e forma immateriali et incorruptibili non
« experimur, et omnis ratio ad hujus probationem assumpta assumit
« aliquod dubium. »

1. Voyez plus bas, leç. VIII.
2. PHILOSOPHIE ÉCOSSAISE, leç. II, p. 44 et 45, et leç. VIII, p. 350.

nombreux partisans et se rattache à l'esprit général du nominalisme, est la théorie qui fait reposer la morale, non pas à la fois sur la nature et sur la volonté de Dieu, ce qui serait très-vrai, mais sur sa volonté seule[1], ce qui détruit et la morale et Dieu même dans ses attributs les plus saints.

Tout ce que je viens de vous dire montre assez qu'il y avait plus ou moins de sensualisme dans l'école d'Occam, et c'est où j'en voulais venir. Certes, ce n'est pas là le sensualisme déclaré, tel que nous l'avons vu dans les écoles indépendantes de la Grèce; mais c'est bien le sensualisme tel qu'il pouvait être à la fin de la scholastique, sous l'empire du christianisme et d'une autorité déjà contestée mais non encore ébranlée.

Ne croyez pas que les autres écoles se tinssent tranquilles pendant que l'esprit d'indépendance s'éveillait sous les auspices d'Occam. Les thomistes et plusieurs scotistes, réunis en tant que réalistes contre le nouveau nominalisme, lui firent une longue guerre. Dans l'école réaliste, il faut citer aux premiers rangs Henri[2] de Gand, *doctor solemnis*, qui enseignait à Paris au trei-

---

1. Occ., *Sentent.*, II, q. 19. « Ea est boni et mali moralis natura « ut, cum a liberrima Dei voluntate sancita sit et definita, ab eadem fa- « cile possit emoveri et refigi : adeo ut mutata ea voluntate quod « sanctum et justum est possit evadere injustum. » Voyez sur cette théorie Du Vrai, du Beau et du Bien, leç. xiii, p. 330-335.

2. Mort en 1293, auteur d'une *Somme de Théologie* et de *Questions quodlibétiques*, 2 vol. in-fol., 1518 et 1520. Il appelait avec saint Augustin les idées des formes principales, *principales quædam formæ*, des raisons éternelles, *rationes œternœ*, contenues dans l'intelligence

zième siècle, Walter Burleigh, *doctor planus et perspicuus*, qui enseignait à Paris et à Oxford, au quatorzième, auteur d'un long commentaire sur la physique d'Aristote et de la première histoire de la philosophie faite au moyen âge[1]; et au siècle suivant Thomas de Bradwardine, à la fois théologien et mathématicien, mort archevêque de Cantorbéry[2], personnage éminent qui mériterait d'être plus connu. Ils attaquèrent la doctrine d'Occam et comme théologiens et comme philosophes. Parmi leurs arguments philosophiques, je choisirai les trois suivants : 1° Il est tellement vrai qu'il y a des genres tout à fait distincts des individus auxquels on veut les réduire, que la nature, à laquelle en appelle sans cesse l'école nominaliste, se joue des espèces et conserve les genres. Tout genre représente une unité réelle, et non pas une abstraction dont toute la réalité résiderait dans les individus, différents ou semblables ; 2° les lois humaines font comme la nature : elles négligent les individus et ne s'occupent que des genres ; donc les lois humaines reconnaissent qu'il n'y a pas seulement des ressem-

---

divine et qui sont le modèle de la création. *Quodl.*, VII, q. 1. L'homme ne peut découvrir la vérité que dans la pure lumière de ces idées qui est la divine essence, *in pura luce idœarum quæ est divina essentia*. *Summ. Theol.*, art. 1, q. 3.

1. Né en 1275, mort en 1337. Son Commentaire sur la Physique d'Aristote a été imprimé à Venise, en 1482, in-fol. Sa compilation historique est intitulée : *de Vita et moribus philosophorum et poetarum;* elle commence à Thalès, finit après Plotin et Sénèque, et comprend les poëtes moralistes. Nuremberg, 1477, in-fol. ; et *ibid.*, 1479. Il y en a une autre belle édition in-fol., sans lieu ni date.

2. En 1439. Son principal ouvrage est un traité *de Causa Dei contra Pelagium et de virtute causarum*. Londini, 1618, in-fol.

blances dans l'espèce humaine, mais un fond identique : 3° nous cherchons le bonheur dans les différents biens de ce monde ; mais tous sont relatifs, tous variables, tous insuffisants; et nous ne pouvons pas ne pas nous élever de ces biens particuliers à un bien général, qui n'est pas la réunion de tous les biens particuliers, mais qui leur est supérieur à tous, qui est meilleur qu'eux tous, et qui est pour nous le souverain bien, l'unité même du bien.

Tous ces arguments trouvaient des réponses plus ou moins solides dans l'école nominaliste [1]. Je me contente de remarquer que cette polémique représente assez bien la lutte de l'empirisme et de l'idéalisme. Elle fut soutenue des deux côtés avec beaucoup de talent et d'habileté et dura près d'un siècle. Elle ne pouvait engendrer autre chose que le scepticisme, et elle l'engendra. L'Université de Paris, et, à son exemple, toutes les autres universités se lassèrent peu à peu de la haute spéculation; le dogmatisme recula, et fit place au doute. Mais quel scepticisme pouvait-il y avoir au moyen âge? L'esprit humain ne mettait pas encore en question le

---

1. Voici les noms des plus célèbres nominalistes :

Durand, de Saint-Pourçain, en Auvergne, évêque de Meaux, mort en 1333, *Doctor resolutissimus.*

Jean Buridan, de Béthune, professeur à Paris, perfectionna la logique; grand partisan du libre arbitre, mort en 1358.

Robert Holcot, général de l'ordre des Augustins, mort en 1349.

Grégoire de Rimini, mort en 1358.

Pierre d'Ailly, chancelier de l'Université de Paris, cardinal, mort en 1425.

Gabriel Biel, élève d'Occam, professeur à Tubingen, mort en 1495.

fond lui-même, c'est-à-dire la théologie ; le scepticisme ne pouvait donc tomber que sur la forme, c'est-à-dire sur la philosophie scholastique. De là le décri de la scholastique auprès de tous les bons esprits du quinzième siècle, et de là encore la formation d'un nouveau système, de ce système que nous avons vu jusqu'ici sortir, après le scepticisme, de la lutte du sensualisme et de l'idéalisme, à savoir le mysticisme.

Sans doute, au moyen âge, il y avait toujours eu plus ou moins de mysticisme mêlé à la théologie. Au douzième sièle, saint Bernard [1], Hugues [2] et Richard [3] de Saint-Victor inclinent au mysticisme. Au treizième, saint Bonaventure lui donne un caractère déjà plus prononcé. Mais c'est au quatorzième et au quinzième siècle, après les débats ardents du nominalisme et du réalisme, et dans la décadence de la scholastique, que le mysticisme, se séparant de tous les autres systèmes, acquiert la conscience de lui-même, s'appelle par son nom et expose sa propre théorie. Les hommes les plus éminents de cette époque sont presque tous des mystiques, comme le dominicain Jean Tauler, prédicateur renommé à Cologne et à Strasbourg [4], et

---

1. Opp., éd. Mabillon, 2 vol. in-fol. Paris 1690. Il y a un parfum de sobre mysticisme dans le *Traité de la considération*. Voyez la traduction française de Dom François de Saint-Claude, Paris, 1672, in-12, dédiée à madame de Longueville.

2. Opp., 3 vol. in-fol., Rothomagi, 1648.

3. Opp., 1 vol. in-fol., Rothomagi, 1650. Voyez surtout *Arca mystica*, réimprimée à part in-12, en 1494, avec le traité *de Duodecim patriarchis*.

4. Mort à Strasbourg en 1361. Ses ouvrages, en allemand, ont été

Pétrarque qui, sur la fin de sa vie, abandonna les études profanes pour se livrer à la philosophie contemplative. Les quatre traités les plus importants et les plus célèbres de Pétrarque en ce genre sont : 1° *de Contemptu mundi*, le Mépris du monde ; 2° *Secretum, sive de conflictu curarum*, le Secret, ou le combat que se livrent dans l'âme les soucis qu'engendrent les choses humaines ; 3° *de Remediis utriusque fortunæ*, des Remèdes contre la bonne et la mauvaise fortune ; 4° enfin, *de Vita solitaria et de otio religiosorum*, de la Vie solitaire et du repos des religieux[1]. A côté du grand poëte italien, il faut mettre un tout autre personnage, un savant Espagnol, Raymond de Sébonde, professeur de médecine à Toulouse, qui, las aussi de controverses métaphysiques trop souvent infructueuses, recommanda de se borner à l'étude de deux livres, seuls dépositaires de toute science, la nature et les saintes Écritures, et la nature est ici surtout la nature humaine[2]. Alors

---

publiés à Francfort par Spener, 1680-1692, et il en a paru une traduction latine à Cologne, 1615, in-4°, par le chartreux Surius. Les *Institutions divines* ont été plusieurs fois traduites en français. La meilleure traduction est celle que les dominicains ont donnée à Paris en 1665, et qui est aussi dédiée à madame de Longueville.

1. Né à Arezzo en 1304, mort à Padoue en 1374. *Opera varia*, Basil., in-4°, 1496, et *Opera omnia*, Basil., 1554, 2 vol. in-fol.

2. Né, dit-on, à Barcelone, et mort à Toulouse en 1432. Son grand ouvrage *Theologia naturalis, sive liber creaturarum*, a été imprimé in-fol. à Deventer en 1480, puis à Strasbourg en 1496 et 1501, à Nuremberg en 1502, et très-souvent réimprimé en divers formats. Montaigne l'a traduit en français en 1569, et en a donné une *Apologie* dans ses *Essais*, livre II, chap. xii. L'auteur fait ainsi connaître le caractère de sa doctrine dans le prologue de son ouvrage ; nous nous servons de la tra-

aussi parut le livre de l'*Imitation de Jésus-Christ*; qu'il appartienne à Thomas à Kempis ou à notre illustre Gerson, on peut dire qu'il est le fruit naturel et l'image parfaite de ces temps malheureux où l'homme, accablé du poids de l'existence présente, n'espérait que dans la mort et dans Dieu. Ce livre triste et sublime fai-

duction de Montaigne : « (Cette science) ne présuppose ni la grammaire, ni la logique, ni autre art libéral, ni la physique, ni la métaphysique, attendu qu'elle est la première, et que c'est elle qui range, qui accommode et qui dresse les autres à une sainte fin, à la vraie vérité et à notre profit, parce qu'elle instruit l'homme à se connoître lui-même, à savoir pourquoi il a été créé et par qui il l'a été, à connoître son bien, son mal, son devoir, de quoi et à qui il est obligé. Or, à l'homme ignorant de ces choses que peuvent servir les autres sciences? Ce n'est que vanité, attendu que les hommes n'en usent que mal et à leur dommage, vu qu'ils ne savent ni où ils vont, ni d'où ils viennent, ni où ils sont... Cette doctrine est commune aux laïcs, aux clercs et à toute sorte de gens, et se peut comprendre en un mois et sans peine. Il ne la faut apprendre par cœur ni en avoir des livres, car depuis (dès) qu'elle est conçue, elle ne se peut oublier. Elle rend l'homme content, humble, gracieux, obéissant, ennemi du vice et du péché, amoureux de vertu, sans l'enfler pourtant ou enorgueillir pour sa suffisance. Elle ne se sert d'arguments obscurs qui aient besoin de profond et long discours, car elle n'argumente que par choses apparentes et cognues à chacun par experience, comme par les créatures et par la nature de l'homme... aussi n'a-elle mestier (*mestiere*, besoin) d'autre témoin que de l'homme. Elle semble de prime face desprisable et de néant, d'autant qu'elle a des commencements vulgaires et fort bas; mais elle ne laisse pas d'apporter un fruit grand et notable, à savoir la connoissance de Dieu et de l'homme, et d'autant qu'elle part de plus bas, d'autant plus monte et s'élève aux choses saintes et célestes... Elle n'allègue nulle autorité, ni celle même de la Bible, parce que son but est de confirmer ce qui est couché aux saintes écritures et de jeter les fondemens sur lesquels nous puissions bâtir ce qui s'ensuit en icelles obscurément. Ainsi quant à nous, elle va devant le vieil et nouveau Testament. Dieu nous a donné deux livres, celui de l'universel ordre des choses ou de la nature et sait la lecture habituelle des religieux, comme on le voit par le grand nombre de copies qui s'en trouvent dans les couvents de l'Allemagne, de l'Italie et de la France.

J'ai prononcé le nom de Gerson [1]; c'est là l'interprète, le représentant véritable du mysticisme à cette époque. Gerson, *doctor christianissimus*, était l'élève du célèbre Pierre d'Ailly, ardent nominaliste; il lui succéda dans la charge de chancelier de l'Université de Paris. Il avait toute la science de son temps, et cette science ne lui suffit point; le nominalisme qui régnait dans l'école le dégoûta de la métaphysique des âges précédents, et ce grand cœur se tourna vers une tout autre philosophie. A la fin de sa carrière, après avoir été mêlé à toutes les luttes du quinzième siècle, assisté au concile de Bâle et pris parti pour une sage réforme de l'Église, il quitta sa charge de chancelier, soit volontairement, soit involontairement, se retira ou fut exilé à Lyon, et là se fit maître d'école pour de petits enfants, comme on le voit dans le traité si remarquable *de Parvulis ad Christum trahendis*, de l'Art de conduire à Jésus-Christ les petits enfants [2]. L'ouvrage le plus important de Gerson est son traité de théologie mys-

---

celui de la Bible. Celui-là nous fut donné premier; et dès l'origine du monde, car chaque créature n'est que comme une lettre tirée par la main de Dieu... Le second livre des saintes écritures a été depuis donné à l'homme, et ce, au défaut du premier...; etc. »

1. Né près de Reims en 1363, mort en 1429. Opp. Paris, 1706, 5 vol. in-fol., belle édition due aux soins d'Ellies Dupin, qui y a joint des dissertations sur la vie et les ouvrages de Gerson.

2. Opp., t. III, p. 278 et suiv. Il y en a une vieille édition séparée, in-fol., de Nuremberg, sans date.

tique, *Theologia mystica*. Remarquez que ce n'est plus un solitaire tombant naturellement dans le mysticisme sans le savoir; c'est un théologien, un homme d'école, un esprit pratique qui renonce volontairement à la science, et qui, en préférant le mysticisme, sait parfaitement ce qu'il fait, ce qu'il prend et ce qu'il quitte. L'auteur du Bhagavad-Gita, et plus tard Plotin et Proclus, se donnent pour des philosophes; c'est nous qui les avons appelés mystiques; ici c'est le mysticisme qui se décrit et s'analyse lui-même. La théologie mystique du savant et vertueux chancelier vient sans doute de celle de Denys l'Aréopagite, mais elle la surpasse infiniment en bon sens et en raison. Elle est très-peu connue et mériterait bien de l'être; je crois donc bien faire de vous en citer quelques morceaux caractéristiques.

La théologie mystique, dit Gerson, n'est pas une science abstraite, c'est une science expérimentale; l'expérience qu'elle invoque n'est ni l'expérience des sens ni celle de la raison, mais l'expérience des faits qui se passent dans le plus intime de l'âme religieuse. Cette expérience-là est très-réelle et conduit à un système réel aussi, mais qui ne peut être compris par ceux qui n'ont pas éprouvé les faits de cet ordre [1].

La vraie science est celle du sentiment religieux,

---

1. Opp., t. III, p. 366. « Theologia mystica innititur ad sui doctri-
« nam experientiis habitis intra in cordibus animarum devotarum...
« illa autem experientia quæ extrinsecus habetur, nequit ad cognitio-
« nem intuitivam vel immediatam deduci illorum qui talium inexperti
« sunt. »

qui est l'intuition immédiate de Dieu par l'âme. Quand on a cette intuition immédiate, on a la vraie science ; et fût-on d'ailleurs ignorant en physique et en métaphysique et dans toutes les sciences mondaines et profanes, fût-on faible d'esprit et même idiot, on est un véritable philosophe [1].

L'intuition immédiate, comme le nom l'indique, ne procède point par des argumentations successives, et arrive directement à Dieu, qui, une fois en contact avec l'âme, lui envoie la lumière au moyen de laquelle et et dans laquelle elle découvre les premiers principes ; il suffit que l'âme saisisse les termes qui expriment ces principes, pour qu'elle les reconnaisse et y croie immédiatement. Alors la raison est comme sur la borne de deux mondes, du monde corporel et du monde intellectuel [2].

Ce qu'est l'intuition immédiate sous le rapport de la connaissance, le désir immédiat du souverain bien l'est en morale. Il suffit que, dans l'ordre de la connaissance, la raison conçoive immédiatement le bien absolu, pour que dans l'ordre moral l'âme s'applique directement à ce bien aussitôt que l'intelligence le lui présente [3].

1. Opp., t. III, p. 366. « Eruditi in ea, quomodolibet aliunde idiotæ « sint, philosophi recta ratione nominantur. »
2. Ibid., p. 370-371. « Intelligentia simplex est vis animæ cognos- « citiva suscipiens immediate a Deo naturalem quamdam lucem in qua « et per quam principia prima cognoscuntur esse vera et certissima, « terminis apprehensis.— Ex hoc (ratio) ponitur constitui velut in ho- « rizonte duorum mundorum, spiritualis scilicet et corporalis. »
3. Ibid., p. 373. « Synderesis est vis animæ appetitiva suscipiens

La théologie mystique est supérieure à la théologie spéculative des écoles par plusieurs raisons; en voici quatre :

1° La théologie mystique joint le sentiment à l'intelligence ; elle élève l'homme au-dessus de lui-même, l'échauffe, lui donne une connaissance expérimentale au lieu d'une connaissance abstraite, et cette connaissance expérimentale ne vient pas moins que de Dieu lui-même se manifestant à l'homme. 2° Pour l'acquérir, on n'a pas besoin d'être un savant, il suffit d'être homme de bien. 3° Elle peut parvenir à la plus haute perfection sans littérature, tandis que la théologie spéculative ne peut pas être parfaite, si elle n'arrive de degré en degré jusqu'à l'intuition immédiate de Dieu et jusqu'à l'appréhension du souverain bien, c'est-à-dire sans un rapport plus ou moins étroit avec la théologie mystique. La théologie mystique, menant directement à Dieu, peut se passer de la science de l'école, et la science de l'école ne peut se passer du mysticisme si elle veut arriver à Dieu. 4° La théologie mystique met seule dans l'âme la paix et le bonheur. La science de l'école n'est qu'un exercice stérile où l'homme, en croyant s'approcher régulièrement de Dieu, s'en écarte en s'écartant de lui-même ; la théologie mystique est un exercice salutaire, qui part de l'âme pour arriver à Dieu, et par conséquent ne sort jamais de la réalité[1].

« immediate naturalem quamdam inclinationem ad bonum, per quam
« trahitur insequi monitionem boni, ex apprehensione simplicis intel-
« ligentiæ præsentati. »

1. Opp., t. III, p. 384-390.

Enfin, le dernier but du mysticisme est l'exaltation, non de l'imagination, non de l'intelligence seule, mais de l'âme tout entière qui se compose à la fois d'imagination et d'intelligence, et cette exaltation se termine à l'unification avec Dieu [1].

Nous voici parvenus à l'extase [2], et Gerson l'appelle ainsi, comme l'avaient fait Plotin et Proclus. Il n'y a donc pas à s'y méprendre : le mysticisme, né des débats des deux systèmes nominaliste et réaliste, reproduit le mysticisme que nous avons déjà rencontré dans l'Inde et dans la Grèce, et il le reproduit après une apparition plus ou moins considérable du scepticisme, après le décri général de l'idéalisme et du sensualisme. Seulement, le mysticisme de Gerson s'arrête à l'extase, comme le scepticisme, au moyen âge, s'arrête à l'abandon de la forme dialectique, comme le sensualisme d'Occam s'arrête au mépris des entités souvent absurdes de l'idéalisme, et comme cet idéalisme lui-même se préserve des folies où nous avons vu tomber, et dans la Grèce et dans l'Inde, l'idéalisme védanta et l'idéalisme néoplatonicien. Mais ne faites pas honneur de cette sobriété à la sagesse de l'esprit humain ; rapportez-la bien plutôt au christianisme, et à la surveillance active et puissante encore de l'autorité ecclésiastique. Sous ce contrôle sévère, la philosophie scholastique, moins

1. Opp., t. III, p. 390.
2. *Ibid.*, p. 391 : « Exstasim dicimus speciem quamdam raptus qui « fit appropriatius in superiori portione animæ rationalis... Est exstasis « raptus mentis, cum cessatione omnium operationum in inferioribus « potentiis. » Voyez ce qui suit sur l'amour extatique et sur la puissance qu'il a d'unir l'âme à Dieu.

indépendante, a été contrainte d'être plus raisonnable ; cependant, même dans ces étroites limites, elle a été encore plus ou moins idéaliste, sensualiste, sceptique et mystique, parce que la nature de l'esprit humain pousse tout grand mouvement intellectuel à parcourir ces quatre mêmes routes, par lesquelles vous avez vu déjà passer deux fois la philosophie[1].

[1]. Nous pouvons nous féliciter publiquement de voir enfin la philosophie scholastique sortir du long mépris où elle était tombée. Nous l'avions trouvée entièrement abandonnée; nous la laissons plus cultivée en France que partout ailleurs en Europe. On possède maintenant trois histoires générales de la scholastique diversement estimables : celle de M. Rousselot, *Études sur la philosophie dans le moyen âge*, 3 vol., 1840 ; celle de M. le duc de Caraman, *Histoire des révolutions de la philosophie en France pendant le moyen âge*, 3 vol., 1845 ; celle enfin de M. Haureau, *de la Philosophie scholastique*, 2 vol., 1850. Qui ne connaît les deux beaux ouvrages de M. de Rémusat sur saint Anselme et sur Abélard? M. Jourdain, marchant sur les traces de son père, l'auteur des savantes *Recherches sur les anciennes traductions latines d'Aristote*, vient de nous donner la *Philosophie de saint Thomas d'Aquin*, et M. Haureau soumet à un nouvel examen critique les *œuvres d'Hugues de Saint-Victor;* M. Jourdain employant habilement les textes connus, M. Haureau en découvrant de nouveaux et fouillant sans cesse dans les manuscrits, l'un plus thomiste et l'autre plus nominaliste qu'il ne convient peut-être au dix-neuvième siècle, mais tous deux fort capables de porter la lumière dans les côtés encore obscurs de la philosophie scholastique. Il serait injuste de ne pas mentionner aussi le *Dictionnaire de philosophie et de théologie scholastiques*, par M. F. Morin, ancien élève de l'école normale, 2 vol. grand in-8, à deux colonnes, 1856 : vaste amas de notes précieuses, malheureusement peu digérées, où la confusion des sentiments les plus contraires et la passion du nouveau ne parviennent pas toujours à étouffer une érudition peu commune, une connaissance assez fine des parties intimes de la scholastique, le discernement des vrais problèmes, et un attachement plus ou moins conséquent aux solutions les plus autorisées dans l'Église.

SIXIÈME LEÇON.

PHILOSOPHIE DE LA RENAISSANCE.

Caractère général de la philosophie du quinzième et du seizième siècle. — Son origine.— Classification de tous ses systèmes en quatre écoles. 1° École idéaliste platonicienne : Marsile Ficin, les Pic de La Mirandole, Ramus, Patrizzi, Jordano Bruno. — 2° École sensualiste péripatéticienne : Pomponat, Césalpini, Vanini.— Telesio et Campanella. — 3° École sceptique : Sanchez, Montaigne, Charron. — 4° École mystique : Marsile Ficin, les Pic, Nicolas de Cuss, Reuchlin, Agrippa, Paracelse, Robert Fludd, Van Helmont, Böhme. — Comparaison des quatre écoles sous divers aspects. — Conclusion.

La scholastique a fait son temps. Vous l'avez vue d'abord humble servante de la théologie, puis son alliée respectée, enfin s'essayant à la liberté, et dénouant peu à peu les liens qu'elle avait portés pendant six siècles. Nous avons distingué ces trois moments dans la scholastique ; mais il reste vrai que son caractère général est la subordination de la philosophie à la théologie, tandis que celui de la philosophie moderne sera la sécularisation de la philosophie. La scholastique cesse donc vers le milieu du quinzième siècle, et la philosophie moderne commence dès les premiers jours du dix-septième. Il y a entre l'une et l'autre une époque intermédiaire dont il s'agit de se faire une idée précise.

Je n'ai pas besoin de vous exposer les grands événements qui ont signalé dans l'ordre social, scientifique et littéraire, le quinzième et le seizième siècle ; il me suffit de vous rappeler que ce qui distingue ces deux siècles est en général l'esprit d'aventure, une énergie surabondante qui, après s'être longtemps nourrie et fortifiée sous la discipline austère de l'Église, se déploie en tous sens et de toutes les manières, quand l'issue lui est ouverte. Il en est de même de la philosophie de cet âge. Longtemps captive dans le cercle de la théologie, elle en sort de toutes parts avec une ardeur admirable, mais sans aucune règle. L'indépendance commence, mais la méthode n'est pas née, et la philosophie se précipite au hasard dans tous les systèmes qui se présentent à elle. Quels sont ces systèmes? C'est là ce que nous avons à reconnaître, car nous parcourons, nous étudions tous les siècles, afin d'y découvrir les tendances innées de l'esprit humain et en quelque sorte les éléments organiques de l'histoire de la philosophie. Or, la philosophie du quinzième et du seizième siècle doit son caractère comme son origine à un accident.

Parmi les grands événements qui marquent le quinzième siècles, un des plus considérables est la prise de Constantinople. C'est la prise de Constantinople qui a transporté en Europe les arts, la littérature et la philosophie de la Grèce ancienne, et qui par là a changé toutes les directions jusqu'alors suivies. Le moyen âge, comme toute longue et grande époque de l'humanité, avait eu son expression dans l'art et dans la littérature. Depuis le douzième jusqu'au quinzième siècle, de toutes parts étaient sortis de l'état social de l'Europe, et du christianisme qui en était le fond, des arts et une littérature propres à l'Europe, nés de ses croyances et de ses mœurs, et qui les représentaient, c'est-à-dire des arts et une littérature romantiques. Le vrai romantisme, quand on laisse là les théories arbitraires pour pour s'en tenir à l'histoire, n'est pas autre chose que le développement spontané du moyen âge dans l'art et dans la littérature. Rappelez-vous l'architecture gothique, les commencements admirables de la peinture italienne et flamande; pour la poésie, soit lyrique, soit épique et dramatique; nos troubadours et nos trouvères, les maîtres de chant de l'Allemagne, le Romancero espagnol; songez que le Dante, que Froissard et Commines, que Shakspeare lui-même au seizième siècle, ne doivent presque rien à la nouvelle culture artificielle apportée par les Grecs de Constantinople. Ce n'est donc pas, comme on le répète, l'introduction de la Grèce en Europe au quinzième siècle qui a créé nos arts et notre littérature, car ils existaient déjà; mais c'est en effet de cette source qu'a découlé dans l'imagination européenne le sentiment de la beauté de la forme, particulière à l'antiquité. De là, entre le génie romantique de l'Europe du moyen âge et la beauté de la forme classique, une alliance dans laquelle, comme dans toute alliance, les justes parts n'ont pas toujours été parfaitement gardées. Quoi qu'il en soit, et de quelque manière qu'on apprécie l'accident mémorable qui a modifié si puissamment au quinzième siècle les formes de l'art et de la littérature en Europe, on ne peut nier que ce même accident n'ait eu aussi une immense influence sur les destinées de la philosophie.

Quand la Grèce philosophique apparut à l'Europe, non plus dans des versions latines à moitié barbares, mais sous son propre visage et avec son langage merveilleux, jugez quelle impression durent produire ces nombreux systèmes, si libres et revêtus d'une forme si brillante et si pure, sur ces philosophes du moyen âge, encore enfermés dans l'ombre des cloîtres, mais qui déjà soupiraient après l'indépendance! La Grèce n'inspira pas seulement l'Europe, elle exerça sur elle une sorte d'enchantement et de fascination, elle l'enivra; et le caractère de la philosophie de cette époque est l'imitation de la philosophie ancienne sans aucune critique. Ainsi, après avoir été au service de l'Église pendant tout le moyen âge, la philosophie, au quinzième et au seizième siècle échangea cette domination pour celle de l'antiquité. C'était encore, si vous voulez, une domination; mais quelle différence, je vous prie! On ne pouvait guère aller immédiatement de la scholastique à la philosophie moderne : c'était donc un bienfait déjà que de rencontrer une autorité nouvelle, tout humaine, sans racine dans les mœurs, sans puissance extérieure, fort divisée avec elle-même, par conséquent très-flexible et très-peu durable. Aussi, dans l'économie de l'histoire générale de l'esprit humain, la philosophie de la Renaissance [1] a-t-elle été une transition, sans originalité et sans grandeur mais utile et

---

[1]. Nous avons plusieurs fois exprimé le même jugement sur la philosophie de la Renaissance beaucoup trop vantée et assez peu comprise. *Introduction aux œuvres inédites d'Abélard*, et *Fragments de philosophie scholastique*, p. 81 : « A la fin du quinzième siècle, la philosophie

même nécessaire, de l'assujettissement de la philosophie scholastique à l'entière indépendance de la philosophie moderne.

Le spectacle que présente au premier aspect la philosophie du quinzième et du seizième siècle est celui d'une extrême confusion. Tout se presse et se mêle

ancienne reparait presque tout entière. On possédait Aristote, on acquiert Platon ; on lit dans leur langue ces deux grands esprits ; on s'enchante, on s'enivre de cette merveilleuse antiquité ; on devient platonicien, péripapéticien, pythagoricien, épicurien, stoïcien, académicien, alexandrin ; on n'est presque plus chrétien et assez peu philosophe ; on est savant avec plus ou moins d'imagination et d'enthousiasme ; on est plein d'esprit, on a peu de génie. Le seizième siècle tout entier n'a pas produit un seul grand homme en philosophie, un philosophe original. La mission de ce siècle n'a guère été que d'effacer et de détruire le moyen âge sous l'imitation artificielle de l'antique, jusqu'à ce qu'enfin au dix-septième un homme de génie, assurément très-cultivé, mais sans aucune érudition, Descartes, enfante la philosophie moderne avec ses immenses destinées. » *Fragments de philosophie moderne*, VANINI OU LA PHILOSOPHIE AVANT DESCARTES, p. 3. « Entre la philosophie scholastique et la philosophie moderne est celle qu'on peut appeler à bon droit la philosophie de la Renaissance, parce que, si elle est quelque chose, elle est surtout une imitation de l'antiquité. Son caractère est presque entièrement négatif : elle rejette la scholastique, elle aspire à quelque chose de nouveau, et fait du nouveau avec l'antiquité retrouvée. A Florence on traduit Platon et les Alexandrins, on fonde une académie pleine d'enthousiasme, dépourvue de critique, où l'on mêle, comme autrefois à Alexandrie, Zoroastre, Orphée, Platon, Plotin et Proclus, l'idéalisme et le mysticisme, un peu de vérité, beaucoup d'extravagances. Ici on adopte la philosophie d'Épicure, c'est-à-dire le sensualisme et le matérialisme ; là le stoïcisme, là encore le pyrrhonisme. Si presque partout on combat Aristote, c'est l'Aristote du moyen âge, celui qui, bien ou mal compris, avait servi de fondement et de règle à l'enseignement ecclésiastique ; mais on étudie aussi, on invoque le véritable Aristote, et à Bologne et à Padoue, par exemple, on le tourne contre le christianisme. En fait, cette courte époque ne compte aucun dans ces deux siècles si remplis; les systèmes n'ont pas l'air de s'y succéder; ils semblent sortir de terre et se développer tous ensemble. Un premier moyen d'introduire quelque ordre et quelque lumière dans ce chaos, c'est, en partant du principe incontestable que la philosophie de ce temps n'est autre chose qu'un renou-

homme de génie qui puisse être mis en parallèle avec les grands philosophes de l'antiquité, du moyen âge et des temps modernes; elle n'a produit aucun monument qui ait duré, et si on la juge par ses œuvres on peut être avec raison sévère envers elle. Mais c'est l'esprit du seizième siècle qu'il faut considérer au milieu de ses plus grands égarements. La philosophie de la Renaissance a préparé la philosophie moderne; elle a brisé l'ancienne servitude, servitude féconde, glorieuse même tant qu'elle était inaperçue et qu'on la portait librement en quelque sorte, mais qui, une fois sentie, devenait un insupportable fardeau et un obstacle à tout progrès. A ce point de vue, les philosophes du seizième siècle ont une importance bien supérieure à celle de leurs ouvrages. S'il n'ont rien établi, ils ont tout remué; la plupart ont souffert, plusieurs sont morts pour nous donner la liberté dont nous jouissons. Ils n'ont pas été seulement les prophètes, mais plus d'une fois les martyrs de l'esprit nouveau. De là, sur leur compte, deux jugements contraires, également vrais et également faux. Quand Descartes et Leibniz, les deux grands philosophes du dix-septième siècle, rencontrent sous leur plume les noms des penseurs aventureux du seizième, moitié sincérité, moitié calcul, ils les traitent fort dédaigneusement. Ils ne veulent pas être confondus avec ces turbulents, et ils oublient que sans eux peut-être jamais la liberté raisonnable dont ils font usage n'eût été possible. D'autre part, il y a encore aujourd'hui des brouillons et des utopistes qui, confondant une révolution à maintenir avec une révolution à faire, nous veulent ramener, dans leur audace rétrospective, au berceau même des temps modernes, et nous proposent pour modèles les entreprises déréglées où s'est consumée l'énergie du seizième siècle. Pour nous, nous croyons être équitables en faisant peu de cas des travaux philosophiques de cet âge et en honorant leurs auteurs : ce ne sont pas leurs écrits qui nous intéressent, c'est leur destinée, leur vie et surtout leur mort. L'héroïsme et le martyre même ne sont vellement de l'antiquité philosophique, de faire pour la copie ce que nous avons fait pour l'original, et de diviser l'imitation de l'antiquité en autant de grandes parties distinctes que nous en avons trouvé dans l'antiquité elle-même.

Il y a plus, il n'est pas aussi vrai qu'il le semble au premier coup d'œil que tous les systèmes se soient produits simultanément au quinzième et au seizième siècle : en réalité, ils ont suivi un ordre assez régulier de succession.

Quand il serait aussi avéré qu'il l'est peu que tous les systèmes anciens ont fait ensemble irruption sur notre Occident et ont été connus en même temps en Europe, il ne s'ensuivrait pas le moins du monde qu'il en ait dû résulter une adoption ou une imitation simultanée de tous ces systèmes ; ils pouvaient très-bien s'offrir tous à la fois à l'esprit humain, sans que l'esprit humain les accueillît tous à la fois. Ainsi, quand même les monuments sceptiques de la philosophie ancienne eussent revu la lumière en même temps que les monuments dogmatiques du péripatétisme et du platonisme, il répugne que l'esprit humain, au sortir du moyen âge, encore tout pénétré d'habitudes profondément dogmatiques, eût accepté le scepticisme avec la même

---

pas des preuves de la vérité : l'homme est si grand et si misérable qu'il peut donner sa vie pour l'erreur et la folie comme pour la vérité et la justice ; mais le dévouement en soi est toujours sacré, et il nous est impossible de reporter notre pensée vers la vie agitée, les infortunes et la fin tragique de plusieurs des philosophes de la Renaissance sans ressentir pour eux une profonde et douloureuse sympathie. »

facilité que le dogmatisme : aussi est-ce un fait très-important et parfaitement certain que, tandis que le dogmatisme platonicien et péripatéticien remplit déjà toute la fin du quinzième siècle, vous ne commencez à voir poindre sur l'horizon philosophique une lueur de scepticisme qu'au milieu du seizième. Remarquez encore que ce scepticisme ne sort pas du platonisme, mais du péripatétisme, c'est-à-dire d'une école empirique et sensualiste, selon les lois de la formation relative des systèmes que nous avons déjà observées. Enfin, si le mysticisme naît presque immédiatement du dogmatisme platonicien, sans attendre le développement des autres systèmes, cela s'explique par le caractère du platonisme, tel qu'il passa de Constantinople en Europe; c'était le platonisme alexandrin, c'est-à-dire déjà un système mystique. Ajoutez que ce premier mysticisme est peu de chose, comparé à celui qui paraîtra plus tard. En effet, c'est surtout à la fin du seizième siècle, après la grande lutte des deux dogmatismes opposés, et après l'apparition du scepticisme, qu'arrivera un nouveau mysticisme, lequel n'est plus seulement un mysticisme artificiel, reproduction presque stérile de celui d'Alexandrie, mais un mysticisme tout autrement original, fruit naturel du développement prolongé de la philosophie de la Renaissance et de la lassitude qui commençait à se faire sentir. En sorte que dans cette époque d'une imitation en apparence si confuse, nous trouvons encore l'ordre et le progrès régulier des systèmes, tels que nous les avons déjà recueillis de la revue rapide, mais exacte, de tous les systèmes de la scholastique, de la philosophie grecque et de la philosophie orientale.

Je vais faire passer sous vos yeux les quatre grandes écoles qui, au quinzième et au seizième siècle, composent encore l'histoire de la philosophie, à savoir : le dogmatisme idéaliste platonicien, le dogmatisme sensualiste péripatéticien, le scepticisme et le mysticisme.

Sans doute plus d'un système a combiné ou plutôt a mêlé ensemble plusieurs de ces points de vue élémentaires ; mais dans ces combinaisons impuissantes que le temps a si promptement emportées, une analyse un peu sévère discerne aisément l'élément fondamental qui domine toute la combinaison, et la réduit à n'être encore qu'un système particulier et exclusif. Encore une fois, tout semble ici désordre et chaos aux yeux d'un observateur superficiel; tout, aux yeux d'un historien philosophe, s'ordonne et se range dans les quatre classes que je viens de vous signaler.

Les systèmes que ces quatre classes embrassent sont très-nombreux, et en même temps ils manquent d'originalité; car nous sommes ici, je le répète, dans une époque de fermentation ardente et d'imitation sans critique. Il est impossible, et il serait fort inutile, pour le but que nous nous proposons, d'insister sur chacun de ces systèmes : aussi le cadre qui les comprend et les explique une fois posé, nous nous contenterons de le remplir avec une simple statistique.

Si nous avions sur l'état de la philosophie à Constantinople, avant l'arrivée des Grecs en Italie, des lumières bien nettes, nous verrions très-vraisemblablement le péripatétisme et le platonisme établis à Constantinople et s'y faisant obscurément la guerre. Du moins, à peine ont-ils franchi l'Adriatique et sont-ils arrivés sur le sol de l'Italie, qu'ils s'annoncent par une querelle. D'un côté, George Gémiste, lettré byzantin, qu'on a nommé ou qui s'est nommé lui-même Pléthon, en quelque sorte un autre Platon, venu en Italie au commencement du quinzième siècle pour assister au concile de Florence, et trouvant dans cette nouvelle Athènes un prince, Côme de Médicis, une cour, des lettrés et des artistes passionnés pour le génie grec, saisit cette occasion de leur prêcher les doctrines de Platon avec un enthousiasme qu'il n'eût pas apporté dans la cause de Jésus-Christ. Pour relever Platon, il se mit à rabaisser et à attaquer Aristote[1] qui, après avoir deux siècles

---

1. Le traité grec de George Gémiste sur la différence de la philosophie de Platon et de celle d'Aristote a été imprimé à Venise, à la suite d'un dialogue de Bernardino Donato, de Vérone, sur le même sujet, in-12, 1540; il y en a une traduction latine, Bâle, in-4°, 1574 : *De Platonicæ atque Aristotelicæ philosophiæ differentia*, libellus ex græca lingua in latinam conversus, authore G. Chariandro. — Tout récemment M. Alexandre vient de publier un ouvrage de Pléthon resté en grande partie inédit, *Pléthon, Traité des lois*, etc., 1858, avec une savante et judicieuse *Notice préliminaire*, et des extraits de plusieurs écrits de Pléthon et de Gennadius devenus fort rares ou qui n'avaient point encore vu le jour. Dans ce traité sur les lois paraît à peu près à découvert le dessein de rétablir une sorte de paganisme alexandrin, comme auraient pu le tenter Julien et Proclus. On peut comprendre et excuser une sorte de retour involontaire à la mythologie d'Homère et de Pindare, de Phidias et de Praxitèle en des lettrés et des artistes qu'enivrait le premier aspect de la beauté antique; mais ériger cette mythologie en système et la vouloir substituer au christianisme est une extravagance par trop forte, que pourtant nous avons vue renouvelée

auparavant paru un novateur, et même un novateur dangereux, représentait alors l'esprit de routine et cette triste scholastique dont on s'efforçait de sortir comme de la barbarie. Pléthon rencontra un ardent prosélyte dans le fils du médecin du grand-duc, et dans le grand-duc lui-même qui se déclara pour le platonisme, et conçut dès lors l'idée d'une académie platonicienne[1]. D'autre part, un autre George, dit Scholarius, vraisemblablement parce que dans son pays il avait l'administration des écoles, et qui depuis prit le nom de Gennadius et devint patriarche de Constantinople, étant alors à Florence et collègue de Pléthon au concile, soupçonnant quelque intention peu chrétienne dans ce grand zèle pour Platon, prit en main la cause d'Aristote dans un écrit qui ne nous est connu que par la réponse de son adversaire [2]. Enfin un troisième George, de Trébizonde, pour plaire, dit-

---

de nos jours par un autre néo-platonicien sans critique, M. Thomas Taylor.

1. Ficin nous l'apprend lui-même dans la préface de sa traduction de Plotin, imprimée à Florence en 1492, in-fol. « Prohemium Marsilii Ficini Florentini in Plotinum, ad magnanimum Laurentium Medicem patriæ servatorem. — Magnus Cosmus, senatus consulto patriæ pater, quo tempore concilium inter Græcos atque Latinos sub Eugenio pontifice Florentiæ tractabatur, philosophum græcum nomine Gemistum, cognomine Plethonem, quasi Platonem alterum, de mysteriis platonicis disputantem frequenter audivit. E cujus ore fervente sic afflatus est protinus ut inde academiam quamdam alta mente conceperit, hanc opportuno primo tempore pariturus. Deinde cum conceptum tantum magnus ille Medices parturiret, me electissimi medici sui filium adhuc puerum tanto operi destinavit; ad hoc ipsum educavit in dies, etc. »

2. Alexandre, *ibid.*, *Notice préliminaire*, p. xxiii.

on, à Paul II que commençaient à inquiéter les platoniciens de Rome, attaqua Platon avec une violence mercenaire [1]. Bessarion, évêque de Nicée et qui fut plus tard cardinal de l'Église romaine, le défendit avec l'autorité de son savoir et de son rang [2]. L'ingénieuse et ardente Italie prêta une oreille attentive à ces intéressants débats [3], renfermés d'abord entre les Grecs seuls; bientôt elle y prit part, et peu à peu il se forma deux écoles, l'une platonicienne et idéaliste, l'autre péripatéticienne et plus ou moins sensualiste. Elles commencent par être exclusivement italiennes, et elles se répandent ensuite dans toute l'Europe. Nous allons les parcourir rapidement en commençant par les platoniciens.

Le chef et le père de l'école platonicienne est Marsile Ficin, de Florence, né en 1433, mort en 1489. Ficin a rendu un service immortel à la philosophie par sa traduction latine de Platon qui a tant contribué à répandre la noble doctrine dans l'Europe entière, et pendant un siècle a été reproduite par toutes les presses d'Italie, de Suisse, d'Allemagne et de France, jusqu'à la nouvelle traduction qui accompagne la belle

---

1. *Comparatio Aristotelis et Platonis*, Venet., 1523.
2. *Adversus calumniatorem Platonis*, Romæ, in-fol., magnifique édition sans date (1469), réimprimée à Venise chez les Aldes en 1503 et en 1516, avec la traduction de la *Métaphysique* d'Aristote et celle de la *Métaphysique* de Théophraste.
3. Voyez, sur ces débats et sur les ouvrages qu'ils produisirent, Boivin, *Mémoires de l'Académie des Inscriptions*, t. II, p. 776, et t. III, p. 303. Joignez-y Boerner, *de Doctis hominibus græcis litterarum græcarum in Italia instauratoribus*, Lipsiæ, 1750.

et classique édition d'H. Étienne [1]. Cette traduction de Ficin est digne du plus grand respect et suffit à conserver son nom. Mais les arguments qu'il a mis en tête des dialogues pour les faire comprendre sont plutôt propres à les obscurcir, car ils sont plus alexandrins que platoniciens. Ficin, en effet, est un alexandrin comme Pléthon son maître; il a fait passer dans la langue latine les plus grands monuments de cette école, avec Platon Plotin tout entier, la plupart des ouvrages de Porphyre, d'Iamblique, de Proclus, et il a couronné toutes ces traductions par un traité complet de la théologie platonicienne [2]. Ficin n'a pas et ne pouvait avoir de critique. Son siècle n'est pas l'âge de la critique, c'est celui de l'enthousiasme, et l'enthousiasme seul pouvait donner la force d'entreprendre et d'achever de pareils travaux. Du moins le disciple de Pléthon n'a-t-il pas eu sa folie païenne, et il parait avoir tenté sincèrement d'allier le dogmatisme idéaliste et mystique qu'il recevait des mains de l'antiquité avec les croyances du christianisme; ce qui accrédita singulièrement la philosophie platonicienne. Le succès fut si grand que Platon fut sur le point d'obtenir l'honneur bizarre qu'on avait aussi manqué de décerner à Aristote au quatorzième siècle, une sorte de consécration légale comme philosophe. Dès 1460, Côme de Médicis avait réalisé le projet qu'il avait conçu en entendant Pléthon : il avait fondé

---

1. 3 vol. in-fol., 1578.
2. *Theologia platonica, sive de Immortalitate animorum et æterna felicitate*, lib. XVIII, t. I de ses œuvres complètes imprimées à Bâle, 2 vol. in-fol., 1561 ; réimprimées, *ibid.*, en 1576, et à Paris en 1641.

à Florence cette célèbre académie platonicienne qui devint le foyer de la philosophie idéaliste et mystique en Italie [1].

Marsile Ficin eut pour amis et pour élèves les deux comtes Jean Pic [2] et François Pic [3] de La Mirandole : le premier quitta même sa petite couronne de Mirandole pour se livrer exclusivement à l'étude de la philosophie. Il s'y livra en grand seigneur : il imagina une espèce de carrousel philosophique à Rome ; il y devait présenter neuf cents propositions, neuf cents thèses, qu'il soutiendrait à tout venant ; et, pour attirer plus de monde, il déclara qu'il payerait les frais de voyage à tous les savants qui voudraient se rendre à son invitation. Mais, comme tout ceci n'allait pas moins qu'à élever une sorte de trône à Platon dans Rome même, on fit comprendre au pape les dangers d'une pareille réunion. Elle n'eut donc pas lieu, et depuis l'autorité ecclésiastique commença à surveiller le platonisme, qu'elle avait d'abord si favorablement accueilli.

Francesco Patrizzi, né à Clisso en Dalmatie en 1529, professeur à Ferrare et à Rome, mort en 1597, tenta une conciliation entre Aristote et Platon. Il se donna le plus grand mal pour établir cette prétendue concilia-

---

1. Bandini, *Specimen litteraturæ Florentinæ sæculi* xv *in quo... acta Academiæ Platonicæ, à magno Cosmo excitatæ, cui idem præerat, recensentur et illustrantur*, Florence, 1748.

2. Né en 1463, mort en 1494. Parmi ses œuvres il faut distinguer l'*Heptaplus*.

3. Tué en 1533. Les ouvrages des deux Pic ont été recueillis en deux volumes in-fol., Bâle, 1601.

tion ; il s'y prépara par une longue étude d'Aristote, dont il a déposé les fruits dans ses *Discussiones peripateticæ*[1]. Il travailla aussi sur les alexandrins, et traduisit même les *Institutions théologiques* de Proclus[2]. Enfin, il fit paraître l'ouvrage auquel il espérait attacher son nom, et qui lui paraissait le dernier mot de la philosophie, ouvrage profondément chrétien, très-orthodoxe, nullement péripatéticien et d'un platonisme outré. Voici le titre de cet ouvrage : *Nova de universis philosophia, in qua aristotelica methodo, non per motum, sed per lucem et lumina, ad primam causam ascenditur; deinde nova quadam ac peculiari methodo tota in contemplationem venit divinitas; postremo methodo platonica rerum universitas a conditore Deo deducitur*[3]. Le livre est dédié au pape Grégoire XIV.

Vous concevez que la destinée de l'auteur n'a pas dû être fort troublée. Il n'en a pas été ainsi de celle de Bruno. Jordano Bruno, né à Nola, près Naples, au milieu du seizième siècle, entra tout jeune chez les dominicains. Bientôt ses doutes religieux lui firent quitter son ordre, et il lui fallut aussi quitter l'Italie. Il vint à Genève, et ne put s'entendre avec Théodore de Bèze et Calvin, tout aussi fanatiques, tout aussi intolérants que l'inquisition italienne[4]. De là il se rendit à

1. Bâle, 1581, 1 vol. in-fol.
2. Ferrare, 1583, in-4.
3. Venetiis, 1593, in-fol.
4. *Defensio orthodoxæ fidei*, etc., *ubi ostenditur hæreticos jure gladii coercendos esse*, etc., per Johannem Calvinum, in-8°, 1554.— *De Hæreticis a civili magistratu puniendis libellus*, etc., Theodoro Beza Vezelio auctore, 1554.

Paris, où il se signala comme adversaire d'Aristote. Il alla aussi en Angleterre, et il y demeura quelque temps chez sir Philippe Sidney, que l'on trouve partout où il y a quelque essai d'indépendance philosophique, religieuse ou politique à protéger. Plus tard, on rencontre Bruno donnant des leçons publiques ou privées à Wittemberg, à Prague, à Helmstaedt, à Francfort sur le Mein. Le fatal désir de revoir le soleil de la patrie le poussa à chercher un asile dans l'État d'Italie le plus indépendant et le plus libéral d'alors, la république de Venise; il y vécut deux ans tranquille; puis, les Vénitiens le livrèrent ou l'abandonnèrent en 1598 à l'inquisition. Transféré à Rome, on lui fit son procès; il fut condamné comme hérétique, et brûlé le 17 février 1600 [1].

---

1. M. Wagner a rassemblé à Leipzig, en 1830, en deux vol. in-8, tous les ouvrages italiens de Bruno, et M. Gförer à Stuttgard, en 1836, avait commencé à réunir aussi les ouvrages latins. On peut consulter avec fruit pour les détails biographiques, mais non pas sur le fond et le vrai caractère de la doctrine le savant mais trop enthousiaste écrit de M. Bartholmès, *Jordano Bruno*, 2. vol., 1846. — *Fragments de philosophie moderne*, VANINI OU LA PHILOSOPHIE AVANT DESCARTES, p. 8 : « Bruno s'éprit de Pythagore et de Platon, surtout du Pythagore et du Platon des alexandrins. Touché et comme enivré du sentiment de l'harmonie universelle, il s'élance d'abord aux spéculations les plus sublimes où l'analyse ne l'a pas conduit, où l'analyse ne le soutient pas. Errant sur des précipices qu'il a mal sondés, il tombe dans l'abîme d'une unité absolue, destituée des caractères intellectuels et moraux de la divinité. Spinoza est le géomètre du système, Bruno en est le poëte. Rendons-lui cette justice qu'avant Galilée il renouvela l'astronomie de Copernic. L'infortuné, entré de bonne heure dans un couvent de Saint-Dominique, s'était réveillé un jour avec un esprit opposé à celui de son ordre, et il avait fui. Il était venu s'asseoir tantôt comme écolier,

Jordano Bruno a moins d'érudition que Marsile Ficin, mais il est plus original. C'est un esprit étendu, une imagination forte et brillante, une âme ardente, une plume souvent vive et ingénieuse. Il renouvela la théorie pythagoricienne des nombres et donna une explication détaillée du système décadaire. Dieu est pour

tantôt comme maître aux écoles de Paris et de Wittemberg, semant sur sa route une multitude d'écrits ingénieux et chimériques. Le désir de revoir l'Italie l'ayant ramené à Venise, il est livré à l'inquisition, conduit à Rome, jugé, condamné, brûlé. Quel était son crime? Aucune des pièces de cette sinistre affaire n'a été publiée; elles ont été détruites ou elles reposent encore dans les archives du saint office, ou dans un coin du Vatican avec les actes du procès de Galilée. Bruno fut-il accusé d'avoir rompu les liens qui l'attachaient à son ordre? Mais une telle faute ne semblait pas attirer une telle peine, et c'eût été d'ailleurs aux dominicains à le juger. Ou bien fut-il recherché comme protestant et pour avoir, dans un petit écrit, sous le nom de la *Bestia trionfante*, semblé attaquer la papauté elle-même? Ou bien encore, sous ce nom consacré et assez banal d'hérésie, entendait-on seulement de mauvaises opinions en général, l'impiété, l'athéisme, le mot de panthéisme n'ayant pas encore été inventé? Cette dernière conjecture est aujourd'hui démontrée. Il y avait alors à Rome un savant allemand, profondément dévoué au saint-siége, qui se fit une fête d'assister au procès et au supplice de Bruno, et qui raconte ce qu'il a vu à un protestant de ses compatriotes, dans une lettre latine plus tard retrouvée et publiée (*Acta litteraria* de Struve, fascic. V, p. 64). Comme cette lettre est peu connue et n'a jamais été traduite en français, nous en donnerons ici quelques fragments. Elle prouve que Jordano Bruno a été mis à mort non comme protestant, mais comme impie ; non pour tel ou tel acte de sa vie, sa fuite de son couvent ou l'abjuration de la foi catholique, mais pour la doctrine philosophique qu'il répandait par ses ouvrages et par ses discours. — Gaspard Schoppe à son ami Conrad Ritterhausen... « Ce jour me fournit un nouveau motif de vous écrire : Jordano Bruno, pour cause d'hérésie, vient d'être brûlé vif en public, dans le champ de Flore, devant le théâtre de Pompée... Si vous étiez Rome en ce moment, la plupart des Italiens vous diraient qu'on a lui la grande unité qui se développe dans le monde et dans l'humanité, comme l'unité se développe dans la série infinie des nombres. Il était trop pythagoricien pour ne pas prendre en main la défense du système de Copernic. Ses erreurs tiennent à ses qualités. Le sentiment de l'harmonie universelle lui ôte celui de

brûlé un luthérien, et cela vous confirmerait sans doute dans l'idée que vous vous êtes formée de notre cruauté. Mais, il faut bien que vous le sachiez, mon cher Ritterhausen, nos Italiens n'ont pas appris à distinguer entre les hérétiques de toutes les nuances : quiconque est hérétique, ils l'appellent luthérien, et je prie Dieu de les maintenir en cette simplicité qu'ils ignorent toujours en quoi une hérésie diffère des autres. J'aurais peut-être cru moi-même, d'après le bruit général, que ce Bruno était brûlé pour cause de luthéranisme, si je n'avais été présent à la séance de l'inquisition où sa sentence fut prononcée, et si je n'avais ainsi appris de quelle hérésie il était coupable... (Suit un récit de la vie et des voyages de Bruno et des doctrines qu'on l'accusait d'enseigner.) Il serait impossible de faire une revue complète de toutes les monstruosités qu'il a avancées, soit dans ses livres, soit dans ses discours. Pour tout dire, en un mot, il n'est pas une erreur des philosophes païens et de nos hérétiques anciens et modernes qu'il n'ait soutenue... A Venise enfin il tomba entre les mains de l'inquisition ; après y être demeuré assez longtemps, il fut envoyé à Rome, interrogé à plusieurs reprises par le saint office, et convaincu par les premiers théologiens. On lui donna d'abord quarante jours pour réfléchir ; il promit d'abjurer, puis il recommença à défendre ses folies, puis il demanda encore un délai de quarante jours ; enfin il ne cherchait qu'à se jouer du pape et de l'inquisition. En conséquence, environ deux ans après son arrestation, le 9 février dernier, dans le palais du grand inquisiteur, en présence des très-illustres cardinaux du saint office, qui sont les premiers par l'âge, par la pratique des affaires et la connaissance du droit et de la théologie, en présence des théologiens consultants et du magistrat séculier, le gouverneur de la ville, Bruno fut introduit dans la salle de l'inquisition, et là il entendit à genoux la lecture de la sentence portée contre lui. On y racontait sa vie, ses études, ses opinions, le zèle que les inquisiteurs avaient déployé pour le convertir, leurs avertissements l'individualité humaine et de ses caractères distinctifs. On ne peut lui refuser une sorte de génie auquel a manqué la méthode. S'il n'a pas établi une doctrine durable, il a au moins laissé dans l'histoire de la philosophie une trace lumineuse et sanglante qui n'a pas été perdue pour le dix-septième siècle.

Cependant l'idéalisme platonicien était passé d'Italie dans le reste de l'Europe. Mais nulle part il n'y jeta le même éclat. En France, il n'eut guère qu'un interprète remarquable, et encore l'est-il surtout par son caractère et par ses malheurs.

Ramus, Pierre La Ramée, né en 1515, en Picardie, d'une famille très-pauvre, venu de bonne heure à Paris, commença dans l'Université d'une façon qui ne semblait pas le destiner à un très-haut rang. Il fut d'abord maître d'étude ou plutôt domestique dans un collége. Il s'éleva peu à peu à force de travail et de mérite. Il devint à la fin professeur au Collége de France et prin-

---

fraternels, et l'impiété obstinée dont il avait fait preuve. Ensuite il fut dégradé, excommunié et livré au magistrat séculier, avec prière toutefois qu'on le punît avec clémence et sans effusion de sang. A tout cela Bruno ne répondit que ces paroles de menace : *La sentence que vous portez vous trouble peut-être en ce moment plus que moi.* Les gardes du gouverneur le menèrent alors en prison ; là on s'efforça encore de lui faire abjurer ses erreurs. Ce fut en vain. Aujourd'hui donc on l'a conduit au bûcher. Comme on lui présentait l'image du Sauveur crucifié, il l'a repoussée avec dédain et d'un air farouche. Le malheureux est mort au milieu des flammes, et je pense qu'il sera allé raconter dans ces autres mondes qu'il avait imaginés (allusion aux mondes innombrables et à l'univers infini de Bruno) comment les Romains ont coutume de traiter les impies et les blasphémateurs. Voilà, mon cher ami, de quelle manière on procède chez nous contre les hommes ou plutôt contre les monstres de cette espèce. Rome, 17 février 1600. »

cipal du collége de Presle. La barbarie de la scholastique le révolta comme tout son siècle. Le premier, il mêla dans son enseignement les mathématiques et la littérature à la philosophie; il se prononça contre Aristote pour Platon et particulièrement pour Socrate qu'il se proposa pour modèle. Ses leçons anti-péripatéticiennes lui firent de puissants ennemis qui l'accusèrent auprès de François Ier, fondateur et protecteur du Collége de France. Il y eut en 1543 une sentence royale contre le novateur : ses deux écrits *Institutiones dialecticæ* et *Animadversiones Aristotelicæ* furent supprimés, lui condamné à ne les jamais publier de nouveau, même à n'en pas laisser prendre de copie, et à s'abstenir de toutes leçons sur la philosophie et la logique. On afficha cette belle sentence [1] dans toutes les rues de Paris, et on fit des pièces de théâtre où le pauvre professeur platonicien fut joué de toutes les manières. Ramus lui-même raconte ainsi cette première aventure :

« Quand je vins à Paris [2], je tombé ès subtilités des

---

1. Elle nous a été conservée : « SENTENCE DONNÉE PAR LE ROI CONTRE MAISTRE PIERRE RAMUS ET LES LIVRES COMPOSÉS PAR ICELUI CONTRE ARISTOTE. PRONONCÉE A PARIS LE XXVI DE MARS 1543... *Condamnons, supprimons et abolissons lesdits deux livres, l'un intitulé* Dialecticæ institutiones, *l'autre* Aristotelicæ animadversiones ; *et faisons inhibitions et défenses à tous imprimeurs et libraires de notre royaume, pays, terres et seigneuries... qu'ils n'aient plus à en imprimer ou faire imprimer aucuns, ne publier, vendre ne débiter... et semblablement audit Ramus de ne plus lire lesdits livres, ne les faire écrire ou copier, publier ne semer en aucune manière, ne lire en dialectique ne philosophie...* »

2. La Remontrance de Pierre La Ramée faite au conseil privé, en la

sophistes, et m'aprit-on les arts libéraux par questions et disputes sans en jamais monstrer un seul autre ny profit ny usage. Après que je fus nommé et gradué pour maître ès-arts, je ne me pouvois satisfaire en mon esprit, et jugeois en moy-mesme que ces disputes ne m'avoient apporté autre chose que perte de temps. Ainsi estant en cet esmoy, je tombé, comme conduit par quelque bon ange, en Xénophon, puis en Platon, où je cognus la philosophie socratique ; et lors, comme espris de joye, je mets en avant que les maîtres ès-arts de l'Université de Paris étoient lourdement abusés de penser que les arts libéraux fussent bien enseignés pour en faire des questions et ergos, mais que toute sophistiquerie délaissée il en convenoit expliquer et proposer l'usage. Ce socratisme fut trouvé si nouveau et si estrange que je fus joué et farcé par toute l'Université de Paris, puis condamné pour ignorant, impudent, malicieux, perturbateur et calomniateur. La langue et la main me furent liées par cette mesme condamnation, en sorte qu'il ne m'estoit loisible de lire ny escrire aucune chose ny publiquement ny privément. »

Ramus connut de meilleurs jours sous Henri II, mais plus tard les persécutions recommencèrent. Il aurait pu trouver hors de France d'honorables asiles ; les invitations les plus flatteuses l'appelaient en Italie et en Allemagne : il aima mieux souffrir dans son pays et pour son pays. Tour à tour privé de sa chaire, rétabli, dépouillé de nouveau, forcé de fuir la France et y reve-

chambre du Roy, au Louvre, le 18 janvier 1567, touchant la profession royale en mathématiques. A Paris, chez Wechel, 1567, in-8°.

nant toujours, il était à Paris, sur la foi des traités et de paroles augustes, pendant les sinistres journées de la Saint-Barthélemy. Sans doute il était suspect, et avec fondement, de protestantisme; mais s'il fut recherché comme secrètement huguenot, il ne le fut pas moins comme ouvertement platonicien. Parmi les confrères de Ramus était Jacques Charpentier, péripatéticien fanatique, catholique inquisiteur, royaliste se piquant de l'être plus que le roi, et mêlé à toutes les factions et intrigues du temps. Outre cela, il avait depuis longtemps de particuliers ressentiments contre Ramus. Il satisfit d'un seul coup toutes ses passions publiques et privées. Ramus demeurait au collége de Presle, tout près d'ici, sur la pente de la montagne Sainte-Geneviève, à côté du grand couvent des Carmes, aujourd'hui transformé en un marché, celui de la place Maubert. Le 26 août 1572, Charpentier envoya au collége de Presle une bande d'assassins qui pillent et dévastent la maison, pénètrent dans la chambre où s'était réfugié Ramus, l'y égorgent, le jettent par la fenêtre dans la cour, où des étudiants féroces l'achèvent, lui arrachent les entrailles et traînent par les pieds le cadavre jusqu'à la Seine[1]. Il ne faut pas oublier qu'à peu près à la

---

1. De Thou, ad ann. 1572. Gouget, dans ses *Mémoires sur le Collége de France*, adopte le récit de de Thou. Voyez nos *Fragments de philosophie moderne*, p. 6 : « Quelle vie et quelle fin! sorti des derniers rangs du peuple, domestique au collége de Navarre, admis par charité aux leçons des professeurs, puis professeur lui-même, tour à tour en faveur et persécuté, chassé de sa chaire, banni, rappelé, toujours suspect, il est massacré dans la nuit de la Saint-Barthélemy comme protestant à la fois et comme platonicien. Son adversaire, le

même époque un autre péripatéticien, l'Espagnol Sepulvéda[1], le théologien et l'historiographe de Charles-Quint, fournit au roi d'Espagne des arguments en faveur de l'esclavage des malheureux Américains, contre le sage et pieux Barthélemy de Las Casas. Quand donc le sensualisme moderne accuse l'idéalisme d'avoir toujours été en arrière dans la civilisation, et se vante d'avoir servi seul la cause de la liberté et de l'humanité, pensez, je vous prie, à Charpentier et à Sepulvéda, à

catholique et péripatéticien Charpentier, dirigea les coups. On aurait peine à le croire si un contemporain bien informé, de Thou, ne l'attestait. « Charpentier son rival, dit le véridique historien, excita une émeute et envoya des sicaires qui le tirèrent du lieu où il était caché, lui prirent son argent, le percèrent à coups d'épée et le précipitèrent par la fenêtre dans la rue; là, des écoliers furieux, poussés par leurs maîtres qu'animait la même rage, lui arrachent les entrailles, traînent son cadavre, le livrent à tous les outrages et le mettent en pièces. » Tel fut le sort d'un homme qui, à défaut d'une grande profondeur et d'une originalité puissante, possédait un esprit élevé, orné de plusieurs belles connaissances, qui introduisit parmi nous la sagesse socratique, tempéra et polit la rude science de son temps par le commerce des lettres, et le premier écrivit en français un traité de dialectique. Depuis on n'a pas daigné lui élever le plus humble monument qui gardât sa mémoire; il n'a pas eu l'honneur d'un éloge public, et ses ouvrages même n'ont pas été recueillis. » Il a trouvé du moins un savant et chaleureux historien et panégyriste dans un de ses coreligionnaires : *Ramus, sa vie, ses écrits et ses opinions*, par M. Waddington, in-8°, 1855.

1. Né en 1490, mort en 1573. *Joannis Genesii Sepulvedæ Cordubensis Opera*. Matriti, 1740, 4 vol. in-4°. — Sepulveda est d'ailleurs un esprit judicieux et éclairé, comme Charpentier lui-même, dont les ouvrages ne sont pas dépourvus de mérite, par exemple sa *Descriptio universæ naturæ ex Aristotele*, in-4°, 1560, et surtout *Platonis cum Aristotele comparatio in universa philosophia*, in-4°, 1573, où il montre des connaissances solides et même une assez grande modération.

Jordano Bruno et à Ramus. D'ailleurs, à Dieu ne plaise que je veuille ici flétrir le sensualisme et lui rendre injustice pour injustice! Tyrannique et malfaisant ce jour-là, un autre jour vous le verrez, vous l'avez déjà vu, utile et persécuté, dans Occam par exemple. Les systèmes ont leurs bons et leurs mauvais jours, et leurs bons jours ne sont pas ceux de leur prospérité et d'une domination incontestée. Il n'appartient à aucun système, quel qu'il soit, de servir exclusivement la civilisation; et ce que je veux seulement que vous tiriez de ces paroles et de toutes mes leçons, c'est le dédain et le dégoût de tout fanatisme, dans la philosophie comme ailleurs.

Pierre La Ramée, martyr à la fois du protestantisme et de l'idéalisme, eut des partisans nombreux en France, en Angleterre et en Allemagne, et dans tous les pays où l'esprit de la réforme s'étendait jusque sur la philosophie. En Angleterre, son traité de logique antipéripatéticienne eut plus tard l'honneur d'être réduit et arrangé pour les classes par l'auteur du *Paradis perdu*[1].

L'Allemagne au seizième siècle ne compte aucun philosophe d'une grande renommée. On ne peut s'empêcher de sourire quand on entend des protestants nous donner Luther comme un des promoteurs de la raison humaine : tout au contraire, il en était l'adversaire déclaré. Doué d'une grande et forte imagination et d'une âme éloquente, par ses qualités comme par ses

---

1. *Artis logicæ plenior institutio ad Petri Rami methodum concinnata*, p. 614, t. II, the Works of John Milton, historical, political and miscellaneous, in-4°, London, 1753.

défauts Luther était bien plutôt poëte et orateur que théologien et philosophe. Comme Gerson, la mauvaise philosophie de son temps l'avait dégoûté de la philosophie ; il n'avait que de l'aversion pour Aristote et il ne connaissait pas Platon. De saint Augustin il avait pris l'horreur du pélagianisme, et l'attachement au dogme de la grâce et de la prédestination poussé presque jusqu'au mépris de la raison et à la négation de la liberté[1]. S'il fût resté dans l'Église, ce n'est point à Roger Bacon et à Scot, ni à Albert et à saint Thomas, c'est à saint Bonaventure, c'est à Gerson, c'est au grand prédicateur Tauler qu'il eût voulu ressembler. Comme eux il est ouvertement mystique, et mystique avec la fougue et la passion qu'il portait en toutes choses. Loin donc de favoriser les études philosophiques, il les aurait bien plutôt proscrites, sans l'influence et l'autorité de Mélanchthon, homme d'école qui défendit et maintint la philosophie de sa jeunesse, enseigna et fit enseigner un péripatétisme modéré[2]. Après lui, le péripatétisme se transforma peu à peu, dans plus d'une université protestante de l'Allemagne, en un platonisme raisonnable, et on vit plusieurs hommes distingués combattre avec force la triste doctrine péripatéticienne qui s'enseignait au delà des Alpes ; par exemple à Altorf, Nicolas Taurel, Tau-

---

1. Voyez *de Servo arbitrio, Martini Lutheri ad D. Erasmum Roterodamum*, Wittembergæ, 1525.

2. Voyez de Mélanchthon *Erotemata dialectica, ethicæ doctrinæ elementa, et enarratio libri quinti Ethicorum*, surtout *de Anima commentarius* où, dans la dédicace, Mélanchthon prend la défense de la scholastique comme exercice d'esprit.

rellus, prit à tâche de réfuter Césalpini et Piccolomini [1]; à Marbourg, Goclenius [2] est surtout remarquable comme auteur d'un ouvrage dont le titre est : Ψυχολογία, *hoc est, de hominis perfectione, anima, etc.* [3]. C'est, je crois, la première apparition de la psychologie sous son nom propre dans la philosophie moderne.

Passons maintenant à l'école péripatéticienne. Mais entendons-nous : il ne s'agit point ici de ce péripatétisme du treizième et du quatorzième siècle, tempéré et christianisé pour ainsi dire par saint Thomas et Duns Scot, qui, après avoir fait longtemps la force et la gloire de l'Université de Paris, continuait à s'enseigner, comme une tradition languissante, dans les écoles dégénérées de l'ordre de Saint-Dominique et de l'ordre de Saint-François; il s'agit du péripatétisme vrai et fort peu chrétien qui se montrait enfin à découvert dans le texte même d'Aristote, que la belle édition des Aldes et ses reproductions savantes répandaient d'un bout de l'Europe à l'autre [4], et dans les hardis commentaires d'Alexandre

1. Né à Montbéliard en 1547, mort en 1606. Ses écrits les plus célèbres sont : *Philosophiæ triumphus*, Basil., 1573, réimprimé à Arnheim en 1617; *Alpes cæsæ*, 1591; *de Rerum æternitate*, 1604; *Nicolai Taurelli in inclyta Noricorum Academia philosophiæ et medicinæ antecessoris celeberrimi, de mundo et cœlo, discussionum metaphysicarum et physicarum libri IV, adversus Piccolominum aliosque peripateticos, editio nova.* Ambergæ, 1611.

2. Né à Corbach en 1547, mort à Marbourg en 1628.

3. Marbourg, 1re édit. 1590, et la seconde 1597. Joignez-y *Idea philosophiæ platonicæ*, ibid., 1612.

4. La première édition complète d'Aristote est celle des Aldes, Venise, 5 vol. in-fol., 1495-1498. Réimprimée à Bâle, en 1531, par Érasme, et deux fois encore en 1539 et 1550; puis de nouveau à Venise, chez les Aldes, par les soins de Camotius, 6 vol. in-8°, 1551-1553.

d'Aphrodisée et d'Averroès, successivement imprimés à Venise, et qui de là inondaient l'Italie[1]. Si l'ombre seule d'Aristote et de ses libres commentateurs avait suffi à troubler bien des têtes dans les premiers jours du treizième siècle, jugez de l'effet qu'ils firent en paraissant eux-mêmes. Ils opposèrent une forte barrière à l'invasion du platonisme, et on vit se renouveler avec un bien autre éclat les débats qui déjà avaient eu lieu au commencement du quinzième siècle entre Pléthon, George Scholarius, George de Trébizonde et Bessarion.

Le théâtre de ces débats fut encore l'Italie, qui est la vraie patrie de la Renaissance, pour la philosophie comme pour les arts, les lettres et les sciences. Florence resta fidèle au culte de Platon, mais l'Université de Padoue se consacra pour ainsi dire à Aristote. Et comme à Florence on adorait le Platon du néoplatonisme, de même à Padoue on n'invoquait que l'Aristote d'Alexandre d'Aphrodisée ou celui d'Averroès. Les Alexandristes et les Averroïstes, voilà toute la différence à faire entre les professeurs de Padoue, voilà les deux seuls points de vue qui partagent l'école péripatéticienne d'Italie au seizième siècle.

---

1. La plupart des commentaires d'Alexandre d'Aphrodisée ont paru séparément en original et en traduction, à Venise, de 1513 à 1536. — Le plus important ouvrage d'Averroès, la destruction des destructions d'Al-Gazel, *Destructiones destructionum, cum Augustini Niphi de Suessa expositione*, avait paru à Venise, in-fol. 1497, avant de reparaître, avec tous les autres commentaires du même auteur, dans les deux belles éditions vénitiennes de la traduction latine complète d'Aristote, dont nous avons parlé plus haut, leç. v, p. 205.

Bientôt, comme on le pense bien, l'Église s'émut : le concile de Latran, en 1512, condamna les deux redoutés interprètes, et interdit les commentaires d'Alexandre et d'Averroès. On ne gagna à cela que de forcer l'école de Padoue de recourir à un artifice qu'elle n'eut pas même besoin d'inventer, et dont ses maîtres, les philosophes arabes, lui fournissaient l'exemple. Quand l'orthodoxie musulmane reprochait à ceux-ci de renverser le Coran par leur doctrine sur l'âme comme simple forme organique du corps et par leur Dieu sans attributs, ils répondaient qu'ils pensaient ainsi dans l'école et en philosophie, mais qu'ils étaient prêts à reconnaître le contraire et tout ce qu'on voudrait au nom de la foi, trouvant le moyen d'unir à leur aise le panthéisme le plus audacieux et l'orthodoxie la plus docile, la plus complaisante : tactique plus ou moins habile qui a passé de l'école arabe dans l'école de Padoue, et qui lui a survécu.

L'histoire du panthéisme dans l'université de Padoue est encore à faire, et serait d'une utilité infinie. On y verrait les nuances les plus diverses du panthéisme, ici à découvert et sincère jusqu'à la témérité ; là, contenu, régulier, méthodique, avec toutes les finesses, tous les biais, tous les tempéraments, tous les masques qu'il peut prendre. En vérité, après cela, il semble que tous les rôles sont usés en ce genre.

Je n'entends pas vous traîner dans les détours de ce tortueux labyrinthe. Il m'a suffi de vous donner le fil avec lequel on s'y peut orienter.

C'est Alexandre Achillini[1], à ce qu'il paraît, qui porta les doctrines d'Averroès dans l'Université de Padoue. Il alla si loin que son confrère Pomponat fut obligé de le combattre et de remplacer l'averroïsme par l'alexandrisme.

Pierre Pomponat, né à Mantoue en 1462, professeur à Padoue, mort à Boulogne en 1524, eut d'ardents ennemis et d'ardents défenseurs. Son ouvrage sur l'immortalité de l'âme fut brûlé à Venise; en même temps un futur cardinal de l'Église romaine, Bembo, alors secrétaire du pape, loin de trouver cet ouvrage si coupable, prit l'auteur sous sa protection. Un autre cardinal, Hercule de Gonzague, qui avait été un des écoliers de Pomponat à Padoue, l'avait en une telle estime qu'après sa mort il fit transporter son corps à Mantoue dans l'église de Saint-François et lui fit élever une statue de bronze qui le représentait dans sa chaire un livre ouvert à la main et un autre à ses pieds[2]. Pomponat est tout à fait un disciple d'Alexandre d'Aphrodisée, il le cite sans cesse, il entend Aristote comme lui, non par une docilité servile, mais avec une conviction réfléchie, car il pense véritablement par lui-même, et doit être moins considéré comme un commentateur que comme un philosophe. Il écrit en latin et sans nulle élégance, mais avec une certaine force. La nature ne l'avait guère favorisé du côté du

---

1. De Bologne, mort en 1612.
2. Tiroboschi, *Storia della litteratura italiana*, t. VII, p. 614-624, de l'édition de Milan.

corps : il était très-petit; mais il avait un esprit pénétrant et élevé, une âme noble et sincère. Ce n'était pas de gaieté de cœur, pour se distinguer des autres hommes et par ambition de gloire, qu'il rejetait les opinions reçues, et qu'il expose dans ses ouvrages tant de doutes sur l'immortalité de l'âme, la liberté humaine, la Providence; non, ces doutes lui pèsent et l'affligent, « lui rongent l'âme, lui ôtent le sommeil, le rendent fou, » et avec son désir impérieux de savoir et les continuels tourments que ce désir non satisfait lui cause, il se compare en ce monde à Prométhée sur le Caucase; il est touchant de lui voir peindre le philosophe dévoré par le besoin de savoir comme par un vautour, ne pouvant ni manger, ni boire, ni dormir, objet de dérision pour la sottise, de scandale pour le peuple, d'ombrage et de persécution pour l'autorité [1].

[1]. « Ista igitur sunt quæ me premunt, quæ me angustiant, quæ me insomnem et insanum reddunt, ut vera sit interpretatio fabulæ Promethei, qui, dum studet clam eripere ignem Jovi, eum relegavit Jupiter in rupe scythica in qua corde assidue pascit vulturem rodentem ejus cor. Prometheus vero est philosophus qui, dum vult scire Dei arcana, perpetuis curis et cogitationibus roditur, non sitit, non famescit, non dormit, non comedit, non exspuit, ab omnibus irridetur, et tanquam stultus et sacrilegus habetur, ab inquisitoribus prosequitur, fit spectaculum vulgi. Hæc igitur sunt lucra philosophorum, hæc est eorum merces. » *De Fato, libero Arbitrio et de Prædestinatione*, libr. III, c. vii. — Le premier écrit de Pomponat est son traité de l'immortalité de l'âme, qui parut en 1516, et souleva une telle tempête que l'auteur fut obligé d'en publier une apologie. Nous n'avons jamais vu les premières éditions de ces deux écrits; nous en connaissons seulement une réimpression dans un recueil des ouvrages de Pomponat fait à Venise en 1525, un an après la mort de l'auteur, recueil in-fol., à deux colonnes, où se rencontrent plusieurs traités physiques et dialectiques

L'école de Padoue produit encore d'autres professeurs moins originaux et moins intéressants, mais qui ont été dans leur temps très-considérables, d'abord Alexandre [1]

qui ne sont jamais cités, *Tractatus acutissimi, utilissimi et mere peripatetici*, au milieu desquels se trouvent, fol. 41, le traité de *Immortalitate animœ*, daté de 1516; et fol. 52, l'*Apologia* en trois livres, datée de Bologne, 1517, avec une lettre de remerciment à la fois et de justification adressée à Bembo, premier secrétaire du pape, datée aussi de Bologne, 1519, et une longue réponse aux accusations d'Augustinus Nyphus, même lieu et même date. Depuis, il a paru une autre édition du *Tractatus de immortalitate animœ*, petit in-12, sans indication de lieu, et sous la date évidemment fausse de 1534. Enfin Bardili en a donné une nouvelle à Tubingen, in-8°, en 1791. Le fond de cet écrit est la doctrine même d'Aristote, et la conclusion est celle d'Alexandre d'Aphrodisée. L'âme pense sans doute par la vertu qui est en elle, mais elle ne pense jamais qu'à la condition qu'il y ait une image venue du dehors ; cette image tient à la sensibilité, celle-ci à l'existence du corps; à la dissolution du corps l'image périt; il semble donc que la pensée périt avec elle, et par conséquent il n'est pas possible de donner une démonstration de l'immortalité de l'âme. Dans l'*Apologie*, Pomponat se réfugie dans la fameuse distinction des vérités de la foi et des vérités de la philosophie, compromis commode qui permet de nier d'un côté ce qu'on a l'air de respecter de l'autre. — On possède encore deux autres ouvrages de Pomponat, composés tous deux en 1520, comme Pomponat lui-même le déclare à la fin de l'un et de l'autre, mais qui ne paraissent pas avoir été imprimés de son vivant et que nous trouvons seulement dans diverses éditions de Bâle, dont la dernière et la meilleure est de 1567 : *Petri Pomponatii, philosophi et theologi doctrina et ingenio prœstantissimi, Opera*. L'un de ces ouvrages est intitulé : *de Naturalium effectuum admirandis causis seu incantationibus liber*. On y prouve que la sorcellerie est une fable, et qu'il n'y a dans les événements naturels que des causes naturelles ; ce traité est un commencement de saine philosophie naturelle. Le second est le *de Fato, libero Arbitrio et Providentia Dei*, où il entasse doutes sur doutes sans arriver à aucune solution satisfaisante. Il donne celles que fournit la scholastique, en avouant que ce sont plutôt des illusions que de véritables réponses : *videntur potius esse illusiones istœ quam responsiones*.

1. Né à Sienne en 1508, mort en 1578. Ses trois principaux ouvrages

et François [1] Piccolomini, tous deux de l'illustre maison qui a donné à la papauté Pie II et Pie III, puis César Cremonini [2] et Jacques Zabarella [3].

Bien au-dessus d'eux il faut mettre Andrea Cesal-

---

sont : 1° *Instrumento della filosophia naturale*, Rome, 1550, et réimprimé à Venise, in-4°, 1576. Il ne faut rêver ici rien de semblable à l'entreprise de Bacon : c'est tout simplement une logique, et une logique assez médiocre. 2° *Filosofia naturale*, en deux parties, dédiée au pape Jules III, Rome, 1550, et réimprimée à Venise en 1576, comme l'*Instrumento*. 3° *Della Institution morale*, en 12 liv., Venise, in-4°, 1569, nouvelle rédaction d'un ouvrage de la jeunesse de l'auteur, intitulée : *Instituzion di tutta la vita de l'uomo nobile*, etc., Venise, 1545. Joignez-y une paraphrase latine sur les *Questions mécaniques* d'Aristote, avec un petit traité *de Certitudine mathematicarum disciplinarum*, publiés ensemble à Rome, in-4°, 1547. Nous avons aussi un traité de la sphère et des étoiles fixes, *de la Sfera del mondo e de le stelle fisse*, Venise, in-4°, 1559, écrit dédié à une dame dont le savant archevêque célèbre avec effusion la beauté, l'esprit et la vertu ; enfin une paraphrase prolixe du second livre de la *Rhétorique* d'Aristote, imprimée en 1568, et réimprimée à Venise, in-4°, 1592.

1. François Piccolomini, parent d'Alexandre, né à Sienne en 1520, professeur d'abord à Pérouse, puis à Padoue, mort en 1604. *Universa philosophia de moribus*, Venise, in-fol., 1583 ; réimprimée en 1596.

2. Né à Cento, duché de Modène, en 1552, mort en 1630. Nous connaissons de lui *Cæsaris Cremonini Centensis, in schola patavina philosophi primæ sedis, Disputatio in tres partes divisa. Adjecta est Apologia dictorum Aristotelis*, Venetiis, in-4°, 1613. — *Tractatus tres, primus de sensibus externis, secundus de sensibus internis, tertius de facultate appetitiva*, opuscula hæc revisit Troylus Lancetta, auctoris discipulus, etc., Venetiis, 1644.— *De Calido innato et semine, pro Aristotele contra Galenum*, Ludg. Batavor., 1634, petit in-18. On cite encore d'autres ouvrages que nous n'avons point vus.

3. Né à Padoue, mort en 1589. *Jacobi Zabarellæ, Patavini, de Rebus naturalibus*, lib. XX, Coloniæ, 1594, in-4°, plusieurs fois réimprimé. *Commentarii in tres libros de anima*, publiés à Padoue par son fils en 1604, réimprimés à Francfort en 1608 et en 1619. — *Comm. in libros physicorum*, Francfort, 1602. *Opera logica*, etc., très-souvent reproduit.

pini, d'Arezzo, né en 1519, mort en 1603, qui a laissé un assez grand nom dans la botanique, et qui dispute à Servet l'honneur de la première découverte de la circulation du sang. Il enseigna la médecine d'abord à Pise, puis à Rome même, dans le collége de la Sapience. Sa philosophie est un péripatétisme un peu averroïste. Comme Pomponat, il se moque des sorciers et des démons, il repousse toute intervention miraculeuse dans l'ordre de la nature[1]. Bayle[2], qui n'est pas suspect, le donne comme un précurseur de Spinosa. La raison en est bien simple : c'est qu'en bien des points Cesalpini suit ses deux illustres confrères en médecine, Avicenne et Averroès. Il semble bien avoir reçu d'eux et partagé le dogme célèbre, tant combattu par saint Thomas, de l'unité de l'intelligence se diversifiant seulement par les différents individus qui en participent[3]. Il ne manqua pas d'adversaires à Rome, puisqu'il en avait jusqu'en Allemagne dans l'Université d'Altorf[4]; on tenta même de le traduire devant le tribunal de l'inquisition ; mais il échappa, grâce à la protection de Clément VII, dont il était premier médecin et qui avait besoin de lui ; il n'avait d'ailleurs pas oublié le fauxfuyant de l'école de Padoue : il disait qu'il n'était pas théologien, qu'il ne prétendait qu'exposer la vraie doc-

---

1. *Dæmonum investigatio peripatetica*, in-4°, Venise, 1593, seconde édition, à la suite du livre célèbre : Andreæ Cesalpini *Quæstionum peripateticarum libri* v.

2. *Dictionnaire*, art. CESALPIN.

3. *Quæst. perip.* lib. II, quest. 7, p. 36 : « Intelligentiam humanam multiplicari secundum hominum multitudinem. »

4. Plus haut, p. 272.

trine d'Aristote, et qu'en fait de théologie il renvoyait Aristote à l'autorité compétente.

Vanini ne mérite guère d'être nommé à côté de Cesalpini. C'était, il faut bien le dire[1], un esprit léger et inquiet, imbu des plus mauvaises opinions de l'école de Padoue, où il avait étudié, contempteur de Platon et de Cicéron, admirateur passionné d'Aristote, instruit, ce sont ses propres paroles, à jurer sur la parole d'Averroès, tantôt masquant ses principes sous un grand zèle catholique, tantôt les affichant avec impudence. Né près de Naples, comme Jordano Bruno, comme lui il avait beaucoup couru le monde, faisant toutes sortes de métiers. Sa mauvaise étoile le conduisit à Toulouse, le seul pays de France qui eût admis l'inquisition et où régnait l'intolérance. Il avait publié deux ouvrages, l'un, à Lyon en 1615 : *Amphitheatrum æternum Providentiæ, divino-magicum, christiano-physicum, necnon astronomico-catholicum, adversus veteres philosophos, atheos, epicureos, peripateticos et stoicos;* l'autre à Paris même, en 1616 : *de Admirandis naturæ, reginæ deæque mortalium, arcanis, dialogorum inter Alexandrum et Julium Cesarem libri IV, cum approbatione Facultatis sorbonicæ.* Le premier ouvrage, comme son titre le fait assez voir, a de grandes prétentions à l'orthodoxie. Il y a une démonstration de l'existence de Dieu différente de la démonstration péripatéticienne qui se tirait du mouvement et de la nécessité

---

1. Voyez *Fragments de philosophie moderne*, Vanini, ou la philosophie avant Descartes.

d'un premier moteur. Vanini rejette cette démonstration; il n'admet que l'argument célèbre qui du fini conclut à l'infini par l'impossibilité de s'arrêter au fini[1]. L'argument est très-bon, mais seul il serait insuffisant. En effet, si l'être fini suppose un être infini, il reste à savoir quel est cet être infini. La preuve par le mouvement étant écartée, cet être infini ne peut plus être la cause de rien, il n'est que la substance de tout; et cette substance infinie que tous les êtres finis supposent, mais qui ne les a point créés, ne peut avoir d'autres attributs que ceux qui se déduisent de son essence, de l'infinité, et rien de plus. Cependant si Vanini a tort de n'admettre que cette sorte d'argument, il l'admet, il n'est donc pas athée dans l'*Amphithéâtre*. Mais dans son second ouvrage, où il prétend nous révéler les *Secrets admirables de la nature*, il désavoue bien des choses qu'il avait dites dans le premier[2]. Il abonde toujours en protestations de soumission à l'Église, mais il se moque presque ouvertement du christianisme. Non-seulement il continue de nier que Dieu ait pu donner la première impulsion au monde, mais il rejette toute action de l'intelligence sur la matière. Il croit le monde

---

1. *Amphitheatrum*, Exercit. 1. « Omne ens vel finitum est aut infinitum; sed nullum est finitum a se; quocirca satis patet non per motum, ad modum Aristotelis, sed per primas entium partitiones a nobis cognosci Deum esse, et quidem necessaria demonstratione. Non alias esset æternum ens, et sic nihil omnino esset; alioqui nihil esse est impossibile; ergo et æternum ens non esse pariter est impossibile. Ens igitur æternum esse adeoque Deum esse, necessarium est. »

2. *De Admirandis*, etc., p. 428. « Multa in hoc libro scripta sunt quibus a me nulla præstatur fides. Cosi va il mondo. »

éternel[1]. S'il y a du mouvement dans l'univers, il vient de l'essence même de la matière, non d'une volonté intelligente[2]. Quant à la question de l'immortalité de l'âme, il a fait vœu, dit-il, de ne s'en expliquer que quand il sera vieux, riche et Allemand[3]. Il n'y a pas de liberté, et la vertu et le vice dépendent du climat, du tempérament, du système d'alimentation[4]. Le seul plaisir est la fin de l'homme, et les premiers des plaisirs sont ceux de l'amour; de là des anecdotes et des peintures fort licencieuses. Vanini nous entretient de ses maîtresses[5]; il regrette de ne pas être un enfant de l'amour[6], parce qu'il aurait plus de beauté, de force et d'esprit, et dans plus d'un endroit[7] on voit qu'il a pris sa part de la dépravation italienne au seizième siècle. L'auteur d'un pareil livre devint bientôt suspect à Toulouse. On lui imputa, non sans apparence, des mœurs infâmes; on l'accusa de tenir de secrets conciliabules où il répandait ses opinions parmi les jeunes gens des meilleures familles; on le déféra même au parlement, et, malgré ses protestations accoutumées de dévotion et l'hypocrite fréquentation des sacrements, après un long procès, des confrontations de témoins et des débats

---

1. *De Admirandis*, etc., p. 135 : « Ego vero concluderem, si christianus non essem, mundi æternitatem. »

2. *Ibid.*, p. 22. « A sua forma, non ab intelligentiæ voluntate moveri. »

3. *Ibid.*, p. 492.
4. *Ibid.*, p. 348.
5. *Ibid.*, p. 159, et p. 298.
6. *Ibid.*, p. 321.
7. *Ibid.*, p. 351, et p. 182-183.

contradictoires, il fut déclaré atteint et convaincu d'athéisme[1]. C'est en se défendant devant le parlement de Toulouse, et pour montrer sa croyance en Dieu que, ramassant à terre une paille, il partit de là pour établir l'invincible nécessité de la Providence. Toute son éloquence ne put le sauver. Il eût été fort permis assurément, dans l'intérêt de la morale publique, de le chasser de Toulouse et de France, et de le renvoyer en Italie prêcher et pratiquer ses maximes : au lieu de cela on le condamna à être brûlé vif, et l'affreuse sentence fut exécutée le 9 février 1619.

Voici maintenant deux personnages qu'il est assez difficile de classer absolument ni parmi les péripatéticiens ni parmi les platoniciens d'Italie, d'autant plus que leur prétention est d'être entièrement indépendants, de ne se ranger sous le drapeau d'aucune secte, et de philosopher sur des principes qui leur appartiennent.

Bernardino Telesio était né à Cosenza, dans l'État de Naples, en 1508. Il étudia à Padoue et professa la philosophie naturelle à Naples. Son grand ouvrage est intitulé *de Natura, juxta propria principia, Romæ*, 1565, in-4°[2]. Le caractère de cet ouvrage est

---

1. Voyez notre dissertation déjà citée. Nous y avons publié l'arrêt même, retrouvé dans les archives du parlement de Toulouse.

2. Telesio publia à Naples, en 1570, une nouvelle édition de cet ouvrage : « Bernardini Telesii Consentini de rerum Natura, juxta propria « principia, liber primus et secundus denuo editi, Neapoli, 1570, « in-4. » Le fond est le même, la forme diffère beaucoup. Lib. I, c. I. « Mundi constructionem corporumque in eo contentorum naturam non « ratione, quod antiquioribus factum est, inquirendam, sed sensu per-

très-remarquable. Telesio y combat la scholastique, et il appelle son siècle à l'étude de la nature. Il proclame le principe qu'il faut partir des êtres réels, et non pas d'abstractions : *Realia entia, non abstracta*. Il ne reconnaît d'autre règle que l'expérience, et l'expérience sensible. Il se déclare un adversaire d'Aristote. Son héros est Démocrite, et dans plusieurs passages, et particulièrement dans sa préface [1], il parle comme

« cipiéndam et ab ipsis habendam esse rebus. » Le dernier chapitre du second et dernier livre est ajouté : « Quæ Deum esse et rerum om-
« nium conditorem nobis declarare possunt. » — Telesio publia à Naples, la même année, en même format, trois petits traités : « Ber-
« nardini Telesii Consentini DE MARI liber unicus. — DE HIS QUÆ IN
« AERE FIUNT ET DE TERRÆ MOTIBUS liber unicus. — DE COLORUM GENE-
« RATIONE, opusculum. » Antonio Persio, de Padoue, a réimprimé à Venise, en 1590, ces trois traités avec plusieurs autres : « Bernardini
« Telesii Consentini Varii de naturalibus rebus Libelli, ab Antonio Per-
« sio editi, quorum alii nunquam antea excusi, alii meliores facti
« prodeunt. »

1. *Proœmium* (édit. de Rome), les dernières lignes. — « Si qui
« nostra oppugnare voluerint, id illos insuper rogatos velim ne me-
« cum, ut cum aristotelico, verba faciant, sed ut cum Aristotelis ad-
« versario; neque igitur sese illius tueantur positionibus dictisque
« ullis, at sensu tantum et rationibus ab ipso habitis sensu, quibus
« solis in naturalibus habenda videtur fides; tum ne ut nobis notas
« illius afferant distinctiones terminosque, quas ingenue fateor perci-
« pere me nunquam satis potuisse; propterea reor, quod non sensui
« expositas, nec hujusmodi similes continent res, sed summe a sensu
« remotas et ab his etiam quæ percepit sensus, quales, tardiore qui
« sunt crassioreque ingenio, cujusmodi mihi ipsi, et nulla animi mo-
« lestia esse videor, percipere haud queant. Quæ igitur contra nos
« afferent, exponant oportet et veluti in luce ponant, tarditatis meæ
« si libet commiserti, et rebus agant, non ignotis vocibus, quæ nisi res
« contineant, vanæ sunt inanesque. Illud pro certo habere omnes vo-
« lumus, nequaquam pervivaci nos esse ingenio, aut non unius ama-
« tores veritatis, et libenter itaque errores nostros animadversuros, et

Bacon qui, en effet, l'avait lu et lui rend justice. Telesio a fondé une académie libre qui, de son nom et de celui de sa patrie, s'appela *Academia Telesiana* ou *Cosentina*. Avec une pareille indépendance, il tomba dans la disgrâce de l'autorité ecclésiastique, et il fut inquiété; mais il prévint l'événement, quitta Naples, et se réfugia dans sa patrie, où il mourut en 1588.

Après Telesio vint un autre Calabrais, Thomas Campanella, dominicain, né en 1568, qui étudia dans la ville natale de Telesio, à Cosenza, continua et étendit même son entreprise. Telesio n'avait voulu réformer que la philosophie de la nature; Thomas Campanella entreprit de réformer toutes les parties de la philosophie. Il paraît même qu'il ne s'était point borné à une tentative de réforme philosophique, et que ce moine énergique avait conçu un plan d'insurrection contre la domination espagnole; du moins en fut-il accusé, et jeté dans les fers, où il resta pendant vingt-sept ans. Il supporta cette longue captivité avec une fermeté d'âme admirable, et il y composa des chants où brillent çà et là des traits d'une rare vigueur [1]. Enfin tiré de sa prison, il vint chercher un asile à Rome, et de là se sauva en France sous la protection du cardinal de Richelieu, ennemi déclaré de la puis-

---

« summas illi gratias habituros qui, quam solam quærimus colimusque
« patefecerit veritatem. »

1. *Scelta d'alcune poesie philosofiche*, di Settimontano Squilla, 1622. M. Orelli a réimprimé ces poésies à Lugano, en 1834. Lisez surtout *Modo di filosofare, della Plebe, il Carcer, al Telesio, lamentevole Orazione dal profondo della fossa*, etc.

sance autrichienne et espagnole. Il vécut tranquillement à Paris, dans le second couvent que les dominicains s'étaient bâti dans la rue Saint-Honoré, au lieu aujourd'hui appelé le marché des Jacobins, et il y finit ses jours en 1639. Sans doute la réforme qu'il avait entreprise était au-dessus de ses forces ; il avait dans l'esprit plus d'ardeur que de solidité, plus d'étendue que de profondeur. Il annonçait une révolution, il n'était pas capable de la mener à son terme. Cependant il serait injuste de ne pas tenir compte de si nobles efforts [1]. Campanella est un adversaire prononcé de la scholastique, et il incline au platonisme, mais ce ne

---

1. Campanella, étant en prison, confia ses écrits à Tobias Adamus, qui les publia successivement à Francfort : 1° *Prodromus philosophiæ instaurandæ*, Francf., 1617, in-4°; 2° *de Sensu rerum et Magia*, Francf., 1620, in-4; 3° *Apologia pro Galilæo*, Francf., 1622, in-4; 4° *Philosophiæ realis epilogisticæ partes* IV, Francf., 1623, in-4°. Lui-même donna à Rome : *Atheismus triumphatus*, Romæ, 1630. En France, il entreprit une collection de ses écrits ; il donna d'abord, en 1636, une nouvelle édition de l'*Atheismus triumphatus*, qu'il dédia au roi Louis XIII, avec plusieurs autres écrits. Puis, en 1637, il réimprima le *de Sensu rerum*, qu'il dédia au cardinal de Richelieu; puis encore, en 1637, il dédia au chancelier Séguier sa *Philosophia realis*, très-augmentée, in-fol.; enfin, en 1638, il dédia à Bullion, surintendant des finances, sa métaphysique, *Metaphysicarum rerum juxta propria dogmata partes tres*, in-fol. Voici quelques pensées de Campanella : « Sentire est scire. » Contre la scholastique : « Cognitio divinorum « non habetur per syllogismum, qui est quasi sagitta qua scopum at- « tingimus a longo absque gestu, neque modo per auctoritatem quod « est tangere quasi per manum alienam, sed per tactum intrinse- « cum... » Comme apologie de sa conduite : « Non omnis novitas in « republica et Ecclesia philosophis suspecta, sed ea tantum quæ prin- « cipia æterna destruit. Novator improbus non est qui scientias iterum « format et reformat hominum culpa collapsas. »

sont pas ses meilleurs côtés qu'il lui emprunte. Il a plus d'une analogie avec Bruno : leur patrie, leurs malheurs, leur courage, les associent, et si on peut dire avec vérité que Telesio a devancé Bacon, on peut sans trop d'indulgence considérer les deux autres philosophes napolitains comme les précurseurs italiens de Descartes [1].

1. *Fragments de philosophie moderne*, p. 12 : « Campanella, dominicain comme Bruno et novateur comme lui, a déjà plus de raison. Tout aussi ardent que Bruno contre Aristote, la réforme qu'il entreprend est à la fois plus sage et plus vaste. Plein d'enthousiasme pour le bien, il combattit la doctrine morale et politique de Machiavel; du fond de sa prison, il défendit le système de Copernic, et composa une apologie de Galilée pendant le procès que faisait à celui-ci l'inquisition : victime héroïque écrivant en faveur d'une autre victime dans l'intervalle de deux tortures! On a de lui un très-bon livre contre l'athéisme. Sa pensée est toujours chrétienne, et loin d'attaquer l'Église, il la glorifie partout. Mais il paraît qu'à force de lire saint Thomas et Platon, il y puisa une telle horreur de la tyrannie et une telle passion pour un gouvernement fondé sur l'esprit et sur la vertu qu'il rêva de délivrer son pays du despotisme espagnol, et trama dans les couvents et dans les châteaux de la Calabre une conspiration de moines et de gentilshommes, qui, n'ayant pas réussi, le plongea dans un abîme d'infortunes. De profondes ténèbres couvrent encore toute cette affaire. Le dernier historien de Campanella, M. Baldachini, de Naples (*Vita e filosofia di Tommaso Campanella*, 2 vol. in-8°, Napoli, 1840-1842), a en vain cherché dans toutes les archives le procès de son célèbre compatriote; tout a disparu, et nous en sommes réduits au témoignage de ses ennemis. Tous du moins sont unanimes sur sa constance et son inébranlable courage. Une fois mis en prison pour crime politique, on y mêla d'autres accusations théologiques et philosophiques; il demeura vingt-sept ans dans les fers. Un auteur comtemporain et digne de foi (J. N. Erythræus, *Pinacotheca Imaginum illustrium*, 1643-1648) raconte que Campanella soutint pendant trente-cinq heures continues une torture si cruelle « que, toutes les veines et artères qui sont autour du siége ayant été rompues, le sang qui coulait des blessures ne put être arrêté, et que pourtant il supporta cette torture avec tant de fermeté que pas une fois

Mais hâtons-nous de parcourir les deux dernières parties du tableau que je me suis proposé de mettre sous vos yeux.

L'école sceptique compte peu d'adeptes dans cet âge d'enthousiasme; il n'y en a que trois. Le premier qui se présente à nous est Sanchez, né à Bracara en Portugal, qui étudia en France, prit le grade de docteur en médecine à Montpellier en 1573, et enseigna la médecine à Toulouse. Le titre de son ouvrage est : *De multum nobili et prima universali Scientia...* Et

il ne laissa échapper un mot indigne d'un philosophe. » Campanella lui-même fait ainsi le récit de ses souffrances dans la préface de l'*Athéisme vaincu* ; « J'ai été renfermé dans cinquante prisons et soumis sept fois à la torture la plus dure. La dernière fois, la torture a duré quarante heures. Garrotté avec des cordes très-serrées et qui me déchiraient les os, suspendu, les mains liées derrière le dos, au-dessus d'une pointe de bois aigu qui m'a dévoré la seizième partie de ma chair et tiré dix livres de sang, guéri par miracle après six mois de maladie, j'ai été plongé dans une fosse. Quinze fois j'ai été mis en jugement. La première fois, quand on m'a demandé : Comment donc sait-il ce qu'il n'a jamais appris? a-t-il donc un démon à ses ordres? J'ai répondu : Pour apprendre ce que je sais, j'ai usé plus d'huile que vous n'avez bu de vin. Une autre fois on m'a accusé d'être l'auteur du livre *des trois Imposteurs*, qui était imprimé trente ans avant que je fusse sorti du ventre de ma mère. On m'a encore accusé d'avoir les opinions de Démocrite, moi qui ai fait des livres contre Démocrite. On m'a accusé de nourrir de mauvais sentiments contre l'Église, moi qui ai écrit un ouvrage sur la monarchie chrétienne, où j'ai montré que nul philosophe n'avait pu imaginer une république égale à celle qui a été établie à Rome sous les apôtres. On m'a accusé d'être hérétique, moi qui ai composé un dialogue contre les hérétiques de notre temps... Enfin, on m'a accusé de rébellion et d'hérésie, pour avoir dit qu'il y a des taches dans le soleil, la lune et les étoiles, contre Aristote qui fait le monde éternel et incorruptible... C'est pour cela qu'ils m'ont jeté, comme Jérémie, dans le lac inférieur où il n'y a ni air ni lumière. »

quelle est cette noble, première et universelle science? *Quod nihil scitur*[1]. Mais celui qui a répandu et popularisé en France le scepticisme, c'est Michel de Montaigne, né à Bordeaux en 1533, mort en 1592. Comme le sensualisme et l'idéalisme ne sont guère alors que du péripatétisme et du platonisme, c'est-à-dire des systèmes d'emprunt, de même le scepticisme du très-spirituel mais très-instruit Montaigne rappelle aussi le pyrrhonisme de l'antiquité. Cependant il faut convenir qu'il y avait quelque chose d'essentiellement sceptique dans l'esprit du gentilhomme gascon, et qu'au milieu des

---

1. La première édition est de 1581, à Lyon, in-4°, très-bien imprimée chez Griphe; mais la préface est datée de Toulouse, 1576, et l'auteur dit en effet dans la dédicace, adressée à un de ses compatriotes, qu'il y a déjà sept ans qu'il a composé cet écrit. Lui-même nous apprend qu'il est professeur de médecine : « Artem medicam cujus professores sumus », p. 3 de la préface. Cet ouvrage a été plusieurs fois réimprimé. Francf., 1618; Rotterdam, 1649. Extrait de la préface de Sanchez : « A
« prima vita naturæ contemplationi addictus minutim omnia inquire-
« bam; et quamvis initio avidus animus sciendi quocumque oblato
« cibo contentus esset, utcumque, post modicum tamen tempus, indi-
« gestione prehensus revomere cœpit omnia. Quærebam jam tunc quid
« illi darem quod et perfecte amplecteretur et frueretur absolute; nec
« erat qui desiderium expleret meum. Evolvebam præteritorum dicta,
« tentabam præsentium corda; idem respondebant, quod tamen mihi
« satisfaceret omnino nihil... Ad me proinde memetipsum retuli, om-
« niaque in dubium revocans, ac si a quopiam nihil unquam dictum
« res ipsas examinare cœpi... Quo magis cogito, magis dubito. Des-
« pero. Persisto tamen. Accedo ad doctores, avide ab iis veritatem ex-
« spectaturus. Quisque sibi scientiam construit ex imaginationibus
« tum alterius tum propriis; ex his alia inferunt... quousque laby-
« rinthum verborum absque aliquo fundamento veritatis produxere...
« Decipiantur qui decipi volunt. Non his scribo, nec proinde scripta
« legant mea... cum iis mihi res sit qui nullius addicti jurare in verba
« magistri proprio marte res expendunt, sensu rationeque ducti Tu igi-

guerres de religion dont il avait été le témoin, et après tant de sanglantes folies des deux côtés, le doute lui devait paraître bien naturellement l'oreiller le plus commode à une tête bien faite. Les *Essais*, qui parurent en 1580 et furent complétés en 1588 [1], devinrent bien vite, comme on l'a dit, le bréviaire des libres penseurs. L'ami et l'élève de Montaigne, Pierre Charron, né à Paris en 1521, longtemps théologal à Bordeaux, mort en 1603, plus méthodique et moins original que son maître, a élevé au scepticisme un monument régulier qu'il a décoré du nom de *Sagesse* [2].

Le mysticisme compose une famille bien autrement

« tur quisquis es ejusdem mecum conditionis temperamentique, quique
« de rerum naturis sæpissime tecum dubitasti, dubita modo mecum,
« ingenia nostra simul exerceamus... Nec proinde tamen veritatem
« tibi omnino polliceor, ut qui eam ut alia omnia ignorem... nec eam
« arripere speres unquam aut sciens tenere : sufficiat tibi, quod et
« mihi, eamdem agitare. Hic mihi scopus, hic finis est. » La conclusion de cette préface et comme le symbole du scepticisme de Sanchez est la formule célèbre, *Quid?* Est-ce la source du *Que sais-je?* Il est difficile de supposer que l'ouvrage du célèbre professeur de Toulouse ne fût pas venu à la connaissance du traducteur de Raymond de Sebonde, et que Montaigne ne l'ait pas lu dans l'intervalle de la première édition à la seconde des *Essais*.

1. Première édition, à Bordeaux, chez Millanges, 1580, deux livres en deux volumes in-12; la seconde édition comprend les trois livres, in-4°, à Paris, chez l'Angelier, 1588. Montaigne en préparait une nouvelle que mademoiselle de Gournay, sa fille adoptive, a donnée en 1595, in-fol. C'est le texte de cette édition qui seul est le vrai texte de Montaigne, et qui, après avoir été malheureusement altéré et défiguré depuis presque deux siècles par complaisance pour des lecteurs frivoles, a été rétabli par M. J.-V. Leclerc dans son excellente édition de 1826 : *Essais de M. de Montaigne, avec les notes de tous les commentateurs,* 5 volumes in-8°.

2. *La Sagesse* est en trois livres comme les *Essais*, et parut en 1601,

nombreuse. Sa grande source est l'école néoplatonicienne de Florence. Or, le néoplatonisme alexandrin se prêtait à la mythologie du temps par l'allégorisation, et touchait aussi à la théurgie. De là deux tendances du mysticisme florentin, l'une allégorique en religion, l'autre théurgique et alchimiste. Tantôt ces deux tendances se divisent, tantôt elles se mêlent. Permettez-moi de me borner à vous offrir la liste des principaux mystiques du quinzième et du seizième siècle.

Le mystique le plus sensé et le plus circonspect de cet âge est sans contredit le cardinal Nicolas, qu'on appelle à tort de Cusa, ce qui lui donne un faux air italien, tandis qu'il est Allemand, de Cuss, petit endroit près de Trèves. Né en 1401, il partit d'assez bas, on le dit fils d'un pauvre pêcheur des bords de la Moselle, pour arriver au cardinalat. Il joua un assez grand rôle dans les affaires de son temps, ainsi que Gerson, avec lequel il a plus d'une analogie. Lui aussi, il assista au concile de Bâle, et il y tint une conduite ferme et modérée. La scholastique ne l'avait pas autant dégoûté de la philosophie que le chancelier de l'Université de Paris, et son mysticisme a un caractère plus scientifique. Ses solides connaissances en mathématiques et en astronomie le défendirent contre le scepticisme. Nous n'affirmons point qu'il se rattache à Ficin et à l'école florentine, mais il est certain qu'il connaissait bien l'Italie, il avait pris à Padoue son doctorat en

---

aussi à Bordeaux, chez Millanges, in-12; la seconde est de Paris, 1604, avec les corrections laissées par l'auteur.

droit canon; quelque temps il fut chargé, dit-on, du gouvernement de Rome ; et persécuté, emprisonné même en Allemagne pour avoir voulu rétablir la discipline dans un couvent de son diocèse, c'est en Italie qu'il chercha un asile, et il alla finir sa vie dans un village de l'Ombrie. Son système reproduit la partie pythagoricienne du néoplatonisme, sous cette réserve néoplatonicienne encore que si, avec la théorie des nombres on peut rendre compte des phénomènes du monde et remonter à leur principe, l'unité, on ne peut connaître cette unité en elle-même. L'ouvrage le plus célèbre de Nicolas de Cuss est une apologie de la docte ignorance, *de Docta ignorantia*, dont l'argument principal, depuis si employé, est l'impossibilité pour un être fini d'embrasser et de comprendre l'infini [1]. Comme saint Anselme, c'est sur l'idée du *maximum* résidant en notre esprit, que l'auteur fonde ce qu'on pourrait appeler sa philosophie. Il paraît avoir connu et il cite souvent, là et ailleurs, Denys l'Aréopagite et Algazel. Le traité *de la Vision de Dieu* est semé d'allégories assez chimériques au milieu desquelles se rencontrent des pages dignes de l'*Imitation de Jésus-Christ*, bien qu'elles sentent et rappellent toujours le philosophe [2]. Ce mélange à doses presque égales de platonisme, de scepticisme et de mysticisme

---

1. *Nicolai Cusani Opp.*, 3 vol. en un, Bâle, 1565, in-fol.— *De Docta ignorantia*, c. III : « Ex se manifestum est infiniti ad finitum proportionem non esse. »

2. *Ibid. De Visione Dei*, lib. I, c. VII. « O Domine, suavitas omnis dulcedinis, posuisti in libertate mea ut sim si voluero mei ipsius, et quia

fait le plus grand honneur à cet homme du quinzième siècle; car le cardinal de Cuss est antérieur à Reuchlin et à Agrippa; c'est un contemporain de Ficin; il est mort en 1464.

Jean Reuchlin de Pforzheim, né en 1455, mort en 1522, avait fait la connaissance personnelle de Ficin et des Pic de La Mirandole dans un voyage en Italie, et il avait rapporté en Allemagne un goût décidé pour le mysticisme. Il est moins alchimiste qu'allégoriste : il a écrit un traité de la cabale, *de Arte cabalistica*, et un autre *de Verbo mirifico* [1]. Il étudia les langues orientales, en particulier l'hébreu et le Talmud, et défendit les Juifs persécutés. Henri-Corneille Agrippa de Nettesheim, né à Cologne en 1486, mort à Grenoble en 1535, est un ami de Reuchlin ; il le commenta, et expliqua même à l'Université de Dôle, alors florissante, le livre *de Verbo mirifico*. Il avait composé un ouvrage *de Philosophia occulta*; mais comme pour at-

---

hoc posuisti in libertate mea, non me necessitas sed expectas ut ego eligam mei ipsius esse. Quomodo autem ero mei ipsius, nisi tu, Domine, docueris me? Hoc autem tu me doces ut sensus obediat rationi et ratio dominetur. Quando igitur sensus servit rationi, sum mei ipsius; sed non habet ratio unde dirigatur nisi per te, Domine, qui es verbum et ratio rationum. Unde nunc video, si audiero verbum tuum quod in me loqui non cessat et continue lucet in ratione, ero mei ipsius, liber, et non servus peccati, et tu eris meus et dabis videre faciem tuam et tunc salvus ero. » Voyez aussi le chapitre vIII° : Quomodo visio Dei est amare, etc.; et le IX° : Quomodo Deus est universalis pariter et singularis, etc. On peut lire aussi le petit dialogue *de Deo abscondito*.

1. *De Arte cabalistica*, Haguenau, 1517, in-fol. *De Verbo mirifico*, Tubingæ, 1514, in-fol., et Lugduni, 1551, tout petit in-18, chez de Tournes. Réimprimés dans la collection de Pistorius, Bâle, 1587, in-fol.

tirer au mysticisme il faut commencer par décrier toute espèce de philosophie, il en fit un autre *de Vanitate scientiarum*[1]. Agrippa de Nettesheim est allégoriste comme Reuchlin ; mais déjà il commence l'alchimie et la théurgie. Paracelse, né à Einsielden en Suisse, en 1493, mort à Salzbourg en 1541, était un chimiste et un médecin ingénieux [2]. Il avait beaucoup voyagé en Italie et en Allemagne : il occupa la première chaire publique de chimie à Bâle ; et Bacon fait la remarque que le plus grand tort de Paracelse est d'avoir caché les expériences très-réelles qu'il avait faites sous une apparence mystérieuse. La doctrine de Paracelse consiste en trois principes dont l'union forme l'*Archæum magnum* avec lequel il explique toute la nature. Valentin Weigel, né en Misnie en 1533, ministre luthérien, mort en 1588, suivit la tendance théurgique de Paracelse, en l'unissant à la mysticité morale et religieuse de

---

[1]. Cet ouvrage a vu le jour en 1530, à Anvers, in-4°, et il fut censuré par la Sorbonne en 1531, comme renfermant quelques propositions un peu luthériennes. Il y en a eu de nombreuses éditions en 1531, 1532, etc. *H. C. Agrippæ Opp.*, 2 vol. in-8°, Lugduni, per Beringos fratres, sans date. Voici quelques pensées d'Agrippa, tirées de ses lettres :

« Supremus et unicus rationis actus religio est.

« Omnium rerum cognoscere opificem, atque in illum tota simili-
« tudinis imagine, cum essentiali contactu, transire, quo ipse trans-
« formeris efficiareque Deus, ea demum vera solidaque philosophia est.

« Sed quomodo qui in cinere et mortali pulvere se ipsum amisit
« Deum inveniet ? Mori nimirum oportet mundo et carni et sensibus
« omnibus, si quis velit ad hæc secretorum penetralia ingredi... »

[2]. La plus récente édition des Œuvres de Paracelse est celle de Genève, 2 vol. in-fol., 1658. Le premier volume comprend la médecine ; le deuxième, la chimie et la philosophie.

Reuchlin, de Tauler et de Gerson[1]. Leibnitz a dit de lui[2] : « Homme d'esprit, et qui en avait même trop. » A partir du dix-septième siècle, les doctrines de cette école, tant allégoriques que théurgiques, passent dans une société secrète, la société des roses-croix, où elles sont conservées en dépôt, comme le germe et l'espoir d'une réforme universelle. On peut aussi placer parmi les mystiques de cette époque Jérôme Cardan, de Pavie, né en 1501, mort à Rome en 1576, médecin et naturaliste célèbre, d'un savoir très-étendu, et qui, au milieu de grandes extravagances, présente souvent les vues les plus élevées[3]. J'aurais dû vous parler de Van Helmont après Paracelse, car il s'y rapporte et il en vient : c'est aussi un mystique alchimiste; il était né à Bruxelles en 1577, et il est mort à Vienne en 1644[4]. Robert Fludd, médecin anglais du comté de Kent, né

---

1. Libellus de Vita beata, non in particularibus ab extra quærenda, sed in summo bono intra nos ipsos possidendo; item exercitatio mentis de luce et caligine divina; collectus et conscriptus a M. Valentino Weigelio, Halæ Saxonum, 1609.

2. Théodicée, *Discours de la conformité de la raison avec la foi*, p. 14 de la première édition, Amsterdam, 1710, et p. 11 du t. I de l'édition d'Amsterdam de 1747. Leibnitz dit que Weigel peut bien avoir « tenu quelque chose » du système auquel, depuis, Spinosa a donné son nom.

3. Son grand ouvrage *de Subtilitate* a paru à Nuremberg en 1550, in-fol., depuis souvent réimprimé à Bâle en 1553, 1557, etc. On y peut joindre *de Rerum varietate, de Immortalitate animi, de Sapientia, de Æternitatis arcanis, de Utilitate ex adversis capienda*, surtout la curieuse autobiographie *de Vita propria*. Toutes les œuvres de Cardan ont été recueillies en dix volumes in-fol., à Lyon, 1663, par les soins de Charles Spon.

4. Son fils, Mercure Van Helmont, a publié ses ouvrages. Voyez

en 1574, mort en 1627, essaya de combiner Paracelse avec l'étude assidue de la *Genèse*, allégoriquement interprétée[1]. Mais le plus profond à la fois et le plus naïf de tous les mystiques du seizième siècle est Jacob Bœhme, né en 1575, mort en 1624. C'était un pauvre cordonnier de Gorlitz, sans aucune instruction littéraire, qui cacha sa vie et resta longtemps sans rien produire, uniquement occupé de deux études, que tout chrétien et tout homme peut toujours faire, l'étude plus contemplative que théorique de la nature, et celle des livres saints. Il est appelé le philosophe teutonique. Il a écrit une foule d'ouvrages qui ont été depuis comme l'Évangile du mysticisme. Ils ont été souvent reproduits[2] et traduits en différentes langues. Un des plus célèbres, publié en 1612, s'appelle *Aurora*[3]. Les points fondamentaux de la doctrine de Bœhme sont : 1° l'impossibilité d'arriver à la vérité par aucun autre procédé que l'illumination ; 2° une théorie de la création ; 3° les rapports de l'homme à Dieu ; 4° l'identité essentielle de l'âme et de Dieu, et la déter-

---

entre autres Ortus medicinæ, id est initia physicæ inaudita, progressus medicinæ novus, in morborum ultionem, ad vitam longam, authore J.-B. Van Helmont, etc., edente authoris filio; edit. nova, Amstelodami, 1651, in-4°.

1. Philosophia Mosaica, Gudæ, 1638, in-fol. — Historia macro et microcosmi metaphysica, physica et technica, Oppenheim, 1617, in-fol.

2. L'édition préférée est celle de 1730, 7 vol. in-12.

3. Il a été traduit en français par Saint-Martin, l'*Aurore naissante*, 2 vol., 1800. Nous devons aussi à Saint-Martin la traduction *des Trois principes de l'essence divine ou de l'éternel engendrement des choses*, 2 vol., 1802; *les Quarante questions sur l'âme*, 1807, et *la Triple vie de l'homme*, 1809.

mination de leur différence quant à la forme ; 5° l'origine du mal ; 6° la réintégration de l'âme ; 7° une exposition symbolique du christianisme.

Telles sont en raccourci les quatre grandes écoles dont l'histoire remplit le quinzième et le seizième siècle. L'incomplète statistique que je viens de vous en donner suffit à démontrer que, même dans cet âge de culture artificielle et d'imitation, l'esprit humain est resté fidèle à lui-même et à ses lois, à ces quatre tendances qui le portent partout et toujours à chercher la vérité ou dans les sens et l'observation empirique, ou dans la conscience et souvent aussi dans l'abstraction, ou dans la négation de toute certitude, ou enfin dans l'enthousiasme et dans la contemplation immédiate de Dieu.

Reste à savoir quelle est celle de ces quatre écoles qui a compté le plus de partisans, et qui, par conséquent, réfléchit le mieux l'esprit général de cette époque. Assurément ce n'est pas le scepticisme, car il se réduit, comme vous venez de le voir, à trois hommes d'esprit. Est-ce l'école sensualiste péripatéticienne, ou l'école idéaliste platonicienne? On peut en douter : toutes deux semblent presque également fertiles en hommes distingués et en systèmes célèbres. Le nombre et même l'importance des systèmes nous paraît plutôt du côté du mysticisme, en le prenant dans son double développement allégorique et alchimiste. Il comprend toute l'école platonicienne; il en sort et il y rentre sans cesse ; assez faible d'abord, il s'accroît des fautes de ses adversaires.

Il n'est pas sans intérêt de rechercher aussi quelle est la répartition de ces écoles entre les différents pays de l'Europe. En effet, si, au moyen âge, il n'y a guère d'autre distinction que celle des ordres religieux, déjà, vers le quinzième siècle, les individualités nationales se font jour ; et il est curieux de voir comment, dans l'indépendance naissante de l'Europe, les différentes nations se sont, pour ainsi dire, partagé les divers points de vue philosophiques. Or, on trouve, 1° qu'il n'y a guère eu de scepticisme qu'en France, les trois hommes qui représentent alors le scepticisme étant deux Français et un Portugais naturalisé en France, y professant et y écrivant ; 2° que l'Italie a été la source du double dogmatisme péripatéticien et platonicien, et que c'est de l'Italie qu'il a passé dans tous les autres pays de l'Europe ; 3° que le mysticisme vient aussi d'une source italienne et qu'il s'y retrempe souvent, mais qu'il s'est surtout répandu en Allemagne. La conclusion est donc qu'en somme le grand rôle au quinzième et au seizième siècle est à l'Italie, qui, au concile de Florence, retrouve l'antiquité et la transmet à l'Europe, en gardant presque toujours la prééminence. Les deux écoles les plus illustres du temps en des genres opposés sont incontestablement Florence et Padoue ; et si l'Université de Paris est le foyer de la philosophie au moyen âge, il faut reconnaître, comme nous l'avons déjà dit, que l'Italie est la reine de la Renaissance en philosophie comme en tout le reste.

Encore un autre rapport sous lequel il convient d'examiner ces quatre écoles. Quelles langues ont-elles parlées? Ceci importe, car l'introduction des langues vulgaires dans la philosophie y représente plus ou moins l'indépendance et l'originalité de la pensée. Je ne vois pas qu'aucun autre péripatéticien qu'Alexandre Piccolomini ait alors écrit en langue vulgaire. Cesalpini, Telesio, Campanella lui-même écrivent en latin. L'école platonicienne, sur la fin et même vers la moitié du seizième siècle, commence l'emploi d'une langue nationale : il y a une *Dialectique* [1] de Ramus en assez bon français, et Jordano Bruno a écrit en italien plusieurs de ses ouvrages. Pour le scepticisme, venu plus tard et borné à la France, il a toujours parlé, Sanchez excepté, la langue française. Si le mysticisme dans ses débuts où il tient encore à sa racine, l'école florentine, parle le langage convenu de cette école, le latin, il a fini par parler une langue vulgaire. Il est à remarquer que Jacob Bœhme a écrit tous ses ouvrages dans la seule langue qu'il sût et qu'on sût autour de lui, l'allemand ; ce qui fait du mysticisme de Bœhme un système tout autrement naturel et sérieux que celui de Ficin et des Pic de La Mirandole.

Enfin, si on demande quelle est la part du bien et celle du mal dans la philosophie de ces deux siècles, il me semble que le bien est surtout dans l'immense carrière que l'imitation libre de l'antiquité ouvrait à l'esprit humain, et dans la fermentation féconde que tant de systèmes si nombreux et si divers devaient exciter et qu'ils ont en effet produite. Quand on lit la vie, les

---

1. *Dialectique de Pierre de La Ramée, à Charles de Lorraine, cardinal, son Mécène*, Paris, in-4°, 1555.

aventures et les entreprises de Ramus, de Jordano Bruno, de Telesio, de Campanella, on sent que Bacon et Descartes ne sont pas loin. Le mal est dans la prédominance de l'esprit d'imitation qui étouffe l'originalité, engendre la confusion, et exclut toute méthode assurée. Ajoutez que ce mal devait naturellement s'accroître par l'influence du génie italien, où l'imagination prévaut sur l'entendement et le sens commun.

En résumé, tout en rendant cet hommage à la philosophie de la Renaissance qu'elle a initié l'esprit humain à la libre spéculation, on ne peut méconnaître en elle deux vices essentiels : 1° Cette philosophie se ressent des désordres du temps : elle manque essentiellement d'unité ; la métaphysique, la morale, la politique, la physique, n'y sont pas unies entre elles par ces liens intimes qui attestent la présence d'une pensée unique et profonde. 2° Elle manque de critique : elle ne sait pas discerner et elle ne recherche point, parmi les diverses parties qu'elle embrasse, celle qui doit être la base de tout l'édifice. On y commence par tout pour aller on ne sait trop où ; il n'y a pas de point de départ généralement accepté d'où la philosophie marche régulièrement et successivement vers son but. Ou si on veut trouver un point de départ commun à tous les systèmes d'alors, on peut dire qu'il est toujours pris en dehors de la nature humaine. On commence en général par Dieu ou par la nature extérieure, et on arrive comme on peut à l'homme ; et cela sans règle bien déterminée, sans même que cette manière de procéder soit établie en principe. De là la nécessité d'une révolution dont le caractère devait être précisément le contraire de celui de la philosophie du quinzième et du seizième siècle, à savoir l'introduction d'une méthode qui mette un terme aux spéculations confuses de l'époque précédente, et substitue enfin l'empire du bon sens à celui de l'imagination. C'est cette révolution, avec les grands systèmes qu'elle a produits, que je me propose de vous faire connaître dans nos prochaines réunions.

SEPTIÈME LEÇON

PHILOSOPHIE DU XVIIᵉ SIÈCLE. SENSUALISME.

Philosophie moderne : elle marche de plus en plus vers l'indépendance, et recherche une méthode plus sévère. — Deux âges dans la philosophie moderne : le premier âge est celui de la philosophie du xviiᵉ siècle. — École sensualiste du xviiᵉ siècle. Bacon : caractère exclusif de sa philosophie et de sa méthode, et en même temps quelques teintes mystiques. — Hobbes ; ami et traducteur de Bacon ; ouvertement matérialiste et nominaliste ; renvoie à la théologie toute question sur Dieu, confond la volonté avec le désir, rejette toute liberté ; sa morale est l'intérêt, sa politique, le pouvoir absolu. — Gassendi renouvelle la philosophie d'Épicure. Ses disciples français. — Locke. Sa méthode ; faussée d'abord par la recherche prématurée de l'origine des idées. — La table rase. Seules sources de connaissance, la sensation et la réflexion, et encore la réflexion s'exerçant sur ce qu'elle a reçu de la sensation. — De là la négation de tout principe universel et nécessaire et l'altération de beaucoup d'idées essentielles, telles que celles d'espace, de temps, d'infini. — Théorie des signes. Locke nominaliste. — Théorie des idées images. — Opinion de Locke sur Dieu. — Sur l'âme. — Sur la liberté. — Sur le bien et le mal. — Résumé.

La philosophie de la Renaissance se peut définir l'éducation de la pensée moderne par la pensée antique. Son caractère est une imitation ardente et souvent aveugle ; son résultat nécessaire a été une fermentation universelle, qui portait dans son sein une révolution. Cette révolution est la philosophie moderne proprement dite.

Le trait le plus général qui la distingue est le goût de plus en plus marqué de l'indépendance.

1° La philosophie moderne s'affranchit de l'autorité qui domine toute la Renaissance, de ce culte de l'antiquité qui d'abord avait éveillé et animé l'esprit humain, mais le fascinait aussi et l'enchaînait. Elle rompt avec le passé, ne songe qu'à l'avenir, et se sent la force de le tirer d'elle-même. On dirait que, de peur de se laisser charmer par Platon et par Aristote, elle en détourne les yeux comme à dessein. Bacon, Gassendi et Leibnitz exceptés, tous les grands philosophes de l'ère nouvelle, Descartes, Spinoza, Malebranche, Hobbes, Locke, et leurs disciples, n'ont aucune connaissance et presque aucun respect de l'antiquité; ils ne lisent guère que dans la nature et dans la conscience.

2° La philosophie moderne s'affranchit encore d'une autre autorité, qui avait régné en absolue souveraine pendant tout le moyen âge, l'autorité ecclésiastique, en séparant à jamais dans l'école la philosophie et la théologie, comme dans l'État la royauté s'émancipait aussi par la séparation judicieuse de la puissance temporelle et de la puissance spirituelle. Jusqu'alors la confusion de ces deux puissances avait produit tour à tour la domination et la servitude de l'une des deux et entretenu des troubles funestes : leur séparation régulière établit leur mutuelle indépendance, et mit enfin la paix dans les consciences et dans la société. De même, en délimitant avec précision le domaine de la théologie et celui de la philosophie, en réservant à l'une l'exposition et la défense des vérités de l'ordre surnaturel, et en abandonnant à l'autre la recherche des vérités de l'ordre naturel en physique et en métaphysique, on conquit du même coup à la religion un respect sincère et à la philosophie une juste liberté. Suivez, en effet, le cours du dix-septième siècle : la sécularisation progressive de la philosophie y est évidente de toutes parts. Cherchez, par exemple, qui sont les deux grands hommes qui ont fondé la philosophie moderne. Appartiennent-ils au corps ecclésiastique, à ce corps qui au moyen âge avait fourni à la scholastique de si grands interprètes? Non, les deux pères de la philosophie moderne sont deux laïques; et, à quelques exceptions près, on peut dire que, depuis le dix-septième siècle jusqu'à nos jours, les philosophes les plus illustres ont cessé de sortir des ordres religieux et des rangs de l'Église. Au début du moyen âge les couvents avaient été les asiles de la philosophie. Vinrent ensuite les universités ; c'était un pas considérable, car dans les universités, surtout vers la fin du moyen âge, au quinzième et au seizième siècle, parmi les professeurs s'étaient déjà glissés quelques laïques. Le dix-septième siècle vit naître une institution toute nouvelle, qui est aux universités ce que les universités avaient été aux couvents, les académies. Elles commencèrent en Italie vers le milieu du seizième siècle, mais c'est au dix-septième qu'elles se répandirent en Europe. Il y en a trois qui jetèrent d'abord le plus grand éclat, et devinrent vite de puissants foyers de libres recherches. Ce sont : 1° la Société royale de Londres, établie sur le plan même de Bacon[1];

1. D'abord à Oxford en 1645, puis définitivement, avec privilége, à Londres en 1663. En ont été membres Newton, Locke, etc.

2° l'Académie des sciences de Paris, création utile de Colbert en 1665, comme, en 1636, l'Académie française avait été la création brillante du génie de Richelieu ; 3° l'Académie de Berlin, fondée en 1700, non-seulement sur le plan de Leibniz, mais par Leibniz lui-même, qui en fut le premier président et rédigea le premier volume de ses mémoires.

Un autre caractère de la philosophie moderne, bien plus important encore, est l'adoption ou du moins la recherche d'un point de départ fixe, d'une méthode. Averti par tant de faux pas, le premier soin de l'esprit humain est alors d'élever des barrières contre sa propre impétuosité. Au lieu de marcher en avant, au hasard, à la poursuite de la vérité, il revient sur lui-même, et se demande par où et comment il doit marcher. La méthode ! la méthode ! tel est le grand objet que se proposent dès les premières années du dix-septième siècle, ceux qui aspirent à le conduire : tous ces efforts se termineront, comme au temps de Socrate, à une méthode presque universellement acceptée, l'étude de la nature humaine, considérée comme le fondement de toute bonne philosophie. Cette méthode depuis longtemps oubliée et ensevelie, on la retrouvera ; on croira même l'inventer ; on l'inventera donc, à proprement parler ; et bientôt il ne lui manquera que son nom que lui donnera notre siècle, la psychologie.

En entrant dans la philosophie moderne pour en étudier avec vous les divers systèmes, après en avoir reconnu d'abord les caractères généraux, la première pensée qui se présente à mon esprit, c'est qu'en vérité la philosophie moderne est bien jeune. Dans l'Inde, malgré l'incertitude des dates, on peut affirmer que la philosophie y a vécu de bien longs siècles. Dans la Grèce, la philosophie a duré douze cents ans, depuis Thalès et Pythagore jusqu'à la fin de l'école d'Athènes. La scholastique a régné six siècles; la Renaissance n'est que la préface de la philosophie moderne. En sorte que la philosophie moderne, dont nous sommes à la fois les produits et les instruments, cette philosophie compte à peine deux siècles d'existence. Jugez du vaste avenir qui est devant elle, et que cette considération enhardisse et encourage ceux qui la trouvent encore si mal assurée dans ses procédés, si indécise dans ses résultats. Cependant, quoique bien jeune, elle est grande déjà, et en deux siècles elle a mis au monde tant de systèmes que dans ce mouvement, qui est d'hier en quelque sorte, on peut distinguer deux âges : le premier, qui commence avec le dix-septième siècle et ne finit que vers le milieu du dix-huitième; le second, qui embrasse toute la dernière moitié du dix-huitième siècle jusqu'au nôtre[1]. Ces deux âges ont cela de commun qu'ils participent tous deux de l'esprit général de la philosophie moderne tel que nous venons de le décrire; et chacun d'eux a cela de particulier qu'il en participe plus ou moins et en un degré différent.

Deux hommes ouvrent la philosophie au dix-septième siècle et la constituent, Bacon et Descartes. Il

---

1. Cette distinction de deux époques dans la philosophie moderne, d'après le progrès de la méthode même, est déjà indiquée dans LE VRAI, LE BEAU ET LE BIEN, *Discours d'ouverture*, p. 4.

faut savoir reconnaître en ces deux hommes leur unité ; car ils doivent en avoir une puisqu'ils sont les fondateurs d'une philosophie qui est une dans son esprit ; et en même temps il faut reconnaître leur différence, puisqu'ils ont mis la philosophie moderne sur des routes diverses. Tous les deux ont eu, ce qui est bien rare, la conscience de ce qu'ils faisaient : ils savaient qu'une réforme était nécessaire, que déjà on l'avait tentée et qu'on y avait échoué ; et c'est volontairement et sciemment qu'ils ont renouvelé cette difficile entreprise et l'ont exécutée. Dans tous leurs ouvrages respire le sentiment de l'esprit de leur temps, dont ils se portent les interprètes. Tous deux étaient laïques, l'un militaire, l'autre homme de loi. La nature de leurs études les éloignait également de la scholastique. Ils avaient aussi passé par le monde, et y avaient contracté ce sentiment de la réalité qu'il s'agissait d'introduire dans la philosophie. Enfin tous deux étaient nourris de la bonne littérature ; ils étaient dans leur langue d'éminents écrivains, et par là capables de répandre et de populariser le goût d'une meilleure philosophie.

Voilà l'unité de Descartes et de Bacon, qui est celle de la philosophie moderne elle-même. Mais sous cette unité sont des différences manifestes. Bacon s'est particulièrement occupé de sciences physiques ; Descartes, quoique grand physicien, est plus grand géomètre encore. Tous deux emploient l'analyse ; mais l'un applique surtout l'analyse à l'étude des phénomènes de la nature, l'autre à l'étude et de la nature et de la pensée ;

l'un se fie davantage au témoignage des sens, l'autre à celui de la raison. De là inévitablement deux tendances opposées, et sur un même fond deux écoles distinctes, l'une sensualiste, l'autre idéaliste. Occupons-nous aujourd'hui de la première.

François Bacon, né à Londres en 1561, mort en 1626, est encore un peu, comme ces dates le disent, un homme du seizième siècle. Il a l'énergie novatrice de ce siècle, tempérée par la maturité et la virile sagesse du dix-septième. Mais toute l'audace de Bacon s'est exercée et épuisée dans les régions de la science ; car dans la vie, il est pénible de le dire, c'est en rampant et par de tristes menées qu'il est arrivé aux dignités qu'il a entassées sur sa tête, et qu'il est devenu successivement procureur général, chancelier, lord Verulam, baron de Saint-Alban. Deux taches déplorables ternissent sa mémoire. Il devait sa première fortune au comte d'Essex, le brillant et téméraire favori d'Élisabeth ; et quand celle-ci fit monter son ancien favori sur l'échafaud, elle chargea Bacon de justifier la cruelle sentence, et Bacon accepta cette commission. Puis, sous Jacques Ier, après avoir réussi à gagner les bonnes grâces du roi et du nouveau favori, le duc de Buckingham, et lorsque sa servile capacité l'eut élevé aux plus hautes charges de l'État, il fit un tel usage de ses grandeurs, le goût du faste, le besoin d'argent pour suffire à ses dépenses, et son aveugle faiblesse pour des domestiques corrompus, l'entraînèrent si loin que le parlement indigné lui intenta un procès, l'accusa et le déclara coupable de vénalité et de concussion. Le malheureux ne se défendit même pas, il avoua tout, se soumit à tout, s'excusant auprès de la postérité par ces tristes paroles : « Qu'il n'était pas né pour les affaires, et qu'il y avait été jeté par la fatalité[1]. » Mais cette fatalité n'était que l'instinct inné de la cupidité et de l'ambition. C'est alors qu'il se réfugia dans la philosophie, et consacra les dernières années de sa vie à former un corps des divers écrits qu'il avait fait paraître auparavant.

Bacon est un génie essentiellement anglais, un digne compatriote et contemporain de Shakespeare : il en a la grande imagination, et ce style étincelant d'esprit et de force, avec l'affectation et le mauvais goût du temps. Il résume admirablement en lui les tendances de l'école empirique italienne. Il connaissait très-bien l'Italie; il avait brigué l'honneur de faire partie de la fameuse Académie romaine des *Lincei*, dévouée à l'étude de la nature et ennemie déclarée de la scholastique[2]; il est tout imbu des écrits de Telesio. Voilà ce qu'on oublie trop en Angleterre, et ce qu'il ne faut pas perdre de vue pour bien comprendre et apprécier Bacon. Sans le rabaisser, il est juste de reconnaître que la première impulsion lui vint du dehors, et qu'il a transporté en Angleterre l'esprit qui régnait à Padoue, chez les Lincei et dans l'Académie Cosentine. Mais ce qui n'était qu'une vague aspiration en Italie est devenu, au delà de la

---

[1]. *De Dignitate et augmentis scientiarum*, liber octavus, c. III, dans les premières lignes : « Ad litteras potius quam ad quidquam natus, et ad res gerendas nescio quo fato contra genium suum abreptus. »

[2]. Ce fait curieux et significatif est bien attesté. Voyez Odescalchi, *Mem. ist. crit.* Rome, 1806, et le *Giornale arcadico*, t. XIX, juillet, 1823.

Manche, entre les mains de Bacon et grâce au génie national, une direction précise, forte et régulière.

Bacon conçut de bonne heure sa grande entreprise, dont l'idée était pour ainsi dire dans l'air à la fin du seizième siècle. Elle comprend deux parties : l'une où il glorifie la dignité, l'utilité, les progrès toujours croissants des sciences; l'autre où il expose la nouvelle méthode qui devait enfanter des progrès nouveaux. Il publia en 1605 la première partie en anglais : *Of the proficience and advancement of learning*, écrit qui plus tard, fort augmenté et traduit en latin par Bacon lui-même, avec le secours de plumes habiles, revit le jour en 1623 sous ce titre qu'il a toujours gardé : *de Dignitate et augmentis scientiarum*[1]. La seconde partie parut en latin en 1620, appelée *Novum organum*, par opposition à l'*organum* d'Aristote et de la scholastique, avec cette épigraphe célèbre : *Multi pertransibunt et augebitur scientia*. Ce *Novum organum*, ce nouvel instrument, est l'expérience vivifiée et agrandie par l'induction[2].

---

1. Maugars en a donné une traduction française dès 1624 : *le Progrès et avancement aux sciences;* ce titre montre assez, et l'auteur nous l'apprend dans sa préface, que la traduction a été faite sur l'original anglais de 1605, et Maugars ne dit pas un mot du *de Dignitate et augmentis scientiarum*, qui paraissait à peine en 1624 et qu'il ne semble pas avoir connu. D'Effiat, ambassadeur en Angleterre en 1625, pour le mariage de madame Henriette, sœur de Louis XIII, avec le prince de Galles, depuis Charles Ier, engagea dès lors Golefer, historiographe du roi, à traduire le *de Augmentis*. Cette traduction parut en 1633, et il y en a une seconde édition de 1637 : *Neuf livres de la dignité et de l'accroissement des sciences*, in-4°.

2. Le *Novum organum* n'a été traduit en français que fort tard par Lasalle, dans sa traduction complète de Bacon, 15 vol., an VIII-XI.

Ces deux ouvrages, que beaucoup de petits écrits préparent, soutiennent, développent, représentent aux yeux de la postérité la grande entreprise de Bacon, *Instauratio magna*, et placent son nom parmi les noms immortels [1].

Si maintenant vous me demandez à quel système aboutit tout cet appareil, je répondrai : à aucun. Bacon est mécontent de ce qu'on a fait avant lui, et il montre ce qu'il faudrait faire ; il se complaît dans la critique, il y excelle ; mais il hésite, il chancelle, dès qu'il s'agit de mettre lui-même la main à l'œuvre. Il abonde en préceptes admirables, mais il n'en a fait aucune application éclatante. Au fond la philosophie est surtout pour lui la philosophie naturelle, c'est-à-dire la physique ; voilà la science dont les progrès le touchaient, et à laquelle se rapportent tous ses vœux, et aussi tous ses préceptes : la philosophie proprement dite, la métaphysique ne lui est qu'un accessoire, un reste du passé, une science surannée, qui n'en est pas une, et qui ne l'intéresse point. Il y sème çà et là des aperçus souvent contraires ; tantôt il innove sans grandeur, et ses innovations ne méritent pas d'être relevées ; tantôt il suit la

---

[1]. L'édition la plus estimée des œuvres complètes de Bacon est celle de Londres, en cinq vol. in-4°, 1765. Toutes les éditions plus récentes n'en sont guère que des reproductions. Il faut pourtant distinguer celle de Bazil Montagu, Londres, 1825, en 12 vol., qui contient quelques pièces nouvelles, et en France les *OEuvres philosophiques de Bacon* en trois vol. in-8°, données à Paris en 1834 par M. Bouillet. Joignez à cette édition vraiment critique l'*Histoire de la vie et des ouvrages de François Bacon, etc.*, par M. de Vauzelles, 2 vol. in-8°, 1833, et surtout *Bacon, sa vie, son temps, sa philosophie et son influence jusqu'à nos jours*, par M. de Rémusat, 1 vol. in-8°, 1857.

routine, il a même le langage de la scholastique, sans toutefois cesser jamais d'être lui-même. Par exemple, il ramasse dans la scholastique l'hypothèse des deux âmes, l'une sensitive, attachée au corps, et dont il recommande l'étude, l'autre raisonnable, et si l'on veut divine, mais dont la philosophie n'a point à rechercher la nature et la destinée, un tel problème ne lui appartenant pas et relevant de la seule théologie; opinion digne des écoles italiennes où Bacon s'était formé, et qui est bien la marque de l'esprit anglais et de l'esprit de Bacon en philosophie.

Il est incontestable que Bacon n'est pas du tout un métaphysicien; il est beaucoup plus un moraliste, mais sans avoir ce qu'on appelle une doctrine. Les *Essais* sont, à nos yeux, après les deux grands fragments de l'*Instauratio magna*, le chef-d'œuvre de Bacon, un chef-d'œuvre de pénétration à la fois et d'imagination, de pensées fines et profondes, et un modèle de grand style. Ils ont été sans doute inspirés par l'universel succès des *Essais* de Montaigne, mais ils portent l'empreinte d'un tout autre esprit, bien moins gracieux mais plus positif, sans avoir moins de relief et d'éclat. Jamais la prose anglaise ne s'était élevée aussi haut, et depuis elle n'a pas retrouvé ce vol. Les *Essais* remontent à 1597, et ils s'accrurent d'édition en édition jusqu'en 1625[1]. Cependant ce n'a jamais été qu'une

---

1. Nous n'avons jamais vu la première édition, de 1597; mais nous avons celle de 1598, joli petit volume in-18. Il contient dix *Essaies* avec des *Religious meditations* et le fragment appelé : *Of colours of good and evil;* en tout 49 feuillets. Il y a une autre édition de 1612,

suite d'observations sans lien et qui sont loin de composer un système.

Les sciences physiques forment donc le domaine propre de Bacon. Eh bien, là même il n'a fait que des expériences particulières estimables, sur la chaleur, par exemple; il n'a pas laissé une théorie générale qui garde son nom. Contemporain de Viète et de Kepler, de Cesalpini et de Harvey, il n'a cultivé d'une façon un peu remarquable ni les mathématiques, ni l'astronomie, ni la physiologie. Il ne présente à l'impartiale postérité que sa méthode; il est vrai qu'il ne l'a pas inventée et qu'il la doit en partie à ses devanciers d'Italie, mais il a la gloire de l'avoir magnifiquement et solidement établie.

Vous connaissez cette méthode, on l'a cent fois

belle et fort augmentée; elle ne contient que les *Essaies,* mais il y en a 40, et 241 pages. L'édition de 1613 est un petit in-18, assez laid, mal imprimé, et qui ressemble à une contrefaçon; il reproduit les 40 Essais de l'édition de 1612 et y joint les Méditations religieuses et les Couleurs du bien et du mal. L'édition de 1624, in-12, est une pure réimpression de la précédente. La dernière, la bonne édition est celle de 1625, un an avant la mort de Bacon; c'est un petit in-4°, très-bien imprimé, avec ce titre: *The Essaies, or Counsels civill and morall,* etc., *Newly enlarged.* L'ouvrage est dédié à Buckingham, et contient 58 Essais et 340 pages. La meilleure édition moderne est celle de B. Montagu, chez Pickering, que M. Spiers a reproduite en 1831. — Bacon fit faire sous ses yeux une traduction latine des Essais, à laquelle il voulut qu'on donnât le titre de *Sermones fideles, sive interiora rerum,* publiée seulement en 1638, et depuis très-souvent réimprimée. Dès l'année 1618, les Essais avaient été traduits en italien, et cette traduction fut publiée à Londres: *Saggi morali del signore Francesco Bacono, cavaliere inglese, gran cancellero d'Inghilterra, con un altro suo trattato della Sapienza degli antichi.* L'année suivante il parut à Londres une traduction française des *Essais moraux,* par exposée, et il nous suffira de vous en rappeler les traits essentiels.

L'entreprise de Bacon, comme celle de ses maîtres d'Italie, est dirigée contre Aristote. Il attaque le formalisme de la méthode péripatéticienne, la logique de déduction, qui divisait et classait sans doute, mais divisait et classait des mots plutôt que des choses. Ainsi que Telesio, il appelle ses contemporains à un travail plus sérieux ; il les exhorte à sortir de l'école, à philosopher en présence de la nature, et il ramène toute la philosophie à l'observation et à l'induction fondée sur l'observation. Comme il le dit, on n'apprend à commander à la nature qu'en lui obéissant [1]. La grandeur des résultats est en raison même de la sagesse des procédés. Et observer, pour Bacon, ce n'est pas seulement

---

Arthur George, chevalier anglais, petit in-12, 1619. Le petit livre de sir Arthur ne traversa guère le détroit, et Baudoin, le traducteur universel, fit une traduction nouvelle et complète des *Essais*, sur l'édition de 1625, en y joignant, comme le traducteur italien, la *Sagesse des anciens*, le *Tableau des couleurs ou des apparences du bien et du mal*, et quelques autres petits écrits de Bacon, et il publia le tout en 1626 : *Les œuvres morales et politiques de messire François Bacon, grand chancelier d'Angleterre*. Depuis on a publié à part la *Sagesse mystérieuse*, in-12, 1641, et même format en 1640 *l'Artisan de sa fortune, les Antithèses des choses, les Sophismes et les Caractères de l'esprit*. Il y en a une autre et meilleure traduction générale de 1734, qu'on attribue à l'abbé Goujet ; on y a retranché tout ce qui pouvait choquer un catholique. Lasalle a traduit de nouveau les Essais au t. XII de sa traduction complète. Nous ne craignons pas d'assurer que ce petit ouvrage, qui a produit en Angleterre tout un genre de littérature, les Essayistes, attend encore une version française digne de l'original.

1. *Novum organum*, lib. I, Aphorism. 129 : « Naturæ non imperatur nisi parendo. »

profiter des bonnes fortunes que le hasard nous envoie ; l'observation baconienne est plus que cela, c'est l'expérimentation. Bacon veut une observation qui interroge la nature, au lieu d'en être une écolière passive ; une observation qui divise, et, pour me servir de ses expressions énergiques, qui dissèque et anatomise la nature[1]. L'induction est le procédé par lequel l'esprit s'élève du particulier au général, des phénomènes à leurs lois, à ces lois qui sont comme des tours auxquelles on ne peut monter que par tous les degrés de l'expérience, mais du haut desquelles on découvre un vaste horizon.

C'est par cette méthode que Bacon entreprit de renouveler la philosophie. Par là, comme nous l'avons déjà dit, il entend surtout, non pas la philosophie telle qu'on l'avait jusqu'alors toujours comprise avec ses diverses parties, mais la philosophie naturelle, la physique. Elle est de Bacon cette phrase merveilleusement d'accord avec l'opinion que nous avons rappelée sur l'âme raisonnable : « Quand l'esprit humain s'applique à la matière et au monde placé sous nos yeux, il en tire une science réelle comme le monde ; mais quand il se tourne sur lui-même, il est comme l'araignée filant sa toile, et n'enfante aussi que de subtiles doctrines, admirables sans doute par la délicatesse du travail, mais sans solidité et de nul usage[2]. »

---

1. *Novum organum*, lib. I, Aphor. 124 : « Mundi dissectione atque anatomia diligentissima. »

2. « Mens humana si agat in materiam, naturam rerum ac opera Dei contemplando, pro modo naturæ operatur atque ab eadem determi-

Mais c'est assez insister sur le caractère exclusif de la méthode et de la philosophie de Bacon ; il vaut mieux vous en signaler un côté bien peu connu et qui vous sera nouveau peut-être. Malgré toutes les pentes qui, comme vous le voyez, entraînent Bacon à l'empirisme et au sensualisme, son ferme bon sens y a résisté. Je vous l'ai dit souvent, et j'aurai bien des occasions de vous le répéter, tout commence toujours bien. Le chef d'une école n'atteint pas d'abord toutes les extrémités de ses principes ; il épuise sa hardiesse dans l'invention même des principes, et par là il échappe en grande partie à l'extravagance des conséquences. Ainsi Bacon, sans doute, a mis au monde l'école empirique moderne ; mais vous chercheriez en vain dans Bacon les tristes théories dans lesquelles cette école est plus tard tombée ; et la méthode expérimentale est loin d'être aussi exclusive chez le maître que chez les disciples. Il est curieux de rencontrer dans Bacon l'éloge de la méthode rationnelle.

« Je crois, dit-il [1], avoir uni à jamais dans un hymen légitime la méthode empirique et la méthode

natur; si ipsa in se vertetur, tanquam aranea texens telam, tum demum indeterminata est, et parit certe telas quasdam doctrinæ tenuitate fili operisque mirabiles, sed quoad usum frivolas et inanes. » *De Augmentis scientiarum*, livre I, § 31 de l'édition de M. Bouillet, t. I*er*, p. 63. C'est en vain que le savant éditeur entreprend de justifier entièrement ce passage qui dans son excès trahit l'esprit antimétaphysique de Bacon.

1. « Inter empiricam et rationalem facultatem (quarum morosa et inauspicata divortia et repudia omnia in humana familia turbavere), conjugium verum et legitimum in perpetuum nos firmasse existimamus. » *Instaur. Magn.*, præfat.

rationnelle, dont le divorce est fatal à la science et à l'humanité. »

Voici encore quelques passages de Bacon sur le mysticisme, sur la divination, et même sur le magnétisme. Je ne les invente point, je ne les justifie point : je les cite.

« L'inspiration prophétique, la faculté [1] divinatoire a pour fondement la vertu cachée de l'âme, qui, lorsqu'elle est retirée et recueillie en elle-même, peut voir d'avance l'avenir dans le songe, dans l'extase, et dans le voisinage de la mort ; ce phénomène est plus rare dans l'état de veille et dans l'état de santé.

« Il y a une action possible d'une personne sur une autre, par la force de l'imagination de l'une de ces deux personnes ; car, comme le corps reçoit l'action d'un autre corps, l'esprit est apte à recevoir l'action d'un autre esprit [2]. »

Enfin Bacon ne voulait pas même qu'on abandonnât entièrement l'alchimie ; il pensait que sur ce chemin [3] il n'était pas impossible de trouver des faits

---

1. « Divinatio naturalis, ex vi scilicet interna animi ortum habens... hoc nititur suppositionis fundamento, quod anima in se reducta atque collecta nec in corporis organa diffusa, habeat ex vi propria essentiæ suæ aliquam prænotionem rerum futurarum ; illa vero optime cernitur in somniis, exstasibus, atque in confiniis mortis, rarius inter vigilandum aut cum corpus sanum est et validum. » *De Augm.*, lib. IV, c. 3.

2. « Fascinatio est vis et actus imaginationis intensivus in corpus alterius... ut multo magis a spiritu in spiritum, quum spiritus præ rebus omnibus sit et ad agendum strenuus et ad patiendum tener et mollis. » *Ibid.*, IV, 3.

3. « Nos magiam naturalem illo in sensu intelligimus, ut sit scien-

qu'on ne trouverait pas ailleurs; faits obscurs, mais réels, dans lesquels il importe à la science de porter la lumière de l'analyse, au lieu de les abandonner à des charlatans ou à des fous qui les exagèrent et les falsifient.

Voilà des règles bien remarquables par leur indépendance, leur modération et leur étendue. Mais je n'ai pas besoin d'ajouter qu'elles disparaissent sous le grand nombre de celles qui sont empreintes d'un tout autre caractère.

A l'école de Bacon se rattache immédiatement Hobbes, et successivement Gassendi et Locke. On peut dire que ces trois hommes ont transporté l'esprit de Bacon dans toutes les parties de la philosophie, et qu'ils se sont comme partagé entre eux les divers points de vue de leur commune école. Hobbes en est le moraliste et le politique, Gassendi l'érudit, Locke le métaphysicien.

Hobbes[1] était un ami et un disciple avoué de Bacon. Il concourut, dit-on[2], avec Rawley et quelques

tia formarum abditarum quæ cognitionem ad opera admiranda deducat, atque, quod dici solet, activa cum passivis conjungendo, magnalia naturæ manifestet. » *De Augm.*, III, 5.

1. Né à Malmesbury en 1588, mort en 1679. Opp., 1668, Amstelod., 2 vol. in-4°. Ce ne sont là que ses œuvres latines; mais Hobbes a beaucoup écrit en anglais. Une nouvelle édition grand in-8°, due aux soins de sir W. Molesworth, Londres, 1839-1845, consacre cinq volumes aux œuvres latines et onze aux œuvres anglaises.

2. *Vitæ Hobbianæ auctarium.* « Illis temporibus in amicitiam receptus est Francisci Baconi, etc., qui illius consuetudine magnopere delectatus est, et ab ipso in nonnullis scriptis suis latine vertendis adjutus, qui neminem cogitata sua tanta facilitate concipere atque T. Hobbium passim prædicare solitus est. »

autres personnes, à traduire le bel anglais du maître dans un latin qui a aussi sa beauté. Et quelle est la philosophie de ce disciple, de ce traducteur de Bacon ?

La philosophie, selon Hobbes, a pour objet tout corps qui se forme et possède quelque qualité[1]. Si cette définition est vraie, la philosophie est condamnée à l'athéisme et au matérialisme.

Hobbes exclut en effet de la philosophie et renvoie à la théologie toute recherche de la nature et des attributs de Dieu, parce que Dieu étant supposé éternel ne peut ni se composer ni se diviser, c'est-à-dire se former. Comme nous ne pouvons savoir quel il est, il surpasse notre portée, et il n'y a pas lieu à s'en occuper[2].

« Par le mot *esprit*[3], dit-il, nous entendons seulement un corps naturel d'une telle subtilité qu'il n'agit point sur les sens, mais remplit une place comme pourrait la remplir l'image d'un corps visible. »

Hobbes est trop matérialiste pour n'être pas un nominaliste ardent. Nul, pas même Condillac, n'a plus vanté la puissance des signes ; nul n'a plus dit que le raisonnement est un calcul ; c'est même le nom qu'il a donné à la logique : *Computatio, sive logica*.

---

1. *Computatio, sive logica*, cap. 1, § 8. « Subjectum philosophiæ sive materia circa quam versatur est corpus omne... quod generari vel aliquam habere proprietatem intelligi potest. »

2. *Ibid.* « Itaque excludit a se philosophia theologiam, doctrinam dico de natura et attributis Dei æterni, ingenerabilis, in quo nulla compositio, nulla divisio institui, nulla generatio intelligi potest. » Voyez aussi *de la Nature humaine*, chap. xi, § 2 et 3, au t. II des *OEuvres philosophiques et politiques*, de Hobbes, Neuchâtel, 1787.

3. *Ibid.*, chap. xi, § 4.

Il fait venir la volonté du désir : « [1] Les objets extérieurs, agissant sur nos sens, produisent des conceptions, et ces conceptions, le désir ou la crainte qui sont les mobiles cachés de nos actions; car ou les actions suivent immédiatement la première appétence ou désir, comme lorsque nous agissons subitement, ou bien à notre premier désir il succède quelque conception du mal qui peut résulter pour nous d'une telle action, ce qui est une crainte qui nous retient ou nous empêche d'agir. A cette crainte peut succéder une nouvelle appétence ou désir, et à cette appétence une nouvelle crainte qui nous ballotte alternativement, ce qui continue jusqu'à ce que l'action se fasse ou devienne impossible à faire par quelque accident qui survient. L'on nomme *délibération* ces désirs et ces craintes qui se succèdent les uns aux autres. Dans la délibération, le dernier désir, ainsi que la dernière crainte, s'appelle *volonté*. »

Aussi Hobbes professe-t-il ouvertement le fatalisme dans le petit traité *de la Liberté et de la nécessité*, et dans les *Questions sur la liberté, la nécessité et le hasard*, en réponse au docteur Bramhall.

Voici sa définition du bien et du mal : « Chaque[2] homme appelle *bon* ce qui est agréable pour lui-même, et *mal* ce qui lui déplaît... Et comme nous appelons bonnes ou mauvaises les choses qui nous plaisent ou nous déplaisent, nous appelons bonté ou méchanceté les qualités par lesquelles elles produisent ces effets. »

---

1. *De la Nature humaine*, chap. xii, § 1 et 2.
2. *Ibid.*, chap. vii, § 3.

La seule règle pratique à tirer de là est la fuite de tout ce qui déplaît et nuit, et la recherche de tout ce qui nous est agréable ou utile.

Cette morale mène naturellement à la politique qui se trouve dans le livre célèbre *du Citoyen*, composé de trois parties : la *Liberté*, l'*Empire*, la *Religion*.

La *liberté* est l'état des hommes avant l'établissement des lois et des gouvernements. Il n'est pas vrai, selon Hobbes, que l'homme ait une disposition naturelle à la société : le fondement de la société est la crainte, la crainte mutuelle que les hommes ont les uns des autres, à cause de la volonté réciproque qu'ils ont de se nuire; et celle-ci vient du droit égal que les hommes ont à toutes choses et de l'impossibilité de l'exercer également. « La plus ordinaire cause [1] qui excite les hommes à s'offenser et à se nuire les uns aux autres est que, plusieurs recherchant en même temps une même chose, il arrive fort souvent qu'ils ne peuvent la posséder en commun et qu'elle ne peut pas être divisée. Alors il faut que le plus fort l'emporte, et c'est au sort du combat à décider la question de la vaillance. » La guerre universelle est donc le véritable état de nature. Un tel état est intolérable; il en faut sortir à tout prix, et pour y parvenir il faut bien reconnaître à la force un droit véritable et un droit sans limite. Hobbes ne recule point devant cette conclusion[2] : « Dans l'état naturel, une puissance assurée et qui ne souffre point de résistance confère le droit de régner et

---

1. *Du Citoyen*, traduction de Sorbière, Ire partie, § 6.
2. *Ibid.*, § 15.

de commander à ceux qui ne peuvent pas résister, de sorte que la toute-puissance possède immédiatement et essentiellement le droit de faire tout ce que bon lui semble. »

L'état social qui succède à la liberté demande outre la force un certain nombre de lois ou principes qui le soutiennent. Le plus important, celui dont Hobbes a le plus besoin, est le principe du contrat, à savoir, l'obligation d'observer loyalement tout contrat, tout pacte convenu; et pour assurer la stabilité de celui auquel il veut nous conduire, le philosophe anglais va jusqu'à prétendre qu'une convention même imposée et extorquée n'en est pas moins obligatoire. Voilà le digne fondement sur lequel s'élève l'*Empire*.

L'unique remède à l'anarchie et à la guerre qu'entraîne la liberté, c'est l'abandon de tous les droits particuliers entre les mains d'un souverain quel qu'il soit. Mais ce souverain nécessaire, il faut l'armer et lui donner les pouvoirs sans lesquels il n'aurait qu'un fantôme d'empire. De là l'épée de justice et l'épée de guerre, comme Hobbes appelle le droit de punir et le droit de faire la paix et la guerre, et bien d'autres droits indispensables tels que l'inviolabilité et surtout l'irrévocabilité. Reste à savoir quelle est la meilleure forme de la souveraineté, et s'il vaut mieux la confier à un homme ou à une assemblée. Mais en attendant la république ou la monarchie, voilà la tyrannie constituée. Le système est complet, admirablement lié dans toutes ses parties, ayant pour fin non l'intérêt du tyran mais celui de la société, et s'appuyant sur des principes incontestables au point de vue de la philosophie de la sensation. Hobbes n'a pas de peine à démontrer ensuite qu'un monarque est préférable à une assemblée. Il soutient que dans son origine la monarchie vient aussi du peuple, car il admet que le peuple est la source de la puissance; mais il prétend qu'il est de l'intérêt du peuple de remettre une fois pour toutes sa puissance à un seul qui le représente dans sa souveraineté sans limite. Il triomphe à relever la monarchie au-dessus des autres formes de gouvernement, et dans l'*Empire* il faut remarquer les paragraphes suivants : — Que les exactions sont plus grandes et plus rudes en l'état populaire que sous un roi; — que les gens de bien ont moins à craindre sous la domination royale que dans l'état populaire; — que chaque particulier ne jouit pas de moins de liberté sous un roi que dans une république; — qu'il n'y a rien d'incommode pour des particuliers de n'assister pas tous aux délibérations publiques. Malheureusement tout cela aboutit au pouvoir absolu dans son idéal le plus révoltant [1].

Telle est la politique de Hobbes, politique, disons-le encore une fois, qui dérive de sa morale, laquelle dérive de sa métaphysique, dont la racine est dans la tendance sensualiste introduite par Bacon et pleinement acceptée par l'habile et inflexible dialecticien qui en a fait l'âme de toute sa philosophie. Le mérite propre de Hobbes en effet est une rigueur, une conséquence

---

1. Ailleurs, nous avons exposé et combattu pied à pied la philosophie politique de Hobbes; voyez Philosophie sensualiste, leç. VI, VII, VIII.

portée si loin qu'il n'est possible d'échapper au système entier qu'en l'arrêtant à ses premiers pas. Ajoutez que cette conséquence est exprimée ou plutôt gravée dans un style mâle et robuste, exempt de tout ornement étranger, mais d'une qualité supérieure. Hobbes l'a même transportée de la théorie dans la pratique : sa vie est l'image de ses doctrines. De bonne heure, pressentant les troubles qui menaçaient son pays, il fit une traduction de Thucydide pour dégoûter ses concitoyens d'une liberté qui mène à l'anarchie. Plus tard, il quitta l'Angleterre avec les Stuarts, fidèle à cette famille par fidélité à ses propres principes. Mais lorsque Cromwell eut établi un pouvoir qui répondait à l'idée de sa monarchie, Hobbes ne demanda pas mieux que de faire ses soumissions, non pas au républicain Cromwell, mais au dictateur Cromwell, conséquent encore en cela même, quoi qu'on en ait dit [1]. Enfin n'oublions pas ce dernier trait de la politique de Hobbes : le pouvoir ecclésiastique étant souvent en lutte avec le pouvoir civil, cet adorateur de l'unité et de la toute-puissance de l'État, après y avoir sacrifié toute

---

1. Lord Clarendon rapporte dans ses *Mémoires* l'anecdote suivante. « En revenant d'Espagne, je passais par Paris. M. Hobbes venait souvent me voir. Il me dit qu'il faisait alors imprimer en Angleterre son livre qu'il voulait intituler *Léviathan*, qu'il en recevait chaque semaine une feuille à corriger, et qu'il pensait qu'il serait terminé dans un mois tout au plus. Il ajouta qu'il savait bien que, quand je lirais son livre, je ne l'approuverais pas; et là-dessus il m'indiqua quelques-unes des idées qu'il renfermait; sur quoi je lui demandai pourquoi il publiait une telle doctrine. Après une conversation demi-plaisante et demi-sérieuse, il me répondit : « Le fait est que j'ai envie de retourner en Angleterre. »

assemblée, y assujettit jusqu'à la religion, se jetant à l'extrémité opposée à celle du moyen âge : dans la troisième partie de son traité *du Citoyen* consacrée à la *Religion*, il en fait une dépendance de l'*Empire;* en sorte que par une suprême et fatale conséquence il fait la guerre au christianisme, protestant ou catholique, aussi bien qu'à la liberté.

Gassendi est Français, Provençal, ecclésiastique [1]. Comme ses premiers écrits sont postérieurs à ceux de Bacon, et comme il cite souvent le philosophe anglais, il faut admettre au moins que Bacon a dû seconder la direction naturelle de son esprit et de ses études. Quoiqu'il appartienne au dix-septième siècle, il a quelque chose encore du seizième, et c'est l'antiquité plus que son siècle qui l'inspire et le guide. On a dit avec raison qu'il était le plus savant parmi les philosophes, et le plus philosophe parmi les savants. Il n'a guère écrit qu'en latin et presque jamais en français; tout son effort a été de renouveler la philosophie d'Épicure; seulement il a bien soin de déclarer [2] qu'il en rejette tout ce qui est contraire au christianisme. Mais, à ce compte, qu'en aurait-il pu garder? Principes, procédés, résul-

---

1. Né en 1592, en Provence, professeur au Collége de France à Paris, mort en 1655. *Petri Gassendi Opera*, Lugd., 1658, 6 vol. in-fol. Il y en a une autre édition, aussi en 6 vol. in-fol., à Florence, 1737.

2. *Syntagma philosophiæ Epicuri, cum refutationibus dogmatum quæ contra fidem christianam ab eo asserta sunt; præfigitur Sorberii Dissert. de vita et moribus P. Gassendi.* Hag. Com., 1655-1659. Plusieurs fois réimprimé. Gassendi avait auparavant publié à Lyon en 1649, *Epicuri philosophia, Animadversiones in decimum librum Diogenis Laertii.* 3 vol. in-fol.

tats, tout dans Épicure est sensualisme, matérialisme, athéisme. Était-ce inconséquence? Était-ce prudence? Peu importe : toujours est-il que ce n'est pas dans ces réserves qu'il faut chercher la pensée de Gassendi. Elle est dans l'ardeur avec laquelle il combattit l'idéalisme naissant de Descartes. La polémique alla fort loin, et les deux adversaires s'échappent l'un contre l'autre en expressions très-vives, moitié sérieuses, moitié plaisantes. Descartes ne peut s'empêcher de lui dire : *O matière! O caro!* Gassendi lui répond : *O pur esprit! O mens!* Il était tellement partisan de la philosophie de Hobbes, que son ami et son élève Sorbière nous apprend que quelques mois avant sa mort, ayant reçu l'ouvrage de Hobbes, *du Corps*, il le baisa avec respect, et s'écria que c'était un bien petit écrit, mais qu'il était rempli d'un suc précieux [1]. Il faisait aussi un cas infini du livre *du Citoyen* [2].

A Gassendi se peuvent rattacher plusieurs philosophes du même genre qui, comme lui, exploitèrent l'antiquité au service du sensualisme. Je vous citerai deux Français : l'un, Claude de Berigard ou Beauregard, né à Moulins en 1578, longtemps professeur à Pise et à Padoue, qui renouvela la physique des Ioniens [3];

---

1. Sorbière, préface de la grande édition de Lyon en six volumes, sous la forme d'une lettre à M. de Montmor : « Cujus (Hobbes) libellum *de Corpore* paucis ante obitum mensibus accipiens, osculatus est subjungens : « Mole quidem parvus est iste liber, verum totus, ut opinor, medulla scatet. »

2. Voyez en tête de ce livre la lettre de Gassendi à Sorbière.

3. *Circulus Pisanus*, ainsi appelé par l'auteur en souvenir de son séjour et de ses succès à Pise; Udine, 1643-1647, réimprimé à Padoue en 1661.

l'autre, Jean Chrysostome Magnen, né à Luxeuil, professeur à Pavie, grand partisan de la doctrine de Démocrite [1]. Mais en France même, par ses ouvrages, ses leçons, ses conversations, Gassendi avait formé un certain nombre de disciples, et c'est de lui que relève cette minorité de libres penseurs qui, en opposition à l'élite de la société et de la littérature française qu'entraînait Descartes, demeura fidèle à la philosophie d'Épicure, en y mêlant une forte dose de scepticisme, et en conduisit la tradition jusqu'aux premières années du dix-huitième siècle. Parmi les partisans de Gassendi, on compte Sorbière, son biographe, le voyageur Bernier, le spirituel et aimable Chapelle, le sage La Mothe Le Vayer, le fougueux Cyrano de Bergerac, et notre grand Molière [2]. Saint-Évremond vient en partie de là [3], et Voltaire se lie à Saint-Évremond. C'est, en effet, dans cette tradition, conservée par Ninon de Lenclos et par la société du Temple, que Voltaire puisa ses pre-

1. *Democritus reviviscens*, Ticini, 1646; souvent réimprimé.
2. Grimarest atteste que Molière dans sa jeunesse reçut avec Chapelle et Bernier quelques leçons de Gassendi et qu'il avait traduit, moitié en vers, moitié en prose, le poëme épicurien de Lucrèce. Il a mis dans la bouche d'Éliante, du *Misanthrope,* une imitation charmante de plusieurs vers de Lucrèce sur l'illusion des amants qui voient tout en beau dans l'objet aimé. Grimarest nous apprend aussi qu'avec le temps Molière avait passé du côté de Descartes et qu'il discutait beaucoup sur cela avec Chapelle resté fidèle à Gassendi. Voyez Grimarest, *la Vie de M. Molière,* 1705.
3. Œuvres de Saint-Evremond, Amsterdam, 1739, t. I, *Jugement sur les sciences où peut s'appliquer un honnête homme,* p. 165 : « Du milieu de ces méditations qui me désabusoient insensiblement, j'eus la curiosité de voir Gassendi, le plus éclairé des philosophes et le moins présomptueux; après de longs entretiens, etc. »

mières inspirations, avant qu'il eût trouvé, dans les conversations de Bolingbrocke et dans son voyage en Angleterre, la philosophie épicurienne sous une forme plus savante, ranimée à la fois et tempérée par Locke.

Locke couronne et achève l'école sensualiste du dix-septième siècle, et il est le chef reconnu de celle du dix-huitième. A ce titre il mérite une attention particulière.

Il naquit en 1632 à Wrington, dans le comté de Somerset, étudia la médecine à Oxford, devint même *fellow* de cette université; mais ayant fait la connaissance et s'étant attaché à la fortune du fameux comte de Schaftesbury, il fut mêlé aux affaires de son temps, tour à tour en faveur et en disgrâce; et forcé sous Jacques II de se réfugier en Hollande, il n'en revint qu'en 1688 avec le roi Guillaume qui lui confia d'assez grands emplois. Il mourut en 1704. Son grand ouvrage philosophique, entrepris à Oxford, continué et achevé dans l'exil, et publié à Londres en 1690, est le célèbre *Essai sur l'entendement humain* [2].

---

2. AN ESSAY CONCERNING HUMAN UNDERSTANDING, London, 1690, in-fol. Cet *Essai* grossit d'édition en édition; la seconde est de 1694, *with large additions;* la troisième, de 1695, et la quatrième, encore très-augmentée, de 1700, toujours in-fol. Cette même année 1700, parut, in-4°, à Amsterdam, la traduction française de Coste, faite sur la quatrième et dernière édition, sous les yeux de Locke, revue et corrigée par lui, et qu'il déclare reconnaître parfaitement conforme à l'original. Le titre de l'ouvrage y est un peu développé : *Essai philosophique concernant l'entendement humain, où l'on montre quelles est l'étendue de nos connaissances certaines et la manière dont nous y parvenons.* Cette traduction, plus d'une fois retouchée par Coste, a été souvent réimprimée sous toutes les formes au dix-huitième siècle. Locke avait aussi fait faire une version latine de l'*Essai*, qui parut à Londres en 1701,

Locke expose ainsi la méthode qu'il veut suivre. *Préface* : « S'il était à propos de faire ici l'histoire de cet essai, je vous dirais que cinq ou six de mes amis, s'étant assemblés chez moi et venant à discourir sur un sujet fort différent de celui-ci, se trouvèrent bientôt arrêtés par les difficultés qui s'élevèrent de différents côtés. Après nous être fatigués quelque temps, sans nous trouver plus en état de résoudre les doutes qui nous embarrassaient, il me vint dans l'esprit que nous prenions un mauvais chemin, et qu'avant de nous engager dans ces sortes de recherches il était nécessaire d'examiner notre propre capacité et de voir quels objets sont à notre portée ou au-dessus de notre compréhension. » — Et ailleurs : « Si nous en usions de la sorte (c'est-à-dire si nous examinions la nature de l'entendement), nous ne serions peut-être pas si empressés, par un vain désir de connaître toutes choses, à exciter incessamment de nouvelles questions, à nous embarrasser nous-mêmes et à engager les autres dans des disputes sur des sujets qui sont tout à fait disproportionnés à notre entendement, et dont nous ne saurions nous former des idées claires et distinctes, ou même, ce qui n'est peut-être arrivé que trop souvent, dont nous n'avons absolument aucune idée. Si donc nous pouvons découvrir jusqu'où notre entendement peut porter sa vue... nous ap-

---

in-fol. : *de Intellectu humano*, réimprimée in-12, à Leipzig, en 1709. Nous nous servons de la traduction de Coste. — La fin de cette leçon est empruntée à nos autres écrits sur Locke, dont nous nous sommes souvent occupé, et à qui même nous avons consacré un volume entier sous ce titre : Philosophie de Locke.

prendrons à nous contenter des connaissances auxquelles notre esprit est capable de parvenir, dans l'état où nous nous trouvons dans ce monde. »

Ainsi, en termes modernes, l'analyse des facultés de l'entendement, de leur juste portée et de leurs limites, voilà l'objet que Locke se propose. Cette pensée simple et grande est toute sa philosophie. Locke entrait par là, comme nous le verrons tout à l'heure, dans la grande route que Descartes venait d'ouvrir, celle de la psychologie, et il y a fait entrer de plus en plus la philosophie européenne.

Nous ne saurions trop applaudir à une pareille méthode : elle est la vraie méthode philosophique. Mais Locke y est-il resté fidèle?

Il commence par rejeter absolument la doctrine des idées innées.

« Il y a des gens, dit-il, qui supposent comme une vérité incontestable qu'il y a *certains principes, certaines notions primitives, autrement appelées notions communes, empreintes et gravées pour ainsi dire dans notre âme, qui les reçoit dès le premier moment de son existence et les apporte au monde avec elle.* Si j'avais affaire à des lecteurs dégagés de tout préjugé, je n'aurais, pour les convaincre de la fausseté de cette supposition, qu'à leur montrer que les hommes peuvent acquérir toutes les connaissances qu'ils ont par le simple usage de leurs facultés naturelles, sans le secours d'aucune impression innée, et qu'ils peuvent arriver à une entière certitude de certaines choses sans avoir besoin d'aucune de ces notions naturelles ou de ces principes innés ; car tout le monde, à mon avis, doit convenir sans peine qu'il serait ridicule de supposer, par exemple, que les idées des couleurs ont été imprimées dans l'âme d'une créature à qui Dieu a donné la vue et la puissance de recevoir les idées par l'impression que les objets extérieurs feraient sur ses yeux. Il ne serait pas moins absurde d'attribuer à des impressions naturelles et à des caractères innés la connaissance que nous avons de plusieurs vérités, si nous pouvons remarquer en nous-mêmes des facultés propres à nous faire connaître ces vérités avec autant de facilité et de certitude que si elles étaient originairement gravées dans notre âme. » Liv. 1er, chap. 1er.

Locke admet dans l'homme deux facultés à l'aide desquelles il acquiert successivement toutes les idées qu'il possède aujourd'hui, à savoir la sensation et la réflexion. La réflexion nous suggère les idées des opérations de l'âme ; la sensation est la source de toutes les autres idées.

L'esprit, selon Locke, est une table rase, naturellement vide, et c'est la sensation qui le remplit. Et il ajoute : « La réflexion ne rend que ce qu'elle a reçu de la sensation. »

Or, s'il est vrai que l'esprit est une table rase en ce sens qu'aucun caractère n'y est inscrit avant toute expérience, ce n'est point une table rase en cet autre sens qu'il soit une simple capacité passive, recevant tout du dehors sans rien y mettre du sien. L'esprit n'a pas pour unique fonction de réfléchir ce qu'il a pu recevoir de la sensation ; il n'est pas si nu et si pauvre ; antérieurement à toute sensation, il est riche de facultés, d'instincts, de lois de toute sorte. Tout cela constitue déjà une machine intelligente et puissante. La sensation ne crée pas cette machine; elle la met en mouvement. Ou il faut aller plus loin que Locke dans la voie qu'il a ouverte, comme le fera plus tard Condillac, et soutenir que la sensation n'engendre pas seulement nos idées, mais nos facultés et par conséquent l'esprit lui-même; ou il faut admettre l'innéité de l'esprit, celle de nos facultés et des lois inhérentes à ces facultés, c'est-à-dire une source intérieure et profonde d'idées qui jaillit aussitôt que la sensation la sollicite.

Locke, en faisant à l'esprit une part trop petite dans l'origine et la formation des idées, est par là forcé ou de nier des idées très-réelles, tout à fait incontestables, ou d'en altérer le caractère.

Il est un certain nombre de vérités universelles et nécessaires qui, portant avec elles le caractère de l'évidence, ne se démontrent pas et sont au contraire les principes de toute démonstration; par exemple ces principes si connus, tout phénomène suppose une cause, tout moyen suppose une fin, l'homme doit faire ce qu'il croit juste, etc. Eh bien, ces principes dont l'esprit fait un si fréquent usage, Locke les passe sous silence, ou il n'en parle que très-vaguement (liv. 1er et liv. IV); il finit par les confondre avec les axiomes de la logique, qu'il ne signale que pour les nier; et, à vrai dire, il ne pouvait faire autrement. En effet, il était impossible d'accepter les axiomes comme universels et nécessaires et de les attribuer à l'expérience sensible, toujours particulière et variable. Tout ce qu'il y avait à faire était de les convertir en de pures abstractions verbales, ce qui équivaut à les nier. Ainsi a fait notre auteur ; il trouve que ces axiomes dont on fait tant de bruit sont des formules absolument stériles. « Ces maximes générales, dit-il, sont d'un grand usage dans les disputes pour fermer la bouche aux chicaneurs ; mais elles ne contribuent pas beaucoup à la découverte de la vérité inconnue, ou à fournir à l'esprit le moyen de faire de nouveaux progrès dans la recherche de la vérité. Car quel homme a jamais commencé par prendre pour base de ses connaissances cette proposition générale : Ce qui est, est ; ou : Il est impossible qu'une chose soit et ne soit pas en même temps ?... Je voudrais bien savoir quelles vérités ces propositions peuvent nous faire connaître par leur influence, que nous ne connussions pas auparavant ou que nous ne pussions connaître sans leur secours. Tirons-en toutes les conséquences que nous pourrons ; ces conséquences se réduiront toujours à des propositions identiques ; et toute l'influence de ces maximes, si elles en ont aucune, ne tombera que sur ces sortes de propositions. » Liv. IV, chap. vii, § 11.

A cela il faut répondre qu'il ne s'agit pas seulement de l'axiome : Ce qui est, est ; ou de cet autre dont Locke parle ailleurs : Le tout est plus grand que la partie. Ces axiomes ne sont point aussi méprisables que Locke veut bien le dire. Mais il s'agit, avant tout, de ces principes que nous avons mille fois rappelés[1], par

---

1. Du Vrai, du Beau et du Bien, 1re leç., p. 21, etc.

exemple le principe de causalité ou celui des causes finales. Comment Locke pourrait-il soutenir que ces deux principes sont de peu d'usage? Sans le principe de causalité, la vie humaine serait bouleversée; il n'y aurait plus de science, car il n'y aurait plus de recherche; on s'en tiendrait aux faits sans demander leurs causes. Distinguons bien le principe en lui-même de la forme qu'il revêt dans l'école. Personne, excepté le logicien, ne recherche les causes au nom du principe abstrait de causalité; mais tous les hommes possèdent ce principe sans s'en rendre compte, encore bien moins sans connaître sa forme logique; c'est une loi de l'esprit qu'il applique naturellement et irrésistiblement. Nulle part Locke ne cite ni le principe de causalité, ni nul autre principe nécessaire, pas même pour les combattre. Ce n'était pas ignorance; c'était la triste habileté à laquelle est condamné tout faiseur de système à l'égard des faits qui l'embarrassent : il les nie ou les néglige.

Locke écarte les principes universels et nécessaires qui le gênent le plus. Pour d'autres idées qu'il ne peut écarter de même, il les dénature afin de les pouvoir tirer des deux seules sources de connaissances qu'il admette, la sensation et la réflexion. Voyons ce qu'il fait des idées d'espace, de temps, d'infini.

Voici, selon Locke, l'origine de l'idée d'espace : « Nous acquérons l'idée d'espace par la vue et l'attouchement... » Liv. II, chap. XIII, § 2. « Il est certain que nous avons l'idée du lieu par les même moyens que nous acquérons celle de l'espace, dont le lieu n'est qu'une considération particulière, bornée à certaines parties, je veux dire par la vue et l'attouchement. Que si l'on dit que l'univers est quelque part, cela n'emporte dans le fond autre chose, si ce n'est que l'univers existe. » Liv. II, chap. xiii, § 10.

Ainsi, dire que l'univers est quelque part, et dire qu'il est, c'est la même chose. Donc le lieu qui contient l'univers n'est pas distinct de l'univers lui-même, et l'idée d'espace se réduit à celle de corps. Mais une telle confusion est inadmissible.

Quand je perçois un corps, je le conçois et ne puis pas ne pas le concevoir dans un lieu : je le distingue donc de ce lieu. Je puis supprimer ce corps par la pensée ; mais, quelque effort que je fasse, je ne puis venir à bout de supprimer l'espace qui le contient. Je conçois un espace vide de corps ; je ne conçois pas un corps qui ne serait nulle part. De plus, je me représente le corps sous une forme déterminée ; il affecte mes sens, il résiste à ma main, il charme ou il blesse ma vue, il résonne à mon oreille. L'espace au contraire est quelque chose d'impalpable et d'invisible ; nulle forme ne me le représente, et quand j'essaye de l'embrasser, il m'échappe sans cesse. Enfin, je conçois le corps comme quelque chose de fini et de divisible, l'espace comme quelque chose d'infini et d'indivisible.

Locke lui-même, par une de ces contradictions si fréquentes dans son ouvrage, distingue ailleurs à merveille le corps et l'espace. Liv. II, chap. xiv, § 5 : « Il y a bien des gens, au nombre desquels je me range, qui croient avoir des idées claires et distinctes du pur espace et de la solidité, et qui s'imaginent pouvoir penser à l'espace sans y concevoir quoi que ce soit qui résiste ou qui soit capable d'être poussé par aucun corps. C'est là, dis-je, l'idée de l'espace pur, qu'ils croient avoir aussi nettement dans l'esprit que l'idée qu'on peut se former de l'étendue du corps ; car l'idée de la distance qui est entre les parties opposées d'une surface concave est tout aussi claire, selon eux, sans l'idée d'aucune partie solide qui soit entre elles, qu'avec cette idée. D'un autre côté, ils se persuadent qu'outre l'idée de l'espace pur ils en ont une autre tout à fait différente de quelque chose qui remplit cet espace, et qui peut en être chassé par l'impulsion de quelque autre corps ou résister à ce mouvement. Que s'il se trouve d'autres gens qui n'aient pas ces deux idées distinctes, mais qui les confondent et des deux n'en fassent qu'une, je ne vois pas que des personnes qui ont la même idée sous différents noms, ou qui donnent les mêmes noms à des idées différentes, puissent s'entretenir ensemble ; pas plus qu'un homme qui n'est ni aveugle ni sourd, et qui a des idées distinctes de la couleur nommée écarlate et du son de la trompette, ne pourrait discourir de l'écarlate avec l'aveugle dont je parle ailleurs, qui s'était figuré que l'idée de l'écarlate ressemblait au son de la trompette. »

Locke reconnaît donc la différence de l'idée de corps et de l'idée d'espace ; il la reconnaît avec son bon sens dès qu'il ne songe plus à son système ; mais, dès que le système revient, il force Locke de nier cette différence, afin de ramener l'idée d'espace à la même origine que celle de corps, à l'expérience sensible.

La même raison condamne Locke à confondre l'idée de temps et l'idée de succession : « Que la notion que nous avons de la succession et de la durée vienne de cette source, je veux dire de la réflexion que nous faisons sur cette suite d'idées que nous voyons paraître l'une après l'autre dans notre esprit, c'est ce qui me semble suivre évidemment de ce que nous n'avons aucune perception de la durée qu'en considérant cette suite d'idées qui se succèdent les unes aux autres dans notre entendement. En effet, dès que cette succession d'idées vient à cesser, la perception que nous avons de la durée cesse aussi, comme chacun l'éprouve clairement par lui-même lorsqu'il vient à dormir profondément ; car qu'il dorme une heure, un jour ou même une année, il n'a aucune perception de la durée des choses tandis qu'il dort ou qu'il ne songe à rien. Cette durée est alors tout à fait nulle à son égard, et il lui semble qu'il n'y a aucune différence entre le moment où il a cessé de penser en s'endormant et celui où il commence à penser de nouveau. Et je ne doute pas qu'un homme éveillé n'éprouvât la même chose s'il lui était alors possible de n'avoir qu'une idée dans l'esprit, sans qu'il lui arrivât aucun changement à cette idée et qu'aucune autre vînt à lui succéder. » Liv. II, chap. xiv, § 4.

Nous pouvons opposer à cette nouvelle confusion les mêmes difficultés qu'à celle de l'espace et du corps.

La succession suppose la durée ; elle n'est point la durée elle-même. Pouvez-vous concevoir la succession de deux idées qui n'aurait pas lieu dans un certain temps ? De même que les corps sont dans l'espace, de même les événements se succèdent dans le temps ; nous pouvons faire abstraction des événements comme des corps ; mais nous ne pouvons pas plus supprimer la durée dans laquelle ces événements se succèdent, que l'espace dans lequel ces corps sont contenus. La succession est quelque chose de contingent et de fini ; car les choses qui se succèdent passent et cessent d'être. La durée ne passe pas ; elle est toujours la même, et elle n'a pas de bornes. Si la succession et le temps sont la même chose, la mesure du temps devient le temps lui-même. La succession de nos pensées est plus ou moins rapide, selon l'état de notre esprit ; elle n'est pas la même chez moi que chez vous ; il faudrait en conclure que la durée n'est pas la même pour tous les hommes, que d'un point déterminé du temps à un autre il ne s'écoule pas pour tous les hommes un même temps, que dans le sommeil nous ne durons pas, que le temps s'arrête et renaît avec l'activité de notre esprit. Telles seraient les conséquences absurdes de la confusion de la succession et de la durée.

Une autre idée que Locke ne dénature pas moins pour la faire rentrer forcément dans son système, c'est l'idée de l'infini.

De même qu'il a réduit l'espace au corps, la durée à la succession, Locke réduit l'infini à l'indéfini.

Il accuse d'abord la notion d'infini d'être une notion obscure. Mais peu importe que cette notion soit obscure ou ne le soit pas ; ce qui importe, c'est de savoir si elle est ou si elle n'est pas dans l'esprit de l'homme, sauf à la philosophie à l'éclaircir.

Locke ensuite prétend que l'idée de l'infini est une idée négative. Liv. II, c. xvii, § 13 : « Nous n'avons point d'idée positive de l'infini. » § 16 : « Nous n'avons point d'idée positive d'une durée infinie. » § 18 : « Nous n'avons point d'idée positive d'un espace infini. » Ainsi voilà l'infini réduit à n'être qu'une négation, et quand on veut s'en former une idée positive, il faut la résoudre dans l'idée de nombre : « *Ibid.* Le nombre nous donne la plus nette idée de l'infini... De toutes les idées qui nous fournissent l'idée de l'infinité telle que nous sommes capables de l'avoir, il n'y en a aucune qui nous en donne une idée plus nette et plus distincte que celle du nombre, comme nous l'avons déjà remarqué ; car lors même que l'esprit applique l'idée d'infinité à l'espace et à la durée, il se sert d'idées de nombre répété, comme de millions de lieues ou d'années, qui sont autant d'idées distinctes que le nombre empêche de tomber dans un confus entassement où l'esprit ne saurait éviter de se perdre. »

Mais le nombre n'est pas plus l'infini que la succession n'est le temps ni le corps l'espace. Le nombre est quelque chose de toujours inachevé et en même temps de toujours fini. Car le nombre en soi n'est pas : ce qui est, c'est tel ou tel nombre. A quelque nombre que vous arrêtiez la série des nombres, vous n'avez jamais qu'un nombre déterminé qui supposera toujours, avant ou après, quelque nombre que vous pouvez y ajouter ou en retrancher. Le fini, en tant qu'on peut toujours le diviser ou multiplier, c'est l'indéfini. L'indéfini se résout donc dans le fini. Mais il n'en est point ainsi de l'infini qui n'augmente ni ne diminue. L'indéfini est divers et multiple, l'infini est un. L'indéfini est une abstraction : car rien de ce qui existe véritablement n'est indéterminé. Le fini est déterminé et réel : l'infini l'est aussi : il l'est même en quelque sorte davantage, puisqu'il est la condition du fini. Otez l'espace et le temps infini, il n'y a point de corps ni de succession finie possible. Le fini est l'objet des sens ou de la conscience, l'indéfini est celui de l'imagination ; l'infini ne peut être ni senti ni imaginé : il est conçu, il est l'objet de la raison seule. Il est donc absurde de ramener à une seule et même origine deux notions si différentes.

Nous ne pousserons pas plus loin l'examen de la théorie de Locke sur l'origine de nos idées. Arrivons à deux théories qui ont pris une grande importance entre les mains des successeurs du philosophe anglais, les deux théories du langage et des idées représentatives.

Locke, comme toute l'école sensualiste, s'occupe beaucoup du langage, et la partie de son livre qu'il y a consacrée est sans contredit une des meilleures, avec celle où, d'une manière aussi sûre qu'originale, il trace la ligne de démarcation qui sépare les qualités premières et les qualités secondes, et prouve que le tact seul fait connaître l'étendue. Il faut lui savoir gré d'une foule d'observations justes et ingénieuses sur la signification des mots, sur leurs rapports avec la pensée, sur l'utilité des termes généraux et aussi sur leurs abus. Le langage a deux effets : il communique la pensée, et par là il est le lien de la société et l'instrument de ses progrès ; de plus, le langage analyse naturellement la pensée ; il lui donne à la fois de la succession et de la fixité ; il la rend plus présente, plus précise et plus claire. A l'aide des signes, nous nous rendons compte des éléments derniers de nos idées et de nos sentiments ; nous pouvons séparer et mieux connaître ce que la réalité offre ensemble et confusément, ou nous orienter dans cette infinité d'individus qui nous environnent, en les réunissant, suivant leur ressemblance, sous des noms généraux. L'importance du langage se prouve autant par ses abus que par ses heureux effets. Si le mot soutient la pensée, quelquefois aussi il la masque et trompe celui qui s'en sert et croit posséder une idée quand souvent il joue avec un mot. Le mot ne correspond pas toujours dans tous les hommes à la même idée ; de là ces consentements apparents de tous à une même idée, qui ne sont autre chose que des consentements à un terme reçu et que nul ne définit ; de là ces préjugés qui viennent de mots appris dès l'enfance ou puisés dans les écoles ; enfin, toutes ces querelles qui se termineraient d'un coup, si chacun, fidèle à la règle de Pascal, commençait par bien expliquer le sens des mots qu'il emploie.

Au milieu des conseils les plus sages, relevons deux exagérations, deux erreurs longtemps célébrées comme de grandes découvertes.

Locke, comme son devancier Hobbes et son disciple Condillac, est positivement nominaliste. Liv. III, chap. III, § 2 : « Ce qu'on appelle général ou universel, dit-il, n'appartient pas à l'existence réelle des choses ; mais c'est un ouvrage de l'entendement qu'il fait pour son propre usage, et qui se rapporte uniquement aux signes. » Si Locke ne veut parler que de ces idées générales que nous appelons collectives, et qui ne sont que des abstractions, il a raison, après mille autres, de ne pas vouloir accepter cette foule d'entités verbales dont certains réalistes du moyen âge encombraient la nature [1]. Il n'y a point de couleur en soi, d'arbre en soi; il y a des couleurs diverses, des arbres divers. Ces arbres, ces couleurs, ont des qualités communes sans contredit; autrement il serait absurde de les ranger dans une même classe; mais ces qualités sont individuelles : elles ont tel ou tel caractère dans chaque être particulier; elles ne constituent pas un type, une essence distincte, un être réel. Mais, quand Locke prétend qu'il n'y a point d'autres idées générales que celles-là, il se trompe profondément; il y a des idées universelles et nécessaires qui ne sont pas l'ouvrage arbitraire de l'esprit, et qui ne se rapportent pas seulement à des signes, mais à des choses. L'espace et la durée, par exemple, ne sont pas de pures abstractions, de purs noms. Il n'y a pas seulement sous ces noms tels espaces particuliers, telles durées particulières; l'espace et le temps ne sont pas la simple réunion par l'esprit de tout ce qu'il y a de commun dans les différents espaces ou les différentes durées. Non, le temps et l'espace contiennent tous les espaces particuliers et toutes les durées particulières. Parlons mieux : l'espace et le temps sont les vraies réalités, et

---

1. Voyez FRAGMENTS DE PHILOSOPHIE SCHOLASTIQUE, la discussion sur le réalisme, le conceptualisme et le nominalisme du douzième siècle.

les espaces et les temps particuliers n'en sont que des divisions qui leur empruntent ce qu'elles ont de réel, et répondent, non pas à la vérité des choses, mais aux besoins de nos sens et de notre esprit. Le vrai est ici précisément l'opposé des préjugés du nominalisme.

La seconde exagération de Locke est d'avoir presque réduit toutes les erreurs à des erreurs de mots. Pour que cela fût vrai, il faudrait que nulle pensée ne pût avoir lieu sans le secours du langage, ce qui n'est point. Je ne prendrai qu'un exemple entre mille. Est-ce à l'aide du mot *moi* ou du mot *existence* que je sens que j'existe ? Ai-je été ici du mot à la chose ? La supposition seule est absurde. La conscience perçoit directement ses phénomènes par la vertu qui est en elle, et non par celle des mots ; les mots la servent puissamment, ils ne la constituent point ; ils ne constituent ni les sentiments simples et primitifs, ni les jugements primitifs, ni la plupart de nos opérations primitives [1]. Il y a entre la pensée et le langage une influence réciproque. Un ensemble de signes bien précis, bien déterminés, est d'un grand secours pour penser avec netteté et précision ; mais ces signes eux-mêmes supposent déjà une pensée nette et précise qui les a faits, sans quoi ils ne seraient pas. Il y a des erreurs qui viennent des mots ; mais il y en a d'autres qui viennent de l'esprit même, de la précipitation ou de la paresse, de la témérité, de la passion, de l'imagination, etc. L'esprit humain, malheureusement, n'a pas besoin du langage

---

[1]. Premiers essais, *du Langage*, p. 258.

pour se tromper : il porte en lui des sources d'erreur plus profondes, plus difficiles à tarir.

Après avoir considéré les idées dans la sensation et la réflexion qui les produisent et dans les signes qui les manifestent, Locke les étudie dans leur rapport avec les objets.

Ici intervient une théorie devenue célèbre par les conséquences qu'en ont tirées Berkeley et Hume, et par la polémique de l'école écossaise, à savoir la théorie des idées images. Suivant Locke, la vérité réside dans la conformité de l'idée à son objet. « L'esprit, dit-il, ne connaît pas les choses immédiatement, mais par les idées qu'il en a ; et par conséquent notre connaissance n'est vraie qu'autant qu'il y a de la conformité entre nos idées et leurs objets. » Liv. IV, chap. iv, § 3. Nous ne citons que ce texte ; il y en a beaucoup d'autres qui prouvent que la mesure de la vérité pour Locke est la ressemblance des idées à leurs objets. Or là est le principe du scepticisme de Berkeley. Il n'est pas malaisé de se convaincre que nos idées de la matière ne ressemblent en aucune façon à la matière même. En quoi les idées ou les sensations d'odeur, de chaleur, sont-elles conformes aux qualités qui produisent en nous ces sensations et ces idées? L'idée de la solidité est-elle solide? l'idée de l'étendue est-elle étendue? D'autre part, il n'est pas plus difficile de démontrer, avec Hume, qu'une idée ne peut pas davantage être semblable à un être spirituel, à l'âme ou à Dieu. Supposons d'ailleurs cette conformité possible entre les choses et nos idées, comment s'assurer qu'elle existe?

Nous ne possédons que nos idées, et nous ne connaissons pas les choses en elles-mêmes ; mais alors, d'où pouvons-nous savoir si nos idées sont des images fidèles, puisque, ne connaissant les originaux que par ces images, nous ne pouvons confronter les images aux originaux ? Il y a là un obstacle invincible, et par conséquent une raison invincible de douter. Locke n'aperçut pas tout cela. Son bon sens l'arrêta, ici comme partout, sur la pente de sa propre théorie. Mais Hume et Berkeley la suivirent dans toutes ses conséquences, et Reid a fait voir que, tout absurdes qu'elles soient, elles sont légitimes et rigoureusement contenues dans les principes du maître [1].

Ne quittons pas Locke sans l'interroger encore sur quelques problèmes dont la solution caractérise toute philosophie, les problèmes de l'existence de Dieu, de la spiritualité de l'âme, de la liberté, du bien et du mal.

L'opinion de Locke sur l'existence de Dieu est tout entière dans le morceau suivant : Liv. IV, ch. x, § 7. « Je crois être en droit de dire que ce n'est pas un fort bon moyen d'établir l'existence de Dieu et de fermer la bouche aux athées, que de faire porter tout le fort d'un article aussi important que celui-là sur ce seul pivot, et de prendre pour seule preuve de l'existence de Dieu l'idée que quelques personnes ont de ce souverain être. Je dis quelques personnes : car il est évident qu'il y a des gens qui n'ont aucune idée de Dieu ;

---

1. PREMIERS ESSAIS, Berkeley, p. 41-52 ; Hume, p. 55-66 ; Reid, p. 67, etc., surtout PHILOSOPHIE ÉCOSSAISE, leçons VII et VIII.

il y en a d'autres qui en ont une telle idée qu'il vaudrait mieux qu'ils n'en eussent pas du tout, et la grande partie en ont une idée telle quelle, si j'ose me servir de cette expression. C'est, dis-je, une méchante méthode que de s'attacher trop fortement à cette découverte favorite, jusqu'à rejeter les autres démonstrations de l'existence de Dieu, ou du moins de tâcher de les affaiblir et d'empêcher qu'on ne les emploie, comme si elles étaient faibles ou fausses, quoique dans le fond ce soient des preuves qui nous font voir si clairement et d'une manière si convaincante l'existence de ce souverain être par la considération de notre propre existence et des parties sensibles de l'univers, que je ne pense pas qu'un homme sage puisse y résister; car il n'y a point, à ce que je crois, de vérité plus certaine et plus évidente que celle-ci, que *les perfections invisibles de Dieu, sa puissance éternelle et sa divinité sont devenues visibles depuis la création du monde, par la connaissance que nous en donnent ses ouvrages.* »

Il suit de là deux choses : que Locke croit fermement à l'existence de Dieu sur la foi de la nature et du monde, et qu'il n'approuve pas la preuve cartésienne, qui se fonde sur l'idée de Dieu, c'est-à-dire sur l'idée du parfait et de l'infini.

En revendiquant l'autorité des preuves tirées de la nature contre les cartésiens qui les négligeaient trop, Locke a été fidèle à son rôle d'homme de bon sens. Il y a là, en effet, un éclatant exemple du secours que l'expérience sensible prête à la raison et aux vérités les plus hautes. Il importe que l'on tienne grand compte de la démonstration de l'existence de Dieu que fournit le spectacle de la nature; car cette démonstration est à la fois frappante et solide. Pour être populaire, elle n'en est pas moins, ou plutôt elle en est d'autant plus philosophique. Dieu se manifeste partout dans le monde, dans l'aile d'un papillon comme dans le système planétaire. Rien de plus vrai, assurément; et cette preuve de l'existence de Dieu est d'une force inébranlable à ces deux conditions : 1° qu'on l'assoie sur son vrai principe; 2° qu'on l'achève en la liant à une autre preuve, également nécessaire et également insuffisante.

La preuve de l'existence de Dieu tirée de la nature et du monde suppose qu'on admet, comme un principe incontestable, universel, nécessaire, le principe de causalité; sans quoi le monde nous suffirait, il ne nous élèverait point à sa cause, puisqu'il pourrait n'en point avoir. Or nulle part Locke ne parle du principe de causalité. Il ne le nie pas, il le néglige; mais par là il ôte lui-même le fondement de sa preuve, et il en détruit le caractère. Cette preuve n'est universelle que parce que son principe est universel; elle n'emporte forcément la conviction que parce que son principe est nécessaire. Mais il n'y a point pour Locke de principes universels et nécessaires, car que devient alors son système sur l'origine de toute connaissance par la réflexion et la sensation? De plus, la preuve de l'existence de Dieu par la nature, prise absolument seule, est incomplète. Locke reproche aux cartésiens leur démonstration de l'existence de Dieu par l'idée de l'infini, et il ne voit pas que sans l'idée de l'infini on ne peut avoir une vraie et achevée connaissance de Dieu. Si vous ne partez que de l'observation de la nature, bien entendu en vous appuyant sur le principe de causalité, vous aboutirez à une cause différente de la nature, car la nature n'est pas sa cause à elle-même ; mais quelle sera cette cause ? Elle sera puissante, sans contredit ; car la production du monde suppose une cause très-puissante ; elle sera intelligente, car il y a de l'intelligence dans le monde ; elle aura toutes les qualités que nous reconnaissons dans la nature, car il ne peut pas y avoir plus dans l'effet que dans la cause, et même il doit y avoir plus dans la cause que dans l'effet ; mais cette puissance, mais cette intelligence, à quel degré la cause du monde les possédera-t-elle ? La cause du monde est supérieure au monde, voilà tout ce que l'on peut affirmer. Mais est-elle parfaite ? L'observation seule du monde ne nous le dit pas, et même elle semble dire quelquefois le contraire. Je le demande : si vous n'aviez pas déjà en vous l'idée d'un être parfait et infini, cette idée pourra-t-elle vous être suggérée par la seule vue du monde, où le mal est souvent mêlé au bien, et le désordre à l'ordre ? La seule induction légitime que permette l'observation du monde, est celle d'une cause qui n'est ni parfaitement puissante ni parfaitement sage, puisqu'il y a dans le monde et dans l'homme qui en fait partie tant d'imperfections. Le doute au moins semble permis ou même commandé.

Dans le système de Locke, l'infini n'est qu'une négation sans caractère déterminé : Dieu n'est donc qu'une puissance vague et mystérieuse, dont nous n'apercevons pas les limites et qui n'en a pas plus que n'en a le nombre qui se perd dans l'indéfini. Mais telle n'est point la vraie idée de Dieu. Dieu est pour nous un être réel dont l'essence est d'être parfait. Ce n'est pas quelque chose où l'imagination se perd en voulant l'étendre indéfiniment. En Dieu l'imagination n'a rien à voir : la raison seule le conçoit, mais elle le conçoit clairement. Dieu, c'est l'être complet, à qui rien ne manque de ce qui est une perfection : c'est l'être, la puissance, l'intelligence, comme aussi la justice et la bonté, dans leur plénitude[1]. Une telle idée ne peut être donnée par l'expérience : car l'expérience ne nous atteste hors de nous et en nous que le fini et l'imparfait ; mais à l'occasion de l'expérience, à l'occasion de l'imparfait et du fini, nous ne pouvons pas ne pas concevoir l'idée de l'infini et du parfait. Locke, en rejetant cette idée, parce qu'il ne la trouve pas dans l'expérience, détruit ou énerve la preuve directe de Dieu, en tant qu'être parfait ; il croit sans doute à l'existence de Dieu, mais il n'y croit pas sur des principes rigoureux et d'une manière philosophique.

Si Locke chancelle sur Dieu, il s'égare entièrement sur l'âme.

Liv. IV, ch. III, § 6 : « Peut-être ne serons-nous ja-

---

1. Du Vrai, du Beau et du Bien, leç. IVe, *Dieu, principe des principes.*

mais capables de connaître si un être purement matériel pense ou non, par la raison qu'il nous est impossible de découvrir par la contemplation de nos propres idées, sans révélation, si Dieu n'a point donné à quelques systèmes de parties matérielles, disposées convenablement, la faculté d'apercevoir et de penser, ou s'il a joint et uni à la matière ainsi disposée une substance immatérielle qui pense... Car comment peut-on être sûr que quelques perceptions, comme le plaisir et la douleur, ne sauraient se rencontrer dans certains corps modifiés et mus d'une certaine manière, aussi bien que dans une substance immatérielle, en conséquence du mouvement des parties du corps? »

Ce doute de Locke est devenu le lieu commun de toute l'école sensualiste au dix-huitième siècle. De ce doute au matérialisme lui-même il n'y a qu'un pas. Car, si nulle raison solide n'empêche de croire que la matière peut penser, il n'est pas raisonnable de recourir à une hypothèse, à l'intervention d'un principe inconnu, quand le corps que nous connaissons et dont l'existence est incontestable peut résoudre le problème. Mais le doute de Locke est absolument inadmissible. Locke prétend que nous ne pouvons nous assurer *par la contemplation de nos propres idées* que la matière ne peut pas penser; au contraire, c'est dans la contemplation même de nos idées que nous apercevons clairement que la pensée et la matière sont incompatibles. Qu'est-ce que penser? N'est-ce pas réunir un certain nombre d'idées sous une certaine unité? La plus simple pensée, le plus simple jugement suppose plusieurs termes réunis indivisiblement en un sujet un, et identique qui est moi. Ce moi identique est impliqué dans tout acte réel de connaissance. On a démontré à satiété que la comparaison exige un centre indivisible qui comprenne les différents termes de la comparaison. Prenez-vous la mémoire? Il n'y a point de mémoire possible sans la persistance d'un même sujet qui rapporte à soi-même les différentes modifications dont il est successivement affecté. Enfin la conscience, cette condition indispensable de l'intelligence, n'est-elle pas le sentiment d'un être unique? Chaque homme ne peut penser sans dire *moi*, sans s'affirmer comme le sujet identique et un de ses pensées. Je suis moi, et toujours moi, comme vous êtes toujours vous-mêmes, dans les actes les plus divers de notre vie. Vous n'êtes pas plus vous aujourd'hui qu'hier, et vous ne l'êtes pas moins. Cette identité et cette unité indivisible du moi, inséparable de la moindre pensée, c'est là ce qu'on appelle sa spiritualité, en opposition avec les caractères évidents de la matière. Par quoi en effet connaissez-vous la matière? C'est surtout par la forme, par l'étendue, par quelque chose de solide qui vous arrête, qui vous résiste sur divers points de l'espace. Mais un solide n'est-il pas essentiellement divisible? Prenez les fluides les plus subtils : pouvez-vous ne pas les concevoir susceptibles de quelque division? Toute pensée a des éléments divers comme la matière, mais elle a de plus une indivisible unité dans le sujet pensant, et, ce sujet ôté, qui est un, le phénomène total n'est plus. Loin de là, le sujet inconnu auquel vous rattachez les phénomènes matériels est divisible, et divisible à l'infini : il ne peut cesser d'être divisible sans cesser d'être. Voilà quelles idées nous avons, d'un côté de la pensée, de l'autre, de la matière. La pensée suppose un sujet essentiellement un : la matière est divisible à l'infini. Qu'est-il besoin d'aller plus loin? Si une conclusion est légitime, c'est celle qui distingue l'être pensant et la matière. Dieu peut très-bien les faire coexister ensemble, et leur coexistence est un fait certain; mais il ne peut les confondre. Dieu peut réunir la pensée et la matière, il ne peut pas faire que la matière pense[1].

Locke n'est pas plus ferme sur la liberté que sur la spiritualité de l'âme. Quelquefois il a une idée juste et vraie de la liberté, le plus souvent il la dénature.

« Notre idée de la liberté, dit-il, s'étend aussi loin que la puissance d'agir ou de s'empêcher d'agir, mais elle ne va point au delà; car, toutes les fois que quelque obstacle arrête cette puissance d'agir ou de ne pas agir, ou que quelque force vient à détruire l'indifférence de cette puissance, il n'y a plus de liberté, et la notion que nous en avons disparaît tout à fait. » — « La volition est visiblement un acte de l'esprit exerçant avec connaissance l'empire qu'il suppose avoir sur quelque partie de l'homme, pour l'appliquer à quelque action particulière, ou pour l'en détourner. » Livre II, chap. XXI, *de la Puissance*, § 10 et 15.

Dans ce passage et dans beaucoup d'autres, Locke

---

1. Sur la spiritualité de l'âme, voyez DU VRAI, DU BEAU ET DU BIEN, leç. XVIe, p. 417, etc.

réduit la liberté au pouvoir d'agir, c'est-à-dire à la puissance d'exécution. C'est anéantir la liberté. L'homme peut-il quelque chose contre les lois de la nature qui le pressent et le dominent? Et ce qu'il croit pouvoir, selon le cours ordinaire de la nature, ne peut-il être à chaque pas surmonté ou entravé par des obstacles nouveaux, inattendus? Je veux mouvoir mon bras; mais à l'instant il se paralyse. Je voulais faire un voyage; mais la maladie me retient subitement à la chambre. Qui serait libre, si la liberté n'était que le pouvoir de faire et d'agir? Ce n'est donc pas dans l'activité extérieure, c'est dans l'activité intérieure de l'âme que réside la liberté. La liberté, c'est le pouvoir de se résoudre, de vouloir, de choisir entre différentes volitions possibles, de se décider pour l'une plutôt que pour l'autre, avec la conscience d'avoir pu choisir le contraire de ce qu'on a choisi, et de pouvoir continuer ou suspendre sa résolution. Maintenant, que dans le monde extérieur la résolution puisse ou non s'exécuter, c'est ce qui ne dépend pas de l'homme. Aussi n'a-t-il pas été prescrit à l'homme de vaincre les obstacles, de réussir : il lui a été demandé seulement de vouloir, de tenter, de faire effort. L'effort est comme l'intermédiaire entre la volonté et l'acte. L'effort touche d'une part à l'âme et de l'autre au corps. L'effort n'est pas encore l'action, et c'est déjà plus que la résolution et la volonté pure. L'effort est le phénomène où la liberté est le plus sensible, où éclate le mieux la différence de ce qui dépend de nous et de ce qui n'en dépend pas toujours, de la puissance propre et absolue de la volonté et de sa puissance relative et bornée. L'homme propose et Dieu dispose, l'homme s'agite et Dieu le mène : vieilles maximes de la sagesse commune qui prouvent à la fois et la puissance et l'impuissance de l'homme. Si c'est en effet une grande impuissance de ne pouvoir rien faire que ce que Dieu veut bien qui soit, c'est une grande puissance encore de pouvoir tout vouloir, même le mal, même l'absurde, même l'impossible[1].

Locke, à mesure qu'il avance, s'enfonce de plus en plus dans l'erreur. Sur l'existence de Dieu, il est très-incomplet; sur la nature de l'âme, il doute sans nécessité; sur la liberté, il mêle le faux et le vrai : sur le bien et le mal, il se trompe entièrement.

Incapable d'expliquer les idées supérieures à l'expérience sensible, comment la philosophie de Locke pourrait-elle rendre compte de ces principes moraux qui nous servent à juger les faits et les actions, et qui par conséquent n'en peuvent dériver? L'expérience nous apprend que telle action a des résultats agréables ou désagréables, dangereux ou utiles, conformes ou contraires à notre intérêt. L'agréable, l'utile, l'intérêt, voilà tout ce que l'expérience enseigne et peut enseigner. Aussi Locke, pour être fidèle à son système, dans les chapitres où il traite des idées morales, est-il condamné à faire consister le bien et le mal dans le plaisir et la peine qui suivent certaines actions.

Liv. II, ch. xx, § 2. « Les choses ne sont bonnes ou

---

1. Sur la liberté, voyez DU VRAI, DU BEAU ET DU BIEN, leç. XIV, p. 352.

mauvaises que par rapport au plaisir ou à la douleur. Nous nommons *bien* tout ce qui est propre à produire et à augmenter le plaisir en nous, ou à diminuer et à abréger la douleur... Au contraire, nous appelons *mal* ce qui est propre à produire ou à augmenter en nous quelque douleur, ou à diminuer quelque plaisir que ce soit, ou à nous causer du mal, ou à nous priver de quelque bien que ce soit. » Et encore : « Nous appelons *bien* tout ce qui est propre à produire en nous du plaisir ; et au contraire nous appelons *mal* tout ce qui est propre à produire en nous de la douleur. »

De cette définition du bien en général, Locke déduit celle du bien moral en particulier. *Ibid.*, chap. xxviii, § 5. « ... Le bien et le mal considéré moralement n'est autre chose que la conformité ou l'opposition qui se trouve entre nos actions et une certaine loi, conformité et opposition qui nous attire au bien et nous détourne du mal par la volonté et la puissance du législateur : et ce bien et ce mal n'est autre chose que le plaisir et la douleur qui par la détermination du législateur accompagnent l'observation ou la violation de la loi ; c'est ce que nous appelons récompense et punition. »

Ainsi le bien moral, c'est l'obéissance à la loi, et la seule raison de cette obéissance à la loi, c'est qu'à l'accomplissement de la loi est attaché le plaisir comme récompense et à sa violation la douleur comme punition. La raison dernière de tous nos actes, le motif unique de notre conduite, c'est donc la recherche du plaisir et la fuite de la douleur.

Ici les objections se présentent en foule. De quelle

loi Locke veut-il parler? De la loi humaine? Oui, de la loi humaine aussi, puisque cette loi punit et récompense, qu'elle est armée du plaisir et de la peine. On doit donc obéir à cette loi. Mais, si on lui doit obéir, par cela seul qu'elle punit et récompense, il s'ensuit qu'on devrait lui obéir encore quand elle serait injuste, pourvu qu'elle conservât toujours le pouvoir de récompenser et de punir l'obéissance et la désobéissance. Il faut accorder cela, ou dans la moindre restriction périt tout entière la définition du bien et du mal moral comme la pure obéissance ou désobéissance à la loi. Locke ne manque pas d'en appeler à la loi de Dieu. Mais l'obéissance est-elle due à cette loi, en tant qu'infailliblement juste, ou en tant qu'armée d'un pouvoir plus grand et plus certain de récompenser et de punir? Si c'est en tant que juste, et même indépendamment de la récompense et de la peine, du plaisir et de la douleur, voilà un principe nouveau, une autre morale, une autre philosophie. Si c'est en tant que plus puissante, et seulement à ce titre, Locke est conséquent; mais une telle loi n'impose pas une vraie obligation, une obligation inviolable et absolue. En effet, si la loi n'a d'autre autorité que celle qu'elle tire de la récompense ou de la peine, du plaisir ou de la douleur, c'est-à-dire de notre intérêt, n'est-il pas évident que, quand la loi sera en opposition, réelle ou apparente, à ce même intérêt, nous n'aurons aucune raison pour ne pas la violer. Il n'y a que deux raisons d'obéir à une loi : parce qu'elle est juste en soi, ou parce qu'elle nous est avantageuse. Or, quand le bien se mesure sur l'avantage, comme dans la doctrine de Locke, l'avantage disparaissant, la loi n'est plus rien. Allons plus loin : supposons que l'accomplissement de la loi soit toujours ce qu'il y a de plus avantageux, je demande où est la moralité dans une pareille doctrine. Une loi qui ne commande que par la promesse ou la menace, un être qui n'obéit qu'à l'espérance ou à la crainte, une action qui ne regarde qu'au plaisir ou à l'intérêt, que l'on me montre dans tout cela le bien, le devoir, l'honnêteté, la justice, la vertu, la moralité [1].

Ainsi presque tous les résultats de la philosophie sensualiste, tels que l'histoire nous les a déjà montrés, reparaissent dans l'*Essai sur l'entendement humain*. Le bon sens naturel de Locke, sa modération si digne d'éloges a beau les retenir : ils échappent de toutes parts, et la logique et le temps les étendront successivement. Il est triste de le dire : en résumé, Locke c'est Hobbes au fond en métaphysique, avec mille différences secondaires. Il ne le cite guère, il le reproduit souvent. Son chapitre sur l'influence du langage, en bien comme en mal, est tiré de Hobbes. Il ne tombe pas dans le matérialisme, mais il s'en rapproche par cette opinion que Dieu a pu douer la matière de la faculté de penser. Il n'a pas connu le vrai caractère de la liberté, ni marqué la différence essentielle du bien et du mal, et l'excellence propre de la vertu. Il croit en Dieu, il est même chrétien, mais Leibniz a montré que le christianisme

---

1. Sur la vraie notion du bien et du mal, du devoir et de la loi morale, voyez DU VRAI, DU BEAU ET DU BIEN, leçons XII, XIII et XIV.

de Locke inclinait fort au socinianisme, « secte qui a toujours été assez pauvre sur Dieu et sur l'âme[1]. » Enfin si Locke est aussi libéral que Hobbes l'est peu, il reste à savoir qui des deux a manqué de conséquence.

Locke résume donc et continue à la fin du dix-septième siècle l'école sensualiste, lui donnant à la fois et le frein et l'auréole de sa propre sagesse. Désormais c'est de lui qu'elle relèvera. Mais il est temps de revenir sur nos pas, et de vous entretenir de la grande école idéaliste de la même époque dont le père et le chef est notre Descartes.

---

[1]. « Inclinavit ad socinianos quorum paupertina semper fuit de Deo et mente philosophia. » Correspondance de Korthold, t. IV, *Epist. ad Bierling*, p. 15.

HUITIÈME LEÇON.

PHILOSOPHIE DU XVIIe SIÈCLE. IDÉALISME.

Descartes. Sa vie. Ses ouvrages. — Sa méthode. Appréciation des quatres règles cartésiennes. Originalité, profondeur et universalité de la première. — Que la quatrième est spéciale aux mathématiques. — Le doute cartésien : Son vrai caractère. — Premier principe cartésien : *je pense, donc je suis*. La psychologie, lumière de la métaphysique. — Métaphysique cartésienne. Spiritualité de l'âme. Existence de Dieu. Existence du monde. — S'il est vrai que Descartes a frayé la voie au spinozisme? 1° Il a parfaitement décrit et établi la volonté libre; 2° sa théorie de la création continuée; 3° il n'a condamné la recherche des causes finales qu'en physique; 4° il a trèsbien distingué l'indéfini de l'infini et n'a nullement admis l'infinité du monde; 5° il s'est prononcé contre la substance unique; 6° il n'a jamais dit que la pensée et l'étendue n'ont pas leurs substances propres; 7° l'étendue considérée comme attribut essentiel de la matière ne conduit pas au spinozisme; 8° différence du Dieu de Descartes et de celui de Spinoza. — Quels sont les vrais disciples de Descartes. — Ce que Spinoza a emprunté à Descartes. Que la source principale du spinozisme est la philosophie hétérodoxe des Juifs. Retour sur Maimonide. — Spinoza. Sa vie et ses études. Se sépare de la synagogue et affiche l'hétérodoxie. — *Renati Descartes principia philosophiæ*. Vrai sens de ce livre en apparence cartésien, en réalité très-opposé au cartésianisme. — *Tractatus theologico-politicus*. Renouvellement du rationalisme juif. — *Ethica*. Système de Spinoza. — Ce système est-il l'athéisme? — Malebranche père de l'Oratoire; disciple très-infidèle de Descartes. Il mêle la philosophie et la théologie; rejette l'autorité de la conscience et abandonne la psychologie. — Son principe qu'aucune créature ne peut agir sur une autre créature, d'où la théorie des causes occasionnelles, Dieu considéré comme la seule cause véritable, et la volonté humaine réduite à l'inclination. — Autre principe hypothétique : que l'esprit

de l'homme ne peut apercevoir que ce qui lui est intimement uni.
— Profonde différence de la théorie des idées de Platon et de celle de Malebranche. La vision en Dieu. — Théodicée de Malebranche pure des erreurs de sa métaphysique.

Je vous ai si souvent entretenus de Descartes[1] que je pourrais me borner, ce semble, à résumer ce que tant de fois je vous en ai dit; mais la grandeur toujours nouvelle d'un tel sujet me permet ou plutôt me commande de vous en parler ici de nouveau avec une juste étendue.

René Descartes est né en 1596, et il est mort en 1650. Il participe donc encore un peu du seizième siècle comme Bacon, mais il a vécu beaucoup plus que lui dans le dix-septième, et il en exprime bien mieux l'esprit. Il avait vu le jour par hasard à La Haye, petite ville de Touraine, dont la seigneurie était partagée entre les Sainte-Maure et la famille de sa mère[2], mais il avait été conçu à Rennes, dans cette Bretagne qui semble avoir mis sur lui sa marque, une assez forte personnalité, une sincérité un peu hautaine, une sorte d'indocilité innée à se plier au goût et à l'opinion des autres, avec une assez grande assurance en soi-même.

---

1. INTRODUCTION A L'HISTOIRE DE LA PHILOSOPHIE, leç. II et III. — Voyez aussi nos premiers cours de 1815 à 1821 : PREMIERS ESSAIS, *Vrai sens de l'Enthymème cartésien : Je pense, donc je suis;* DU VRAI, DU BEAU ET DU BIEN, *Discours d'ouverture,* p. 3; PHILOSOPHIE ÉCOSSAISE, leç. IIe, p. 50-53, et leç. IX, p. 400-409; PHILOSOPHIE DE KANT, leç. VI, p. 200-212. Ajoutez-y, FRAGMENTS DE PHILOSOPHIE MODERNE et FRAGMENTS DE PHILOSOPHIE CARTÉSIENNE.

2. Voyez l'excellente *Vie de Descartes*, par Baillet, première partie, p. 14.

Descartes était doué à la fois d'une rare capacité de réflexion, et de cette résolution d'esprit et de cœur qui n'est guère moins de mise dans la métaphysique que dans la guerre, ces deux virils exercices du caractère et de la pensée [1]. Il est des âmes qui répugnent naturellement au scepticisme, et qui en même temps ne sont pas faites pour s'endormir dans un dogmatisme de convention. Descartes avait reçu du ciel une de ces âmes-là. Élevé chez les jésuites de La Flèche, on lui enseigna un péripatétisme dégénéré, sans danger pour la foi, mais sans grandeur et sans attrait, qui passa sur lui sans laisser de traces. Cadet d'une famille de robe et d'épée, laissant à son frère aîné l'héritage de leur père au parlement de Bretagne, et ne se sentant aucune vocation ecclésiastique, il entra dans le monde, en mena la vie, servit bravement, mais en amateur, sans embrasser aucune carrière, et toujours retenu par un secret instinct qui le portait à réfléchir sur toutes choses plutôt qu'à y prendre part. C'est à lui aussi bien qu'à Molière qu'on aurait pu donner le nom de *contemplateur*. Il suivait l'armée, et recherchait les compagnies et les assemblées, regardant, écoutant, parlant peu, solitaire parmi les plus grandes foules. De temps en temps il faisait, au milieu même de Paris, de longues retraites, pendant lesquelles il ne donnait son adresse à personne; et là, sans visite aucune et presque sans livres, il se livrait à la passion de son cœur et s'enfonçait dans la métaphysique et dans les

---

[1] INTRODUCTION, etc., leç. x.

mathématiques ; puis un jour, par hasard, au coin d'une rue, il rencontrait un de ses amis de plaisirs qui l'emmenait avec lui et le rejetait dans le monde. Quelquefois c'était à l'armée, pendant les quartiers d'hiver, qu'il se retirait en lui-même, poursuivant ses méditations avec l'ardeur et l'obstination du génie. Dans une de ces retraites volontaires, à Prague, où il était allé voir le couronnement de l'Empereur[1], le 10 novembre 1619, à l'âge de 23 ans, il crut *avoir trouvé le fondement d'une science admirable*[2] ; ce fondement était sa méthode. Dès lors, après bien des combats avec sa famille et avec lui-même, il prit son parti de n'être rien en ce monde et de se consacrer à la recherche et à la démonstration de la vérité ; il vendit sa terre du Perron en Poitou dont il portait le nom, et s'ensevelit dans un village de la Hollande. Depuis, ni les sollicitations de ses amis, ni plus tard, lorsqu'il fut devenu célèbre, les offres les plus brillantes plus d'une fois réitérées, ne purent l'ébranler : il ne revint quelquefois à Paris et en Bretagne que par d'indispensables nécessités, et il demeura fidèle à la solitude et à la philosophie. Bien différent de Bacon, il dédaignait la fortune et les honneurs, et il dépensa tout son bien en expériences. Une fois en possession de sa méthode, il l'appliqua avec une passion infatigable à toutes les grandes

---

1. Voyez le *Discours de la Méthode*.
2. Baillet, p. 51 et p. 81. Ces mots étaient en latin, et de la main bien connue de Descartes, aux marges d'un ouvrage manuscrit intitulé *Olympica,* que Baillet avait sous les yeux et qui n'a pas été retrouvé.

sciences : à la métaphysique, aux mathématiques, il joignit la haute physique, l'optique, l'astronomie, la mécanique, l'anatomie, la physiologie, la médecine ; et en 1637 il livra au public les principaux résultats de ses travaux dans un ouvrage écrit en français, dont le titre révèle toute la portée : « DISCOURS DE LA MÉTHODE, *pour bien conduire sa raison et chercher la vérité dans les sciences*; PLUS LA DIOPTRIQUE, LES MÉTÉORES ET LA GÉOMÉTRIE, *qui sont des essais de cette* MÉTHODE. » Leyde, in-4°, sans nom d'auteur. Quelques années après, il mit au jour sa métaphysique ; mais la destinant aux savants et aux théologiens, et non pas aux gens du monde, il l'écrivit en latin, la dédia à la Sorbonne, et provoqua lui-même une sérieuse polémique en demandant des objections aux hommes du métier et en faisant imprimer ces objections avec ses réponses. « RENATI DES-CARTES [1] MEDITATIONES DE PRIMA PHILOSOPHIA, *in quibus Dei existentia et animæ a corpore distinctio demonstrantur. His adjunctæ sunt variæ objectiones doctorum virorum in istas de Deo et anima demonstrationes, cum responsionibus authoris* [2]. » Le duc de

1. Il est à remarquer qu'il ne consentit jamais à latiniser son nom de famille, et que, malgré l'étrange disparate que cela faisait, il l'écrivit toujours en français et presque en deux mots, comme on le voit ici.

2. C'est le titre de la seconde et bonne édition faite sous les yeux de l'auteur, in-12, Amsterdam, 1642, laquelle a remplacé l'édition originale de Paris, 1641, in-8°, très-défectueuse et devenue presque introuvable, ce qui nous excusera d'en donner ici une courte description. Voici le titre : *Renati Des-Cartes Meditationes de prima philosophia, in qua Dei existentia et animæ immortalitas demonstratur*. Parisiis, apud Michaelem Soly, via Jacobea, sub signo Phœnicis, MDCXLI. Il faut ici remarquer, d'abord, la faute *demonstratur* pour *demonstrantur*,

Luynes en publia en 1647, une traduction que Descartes avait pris soin de revoir[1]. En 1644, après la puis *in qua*, se rapportant à *prima philosophia*, au lieu de *in quibus* de la deuxième édition, qui se rapporte à *Meditationes;* surtout l'immortalité de l'âme mise au lieu de sa spiritualité, qui est le vrai sujet de Descartes, comme le dit nettement l'édition hollandaise. Celle de Paris est assez incorrecte. L'errata en donne cette raison que : « hæc, « absente authore, atque ab exemplari non ab ejus manu scripto typis « mandata sunt. » Ajoutons que si le titre du frontispice porte : *Meditationes de prima philosophia,* le titre courant donne constamment d'un bout à l'autre *Meditationes metaphysicæ.* Le privilége donne les deux titres ensemble : *Meditationes metaphysicæ, de prima philosophia;* et les deux titres sont aussi dans la permission de l'auteur au libraire : « Le sieur René Des-Cartes a permis à Michel Soly, marchand à Paris, d'imprimer le présent livre, intitulé : *Meditationes metaphysicæ, de prima philosophia;* » ce qui a passé dans la traduction du duc de Luynes : *Les méditations métaphysiques de René Descartes touchant la première philosophie.* Les *Meditationes* sont suivies des *Objectiones doctorum aliquot virorum in præcedentes meditationes cum responsionibus authoris.* Il y a six *objections* et autant de *réponses;* en tout, six cent deux pages, sans compter l'épître dédicatoire à la Sorbonne et la préface au lecteur. Il y a aussi une *Synopsis sex sequentium meditationum.* Au bas du privilége : « Achevé d'imprimer le 28 aoust 1641. » L'année suivante parut en Hollande, chez Louis Elzevir, la seconde édition in-12, bien plus jolie et plus correcte que l'édition originale. Le titre est rectifié : comme nous l'avons dit, la spiritualité de l'âme a remplacé l'immortalité. Les six objections et réponses sont indiquées dans le titre et reparaissent augmentées des septièmes, qui n'avaient pas encore vu le jour. Cette édition est celle qui a été tant de fois reproduite en divers formats : *Renati Des-Cartes, Meditationes de prima philosophia, in quibus Dei existentia et animæ humanæ a corpore distinctio demonstrantur. His adjunctæ sunt variæ objectiones doctorum virorum ad istas de Deo et anima demonstrationes, cum responsionibus authoris. Secunda editio septimis objectionibus antehac non visis aucta. Amstelodami, apud Ludovicum Elzevirium,* in-12, 1642.

1. *Les Méditations métaphysiques de René Descartes touchant la première philosophie, dans lesquelles l'existence de Dieu et la distinc-*

métaphysique vint la physique : Renati Des-Cartes Principia philosophiæ, in-4°, Amstelodami. » Descartes lui-même engagea un de ses amis, l'abbé Picot, à en faire une traduction, à laquelle il mit une préface française très-remarquable par les jugements qu'il y porte sur les philosophes qui l'ont précédé, et particulièrement sur Platon et sur Aristote [1]. A la fin de 1649 parurent les Passions de l'ame [2], chef-d'œuvre d'observation psychologique et physiologique, et quelques mois après Descartes n'était plus. La reine de Suède, qu'on ne connaissait encore que comme la plus zélée protectrice des lettres et des sciences, et à qui Pascal dédiait sa machine arithmétique, l'avait attiré auprès d'elle en lui promettant un établissement semblable à celui de Tycho-Brahé, et toutes les ressources dont il aurait besoin pour ses expériences de toute espèce. Il avait cédé à la trompeuse espérance de pou-

---

tion réelle entre l'âme et le corps sont démontrées, traduites du latin de l'auteur, par M. le D. D. L. N. S., et les objections faites contre ces Méditations par diverses personnes très-doctes, avec les réponses de l'auteur, traduites par M. C. L. R. (Clerselier), in-4°, 1647. La traduction du duc de Luynes est très-exacte, mais d'un style faible et traînant qui contraste avec la vigueur du style latin comme du style français de Descartes. On n'a pas assez remarqué que Descartes a porté jusque dans le latin sa clarté et sa force accoutumées. La traduction des *Objections et Réponses* de Clerselier est très-faible et assez souvent défectueuse.

1. « *Les Principes de la philosophie, escrits en latin par René Descartes, et traduits en françois par un de ses amis*. Paris, 1647, in-4°. » Cette traduction est encore plus terne et plus pâle que celle des *Méditations*.

2. La première édition est d'Amsterdam, 1649, in-12; elle fut presque immédiatement reproduite à Paris, en 1650.

voir enfin cultiver en grand les sciences; à peine arrivé à Stockholm, il y prit une fluxion de poitrine dont il mourut, le 11 février 1650. Après sa mort, on publia en Hollande et à Paris bien des écrits auxquels il n'avait pas mis la dernière main, entre autres de nouvelles *Règles pour la direction de l'esprit*, un traité, en forme de dialogue, de la *Recherche de la vérité par les lumières naturelles*, avec d'admirables fragments d'optique et de physiologie, destinés à faire partie de ce grand livre du *Monde* qui l'avait tant occupé, et qui devait contenir une encyclopédie scientifique, dont le couronnement était *l'Homme*[1].

Ce simple exposé suffit à vous donner une idée de la solidité et de l'étendue de l'entreprise formée par Descartes. Il ne s'agit plus ici d'éloquentes déclamations contre la scholastique qui la décriaient sans la détruire, car on ne détruit véritablement que ce qu'on remplace. Bacon avait prodigué les promesses magnifiques : Descartes est venu les accomplir. Bacon avait comme épuisé ses forces dans l'établissement d'une méthode excellente, empruntée aux Italiens et principalement applicable aux sciences physiques et naturelles, et il l'avait

---

[1]. Voyez les *R. Des-Cartes Opuscula posthuma, physica et mathematica*, Amstelodami, 1701, in-4°; *l'Homme de René Descartes et la formation du fœtus*, avec les remarques de L. Laforge; à quoi l'on a ajouté le *Monde ou traité de la lumière* du mesme auteur, Paris, in-4°, 1677. — Rappelons que nous avons donné la première édition complète des *OEuvres de Descartes*, 11 vol. avec planches, in-8°, 1824-1826, édition très-imparfaite encore, mais où la longue correspondance de Descartes est mise dans un ordre chronologique qui permet de suivre le mouvement et le progrès de ses diverses études.

assez médiocrement autorisée par le parti qu'il en avait tiré. Descartes invente une méthode du caractère le plus général, et il l'accrédite par la multitude d'admirables découvertes qu'elle produit sous sa main en tout genre. Bacon est le prophète de la science moderne, Descartes en est le fondateur.

Pour quiconque en effet connaît l'histoire de la philosophie, des sciences et des lettres dans la première moitié du dix-septième siècle, il est incontestable que de 1637 à 1650 Descartes est à la fois le plus grand métaphysicien, même sans aucun rival, le plus grand mathématicien de Viète à Fermat, le plus grand physicien de Kepler et Galilée à Huygens, le plus grand physiologiste après Harvey, ainsi que le plus grand prosateur français avant Pascal [1].

Nous verrons tout à l'heure le métaphysicien. Du mathématicien et du physicien nous ne dirons que ces deux mots : Descartes est l'auteur de l'application de l'algèbre à la géométrie, pas immense sans lequel cet autre progrès plus grand encore, le calcul différentiel, était impossible ; en physique, il tient juste la même place, il joue le même rôle : il a frayé la route à la mécanique céleste en établissant le premier que le système du monde est un problème de mécanique ; ce problème, il ne l'a pas résolu, mais c'est lui qui l'a posé, et il reste à savoir s'il ne fallait pas autant d'originalité, de

---

[1]. Sur la gloire particulière de l'écrivain dans Descartes, voyez un passage de nos ÉTUDES SUR PASCAL, p. 107 et 108 de la cinquième édition, avec un autre de l'*Avant-propos* de nos FRAGMENTS LITTÉRAIRES, p. 5 de la troisième édition.

PHILOSOPHIE DU XVIIe SIÈCLE. IDÉALISME.

hardiesse et de pénétration pour le poser que pour le résoudre.

Et tout cela, Descartes l'a fait, il le dit lui-même, par la force de sa méthode, soutenue, il est vrai, de celle de son génie.

Quelle est donc cette méthode?

Elle se compose de quatre règles. La première est incomparablement ce qu'il y a dans la méthode entière de plus essentiel, de plus nouveau, de plus cartésien.

La voici telle que Descartes l'expose lui-même :
« Ne recevoir jamais aucune chose pour vraie que je
« ne la connusse évidemment être telle; c'est-à-dire
« éviter soigneusement la précipitation et la préven-
« tion, et ne comprendre rien de plus en mes jugements
« que ce qui se présenteroit si clairement et si dis-
« tinctement à mon esprit que je n'eusse aucune occa-
« sion de le mettre en doute[1]. »

Ainsi ce que recommande avant tout Descartes, c'est de se faire en toutes choses des idées si claires et si distinctes que l'évidence suive nécessairement, et qu'on ne puisse pas ne pas la reconnaître. Rendez-vous compte de la nature de ce précepte, mesurez-en la portée, et vous verrez que dans sa simplicité profonde il contient toute une révolution : d'abord il s'applique à tous les emplois de la pensée, et en même temps il émancipe l'esprit et le pousse à une juste indépendance.

L'universalité du précepte cartésien est manifeste.

---

1. *Discours de la méthode*, t. Ier de notre édition, p. 141.

Il n'est plus question seulement, comme dans Bacon, de consulter le témoignage des sens et de suivre fidèlement les inductions qu'il suggère, ce qui est le procédé des sciences physiques et naturelles; il n'est pas question davantage de partir d'un principe supposé certain pour en déduire tout le reste, ce qui est le procédé des mathématiques; ces deux procédés contraires, excellents en eux-mêmes, auront chacun leur place dans la méthode cartésienne; mais, pris à part, ils sont exclusifs l'un de l'autre, et laissent échapper de grandes sciences tout entières, tandis que rien n'échappe à la première règle de Descartes. Quelle est en effet la science, quelle est l'étude où cette règle ne soit de l'application la plus nécessaire et la plus féconde? Elle va droit aux mathématiciens qui aspirent à l'évidence et n'y peuvent parvenir que par la netteté et la précision des idées. Elle s'adresse également aux physiciens, si facilement dupes d'observations particulières dont ils tirent souvent des inductions trop générales par une précipitation hasardeuse. Avant de se croire en possession d'une loi générale, il est indispensable de soumettre cette prétendue loi à de sérieuses épreuves, et de ne l'accepter que lorsqu'il est impossible de ne pas le faire à moins de se refuser à l'évidence. Il en est de même de tout ordre de connaissances. On n'y peut avancer qu'en ne se payant pas de mots et de faux semblants, en se rendant un compte sévère de ce qu'on fait, en ne s'arrêtant qu'à des idées claires et distinctes. En littérature même, il importe de bien s'entendre avec soi-même pour se faire entendre des autres, et on ne s'entend bien et on ne peut se faire entendre qu'à l'aide d'idées claires et distinctes. Chercher par-dessus tout la netteté des idées pour arriver à celle du style est le premier de tous les préceptes, le précepte par excellence que la rhétorique ordinaire ne donne point, et que les lettres doivent à la philosophie. Ainsi, qui que vous soyez, savants, lettrés, philosophes, amateurs de la vérité en tout genre, c'est à l'évidence seule qu'il faut vous rendre, et l'évidence ne se peut trouver que dans des idées claires et distinctes. Jugez de l'effet d'une telle règle au début du dix-septième siècle, au sortir de la scholastique, parmi les tentatives aventureuses et les imitations sans critique de la Renaissance, quand les sciences erraient d'hypothèses en hypothèses, et quand les langues nationales, encore dans l'enfance, s'essayaient timidement à remplacer celle de l'école. Ce précepte, sorti d'une réflexion profonde et en même temps si simple, si précis et si universel, accessible à tous et applicable à tout, se leva, en 1637, comme une lumière vaste et inattendue qui de toutes parts ranima et réjouit l'esprit humain, et lui montra une carrière nouvelle.

Ceux qui ont reproché à Descartes de n'avoir pas mis d'enseigne, et, comme on dit dans l'école, de *criterium* à l'évidence, n'ont pas compris la nature de l'évidence, que nulle définition ne l'atteint, qu'elle n'est attachée ni à ceci ni à cela, et qu'elle est son propre *criterium*. En fait d'évidence, il ne s'agit que de savoir si elle est ou si elle n'est pas, si on la sent ou si on ne la sent pas, s'il est possible de s'y refuser ou s'il est impossible de ne pas s'y rendre.

L'évidence a sans doute bien des conditions, et elle ne s'acquiert pas aisément. En précipitant ses jugements, on se fait des opinions qui ne tiennent pas devant le temps, et qui, après nous avoir éblouis et entraînés un jour, le lendemain s'obscurcissent et nous abandonnent. La prévention, le préjugé, est aussi un puissant obstacle à la recherche et à la découverte de la vérité. Il faut un travail souvent opiniâtre pour se faire des idées claires et distinctes en certaines matières, et un grand empire sur soi pour ne mettre en un jugement que ce dont on est bien assuré ; il faut avoir su douter longtemps pour entrer enfin en possession de la certitude, et se pouvoir dire à soi-même avec une entière sécurité en portant un jugement : non, dans aucune occasion il ne me sera possible de mettre en doute ce jugement-là.

L'évidence a donc des conditions diverses et laborieuses ; mais, ces conditions remplies, dès que l'évidence se fait, elle est à elle-même son unique témoin, son unique garantie. Elle n'a pas besoin d'une autre autorité, et elle n'en reconnaît pas d'autre. Par là tombent d'un seul coup toutes les autorités, quelles qu'elles soient, dominations temporelles devant lesquelles le monde s'incline, ou même dominations religieuses et scientifiques, consacrées par la vénération ou l'admiration des siècles, à moins que ces diverses autorités ne prennent la peine et ne trouvent le secret de nous rendre évidente, et évidente d'une évidence irrésistible, la vérité qu'elles nous apportent. L'évidence en effet est toute personnelle. Elle ne se commande pas plus que l'amour. Elle ne dépend pas même de la volonté.

Elle est ce qu'il y a de plus libre à la fois et de moins libre. Elle s'accomplit quelquefois en nous malgré nous, et la meilleure volonté du monde ne la fait pas naître quand son heure n'est pas venue. La vérité elle-même, qui ne nous paraît pas évidente, n'a pas droit à notre adhésion, car brillât-elle à tous les yeux en caractères éclatants, régnât-elle d'un bout de l'univers à l'autre, si nous ne l'apercevons pas distinctement de nos propres yeux ou au fond de notre âme, elle n'est pas la vérité pour nous, et c'est notre grandeur, notre droit, notre devoir de ne nous soumettre qu'à la vérité reconnue et sentie, et non pas à la vérité obscure encore et comme étrangère qui ne nous touche et ne nous éclaire point.

Le précepte de ne se rendre qu'à l'évidence est donc un précepte de liberté : il affranchit l'esprit humain dans tous les ordres de connaissance, et celui qui l'a proclamé le premier a pu être justement appelé le libérateur de la raison humaine.

Ajoutons bien vite que Descartes est un homme du dix-septième siècle et non du seizième : il ne s'insurge pas contre toute autorité ; loin de là, il se plaît à reconnaître toutes les autorités dont la nécessité lui est évidente, celle de la religion et celle de l'État ; mais il commence cette soumission dans les limites de la raison, qui sépare les temps modernes du moyen âge, et devait amener notre noble, notre glorieuse liberté constitutionnelle, aussi éloignée de la servilité que de l'esprit d'insubordination.

Après avoir tant insisté sur la première des quatre

règles cartésiennes, je passerai rapidement sur deux autres qui s'expliquent assez d'elles-mêmes, et semblent se rapporter aux règles de Bacon. Elles représentent ce que Bacon appelle la dissection et l'anatomie du sujet, ce que depuis dans les sciences d'observation on a nommé l'analyse avec ses deux procédés bien connus, la décomposition et l'énumération la plus complète des parties. Mais faites bien cette remarque que Descartes présente ces deux procédés sous une forme générale qui les rend applicables à toute espèce de recherches et même aux mathématiques : « Diviser chacune des difficultés que j'examinerois en autant de parcelles qu'il se pourroit, et qu'il seroit requis pour les mieux résoudre. » — « Faire partout des dénombrements si entiers et des revues si générales que je fusse assuré de ne rien omettre[1]. »

Jusqu'ici nous donnons une pleine et entière adhésion à la méthode cartésienne ; mais voici le point où nous sommes obligé d'abandonner Descartes ; voici une règle à laquelle il s'efforce d'imprimer un caractère général, et ce caractère général nous ne le reconnaissons point :

« Conduire par ordre mes pensées, en commençant par les objets les plus simples et les plus aisés à connoître pour monter peu à peu comme par degrés jusqu'à la connoisssance des plus composés, en supposant même de l'ordre entre ceux qui ne se précèdent point les uns les autres[2]. »

---

1. *Discours de la méthode*, t. 1er, p. 141 et 142.
2. *Ibid.*, p. 142.

Si Descartes n'avait posé cette règle qu'en vue des mathématiques, et de la partie des autres sciences où le procédé des mathématiques est applicable, nous n'aurions rien à dire ; mais ce qu'il y a de grave c'est qu'il en fait une règle générale qui des mathématiques peut être transportée partout ailleurs. Or, est-il vrai qu'en physique et en physiologie on substitue à l'ordre naturel dans lequel se présentent les phénomènes un ordre artificiel, afin de pouvoir aller par degrés du simple au composé, de manière à former un système dont les diverses parties se déduisent les unes des autres comme une suite de théorèmes ? Le propre des mathématiques est de remplacer la réalité où tout est mélangé, compliqué, imparfait, par l'abstraction où tout est simple et un ; et dans ce monde nouveau, non pas imaginaire mais idéal et abstrait, le mathématicien opère par le pur raisonnement déductif. La déduction règne dans les mathématiques, mais ailleurs, aussitôt qu'on est en présence de la réalité, elle n'est de mise qu'unie à l'observation et à l'induction, et encore il y faut des précautions infinies.

Cependant la quatrième règle de la méthode cartésienne a bien la prétention d'être générale, car Descartes s'est proposé de donner au monde une méthode qui puisse servir à la recherche et à la découverte de toutes les vérités, et dont toutes les règles soient d'un usage universel. C'est à titre universel qu'il admire et qu'il célèbre le procédé qui fait la force et la beauté des mathématiques, et il le croit parfaitement praticable dans tout ordre de connaissances. Laissons Descartes parler lui-même : « Ces longues[1] chaînes de raisons, toutes simples et faciles, dont les géomètres ont coutume de se servir pour parvenir à leurs plus difficiles démonstrations, m'avoient donné l'occasion de m'imaginer que *toutes les choses qui peuvent tomber sous la connoissance des hommes s'entre-suivent en même façon*, et que, pourvu seulement qu'on s'abstienne d'en recevoir aucune pour vraie qui ne le soit, et qu'on garde toujours l'ordre qu'il faut *pour les déduire les unes des autres*, il n'y en peut avoir de si éloignées auxquelles enfin on ne parvienne, ni de si cachées qu'on ne découvre. » Voilà pourquoi « considérant qu'entre tous ceux qui ont ci-devant recherché la vérité dans les sciences, il n'y a eu que les seuls mathématiciens qui ont pu trouver quelques démonstrations, c'est-à-dire quelques raisons certaines et évidentes », il s'appliqua aux mathématiques, « bien que, dit-il, je n'en espérasse aucune autre utilité, sinon qu'elles accoutumeroient mon esprit à se repaître de vérités et ne se contenter point de fausses raisons. » Et Descartes nous raconte comment dans l'étude des mathématiques, en se pénétrant de leur génie, en simplifiant de plus en plus, et en marchant toujours d'abstractions en abstractions, il en était venu assez vite et tout naturellement à représenter les grandeurs par des chiffres, c'est-à-dire à inventer l'application de l'algèbre à la géométrie.

Il faut donc reconnaître que, lorsqu'un peu plus tard Descartes s'engagea dans les recherches philoso-

---

1. *Discours de la méthode*, t. Ier, p. 142 et 143.

phiques, imbu de l'esprit et des habitudes de la géométrie, il était déjà sur la route de l'abstraction, et qu'il aurait pu sortir de ses mains un chef-d'œuvre de déduction logique et mathématique, mais auquel eût manqué la réalité et la vie, si dans la méthode cartésienne la règle, que j'appellerais volontiers la partie mathématique de cette méthode, n'était pas balancée par les autres règles et surtout par la première, si enfin dans Descartes, à côté du grand géomètre, il n'y avait eu aussi un très-grand observateur.

De tous les préjugés répandus par les ennemis du cartésianisme, il n'en est pas un qui soit moins fondé, qui soit démenti avec plus d'éclat par tous les ouvrages et par toute la vie de Descartes, que celui qui en fait un rêveur de génie. Descartes est un des observateurs les plus assidus et les plus attentifs qu'il y ait jamais eu. On ne pourrait citer de son temps une science d'observation dont il ne se soit occupé avec passion. Il a dépensé sa modeste fortune en expériences de toute sorte. Dans ses voyages, il se portait avec empressement partout où il espérait rencontrer quelque phénomène un peu curieux. Partout il faisait des observations de météorologie, et recueillait des faits intéressants[1]. Ayant entendu dire que les rose-croix possédaient des connaissances naturelles dont ils faisaient mystère, il tenta de pénétrer dans leur société pour apprendre leurs secrets. En Hollande, à Egmont et à Endegeest, il avait fait deux parties de sa maison, l'une où il couchait, prenait ses

---

1. Baillet, *passim*, et particulièrement, livre II, p. 118, etc.

repas et recevait de rares visiteurs; l'autre réservée à
ses travaux, et qui contenait un laboratoire de physique,
un atelier, et une sorte d'amphithéâtre où, avec ses
domestiques et quelques amis, il se livrait, sur des animaux morts ou vivants, à des expériences de physiologie et à des dissections anatomiques. Que de peines ne
s'est-il pas données pour vérifier et confirmer la circulation du sang! que de travaux délicats n'a-t-il pas
entrepris en optique! Dans sa correspondance, on le
voit pendant quelques années tout occupé à tailler des
verres, à construire des lunettes et des pendules. C'est
le besoin passionné d'expériences météorologiques sur
une grande échelle qui le porta à quitter la Hollande et
à braver le climat du Nord, qui le tua à 54 ans. Mais si
Descartes a beaucoup étudié la nature, il n'a pas moins
étudié l'humanité. Il s'était proposé sur elle tout un
plan d'expériences : pour la bien connaître, il voulait
la voir dans les situations les plus diverses. Il passa une
grande partie de sa jeunesse à voyager, afin d'observer
les hommes de tout pays et de toute condition. Il recherchait également les militaires, les prêtres, les
gens de cour, les savants, les commerçants, les ouvriers,
interrogeant avec soin leurs inclinations et leurs pensées, et les étudiant dans leurs actions encore plus que
dans leurs discours. Il avait parcouru l'Italie, l'Angleterre, le Danemark, et toutes les parties de l'Allemagne
lui étaient familières. Il est curieux de le voir à la fin de
1619 ou au commencement de 1620, après avoir trouvé
et fixé sa méthode à vingt-trois ans, ajourner tous ses
travaux pour étudier encore les hommes pendant neuf

années, « ne faisant autre chose, dit-il lui-même, que rouler çà et là dans le monde, tâchant d'y être spectateur plutôt qu'acteur dans toutes les comédies qui s'y jouent, et faisant particulièrement réflexion en chaque matière sur ce qui la pouvoit rendre suspecte et nous donner occasion de nous méprendre [1]. » C'était faire un cours pratique de méthode. Quand donc il aborda la métaphysique, qui est le principe et le centre de toute philosophie, la philosophie première, comme il l'appellé [2], et comme autrefois Aristote l'avait appelée, il y était admirablement préparé, et fort en garde contre les rêves et les chimères.

Aussi il n'y a point de chimères dans Descartes. Il se trompe souvent, mais il ne rêve jamais. A force de vouloir tout expliquer, il embrasse quelquefois des explications ou fausses ou très-hasardées, mais qu'il a du moins la prétention de fonder sur des faits ou sur des raisons précises. Chez lui pas d'à peu près, de vague, d'incertitude. Il se sert de l'analyse expérimentale et malheureusement encore plus de l'analyse mathématique. C'est par l'une qu'il invente, mais c'est par l'autre qu'il entreprend de démontrer, comme si le procédé qui nous a découvert la vérité n'était pas celui qui, éveillé et en quelque sorte habilement évoqué chez les autres, peut aussi le mieux la leur faire découvrir. Descartes, guidé par les premières règles de sa méthode, arrive à d'importantes vérités, puis il emploie la der-

---

1. *Discours de la méthode*, t. Ier, p. 153.
2. Plus haut, p. 364, etc.

nière à mettre ces vérités dans un ordre géométrique qui n'est pas du tout l'ordre naturel. Au lieu de les exposer comme il les a obtenues, il couvre, il étouffe les procédés dont il a fait usage sous les formes étrangères des démonstrations mathématiques; et par là, loin de rendre les vérités découvertes plus évidentes, il les obscurcit en leur prêtant une fausse clarté. Il a l'air de rapporter à la déduction ce qui n'en vient point, ce qui n'en peut venir, ce qui dérive seulement de la lumière naturelle de l'esprit humain. Ne craignons pas de le dire : les mathématiques sont le mauvais génie de Descartes en métaphysique ; son bon génie est l'expérience appliquée aux choses de l'âme, c'est-à-dire la réflexion. L'esprit mathématique n'a pas de jour sur le monde intérieur de la pensée qui n'est point son domaine et où il ne pénètre pas; de plus, il transforme les vérités réelles et vivantes que l'esprit de réflexion lui a fournies en vérités abstraites qu'il s'efforce de déduire les unes des autres, en dépit de leur nature. C'est ce combat de deux esprits différents, tour à tour vaincus et vainqueurs, qu'on peut reconnaître à l'entrée même de la métaphysique cartésienne.

Descartes, selon sa méthode, cherche en métaphysique l'évidence, cette évidence sur laquelle il n'est pas disposé à se faire illusion; et là aussi, après bien des expériences et des réflexions, il finit par la trouver, et par la trouver pleine et entière, et tout aussi parfaite qu'en mathématique.

Mais pour parvenir à l'évidence en métaphysique comme en mathématique, et dans quelque genre que ce soit, il est absolument nécessaire de reconnaître qu'on n'y est pas encore parvenu, qu'on ne la possède point, puisqu'on la cherche, autrement on ne la chercherait pas. Descartes devait donc commencer par mettre en doute toutes les opinions qu'il avait jusqu'alors reçues et entretenues sans les avoir approfondies. On a voulu voir là l'introduction du scepticisme dans la philosophie ; non, car de cette hypothèse provisoire du scepticisme va sortir sa plus triomphante réfutation. Mais pour en triompher, il faut bien le regarder en face, et le supposer un moment.

Descartes met donc tout en doute, sans rien excepter. Cela fait, il se demande s'il peut aussi mettre en doute qu'il doute, afin d'arriver au scepticisme absolu. Il ne le peut ; il y a là une évidence irrésistible que malgré tous ses efforts il ne peut ni écarter ni surmonter. Mais douter, très-évidemment encore, c'est penser, et penser, tout aussi évidemment, c'est être, du moins de cette façon-là, c'est-à dire en tant qu'on pense. Ainsi voilà le doute universel à la fois loyalement essayé et loyalement convaincu d'être impossible ; voilà, dès les premiers pas, une grande évidence obtenue, un grand principe placé au-dessus de toute controverse.

Ce principe est le fameux *Je pense, donc je suis ;* c'est de là que Descartes va tirer toute sa métaphysique, toute sa philosophie première, c'est-à-dire les quatre ou cinq grandes vérités sur lesquelles depuis trois mille ans et plus revient sans cesse l'esprit humain.

Mais avant de passer outre, reconnaissons la nature du principe sur lequel repose la métaphysique cartésienne.

Il ne vient pas le moins du monde des mathématiques; il n'y tient en rien; en même temps il est tout aussi certain qu'aucun axiome d'arithmétique ou de géométrie; il y a plus, pas un axiome d'arithmétique ou de géométrie ne resterait debout, si celui qui suppose cet axiome n'était assuré et ne présupposait que lui-même pense et existe. Dans l'ordre de la certitude et de l'évidence, le principe cartésien domine les mathématiques; en fait il les précède, car il est déjà pour l'esprit humain quand la quantité et l'espace ne sont pas encore; il est donc antérieur, supérieur, et tout à fait étranger aux mathématiques.

D'un autre côté, dans *Je pense, donc je suis, Cogito, ergo sum*, l'*ergo*, le *donc*, simulent en vain un syllogisme; il n'y a là aucune déduction, mais la simple aperception de la connexion naturelle qui lie la pensée au sujet pensant. Cette aperception est primitive et immédiate; elle n'est pas l'ouvrage du raisonnement, elle ne s'appuie sur aucune majeure, car celle-ci serait elle-même à démontrer, et en la bien examinant on trouverait que cette majeure, qui semble fonder la conclusion je pense donc je suis, est au contraire fondée sur cette prétendue conclusion, en sorte que le raisonnement fait un cercle. En effet, la majeure, tout ce qui pense existe, est impossible et à acquérir et à établir sans cette vérité particulière : je suis certain que j'existe parce que je suis certain que je pense. La vérité particulière n'est point une déduction de la vérité générale; loin de là, la vérité générale n'est que la généralisation de la vérité particulière. L'une est une pure abstraction; c'est dans l'autre que résident la réalité et la vie. Descartes n'est pas arrivé au sujet de la pensée par un raisonnement, et le *donc* ici n'exprime qu'une évidence première et intuitive cachée sous l'apparence de la déduction. La nature de l'opération que Descartes a employée n'est pas douteuse, mais il faut avouer qu'il a plus d'une fois obscurci cette opération par les explications mêmes qu'il a données, jusqu'à ce que, averti par les objections de ses adversaires, et pressé par Gassendi qui n'a pas de peine à pousser au paralogisme le je pense donc je suis présenté sous une forme syllogistique, Descartes met enfin de côté tout autre procédé que celui dont il s'est véritablement servi et expose clairement le principe de sa philosophie. « Non, répond-il à Gassendi, je ne fais point de pétition de principe, car je ne suppose point ici de majeure. Je soutiens que cette proposition, je pense donc je suis, est une vérité particulière qui s'introduit dans l'esprit sans le secours d'une autre plus générale et indépendamment de toute déduction logique. Ce n'est pas un préjugé, mais une vérité naturelle qui frappe d'abord et irrésistiblement l'intelligence. Pour vous, ajoute Descartes, vous pensez que toute vérité particulière repose sur une vérité générale dont il faut la déduire par des syllogismes selon les règles de la dialectique. Imbu de cette erreur, vous me l'attribuez gratuitement; votre coutume est de supposer de fausses majeures, de faire des paralogismes et de me les imputer [1]. » « La notion de l'existence, dit-il

---

1. *Discours de la méthode*, t. II de notre édition, p. 705.

ailleurs[1], est une notion primitive qui n'est obtenue par aucun syllogisme : elle est évidente par elle-même, et notre esprit la découvre par intuition. Si elle était le fruit d'un syllogisme, elle supposerait la majeure, ce principe : Tout ce qui pense existe, tandis que c'est par elle que nous parvenons à ce principe. »

Cette intuition primitive et immédiate qui, sans nul appareil dialectique et géométrique, nous découvre, avec une parfaite évidence et une autorité souveraine, l'existence du sujet pensant dans celle de la pensée elle-même, est un fait attesté à tous les hommes par la conscience, et au philosophe par cette seconde conscience, plus savante que la première, qu'on appelle la réflexion. L'opération employée par Descartes n'est donc pas autre chose que la réflexion appliquée à l'étude de la pensée et de ses divers phénomènes. Un de ces phénomènes, le doute, contenait et révélait infailliblement la pensée, et la pensée contient et révèle infailliblement l'existence du sujet pensant.

L'étude de la pensée à l'aide de la réflexion, c'est, en langage moderne, la psychologie. Ainsi il est incontestable que Descartes a mis au monde la psychologie, il s'agit ici de la chose et non du mot, et qu'en obtenant par elle, et par elle seule, le premier principe de sa métaphysique, il l'a par là reconnue et établie comme le point de départ nécessaire de toute saine philosophie.

Socrate, sans doute, avait entrevu cette grande et

---

1. *Discours de la méthode*, t. Ier, p. 427.

féconde vérité, et il l'avait enseignée à Platon. Mais Descartes n'en savait rien ; et puis, il y a loin du *Connais-toi toi-même* au *Je pense, donc je suis*, du *Premier Alcibiade* au *Discours de la méthode* et aux *Méditations*. Descartes est parvenu à la psychologie par un chemin qui lui est propre, et, comme nous venons de le voir, il l'a fondée sur des raisons parfaitement nouvelles qui l'autorisent à jamais. Il en est donc l'inventeur parmi nous, et c'est à ce titre qu'il est le véritable père de la philosophie moderne [1]. La philosophie moderne, en effet, date du jour où la réflexion a été son instrument reconnu, et la psychologie son fondement.

La création de la psychologie est la plus grande gloire de Descartes, même au-dessus de la gloire de sa méthode ; ou plutôt c'est l'application la plus fidèle du premier précepte de cette méthode. Car inviter à chercher avant tout l'évidence et à ne se rendre qu'à elle, c'est inviter à la chercher dans la réflexion, qui en est la source la plus profonde et en même temps la plus voisine de nous.

Entré ainsi dans la métaphysique, Descartes l'a d'abord éclairée tout entière, et, en suivant la route qu'il venait d'ouvrir, après avoir trouvé dans la pensée la première de toutes les vérités, l'existence du sujet pensant, il est parvenu à trouver successivement toutes les

---

1. Nul n'a mieux compris et établi le droit de Descartes au nom de père de la philosophie moderne que le fondateur de la philosophie écossaise : c'est à Descartes que Reid fait honneur de la *voie de réflexion* en philosophie. Voyez PHILOSOPHIE ÉCOSSAISE, leçon VII, p. 308-312.

grandes vérités ; et de ces vérités étroitement liées entre elles il a formé un monument aussi solide qu'il est imposant, et qui eût peut-être défié les siècles, si Descartes n'eût pas, comme à plaisir, gâté son ouvrage en le revêtant d'une apparence entièrement contraire au génie de la réflexion qui l'avait inspiré. Déjà nous l'avons vu donnant au principe de sa métaphysique un air syllogistique contre lequel il proteste ensuite avec force : de même ici, cédant aux habitudes enracinées de l'esprit mathématique et à la passion de faire paraître des découvertes qui lui étaient chères sous la forme des démonstrations réputées les plus parfaites, il s'est complu à mettre dans un ordre déductif des vérités que la réflexion lui avait successivement fait connaître, et il en a composé des chaînes de raisonnements, semblables à celles qu'il admirait tant dans la géométrie, et qui exerçaient sur lui un véritable prestige [1]. Assurément dans les *Méditations* circule et respire partout une psychologie profonde ; on la sent particulièrement dans les premières Méditations où Descartes laisse voir encore assez bien la façon si simple par laquelle

---

1. On peut juger, par cet exemple comme par celui des plus illustres successeurs de Descartes au dix-septième siècle, combien il est absurde de prétendre que les mathématiques soient nécessaires à la philosophie. Leur étude est utile au métaphysicien pour l'accoutumer à la rigueur en fait de démonstration ; elle lui peut être dangereuse si elle l'entraîne à suivre en philosophie la même voie qu'en mathématique. Mieux vaudraient encore les habitudes du physicien et du naturaliste. La vérité est que la métaphysique a ses procédés qui lui sont propres, qui diffèrent essentiellement et aussi quelquefois se rapprochent des procédés de la physique et de ceux des mathématiques. Voyez, sur ce point, PHILOSOPHIE DE KANT, leç. VII, *Méthodologie*, p. 230-234.

l'homme arrive avec une entière évidence à la connaissance de l'âme et à celle de Dieu. Mais, à mesure qu'il avance, il retire en quelque sorte les procédés naturels de l'esprit humain pour y substituer des procédés artificiels, des raisonnements abstraits, que l'esprit humain n'a ni suivis ni connus, mais qui semblent plus démonstratifs au grand mathématicien; il croit même avoir mis la dernière main à son œuvre en la présentant tout à fait à la manière des géomètres, avec tout un cortége de définitions, postulats, axiomes et corollaires, dans un petit écrit intitulé : « Raisons qui prouvent l'existence de Dieu et la distinction qui est entre l'esprit et le corps de l'homme, disposées d'une façon géométrique [1]. » De là pour l'historien impartial l'extrême difficulté de garder une juste mesure entre une exposition purement logique de la métaphysique cartésienne, qui semble assez conforme au langage même de l'auteur, et une exposition psychologique plus conforme à sa vraie pensée. On tombe presque inévitablement dans quelque erreur en penchant trop de l'un ou de l'autre côté [2]. Excusez donc, je vous prie, cette rapide et imparfaite

1. T. Ier de notre édition, p. 451.
2. Nous avons souvent défendu Descartes en faisant paraître la saine psychologie cachée sous ses formules logiques et mathématiques, par exemple contre Hutcheson, PHILOSOPHIE ÉCOSSAISE, leçon II, p. 50;. contre Reid, *ibid.*, leç. IX, p. 400; et contre Kant, PHILOSOPHIE DE KANT, leç. VI. Mais l'inexorable histoire nous a contraint aussi de le condamner, en une certaine mesure, dans un dernier examen que nous en avons fait en rendant compte des critiques de Leibnitz, JOURNAL DES SAVANTS, année 1850, août, septembre, octobre. Nous suivons ici une route intermédiaire.

esquisse, qui flotte, comme l'original lui-même, entre la psychologie et la logique.

La pensée peut tout mettre en question, tout, excepté elle-même. En effet, quand on douterait de toutes choses, on ne pourrait au moins douter qu'on doute : mais douter, c'est penser; d'où il suit qu'on ne peut douter qu'on pense, et que la pensée ne peut se renier elle-même, car elle ne le ferait qu'avec elle-même encore, et il y a là un cercle dont il est impossible au scepticisme de sortir. Mais si je ne peux douter que je pense, par cela seul je ne peux douter que je suis en tant que je pense. Ainsi je pense, donc je suis : l'existence m'est donnée dans la pensée. Principe indubitable qui est à Descartes le point de départ ferme et certain qu'il cherchait.

Maintenant, quel est le caractère de ma pensée? C'est d'être invisible, intangible, impondérable, inétendue, simple. Or, si de l'attribut au sujet la conclusion est bonne, la pensée étant donnée comme l'attribut fondamental du sujet que je suis, la simplicité de l'une enferme la simplicité de l'autre, et la simplicité c'est ce qu'on appelle la spiritualité. Dès le second pas, la philosophie cartésienne arrive donc avec assurance à la spiritualité de l'âme, que toutes les autres philosophies n'atteignaient qu'après bien des circuits et avec beaucoup d'incertitudes.

Mais en réfléchissant sur ma pensée, je la trouve bien souvent très-faible, pleine de limites et d'imperfections. Et moi qui n'existe que par elle, je dois être comme elle et je me sens en effet borné et imparfait.

Or, ce sentiment, cette idée claire et distincte d'imperfection et de limite en tout genre m'élève directement à l'idée de quelque chose de parfait et d'infini : j'ai beau faire, je n'ai pas et ne puis avoir une de ces idées sans l'autre.

J'ai donc cette idée de parfait et d'infini, moi dont l'attribut est la pensée finie, limitée, imparfaite. D'une part, j'ai l'idée de l'infini et du parfait, et de l'autre je suis imparfait et fini. De là même sort la preuve de l'existence d'un être parfait; car si l'idée du parfait et de l'infini ne supposait pas l'existence réelle d'un être parfait et infini, c'est seulement parce que ce serait moi qui serais l'auteur de cette idée. Mais si je l'avais faite, je pourrais la défaire, je pourrais du moins la modifier. Or, je ne puis ni la défaire ni la modifier; je ne l'ai donc pas faite; elle se rapporte donc en moi à un modèle étranger à moi et qui lui est propre, à savoir, Dieu. De sorte que par cela seul que j'ai l'idée de Dieu, il s'ensuit que Dieu existe.

Sous cette grossière ébauche, ne sent-on pas encore une doctrine profondément originale et en elle-même très-simple, surtout parfaitement une et pour ainsi dire coulée en bronze d'un seul jet? C'est presque une seule et même proposition dont les diverses parties se soutiennent chacune par leur propre force, et qui tirent de leur réunion et de leur enchaînement, même sans syllogismes, une force nouvelle. J'ai beau vouloir douter de tout, je ne puis douter que je doute. Il m'est évident que je pense, et il m'est évident encore que je suis. Je ne touche ni ne vois ma pensée; elle est pourtant, sans être ni étendue ni matérielle. Je suis, en tant qu'être pensant et sujet de ma pensée, de même nature qu'elle; et comme elle est inétendue et immatérielle, je suis inétendu et immatériel, je suis un esprit, une âme. Ma pensée est pleine d'imperfections, de limites, de misères, et moi aussi ; je ne suis donc pas le principe de mon être, et je conçois et ne puis pas ne pas concevoir un être infini et parfait qui est le principe de mon existence et qui n'a pas d'autre principe que lui-même. Quoi de plus simple, encore une fois, de plus conforme au sens commun et de plus élevé? Pour entendre une pareille métaphysique, il suffit de s'interroger soi-même et de se rendre compte de ce qu'on pense. Il n'est pas besoin de savoir ce qu'ont pensé les autres et d'être un érudit ; il n'est pas besoin davantage d'être versé dans des sciences ardues réservées à un très-petit nombre ; le premier venu qui réfléchit peut trouver tout cela en lui-même. Une doctrine aussi saine, aussi robuste, aussi lumineuse, devait faire et fit en effet bien vite d'immenses conquêtes. Devant elle reculèrent le scepticisme, le matérialisme et l'athéisme, qui s'étaient si fort répandus en France et en Europe à la suite des guerres civiles et religieuses, dans le vide qu'avaient laissé dans les esprits et dans les âmes, en tombant successivement les uns sur les autres, les chimériques systèmes de la Renaissance. Au dix-septième siècle, la philosophie de Descartes n'a pas été seulement un très-grand progrès dans la science : elle a été un bienfait pour l'humanité.

Remarquez, pour reprendre et terminer cette rapide exposition du cartésianisme, que voilà la spiritualité de l'âme établie ainsi que l'existence de Dieu, et qu'il n'a pas encore été question du monde extérieur. Descartes en conclut avec raison que nous avons une certitude plus directe de l'existence de l'âme que de celle des corps.

Cependant le grand physicien, loin de nier l'existence des corps, en a cherché aussi la démonstration. Dans le phénomène complexe de la pensée, il rencontre la sensation, il ne la nie point; il ne nie pas non plus que ce phénomène ne doive avoir une cause. Mais quelle est cette cause? Ne se pourrait-il pas qu'un malin génie, caché derrière toutes ces apparences sensibles, fût le véritable auteur de cette fantasmagorie? Heureusement Descartes est en possession de l'existence de Dieu; ce Dieu est pour lui la perfection même : or, la perfection comprend, entre autres attributs, outre la puissance infinie, la sagesse et la véracité. Mais si Dieu est véridique, il ne se peut que lui, qui est en dernière analyse l'auteur de ces apparences qui nous séduisent à croire à l'existence du monde, nous ait tendu un piége en nous montrant ces apparences. Donc il n'y a point là de piége, de déception; ce qui paraît exister existe, et Dieu nous est garant de la légitimité de notre persuasion naturelle.

Sans rechercher s'il y a ou s'il n'y a pas, en bonne logique, un paralogisme dans le procédé qui fait reposer la certitude de l'existence du monde sur la véracité divine[1], bornons-nous à remarquer que Descartes a

---

1. Voyez PHILOSOPHIE ÉCOSSAISE, leç. IX, p. 405 : « En la prenant

commis une faute grave, un anachronisme évident dans l'histoire de la connaissance humaine, en ne plaçant pas sur la même ligne, à côté de la croyance à l'existence de l'âme et à l'existence de Dieu, la croyance à l'existence du monde. Selon Descartes, l'homme ne croirait à l'existence du monde qu'à la suite d'un raisonnement, et d'un raisonnement assez compliqué, dont la base serait la véracité de Dieu. En fait il n'en est pas ainsi, et la croyance à l'existence du monde est infiniment plus voisine du point de départ de la pensée[1]. Or,

du bon côté, on peut donner à la pensée de Descartes une tournure favorable. Avant d'avoir reconnu parmi les diverses perfections de Dieu sa véracité, Descartes croyait à celle de ses facultés, non-seulement à celle de la conscience qui lui a attesté l'existence de la pensée, mais à celle de la raison qui lui a révélé l'existence du sujet de sa pensée, et qui enfin, l'imperfection de ce sujet reconnue, lui a fait concevoir un être parfait. Voilà bien des connaissances certaines pour Descartes avant celle de la véracité de Dieu. Quand il parvient à cette connaissance nouvelle, les premières ne lui deviennent pas vraies de fausses qu'elles lui avaient semblé auparavant, mais l'idée d'un auteur de son être véridique et bon le confirme dans la confiance qu'il avait d'abord accordée à ses facultés et l'encourage à s'y confier de plus en plus. La croyance à la véracité de Dieu ne peut pas être le fondement premier de notre croyance à l'autorité de nos facultés; il est évident qu'elle la suppose ; mais il est évident aussi qu'elle la justifie et la fortifie, car il est impossible de ne pas être d'autant plus porté à croire à ses facultés, qu'on croit les avoir reçues d'un être parfait et parfaitement bon, et qu'on fait partie d'un système dont l'auteur est un Dieu de vérité. »

1. Nous croyons avoir établi que la perception du monde extérieur nous est donnée avec celle de notre propre personne, et même avec une conception vague et confuse de l'existence de l'infini, dans une synthèse primitive dont les différents termes sont contemporains, et dans laquelle l'analyse et la réflexion introduisent successivement la lumière. Voyez PREMIERS ESSAIS, p. 244, *Du fait de conscience, et de la spontanéité et de la réflexion.* C'est aussi à cette opinion, du moins en ce qui re-

une fois l'existence du monde mise après celle de l'âme et celle de Dieu, on ne peut se le dissimuler, la porte est ouverte à l'idéalisme, et on voit déjà venir Malebranche.

D'autre part, on rencontre çà et là dans Descartes des propositions qui peuvent servir de prétexte à un reproche d'une nature bien différente, et qui l'ont fait accuser d'avoir frayé la route au panthéisme[1].

Ces propositions, dont on a fait tant de bruit, ne tiennent point à la racine du cartésianisme, et si on les supprimait, la philosophie de Descartes resterait debout tout entière. Il y a dans toute époque un certain nombre de questions à l'ordre du jour qui attirent et subjuguent l'attention d'un philosophe. C'est sur celles-là qu'il porte ses efforts et qu'il faut l'interroger, parce que les solutions qu'il en donne sont caractéristiques et d'un intérêt tout à fait historique. En dehors de ces

garde le *moi* et le *non-moi*, qu'est venue aboutir la philosophie écossaise entre les mains de M. Hamilton.

1. Leibnitz est le premier, comme nous le verrons tout à l'heure, qui, fort tard et à la fin du dix-septième siècle, a élevé et répandu cette accusation. Leibnitz a entraîné M. de Biran (*Exposition de la doctrine de Leibnitz*, dans le premier volume des OEUVRES DE M. DE BIRAN), et M. de Biran nous a d'abord entraîné aussi. Mais de nouvelles études nous ont fait depuis longtemps reconnaître que la passion peu généreuse et la jalousie mal contenue de Leibnitz envers un rival de gloire, non pas son supérieur, mais son devancier et son maître en tout genre, l'ont jeté ici dans une exagération que les faits démentent. Nous avons autrefois publié un mémoire où, en admettant beaucoup trop encore les rapports établis par Leibnitz entre Spinoza et Descartes, nous rétablissions aussi leurs différences essentielles et répondions aux inductions excessives qu'on a tirées de quelques passages de notre grand compatriote. FRAGMENTS DE PHILOSOPHIE CARTÉSIENNE, 1845.

questions, il y a dans tout philosophe bien des opinions, soit premières vues avancées sans une attention suffisante, soit préjugés subsistants de jeunesse ou d'école, soit courants de doctrines alors répandues que l'air et le flot du temps lui ont apportés, mais qui ne lui appartiennent point véritablement [1]. La question à l'ordre du jour au commencement du dix-septième siècle était celle de la certitude, de l'évidence : celle-là, Descartes l'a profondément traitée, et il l'a résolue à jamais. Il s'est mesuré avec le scepticisme, et il l'a renversé ; il a établi invinciblement la spiritualité de l'âme et l'existence de Dieu. Là est son œuvre, solide, immortelle ; là est le cartésianisme, et non pas dans quelques propositions qui ne lui sont point essentielles ou plutôt qui lui sont étrangères. Or il ne s'agissait pas encore de panthéisme au temps de Descartes ; c'est bien plus tard, et longtemps après sa mort, que la redoutable question surgit ; et alors les ennemis de Descartes ont été chercher dans ses écrits, pour diminuer sa gloire, des passages médiocrement réfléchis qu'il a laissé échapper pour ainsi dire dans l'innocence de sa pensée, qu'il aurait expliqués, disons mieux, qu'il a expliqués lui-

---

[1]. Nous attachons une grande importance à ce principe de critique historique. Nous le disions ailleurs, à propos d'un autre reproche adressé au cartésianisme par Reid, PHILOSOPHIE ÉCOSSAISE, leç. IX, p. 408: « Il n'y a pas de plus sûr moyen d'embrouiller et de corrompre l'histoire de la philosophie, que d'imposer à un système des questions qu'il a ignorées ; pour le bien comprendre, il faut l'étudier à son point de vue et dans son temps, reconnaître les questions qu'il s'est proposées et les solutions qu'il en a données, ce qui, dans ce système, tient à la pensée même de l'auteur et ce qui lui est en quelque sorte indifférent. »

même, quand on les lui a signalés. Voici les principaux points sur lesquels on s'appuie pour soutenir que Descartes a répandu les semences cultivées et développées par Spinoza.

I. Descartes, dit-on, n'a pas séparé la volonté de l'entendement et du désir, en sorte qu'il a mis en péril la notion propre de la volonté, par conséquent la liberté, par conséquent encore la personne humaine, et par là ôté le plus ferme rempart contre le panthéisme. Il est vrai que Descartes n'a fait ni voulu faire une théorie des facultés de l'âme, et que sous le nom commun de *pensée* il place indistinctement tous les phénomènes de conscience, affectifs, volitifs, cognitifs, parce qu'il lui suffit de la *pensée* en général pour y fonder sa doctrine. Mais il rencontre souvent sur son chemin la volonté et la liberté, et sans en traiter expressément, ce qui n'était pas son objet, il les caractérise à merveille, et pourrait même en donner des leçons à ceux qui l'accusent. Est-il possible de mieux définir la volonté, de la mieux appuyer sur l'expérience intérieure, sur le témoignage irréfragable de la conscience, de mieux distinguer ses divers caractères, la liberté d'indifférence et la liberté de choix, de s'en faire enfin une plus haute et plus juste idée que dans le passage suivant, lequel n'est pas caché dans le coin d'une lettre particulière, mais se trouve au beau milieu de la quatrième Méditation [1]?

« Je ne puis pas me plaindre que Dieu ne m'ait pas

---

1. T. Ier de notre édition, p. 300. Nous nous servons de la traduction du duc de Luynes.

donné un libre arbitre ou une volonté assez ample et assez parfaite, puisqu'en effet je l'expérimente si ample et si étendue qu'elle n'est renfermée dans aucune borne... Il n'y a que la volonté seule ou la seule liberté du franc arbitre que j'expérimente en moi être si grande, que je ne conçois point l'idée d'aucune autre plus ample et plus étendue, en sorte que c'est elle principalement qui me fait connoître que je porte l'image et la ressemblance de Dieu. Car, encore qu'elle soit incomparablement plus grande dans Dieu que dans moi, soit à raison de la connaissance et de la puissance qui se trouvent jointes avec elle et qui la rendent plus ferme et plus efficace, soit à raison de l'objet, d'autant qu'elle se porte et s'étend à infiniment plus de choses, elle ne me semble pas plus grande si je la considère formellement et précisément en elle-même. Car elle consiste seulement en ce que nous pouvons faire une même chose ou ne la faire pas... de telle sorte que nous ne sentons point qu'aucune force extérieure nous y contraigne... Afin que je sois libre, il n'est pas nécessaire que je sois indifférent à choisir l'un ou l'autre des deux contraires, mais plutôt d'autant plus que je penche vers l'un, soit que je connoisse évidemment que le bien et le vrai s'y rencontrent, soit que Dieu dispose ainsi l'intérieur de ma pensée, d'autant plus librement j'en fais choix et l'embrasse ; et certes la grâce divine et la connaissance naturelle, bien loin de diminuer ma liberté, l'augmentent plutôt et la fortifient ; de façon que cette indifférence que je sens lorsque je ne suis pas emporté vers un côté plutôt que vers un autre par le poids d'aucune raison, est le plus bas degré de la liberté, et fait plutôt paraître un défaut dans la connaissance qu'une perfection dans la volonté ; car si je connoissois toujours clairement ce qui est vrai et ce qui est bon, je ne serois jamais en peine de délibérer quel jugement et quel choix je dois faire, et ainsi je serois entièrement libre sans jamais être indifférent. »

Ailleurs, dans les PRINCIPES DE PHILOSOPHIE, il dit fort nettement que la perfection de l'homme est d'agir avec volonté, c'est-à-dire avec liberté, parce qu'ainsi l'homme est l'auteur propre de ses actions et capable de mériter[1]. Il range la liberté parmi les vérités de sens commun[2]. A l'argument de la prescience et de la préordination divine, il répond qu'il serait absurde, à cause d'une chose que nous ne comprenons pas et que nous savons être incompréhensible, de douter d'une chose dont nous avons l'expérience en nous-mêmes : « [3] Nous n'aurons point du tout de peine à nous délivrer de cette difficulté si nous remarquons que notre pensée est finie, et que la toute-puissance de Dieu par laquelle il a non-seulement connu de toute éternité ce qui est ou peut être, mais il l'a aussi voulu, est infinie ; ce qui fait que nous avons bien assez d'intelligence pour connaître clairement et distictement que cette puissance est en Dieu, mais que nous n'en avons pas assez pour comprendre tellement son étendue que

---

1. T. III de notre édition, p. 85.
2. *Ibid.*, p. 86.
3. *Ibid.*, p. 88 ; traduction de l'abbé Picot.

nous puissions savoir comment elle laisse les actions des hommes entièrement libres et indéterminées; et que d'autre part nous sommes aussi tellement assurés de la liberté et de l'indifférence qui est en nous, qu'il n'y a rien que nous connoissions plus clairement, de façon que la toute-puissance de Dieu ne nous doit pas empêcher de la croire. Car nous aurions tort de douter de ce que nous apercevons intérieurement et que nous savons par expérience être en nous, parce que nous ne comprenons pas une autre chose que nous savons être incompréhensible de sa nature. »

On pourrait citer bien d'autres passages tout aussi formels, surtout dans les lettres à la princesse Élisabeth[1]. Descartes est si favorable à la liberté comme à la raison, que les calvinistes de Hollande prétendirent qu'il niait la grâce[2], et qu'Arnauld, cédant lui-même à l'esprit janséniste, finit par l'accuser de pélagianisme[3].

II. Après avoir tiré du sentiment de notre imperfection et de nos limites en tout genre l'idée d'un être infini et parfait, et de l'idée de cet être la certitude de son existence réelle, Descartes prétend également conclure de notre durée et de notre conservation la nécessité d'un Dieu qui nous conserve après nous avoir faits; et, selon lui, Dieu ne peut procurer la conservation d'un être créé qui, n'existant pas par lui-même, ne peut aussi subsister par lui-même, que d'une seule manière,

---

1. T. IX de notre édition, p. 368.
2. Baillet, Vie de Descartes, liv. VII, ch. viii, p. 514.
3. Arnauld, œuvres complètes, t. I, p. 670.

par une création renouvelée et continuée[1]. Cette théorie de la création continuée, qui ne joue pas un grand rôle dans la métaphysique cartésienne, a paru destructive de la liberté humaine, et rapporter à l'acte continu de la création la succession de nos propres actes. Mais dans ce cas, la création elle-même serait contraire à la liberté de l'être créé ; et si la première création ne l'est pas, comment sa répétition et sa continuation le serait-elle ?

III. On reproche à Descartes d'avoir contribué à affaiblir l'admiration de la sagesse de Dieu en bannissant de la philosophie la recherche des causes finales. Nous répondons que Descartes n'a pas du tout banni la recherche des causes finales de la philosophie en général, mais seulement de la philosophie naturelle, c'est-à-dire des sciences physiques, et encore de certaines sciences physiques telles que la physique proprement dite, la mécanique, l'astronomie, la géologie, parce qu'une telle recherche ne peut ici qu'égarer l'observation ; et en cela il n'a fait autre chose que suivre Galilée et devancer Huygens et Newton, ou plutôt tous les physiciens modernes, tandis qu'il a lui-même admirablement pratiqué la recherche des causes finales dans d'autres sciences physiques, par exemple dans la physiologie. Il est donc[2] d'une évidente injustice de

---

1. IIIe Méditation, t. I, p. 286.
2. Nous croyons avoir démontré ailleurs que les accusations de Pascal et de Leibniz retombent sur eux-mêmes et les pourraient faire accuser à leur tour d'une très-médiocre bonne foi ou d'une légèreté extrême. Contre Pascal, voyez nos ÉTUDES SUR PASCAL, cinquième

prétendre que la philosophie cartésienne, en enlevant l'étude des causes finales à certaines parties de la physique pour la transporter à la métaphysique et à la morale, nuisait par là au sentiment de la divinité, surtout quand on voit Descartes, même dans les Principes de Philosophie, ouvrage de pure physique, rappeler sans cesse celui qui est le premier principe de tout mouvement et dont la sagesse, aussi bien que la toute-puissance, se manifeste dans l'ordre et dans les lois générales de l'univers. Il montre que, sans vouloir atteindre à la connaissance des fins que Dieu s'est proposées dans la création du monde, en étudiant seulement les phénomènes livrés à nos regards et en ne recherchant que leurs causes immédiates, on peut contempler et admirer bien des attributs de Dieu visiblement répandus dans l'univers, et dont le premier est sa véracité, qui nous permet de nous fier à nos sens et à notre raison, et de croire avec certitude à la réalité du spectacle que nous offrent la terre et le ciel [1].

IV. Descartes, partant de l'idée d'un être parfait et infini, créateur de l'homme et du monde, s'applique à le glorifier dans ses ouvrages; il répète souvent que ce n'est pas se faire une idée assez magnifique de la puissance et de la sagesse de Dieu, que de supposer dans l'univers du désordre, des défauts, des limites. On s'est

---

édition, p. 132 et 133; contre Leibnitz, Fragments de Philosophie cartésienne, *Correspondance inédite de Malebranche et de Leibnitz*, p. 309, surtout Journal des Savants, octobre, 1850, p. 605-610.

1. Principes de Philosophie, première partie, §§ 28 et 29, t. III de notre édition, p. 81.

emparé de ces mots, que l'univers n'a point de limites, et on y a vu les mondes infinis de Jordano Bruno[1]; or, si l'univers est infini, il est éternel, il est incréé, et voilà le panthéisme et l'athéisme. Il n'y a qu'un défaut à cette belle accusation, c'est qu'elle n'a pas le moindre fondement, et que Descartes, semblant deviner le parti que vont tirer ses ennemis de ses paroles, ne les a pas plutôt laissées tomber de sa plume qu'il les explique avec une précision, une netteté, une rigueur qui n'ont pas désarmé la calomnie, mais qui doivent éclairer l'impartiale postérité. Citons le passage entier, PRINCIPES DE PHILOSOPHIE, 1re partie., §§ 26 et 27 [2] : « Pour nous, en voyant des choses dans lesquelles, selon certain sens, nous ne remarquons point de limites, nous n'assurerons pas pour cela qu'elles soient infinies, mais seulement indéfinies. Ainsi, pour ce que nous ne saurions imaginer une étendue si grande que nous ne concevions en même temps qu'il y en peut avoir une plus grande, nous dirons que l'étendue des choses possibles est indéfinie. Et pour ce qu'on ne saurait diviser un corps en des parties si petites que chacune de ces parties ne puisse être divisée en d'autres plus petites, nous penserons que la quantité peut être divisée en des parties dont le nombre est indéfini; et pour ce que nous ne saurions imaginer tant d'étoiles que Dieu n'en puisse créer davantage, nous supposerons que leur nombre est indéfini, et ainsi du reste. Et nous appellerons ces choses indéfinies plutôt qu'infinies, afin de ré-

1. Sur les mondes infinis de Bruno, voyez plus haut, leç. VI, p. 266.
2. T. III, p. 79 et 80.

server à Dieu seul le nom d'infini[1], tant à cause que nous ne remarquons point de bornes en ses perfections, comme aussi à cause que nous sommes très-assurés qu'il n'y en peut avoir. » Déjà même, avant les PRINCIPES, Descartes avait parfaitement distingué l'indéfini de l'infini. *Réponse aux premières objections sur les Méditations*[2] : « Le savant docteur demande ici avec beaucoup de raison si je connais clairement et distinctement l'infini, car bien que j'aie tâché de prévenir cette objection, néanmoins elle se présente si facilement à un chacun qu'il est nécessaire que j'y réponde un peu amplement. C'est pourquoi je dirai ici premièrement que l'infini en tant qu'infini n'est point à la vérité compris, mais que néanmoins il est entendu, car entendre clairement et distinctement qu'une chose est telle qu'on ne peut de tout point y rencontrer de limites, c'est clairement entendre qu'elle est infinie. Et je mets ici de la distinction entre l'*indéfini* et l'*infini*. Il n'y a rien que je nomme proprement infini, sinon ce en quoi de toutes parts je ne rencontre point de limites, auquel sens Dieu seul est infini ; mais pour les choses où, sous quelque considération seulement, je ne vois point de fin, comme l'étendue des espaces imaginaires, la multitude des nombres, la divisibilité des parties de la quantité ou autres choses semblables, je les appelle indéfinies

---

[1]. Pascal qui depuis sa conversion a si fort attaqué Descartes aurait bien dû se rappeler ce passage et en imiter la parfaite circonspection dans le morceau fameux et d'ailleurs si admirable des deux infinis, qui ne sont véritablement que deux indéfinis.

[2]. T. Ier, p. 385 et 386.

et non pas infinies, parce que de toutes parts elles ne sont pas sans fin et sans limites. »

V. Mais le grand champ de bataille des adversaires de Descartes, leur point d'attaque favori, est une définition de la substance, équivoque en effet, et que Descartes avait par mégarde hasardée dans les *Méditations* où elle ne tient en rien au système, et n'est le principe d'aucune conclusion, ni la conclusion d'aucun principe. Troisième Méditation[1] : « ... Une substance ou bien une chose qui de soi est capable d'exister. » Or s'il n'y a de substance que celle qui de soi est capable d'exister, l'âme humaine n'est pas une substance, ni la matière non plus ; ce ne sont alors que des phénomènes ; il n'y a donc qu'une seule substance ; en sorte que le spinozisme est au bout de cette définition. Aussi Descartes, comme pour venger d'avance sa mémoire et absoudre sa philosophie, s'est-il empressé de déclarer que si à la rigueur la définition de la substance ne s'applique qu'à Dieu, il n'est pas moins très-raisonnable d'appeler substances des êtres créés, il est vrai, mais existants, sinon par leur propre nature, du moins très-réellement, doués de qualités et d'attributs, et qui, une fois en possession de l'existence, n'ont besoin, pour subsister jusqu'au terme qui leur a été assigné, que du concours ordinaire de Dieu. Et, encore une fois, il ne donne pas cette explication, pour se tirer d'affaire, dans quelque obscure correspondance, il l'inscrit avec éclat au front du grand livre des Principes, 1re partie, § 51[2] :

1. T. Ier, p. 279.
2. T. III, p. 95.

« Pour ce qui est des choses que nous considérons comme ayant quelque existence, il est besoin que nous les examinions ici l'une après l'autre, afin de distinguer ce qui est obscur d'avec ce qui est évident en la notion que nous avons de chacune. Lorsque nous concevons la substance, nous concevons seulement une chose qui existe en telle façon qu'elle n'a besoin que de soi-même pour exister. En quoi il peut y avoir de l'obscurité touchant l'explication de ce mot : *N'avoir besoin que de soi-même;* car, à proprement parler, il n'y a que Dieu qui soit tel, et il n'y a aucune chose créée qui puisse exister un seul moment sans être soutenue et conservée par sa puissance. C'est pourquoi on a raison dans l'école de dire que le nom de substance n'est pas *univoque* au regard de Dieu et des créatures, c'est-à-dire qu'il n'y a aucune signification de ce mot que nous concevions distinctement, laquelle convienne en même temps à lui et à elles ; mais parce que, entre les choses créées, quelques-unes sont de telle nature qu'elles ne peuvent exister sans quelques autres, nous les distinguons d'avec celles qui n'ont besoin que du concours ordinaire de Dieu, en nommant celles-ci des substances et celles-là des qualités ou des attributs de ces substances. »

VI. A cette accusation s'en rattache une autre qui tombe avec elle. On prétend que Descartes, qui, par sa définition de la substance, ne devrait admettre qu'une seule substance, détruit par un autre côté encore la substantialité de l'âme et celle de la matière, en confondant l'âme avec la pensée et la matière avec l'étendue, ce qui par un nouveau chemin mène toujours au spinozisme, lequel, ôtant à la pensée et à l'étendue leurs sujets propres et distincts, les rapporte à un seul et même sujet qui est Dieu. Mais Descartes n'a jamais dit que la pensée et l'étendue n'eussent pas leurs sujets, et que l'esprit et la matière ne fussent point des substances ; loin de là, il dit, il répète le contraire ; seulement il donne à ces deux substances, l'esprit et la matière, pour attributs principaux et constitutifs la pensée et l'étendue[1]. Il conseille même d'étudier l'esprit dans la pensée et le corps dans l'étendue, pour les bien connaître, car on ne connaît les substances que par leurs attributs, par leurs attributs constitutifs et essentiels, et il a bien raison ; mais en même temps il a soin d'avertir que c'est là une pure distinction que nous devons faire dans l'intérêt d'une connaissance plus approfondie, mais qu'en la faisant il ne faut pas perdre de vue les sujets réels, les substances dont la pensée et l'étendue dépendent, qu'autrement on courrait risque de les prendre elles-mêmes pour des substances, tandis qu'elles sont seulement des attributs, des propriétés. « Quand nous les considérons, dit Descartes[2], comme les propriétés des substances dont elles dépendent, nous les distinguons aisément de ces substances, et les prenons pour telles qu'elles sont véritablement ; au lieu que si nous voulions les considérer sans substance, cela pourrait être cause que nous les prendrions pour des choses qui subsistent d'elles-mêmes, en sorte que nous confondrions l'idée que nous devons avoir de la substance

1. PRINCIPES, première partie, §. 53.
2. *Ibid.*, §. 63.

avec celle que nous devons avoir de ses propriétés. »

Peut-on s'expliquer plus nettement, et comment est-il possible de reprocher de bonne foi à Descartes d'avoir pris, par exemple, la pensée pour un pur phénomène sans substance, lui qui, parti du doute et arrivé à la pensée, ne s'y arrête point, et prétend atteindre l'être pensant lui-même, à l'aide d'un procédé sur lequel on dispute encore, et que ses adversaires croient un syllogisme? En vérité, comment lui fait-on faire un syllogisme pour prouver que la pensée suppose une substance réellement existante, et en même temps lui fait-on nier cette substance et n'admettre que la pensée[1]?

VII. Mais on insiste, et on dit que Descartes s'est entièrement mépris en donnant l'étendue comme l'attribut constitutif de la substance matérielle, tandis que le vrai attribut constitutif de cette substance et de toute substance est la force. Nous admettons cette théorie en de justes limites[2]; mais l'erreur de Descartes, si erreur il y a, contient-elle le germe du panthéisme? Prétendrait-on, par hasard, que tous ceux qui n'ont pas connu la fameuse théorie leibnizienne, née à peu près vers 1691 ou 1694, étaient des panthéistes à leur insu, et que la mécanique de l'univers a moins besoin que la pure dynamique d'un premier moteur et d'un législateur suprême?

VIII. Enfin, pour qui n'est pas aveuglé par la pas-

---

1. C'est la réponse que nous avons faite à Reid, PHILOSOPHIE ÉCOSSAISE, leç. IX, p. 400, et qu'on peut faire avec plus de raison à Leibnitz; voyez *Journal des Savants*, octobre 1850, p. 603.

2. Voyez plus bas, leç. IX.

sion du dénigrement, il est absolument impossible de voir dans le Dieu de Descartes un Dieu à la façon de celui de Spinoza, dépourvu d'attributs moraux, de volonté et de liberté, et d'où tout dérive par nécessité. C'est se forger un cartésianisme à sa guise pour avoir le triste plaisir de le combattre et de le déshonorer. Descartes fait face au scepticisme de son temps, il se propose de démontrer la spiritualité de l'âme humaine et l'existence de Dieu; telle est son entreprise, mais il n'avait pas le dessein de donner au monde une théodicée régulière et complète où il eût discuté et établi les divers attributs de Dieu. Il connaît toutes les doctrines contemporaines, et il y répond ; mais, comme nous l'avons déjà dit, il est absurde de l'interroger sur des questions qui n'étaient pas nées. Le spinozisme est venu bien après Descartes ; Descartes n'a donc pu le réfuter et faire l'office de Leibnitz. Et pourtant, sans polémique anticipée, l'idée que Descartes s'est faite de Dieu, en partant de la pensée et de la personne humaine, est telle qu'elle va en quelque sorte au-devant des erreurs de l'avenir et leur donne de solides démentis. Le Dieu de Descartes n'est pas seulement le Dieu infini, c'est le Dieu parfait, qui contient dans son sein toutes les perfections, non-seulement toutes les perfections de la puissance, l'infinité, l'immensité, l'éternité, mais toutes les perfections morales, la suprême intelligence et la suprême bonté, et, entre autres perfections, la véracité, attribut moral s'il en fut jamais ; c'est même sur cette attribut-là que Descartes assoit la certitude du témoignage de nos sens et de toutes nos facultés. Il est tout pénétré de la doctrine de la liberté, et de la liberté humaine et de la liberté divine ; il fait de l'une l'image de l'autre ; il tire de la liberté la plus certaine ressemblance de l'homme avec Dieu. Il parle sans cesse de la création, et la conservation de l'homme et du monde lui est une création continuée. Il est si peu enclin à trop ôter à la volonté de Dieu qu'il excède plutôt dans le sens contraire, en faisant reposer sur la pure volonté divine non-seulement l'existence de l'univers, mais toute vérité, jusqu'aux vérités nécessaires. On peut, on doit lui faire un reproche de cette opinion scotiste[1] qu'il n'avait pas approfondie, qui d'ailleurs ne tient en rien au cœur du système ; mais comment lui peut-on reprocher avec Pascal de se passer de Dieu le plus qu'il peut, sauf la première chiquenaude ; et avec Leibnitz de n'avoir donné à Dieu ni entendement ni volonté ?

Par tous ces motifs, nous pensons qu'on ne peut tirer de la philosophie de Descartes celle de Spinoza. Ces deux philosophies ne sont point de la même famille. Deux esprits contraires les animent. Elles viennent de principes opposés et elles aboutissent à des conséquences opposées. Descartes, sans aucune teinte mystique, respire de toutes parts le spiritualisme. Il renouvelle et continue Platon sans le connaître et sous des formes toutes différentes, et il engendre Arnauld[2] et Bossuet[3], sans parler de Nicole, de Régis, de Fénelon, etc.

---

1. Voyez plus haut, leç. v, p. 222.
2. Sur Arnauld, comme philosophe et comme cartésien, ÉTUDES SUR PASCAL, première préface, p. 13-16, et deuxième préface, p. 89-95.
3. Nous regrettons que le temps nous manque pour caractériser plus

Voilà les vrais, les légitimes cartésiens. Chacun d'eux assurément apporte dans la commune doctrine des nuances diverses et souvent fort considérables; mais tous en gardent le génie, la méthode, les principes, les conclusions. En Hollande même, les disciples reconnus de Descartes, ce sont au premier rang Wittich[1] et Clauberg[2]; et tous deux sont des adversaires déclarés de Spinoza.

Voici, selon nous, dans quelle mesure on peut rattacher Spinoza à Descartes :

1° Il a reçu de Descartes l'initiation à la philosophie, comme tous les hommes éclairés de son temps, et en Hollande il a vécu dans une atmosphère cartésienne.

2° Il a pris de Descartes sa physique presque tout

---

particulièrement le mérite éminent de Bossuet en philosophie, et relever ses vastes études où il a su faire aller ensemble Platon et Aristote, saint Augustin et saint Thomas, en prenant pour guide au xviie siècle l'auteur du *Discours sur la méthode.* Voyez dans nos ÉTUDES SUR PASCAL, 1re préface, le morceau qui se termine ainsi : « Si on voulait donner à Bossuet un nom d'école comme au moyen âge, il faudrait l'appeler le docteur infaillible. »

1. Wittich professa de bonne heure le cartésianisme, *Dissertationes duæ*, etc., in-12, Amstelodami, 1653, et il le défendit plus tard avec beaucoup de solidité contre Spinoza, *Christophori Wittichii anti-Spinosa, sive examen ethices Benedicti de Spinosa et commentarius de Deo et ejus attributis*, in-4°, Amstelodami, 1690.

2. Excellent esprit, et le meilleur cartésien hollandais. On ne consultera pas sans fruit sa paraphrase sur les *Méditations*, et ses *Exercices sur la connaissance de Dieu et de soi-même.* Ses deux ouvrages les plus connus sont : *Johannis Claubergii Initiatio philosophiæ, sive dubitatio cartesiana ad metaphysicam certitudinem viam aperiens*, in-12, 1655, et *Defensio cartesiana*, Amstelodami, in-12, 1652.

entière, avec la passion des démonstrations géométriques, qu'il a poussées jusqu'au dernier abus.

3° Il a rencontré dans Descartes quelques propositions équivoques, telles que la définition de la substance que Descartes avait immédiatement expliquée de la façon la plus catégorique, ainsi que nous l'avons vu ; méprisant cette explication, Spinoza s'est arrêté à la fameuse définition pour y appuyer le système auquel, selon toute vraisemblance, il était arrivé par une autre voie.

Hors de là, Spinoza n'est pas cartésien le moins du monde ; tout au contraire, après avoir été un moment à son début l'interprète très-peu fidèle du cartésianisme, il a fini par en être le détracteur le plus dédaigneux.

Un mot explique Spinoza : il est juif. Voilà ce qu'il ne faut jamais oublier.

Assurément il n'y a point de religion moins panthéiste que la grande religion qui a servi de berceau à la nôtre ; et une philosophie qui réfléchirait exactement le judaïsme, une philosophie juive orthodoxe, serait théiste presque jusqu'à l'excès. Il y a donc de l'exagération et de l'injustice à prétendre avec Wachter que le spinozisme était déjà dans le judaïsme[1]. Mais chez les juifs, à côté du culte public et officiel était cette espèce de religion et de philosophie secrète et mystérieuse qu'on appelle la cabale[2], et qui, bien qu'elle eût reçu plus d'un élément étranger, passait

---

1. *Der Spinosismus im Jüdenthum*, etc., in-12, Amsterdam, 1699.
2. Plus haut, leç. iv, p. 165.

pour être la philosophie religieuse des Hébreux. Spinoza, profondément versé dans la littérature hébraïque, n'en pouvait ignorer cette branche si curieuse, et Wachter est bien plus dans le vrai lorsque, renfermant sa thèse en de plus étroites limites, il montre à la fin de son livre les frappantes analogies de la cabale et du spinozisme. L'opinion du savant Hollandais s'est assez vite accréditée; Leibnitz l'a embrassée, et après avoir fait de Spinoza un disciple de Descartes, il en a fait aussi un disciple de la cabale.

Mais il est une autre source juive que ni Wachter ni Leibnitz n'ont connue, et où nous pensons que Spinoza a surtout puisé : nous voulons parler de cette philosophie que les juifs avaient empruntée des Arabes qui eux-mêmes la tenaient des derniers alexandrins; philosophie plus arabe que juive, et bien moins originale que la cabale, mais régulière et méthodique, riche en ouvrages et en noms célèbres. Cette philosophie a pour enseigne avouée la négation des attributs de Dieu; elle fuit jusqu'à l'ombre de l'anthropomorphisme, elle repousse tout surnaturel; elle explique symboliquement ou physiquement les saintes Écritures; elle a sa théorie de l'inspiration et du prophétisme; elle va quelquefois jusqu'à nier résolûment la création ; et tandis qu'elle fait de Dieu une abstraction, elle considère le monde comme infini et éternel, ses divers phénomènes comme les formes passagères de la matière première, et les phénomènes intellectuels et moraux comme relevant d'un seul et même esprit universel qui s'individualise dans les intelligences humaines.

A ces traits, vous reconnaissez ce péripatétisme oriental né d'une fausse interprétation de la métaphysique d'Aristote, qui a régné longtemps sur les côtes de l'Asie et de l'Afrique et dans les écoles d'Espagne [1], qui a eu ses moments d'éclat, ses éclipses, ses retours, et n'a jamais péri dans l'histoire; qui a traversé le moyen âge et la Renaissance, troublé à la fois et vivifié l'Université de Paris au treizième siècle, et celle de Padoue au seizième. Son plus illustre représentant, parmi les musulmans, est Averroès [2]; son représentant le plus sage parmi les Israélites est Maïmonide; car pour Avicebron, ainsi que nous l'avons fait voir [3], il est resté presque en dehors de l'influence arabe, et il nous représente bien plutôt une philosophie juive nationale et orthodoxe, avec une nuance néoplatonicienne.

Rendons justice aux intentions et à l'esprit supérieur de Maïmonide. Venu au milieu de l'invasion de l'averroïsme dans les écoles juives et de l'énergique réaction qu'elle provoquait de la part des synagogues, il entreprit de réconcilier la philosophie et la religion, en éclairant la religion et en tempérant la philosophie : noble entreprise, qui lui a mérité la vénération des juifs raisonnables de tous les temps. Mais il ne faut pas que la prudence de Maïmonide donne le change sur sa doctrine. Lui-même est un philosophe arabe mitigé, un péripatéticien circonspect, une sorte de juste milieu

---

1. Voyez plus haut, leç. v, p. 201, etc.
2. *Ibid.*, p. 204.
3. *Ibid.*, p. 206.

entre les diverses sectes de l'école régnante avec une inclination peu dissimulée vers celle qui professait ouvertement la négation des attributs de Dieu. En effet, il ne laisse à Dieu que des attributs négatifs, et lui refuse tout attribut positif, c'est-à-dire qu'il sait parfaitement ce que Dieu n'est pas, mais qu'il ne sait pas ce qu'il est, ni même s'il est, l'existence étant déjà un attribut qui a l'air de trop déterminer l'essence indéterminable [1]. Cela n'empêche pas que, comme Plotin [2], soit par une généreuse inconséquence, soit par un éclectisme voisin du syncrétisme, Maïmonide ne s'applique à établir la Providence, reconstruisant d'une main ce qu'il a détruit de l'autre. De même, dans la question de la création ou de l'éternité du monde, il chancelle un peu parmi les différentes opinions, et combat les philosophes arabes en leur faisant plus d'une concession. De même encore, dans l'interprétation de la Bible, il cherche à se tenir à une égale distance de la superstition et du scepticisme, mais sans cacher son sentiment sur les miracles et sur le don de prophétie; et on peut dire qu'il est le fondateur du rationalisme modéré. Aussi, malgré ses précautions infinies et même ses prétentions à l'orthodoxie, Maïmonide n'évita pas la censure des synagogues. Ses disciples allèrent bien plus loin que lui. Au milieu du quatorzième siècle, Lévi ben Gerson, de la ville de Bagnols dans le midi de la France, rompit avec la tradition hébraïque pour

---

1. Voyez leç. v, avec la note, p. 208 et 209.
2. Leçon iv, p. 183, et la note.

revenir au pur péripatétisme arabe, interpréta la Bible avec la liberté la plus extrême, et abandonna ouvertement le dogme de la création [1]. Moïse de Narbonne commente à la fois Averroès et Maïmonide, au fond

[1]. M. Münck, *Mélanges de philosophie juive et arabe*, p. 497 : « Celui qui comme philosophe et exégète obscurcissait tous ses contemporains, fut Lévi ben Gerson de Bagnols, appelé *maître Léon*, sans contredit un des plus grands péripatéticiens du quatorzième siècle et le plus hardi de tous les philosophes juifs. Ses ouvrages ont eu un grand succès parmi ses coreligionnaires; ils ont été presque tous publiés, quelques-uns même ont eu plusieurs éditions, et ce succès est d'autant plus étonnant que l'auteur reconnaît ouvertement la philosophie d'Aristote comme la vérité absolue; et, *sans prendre les réserves que Maïmonide avait crues nécessaires*, fait violence à la Bible et aux croyances juives pour les adapter à ses idées péripatéticiennes... Il a écrit des commentaires bibliques très-développés, où il a fait une part très-large à l'interprétation philosophique. Ses œuvres philosophiques proprement dites sont : 1° des commentaires sur les commentaires moyens d'Ibn-Roschd (Averroès); 2° les guerres du Seigneur, ouvrage de philosophie et de théologie où l'auteur développe son système philosophique qui est en général le péripatétisme tel qu'il se présente chez les philosophes arabes... il combat le dogme de la création *ex nihilo*. Après avoir longuement démontré que le monde ne peut être sorti ni du néant absolu ni d'une matière déterminée, il conclut qu'il est à la fois sorti du néant et de quelque chose; et ce quelque chose est la matière première, laquelle manquant de toutes formes est en même temps le néant... Les opinions hardies de Lévi ben Gerson et ses interprétations péripatéticiennes des textes sacrés et des dogmes religieux ont été, de la part des rabbins orthodoxes, l'objet de la critique la plus sévère. Isaac Abravanel gémit sur les écarts des philosophes juifs qui admettent la *matière première*, mettent l'*intellect actif* à la place de Dieu, nient la providence divine à l'égard des individus et ne voient dans l'immortalité de l'âme que son union avec l'intellect actif. Il blâme surtout Lévi ben Gerson qui, dit-il, n'a pas même jugé nécessaire de voiler sa pensée et qui la manifeste avec la plus grande clarté, tenant sur la matière première, sur l'âme, sur la prophétie et sur les miracles des discours tels, que c'est déjà un péché d'y prêter l'oreille. »

tout aussi hardi que Lévi ben Gerson, mais plus circonspect et plus enveloppé[1]. Et il y a bien d'autres philosophes de la même école, tous libres penseurs, et d'un averroïsme plus ou moins déclaré. Leur condamnation solennelle ne fit que les populariser. Leur maître surtout, le grand Maïmonide, comme les juifs l'appellent encore, bien que censuré officiellement, malgré cela ou pour cela même, ne cessa jamais d'être en honneur parmi les Israélites éclairés, et conserva d'âge en âge une immense autorité. Comment serait-il resté ignoré d'un juif aussi instruit que Spinoza, et comment le noble philosophe de Cordoue, le *dux perplexorum et dubitantium*, le *Guide de ceux qui doutent et qui s'égarent*, à la fois si libre et si sage, et en dépit de sa sagesse persécuté lui-même, n'eût-il pas fait une impression profonde sur l'esprit pénétrant et hardi du jeune juif portugais d'Amsterdam? Comment supposer même que Spinoza n'ait pas plus ou moins connu Lévi ben Gerson et Moïse de Narbonne? Pour nous, en rapprochant leurs opinions de celle de Spinoza, nous les trouvons toutes, avec d'inévitables différences, de la même famille, de la même race. Oui, Maïmonide et ses commentateurs de l'école juive hétérodoxe, voilà, selon nous, les ancêtres et les vrais maîtres de Spinoza. La synagogue d'Amsterdam ne s'y est point trompée : ce n'est pas le cartésien dans Spinoza qu'elle a rejeté de son sein, c'est le disciple des novateurs que les synagogues du moyen âge avaient déjà condamnés, et la

---

1. *Mélanges de philosophie juive et arabe*, p. 502-506.

même doctrine a eu le même sort. Cette idée [1], poursuivie sans exagération, peut ouvrir un champ nouveau à la critique de Spinoza : nous y ferons à peine quelques pas.

Spinoza était né à Amsterdam en 1632, et il est mort à la Haye en 1677. Ses parents [2] étaient des marchands à leur aise, membres d'une petite colonie de juifs portugais qui avaient fui leur pays natal pour échapper à l'inquisition, et étaient venus chercher la liberté et le repos sous les lois protectrices de la nouvelle république, elle-même récemment affranchie du joug espagnol.

Spinoza ne put connaître personnellement Descartes, ayant à peine dix-huit ans lorsque celui-ci quitta la Hollande. Élevé avec un très-grand soin, et doué d'une rare pénétration, il fit promptement de grands progrès dans les lettres hébraïques et dans tout ce qui en dépendait. Puis, un peu plus tard, pour se perfectionner dans la langue latine, il prit des leçons d'un maître assez fameux d'Amsterdam, nommé Van

1. Elle ne nous est pas tellement propre que nous ne la trouvions à peu près dans M. Münck, *Mélanges de philosophie*, etc., p. 487 : « C'est par la lecture du *Guide des égarés* que les plus grands génies des temps modernes, les Spinoza, les Mendelssohn, les Salomon Maïmon et beaucoup d'autres ont été introduits dans le sanctuaire de la philosophie. »

2. Voyez la *Vie de B. de Spinoza, tirée des écrits de ce fameux philosophe et du témoignage de plusieurs personnes qui l'ont connu particulièrement,* par Jean Colerus, ministre de l'école luthérienne de la Haye, 1706. On peut lire encore, mais sans s'y fier toujours, l'article très-passionné de Bayle, dans son *Dictionnaire*, ainsi que la *Vie de Spinoza par un de ses disciples,* Hambourg, 1735, écrit attribué au médecin Lucas, de la Haye.

den Ende, qui exerçait la profession de médecin en même temps qu'il tenait école. On prétend que Van den Ende enseignait à ses élèves autre chose que le latin, et qu'il déposait secrètement dans leur esprit les semences de l'athéisme [1]. Cet homme remuant et audacieux quitta quelques années après la Hollande pour se jeter en France dans des conspirations ténébreuses qui le menèrent sur l'échafaud du chevalier de Rohan [2]. Il avait une fille instruite et aimable qui plut au jeune Spinoza ; il la rechercha, mais il dut se retirer devant un rival plus riche [3]. Ce premier pas malheureux dans les voies ordinaires du monde fut aussi le dernier. Blessé dans sa première et unique affection, le cœur de Spinoza se replia sur lui-même et demeura solitaire. Pendant plusieurs années, la théologie hébraïque l'occupa tout entier, et il s'enfonça dans la Bible et dans le Talmud, sous la conduite d'un savant rabbin nommé Morteira [4]. Mais peu à peu il conçut des doutes qui se développèrent rapidement ; il les laissa paraître, et cessa de fréquenter la synagogue, ce qui ne pouvait manquer de scandaliser la petite communauté ; on s'émut, et comme Spinoza avait déjà une assez grande réputation de savoir, on le ménagea, et, pour le garder, on lui offrit une assez bonne pension sans lui demander autre chose que de venir de temps en temps à la synagogue [5]. C'est à peu près vers

---

1. Colerus, p. 7.
2. *Ibid.*, p. 11-13. Voyez aussi les Mémoires de La Fare.
3. *Ibid.*, p. 8-10.
4. La *Vie de Spinoza par un de ses disciples*, p. 4.
5. Colerus, p. 17 et 18.

ce temps, après avoir abandonné la théologie pour la physique, et lorsqu'il cherchait un guide en cette nouvelle étude, que les œuvres de Descartes lui tombèrent entre les mains. Il les lut avec avidité ; et, charmé de la maxime qu'on ne doit jamais rien recevoir pour véritable qui ne repose sur de bonnes et solides raisons, il en tira cette conséquence qu'il fallait rejeter la doctrine des rabbins juifs puisqu'ils prétendent sans aucun fondement que ce qu'ils enseignent vient de Dieu. Il repoussa donc la pension de mille florins que les rabbins lui offraient, en protestant que, lui eussent-ils offert dix fois autant, il ne l'accepterait point et ne fréquenterait pas leurs assemblées parce qu'il n'était pas hypocrite et ne recherchait que la vérité[1]. Descartes, à la place de Spinoza, eût assurément refusé aussi une pension, signe et récompense d'une foi qui n'eût pas été dans son cœur ; mais en même temps une philosophie plus mûre et plus haute lui eût fait considérer comme une grande faute de blesser sans nécessité des croyances dignes de respect, et, sans zèle affecté, comme sans dédain bien peu philosophique, il eût paru quelquefois à la synagogue, et prié Dieu avec les frères que le sort lui avait donnés.

S'étant donc séparé avec éclat de la communauté juive d'Amsterdam, il ne faut pas trop s'étonner que Spinoza ait été excommunié ; il en prit aisément son parti, et ses liens une fois rompus avec la communauté religieuse à laquelle il appartenait naturellement, il

---

1. Colerus, p. 14.

n'en reprit avec aucune des innombrables sectes qui abondaient alors en Hollande. Il vécut libre de tout engagement public et domestique, sans emploi, sans famille, n'ayant de commerce qu'avec un très-petit nombre d'amis d'un esprit aussi élevé que le sien; gagnant sa vie à l'aide d'un modeste métier dans lequel il excellait, celui de faiseur de verres de lunettes, pauvre mais content, doux et fier, ne s'inquiétant guère de l'opinion des hommes, et profondément attaché à la doctrine qui de bonne heure s'était emparée de son esprit. On voit par sa correspondance avec Oldenburg, secrétaire de la Société royale de Londres, qu'il était en pleine possession de cette doctrine vers l'année 1660 et 1661, à peu près à l'âge de trente ans. Il paraît même qu'il avait déjà composé une ébauche de l'*Éthique*, car il en communique à Oldenburg les propositions fondamentales, entre autres la définition de la substance et de ses principaux caractères, à savoir qu'elle est nécessairement infinie, qu'elle n'a pu être créée, qu'elle est unique, etc.[1]. Bien loin de se donner pour un cartésien, il déclare à Oldenburg que Descartes s'est trompé sur trois points essentiels : la nature de la

---

1. L'édition la plus accréditée de Spinoza est celle de Paulus, BENEDICTI DE SPINOSA OPERA QUÆ SUPERSUNT OMNIA, etc., 2 vol., Iéna, 1802 et 1803. Réponse de Spinoza à une lettre d'Oldenburg, d'août 1661. T. I, p. 451 : « De Deo incipiam breviter dicere, quem definio esse ens constans infinitis attributis quorum unumquodque est infinitum, sive summe perfectum in suo genere... In rerum natura non possunt existere duæ substantiæ... substantiam non posse produci... omnis substantia debet esse infinita. Quibus demonstratis, facile poteris videre quo tendam. »

cause première, la nature de l'intelligence, la cause de l'erreur [1].

Cependant, en 1663, parut à Amsterdam son premier ouvrage d'une apparence fort cartésienne : RENATI DESCARTES PRINCIPIORUM PHILOSOPHIÆ PARS I ET II *more geometrico demonstratæ, per Benedictum de Spinoza Amstelodamensem. Accesserunt ejusdem cogitata metaphysica in quibus difficiliores, quæ tam in parte metaphysices generali quam speciali occurrunt, quæstiones breviter explicantur, Amstelodami, in-4°*, 1663. Voici l'origine et l'explication de cet ouvrage. Enseignant la physique à un jeune homme d'Amsterdam, Spinoza avait pris pour texte de ses leçons les *Principes de Philosophie,* qu'il mit pour son élève sous la forme de démonstrations géométriques, et il avait ainsi dicté quelques cahiers sur les deux premières parties des PRINCIPES. Les ayant montrés à un de ses amis, Louis Meyer, celui-ci le pressa de les lui laisser publier. Spinoza y consentit, mais sous l'expresse condition qu'on dirait nettement dans la préface que les opinions exposées n'étaient pas les siennes, et que sur plusieurs points importants il pensait le contraire de ce qu'il avait l'air de professer; il exigea même qu'on donnât plusieurs exemples de cette dissidence qu'il tenait beaucoup à voir hautement établie [2]. En effet, Meyer dans la pré-

1. T. I, p. 452 et 453.
2. C'est ce que Spinoza lui-même raconte à Oldenburg, *ibid.*, page 479 : « Quidam me amici rogarunt ut sibi copiam facerem cujusdam tractatus secundam partem Principiorum Cartesii more geometrico demonstratam et præcipua quæ in metaphysicis tractantur breviter continentis, quem ego cuidam juveni, *quem meas opiniones aperte docere*

face déclare qu'il y a bien des choses dans ce livre que l'auteur ne croit pas le moins du monde être vraies, et il en apporte des exemples nombreux et décisifs. Comme s'il voulait prévenir l'accusation que le spinozisme dérive du cartésianisme, Meyer proclame, avec une sorte d'enthousiasme, que la philosophie de Descartes est beaucoup trop timide, qu'elle s'arrête souvent devant des questions qui lui paraissent surpasser l'entendement humain, tandis que Spinoza considère ces questions, et d'autres bien plus difficiles, comme fort explicables, pourvu qu'on suive une tout autre méthode que celle de Descartes. Il n'hésite pas à mettre en avant

nolebam, ante hoc dictaveram. Deinde rogarunt ut quamprimum possem primam etiam partem eadem methodo consignarem. Ego, ne amicis adversarer, statim me ad eam conficiendam accinxi, eamque intra duas hebdomadas confeci atque amicis tradidi, qui tandem me rogarunt ut sibi illa omnia edere liceret; quod facile impetrare potuerunt, hac quidem lege ut eorum aliquis... præfatiunculam adderet in qua lectores moneret me non omnia quæ in eo tractatu continentur pro meis agnoscere, cum non pauca in eo scripserim quorum contrarium prorsus amplector, hocque uno aut altero exemplo ostenderet. » — Dans notre collection de lettres autographes de philosophes du dix-septième siècle, nous possédons une très-curieuse lettre inédite de Spinoza à Meyer, de Voorburg, du 3 août 1663, dans laquelle, en lui renvoyant sa préface non encore imprimée avec quelques notes marginales, il le prie de dire aussi qu'il a changé bien des choses dans Descartes, soit pour le meilleur ordre des matières, soit pour la plus grande force des démonstrations, et qu'il a dû souvent ajouter et développer. « Vellem moneres me multa alio modo quam a Cartesio demonstrata sunt demonstrare, non ut Cartesium corrigam sed tantum ut meum ordinem melius retineam et numerum axiomatum non ita augerem; et hac etiam de causa multa quæ a Cartesio nude sine ulla demonstratione proponuntur demonstrare, et alia quæ Cartesius missa fecit, addere debuisse. » Meyer a fait droit à cette demande dans sa préface en employant presque ces mêmes termes.

le principe que ni le corps ni l'esprit ne sont des substances, quoi qu'en ait dit Descartes. Mais c'est surtout sur la liberté humaine que Meyer s'attache à mettre en lumière la différence de la doctrine cartésienne et de celle de son ami. Selon Spinoza, la volonté n'est point distincte de l'entendement, et encore bien moins n'a-t-elle pas la prétendue liberté que Descartes lui attribue. Nous le demandons : est-il possible d'élever de plus fortes barrières entre le cartésianisme et le spinozisme? et comment après cela soutenir qu'il n'y a qu'un pas de l'un à l'autre, lorsque pour arriver au système de Spinoza il faut, selon Spinoza lui-même, renoncer précisément à tout ce qui constitue le système de Descartes, et à la méthode qui en est l'âme?

En 1670, Spinoza mit au jour son traité théologico-politique : Tractatus theologico-politicus, etc., *Hamburgi*, 1670, in-4°. C'est ce traité qui, en bien et en mal, a fait sa renommée. Quoiqu'il n'y eût pas mis son nom, et qu'il l'eût fait paraître à Hambourg, bien loin de tous les foyers connus des discussions philosophiques, l'ouvrage fit un immense effet d'un bout à l'autre du monde savant, et souleva de toutes parts cette tempête d'applaudissements et de réprobations qu'on appelle la gloire. Le traité théologico-politique a été traduit dans toutes les langues, et il est fort connu; mais ses véritables sources sont encore tout à fait ignorées. Il se divise en deux parties : l'une politique, qui est presque tout entière hollandaise; l'autre théologique, qui n'est point aussi originale qu'elle le paraît d'abord, et ne fait que continuer la tradition de la théologie juive hétérodoxe.

La politique de Spinoza se rapproche beaucoup de celle de Hobbes [1], et elle en diffère beaucoup aussi. Spinoza repousse avec raison le principe qu'en entrant dans la société l'homme aliène ses droits naturels; il établit qu'il est des droits qu'on ne peut perdre [2], par exemple la liberté de penser et de dire ce qu'on pense [3]. Ensuite, par une contradiction inouïe, avec Hobbes, il confère à l'État le droit de statuer souverainement en matière de culte et de religion [4]. En vérité, ce n'était pas la peine de rompre avec la petite communauté juive où il était né, pour élever sur sa tête un pouvoir qui, sous prétexte de régler le culte extérieur, pouvait entreprendre sur ces mêmes droits de la conscience qui venaient d'être si justement réservés; triste inconséquence, qui rappelle le fils d'une race opprimée, encore si épouvantée des persécutions qu'elle a partout endurées et de la part des musulmans et de la part des chrétiens, qu'elle cherche un abri contre l'inquisition religieuse sous un pouvoir civil, si absolu qu'il puisse être, pourvu qu'il soit distinct et indépendant du pouvoir religieux; et cela, dans la trompeuse espérance que toute puissance civile qui n'est pas dominée par le fa-

---

1. Sur Hobbes et sa politique, voyez plus haut dans la viie leçon, pages 378-382.

2. TRACTATUS THEOLOGICO-POLITICUS, cap. XVII : *Ostenditur neminem omnia in summam potestatem transferre posse, nec esse necesse.*

3. *Ibid.*, cap. XX : *Ostenditur in libera republica unicuique et sentire quæ velit et quæ sentiat dicere licere.*

Ibid., cap. XIX : *Ostenditur jus circa sacra penes summas potestates omnino esse.*

natisme est elle-même intéressée à ménager tous ses sujets, et à maintenir parmi eux la liberté et la paix. Mais ce n'est pas là qu'il faut chercher, comme on l'a fait, le caractère général de cette partie du traité théologico-politique ; il est dans l'admirable esprit de tolérance qui respire à chaque page, et que Spinoza empruntait à la fois de l'horreur innée de tout juif pour les persécutions religieuses et de ce qu'il voyait pratiqué partout sous ses yeux en Hollande, au milieu du dix-septième siècle. Alors comme aujourd'hui, mille sectes religieuses couvraient la Hollande, et y vivaient en paix l'une à côté de l'autre sous la protection de la liberté commune. C'est dans cette petite et grande république que Locke aussi, un peu après Spinoza, rencontra, et dans les lois et dans les mœurs, le principe de la tolérance universelle ; et s'il essaya en vain de le transporter parmi les calvinistes d'Angleterre qui n'entendaient encore par la liberté religieuse que le droit d'opprimer impunément et tout à leur aise les catholiques, du moins il le répandit parmi les honnêtes gens de tous les pays. Voltaire le tenait des disciples de Locke, et il faut dire, à l'honneur de Spinoza, qu'il en a été le premier apôtre. Il appartenait à un juif philosophe de revendiquer avant qui que ce soit ce grand principe, et à ce titre Spinoza doit nous être cher à tous, car qui de nous, catholiques ou protestants, juifs ou musulmans, triomphant aujourd'hui, n'aura pas besoin d'invoquer demain pour lui-même le droit sacré de la tolérance ?

Spinoza est donc déjà juif dans la partie politique de

son fameux traité ; il l'est bien plus encore dans la partie théologique. On peut dire que toute cette partie est un code régulier du plus absolu rationalisme, qui reprend et agrandit la tradition juive hétérodoxe, devance et surpasse les hardiesses de la critique moderne de France et d'Allemagne. Spinoza y soulève toutes les questions depuis si controversées : quelle est la véritable date des divers ouvrages dont se compose la Bible ; quelle peut être la part d'Esdras dans la dernière rédaction de ces ouvrages ; quelle autorité doit être accordée aux apôtres ; si enfin il n'y a pas une manière très-légitime d'interpréter philosophiquement ce qui, dans les saintes Écritures destinées au peuple, est donné sous la forme de métaphores, de symboles, d'allégories. En lisant cette partie du traité théologico-politique, nous croyons relire la première partie du *Guide des égarés*, avec cette différence que Maïmonide affecte toujours l'orthodoxie, et que Spinoza n'y prétend point. Ce n'est assurément pas dans Descartes, étranger à la théologie et profondément respectueux envers l'autorité religieuse ; ce n'est pas davantage dans les théologiens hollandais du dix-septième siècle, tirant de la Bible mille sectes diverses, mais sans élever le moindre doute sur l'authenticité des saints monuments ; c'est dans Maïmonide et dans ses commentateurs que Spinoza a trouvé les germes de toutes les idées développées dans ses trois remarquables chapitres sur les miracles, sur les prophètes et sur le don de prophétie. Ils contiennent la célèbre théorie du prophétisme qui, de l'école arabe, avait passé dans la théologie hétérodoxe des juifs. L'esprit de cette théologie est manifeste dans le livre de Spinoza ; et à moins de fermer volontairement les yeux à la lumière, il est impossible de méconnaître dans le savant juif d'Amsterdam, non certes un commentateur et un pur écolier de Moïse de Narbonne, de maître Léon et de Maïmonide, mais un de leurs descendants, d'un génie encore plus libre, plus profond, plus audacieux.

Or, s'il est incontestable que Spinoza a suivi la tradition hétérodoxe des juifs dans l'interprétation de la Bible, comment admettre qu'il ait ignoré le côté philosophique de cette même tradition ? Et s'il l'a connu, il en a dû passer quelque chose dans ses études et dans sa pensée, lorsque, jeune encore, il travaillait sur la philosophie de son temps.

En 1675, Spinoza songeait à publier son grand ouvrage, depuis longtemps composé et qu'il avait communiqué en partie à Oldenburg en 1661. Mais le seul bruit de ce dessein réveilla les inimitiés de toute sorte que le traité théologico-politique lui avait faites ; et ces inimitiés prirent un caractère si menaçant que Spinoza retint son ouvrage et s'enferma de plus en plus dans la solitude et le silence jusqu'à sa mort en 1677. Cependant l'*Éthique* parut cette même année parmi ses *Œuvres posthumes*, grâce aux soins de deux amis fidèles[1]. Maintenant qu'elle a passé par le feu d'une

1. B. D. S. OPERA POSTHUMA, 1677, in-4°, sans nom de lieu. Ces écrits posthumes sont l'*Ethica*, en cinq parties, un essai inachevé de politique, *Tractatus politicus*, un traité sur la réforme de l'entendement, *de Emendatione intellectus*, un abrégé de grammaire hébraïque, et la correspondance de Spinoza.

controverse de deux siècles, cette abstruse métaphysique, tout enveloppée de formules mathématiques, est comme percée à jour ; il n'y a plus à se faire illusion sur son caractère et sur sa portée. Le prétendu cartésien abandonne ouvertement toute l'entreprise du cartésianisme. Il tourne le dos à sa méthode. Plus de psychologie : au lieu de partir des faits de conscience, des phénomènes de la pensée pour arriver successivement aux plus hautes vérités, à l'aide de la réflexion soutenue par le raisonnement, Spinoza renverse l'œuvre de Descartes ; il débute par où Descartes aurait pu finir, par un principe abstrait, par une définition ; et, outrant tous les défauts que nous avons signalés dans les dernières Méditations, de cette seule définition il déduit tout un vaste système à la façon des géomètres, avec leur appareil accoutumé de propositions et de corollaires, d'axiomes, de postulats, comme Descartes en avait malheureusement donné quelquefois l'exemple. Enfin la définition sur laquelle Spinoza se fonde est précisément cette fameuse définition de la substance aussitôt retirée qu'avancée par Descartes. Déjà le titre du premier ouvrage de Spinoza, *Principes de Descartes géométriquement démontrés*, malgré l'explication de la préface, avait fait considérer à la foule le philosophe d'Amsterdam comme un disciple du philosophe français ; l'emploi systématique de cette même définition de la substance acheva l'erreur. Jamais pourtant apparence ne fut plus contraire à la réalité. Pas un seul cartésien n'avait accueilli cette définition et ne s'en était servi depuis le désaveu formel du maître ; si

Spinoza en fit usage, ce n'est pas parce qu'il la trouvait dans Descartes, puisque en même temps il y trouvait le contraire clairement et solidement exposé; et dès qu'il la reprit, tout ce qu'il y avait alors de cartésiens en Hollande se levèrent contre cette définition et la combattirent au nom même du cartésianisme, sapant ainsi par la base la nouvelle doctrine qui reposait tout entière sur cette définition. En effet, admettez-la, et tout le reste se suit et s'enchaîne dans les cinq parties dont se compose l'*Éthique*, avec une rigueur mathématique.

La substance est ce qui est de soi et par soi et n'a besoin de rien autre pour être. Par conséquent, la substance ne peut être produite par rien autre, et elle est cause de soi-même, *causa sui*.

Une telle substance est éternelle et infinie.

Une substance éternelle et infinie est nécessairement unique, deux essences éternelles et infinies étant inadmissibles.

Cette substance unique est Dieu.

Dieu seul est libre; car un être est dit libre quand il existe par la seule nécessité de sa nature, et n'est déterminé à agir que par soi-même.

Une substance infinie et éternelle ne peut avoir que des attributs éternels et infinis. Les deux attributs éternels et infinis de Dieu sont l'esprit et la matière.

Hors de là, rien d'infini et d'éternel, rien de libre; tout ce qui n'est pas Dieu est déterminé, non-seulement à exister à sa manière, mais à agir d'une certaine manière; il n'y a rien de contingent.

La nature naturante, *natura naturans*, est Dieu considéré comme cause libre et déterminante. La nature naturée, *natura naturata*, est tout ce qui suit de la nécessité de la nature divine.

La pensée, la volonté, le désir, l'amour, sont des modes qui appartiennent à la nature naturée et non pas à la nature naturante.

Dieu n'a pas de pensées en acte, ni de volontés à proprement parler; ce sont là de simples modalités des êtres finis.

Les choses n'ont pu être produites par Dieu ni d'une autre façon ni dans un autre ordre qu'elles ont été produites.

Il n'y a point de causes finales. Descartes reconnaissait qu'il y avait très-certainement des causes finales à toutes choses, mais il pensait avec Bacon que nous ne pouvons pas toujours les découvrir, et qu'en physique il est sage de s'abstenir de cette recherche; Spinoza met en principe, et en cela il est très-conséquent à sa théorie de la production nécessaire des choses, il met en principe que Dieu n'a pu se proposer aucunes fins; car s'il agissait pour une fin quelconque, il désirerait quelque chose dont il serait privé, ce qui détruit l'idée de la perfection de Dieu. En fait, toutes les causes finales dont on parle sont de pures fictions inventées par les hommes. Et là-dessus, parce que le vulgaire et les mauvais théologiens abusent du principe des causes finales et imaginent trop souvent des fins extravagantes, Spinoza en conclut que toutes les fins qu'on peut concevoir sont des chimères et que la nature ne se propose aucun but dans ses opérations.

Voilà toute la théodicée de Spinoza, la première partie de l'*Éthique*, sur Dieu. Sa théorie de l'âme en découle. Si Dieu seul est substance, l'homme n'est qu'un être particulier qui existe seulement en acte ; de même le corps est un certain mode de l'étendue qui existe en acte et rien de plus.

Sans prolonger les citations, vous apercevez toutes les conséquences de ces principes : plus d'espoir d'immortalité, la prière inutile envers un être immuable et sans volonté, qui n'a pas créé l'homme, mais le porte dans son sein comme un mode passager de ses éternels attributs ; tous les cultes sont des superstitions insensées, et l'homme n'est qu'un pur phénomène, composé d'une petite portion d'étendue et d'une pensée très-limitée dont la fonction la plus haute est de reconnaître le peu qu'elle est, et, pendant les courts instants de cette existence éphémère, de s'élever à l'être infini par une aspiration à la fois sublime et vaine appelée l'amour. Cet amour intellectuel d'un Dieu qui lui-même ne peut aimer et fait tout ce qu'il fait nécessairement, serait une inconséquence dans le système, s'il fallait y voir autre chose qu'un pur mouvement du fini vers l'infini, destitué de tout caractère moral, trompeuse imitation de l'amour chrétien qui s'adresse à un père véritable, ou peut-être réminiscence affaiblie de l'amour platonicien, tel que Spinoza pouvait l'avoir vu admirablement dépeint dans les dialogues de Léon Hébreu, célèbre juif portugais du seizième siècle [1].

1. Léon, fils d'Abravanel, était né à Lisbonne. Forcé de quitter le Portugal et ensuite l'Espagne après l'édit de 1492, il vint chercher un

On conçoit qu'Oldenburg ait été peu satisfait d'un tel système, qu'il ait fort approuvé son ami de ne pas le mettre au jour, et qu'il lui ait adressé bien des objections. Spinoza y répond avec la douceur et l'obstination d'une conviction profonde ; comme les solitaires, il ne comprend que ses idées, et les retrouve partout. Oldenburg lui reprochait surtout de confondre Dieu et la nature [1]; Spinoza s'en défend, mais il soutient que ce rapport intime de Dieu et de la nature est dans tous les anciens philosophes, qu'il est jusque dans saint Paul enseignant que tout existe et se meut en Dieu ; « il est enfin, dit-il [2], dans tous les anciens sages hébreux, comme on le peut conjecturer de traditions maintenant altérées. » Il se plaît à en appeler souvent à la tradition hébraïque ; il prétend, par exemple, que l'Évangile de saint Jean est tout juif. Mais n'est-il pas étrange qu'il se borne à des allusions obscures, et qu'il ne cite jamais nettement la cabale, ni aucun philosophe hébreu de l'école de Maïmonide, ni Maïmonide lui-même, alors même qu'il reproduit presque littéralement ses arguments bien connus contre l'anthropomorphisme, et son interprétation des passages des saintes Écritures qui semblent attribuer à Dieu les passions et les desseins de l'humanité? Au reste, Spinoza est bien en cela de son siècle

---

refuge avec sa famille en Italie. Léon y composa les *Dialogi di amore* qui ont eu tant d'éditions et de traductions. La plus jolie édition est celle des Aldes, de 1541.

1. Édition de Paulus, t. I, p. 508, lettre du 15 novembre 1675.
2. *Ibid.*, p. 509 : « Cum antiquis omnibus Hebræis, quantum ex quibusdam traditionibus, tametsi multis modis adulteratis, conjicere licet. »

qu'il fait très-peu de cas des plus grandes autorités philosophiques. « Platon, dit-il, Aristote et Socrate n'ont pas de crédit chez moi[1]. » Dans toute sa correspondance, nous ne trouvons pas un seul mot d'éloge pour Descartes ; il le critique souvent ; il l'accuse de s'être servi d'une hypothèse pour expliquer la formation du monde. Lui aussi, comme Leibnitz, il ne croit pas que l'étendue soit naturellement dépourvue de mouvement, car alors elle tendrait au repos, et n'en pourrait sortir que par une impulsion étrangère, par un premier mouvement donné par une cause toute-puissante et extérieure. La supposition d'une telle cause est absurde selon Spinoza, et gâte à ses yeux toute la philosophie de Descartes[2]. On voit par là deux choses, d'abord que la force attribuée à la matière au lieu de l'étendue, loin de prévenir le spinozisme, le favoriserait plutôt ; ensuite que, sur ce point décisif et caractéristique, la nécessité d'une impulsion première partie d'une cause non matérielle, Spinoza se sépare hautement de Descartes. Aussi n'épargne-t-il pas l'école de Descartes ; et comme les cartésiens hollandais s'étaient rangés parmi ses adversaires les plus déclarés, il les traite sans façon d'imbéciles : *stolidi cartesiani* [3].

1. Édition de Paulus, t. I, p. 660.
2. *Ibid.*, p. 678, lettre du 5 mai 1676 : « Ex extensione, ut eam Cartesius concipit, molem scilicet quiescentem, corporum existentiam demonstrare non tantum difficile, sed omnino impossibile est. Materia enim quiescens, quantum in se est, in sua quiete perseverabit, nec ad motum concitabitur, nisi a causa potentiori externa ; et hac de causa non dubitavi olim affirmare rerum naturalium principia cartesiana inutilia esse, ne dicam absurda. »
3. *Ibid.*, p. 507.

Maintenant, le système que nous venons d'exposer, pour être tout différent du cartésianisme, est-il l'athéisme? C'est assurément un panthéisme déclaré, qui se connaît et se montre loyalement à découvert. Mais il faut distinguer, ce semble, deux sortes de panthéisme. Affirmer que cet univers visible, indéfini ou infini, se suffit à lui-même, et qu'il n'y a rien à chercher au delà, c'est le panthéisme de Diderot, d'Helvétius, de La Métrie, de d'Holbach; ce panthéisme-là est bien l'athéisme, et on ne comprendrait pas par quelle complaisance on lui ôterait son nom, malheureusement très-ancien, qui dès lors n'aurait plus d'application et devrait être rayé du dictionnaire. Mais un tel panthéisme peut-il être imputé à Spinoza? Chez les encyclopédistes français, les choses particulières, les individus seuls existent; l'univers est la collection des individus, collection sans unité, ou dont la seule unité est une matière première hypothétique que le philosophe admet ou n'admet pas, mais qui ne doit pas occuper sa pensée. Au contraire, dans Spinoza, la substance unique est tout, et les individus ne sont rien. Cette substance n'est pas l'unité nominale de la collection des individus qui seuls existent; c'est elle qui est seule véritablement existante, et devant elle le monde et l'homme ne sont que des ombres; en sorte qu'on pourrait trouver dans l'éthique un théisme excessif qui écrase les individus[1]. A la rigueur et dans le fin fond des choses,

[1]. Nous avons dit ailleurs, avec quelque exagération d'indulgence, FRAGMENTS DE PHILOSOPHIE MODERNE, *Spinoza et la synagogue des Juifs portugais, à Amsterdam* : « Spinoza a trop effacé la personnalité dans

il n'y a peut-être là qu'un seul et même système, mais avec deux formes bien différentes, l'une où Dieu n'est que l'univers, l'autre où l'univers n'existe qu'en Dieu. Ce dernier panthéisme est celui de Spinoza, comme de ses ancêtres d'Espagne, d'Alexandrie et de l'Inde. Mais peut-on, je vous prie, confondre Plotin avec Diderot et La Métrie, non-seulement pour les intentions, mais pour les principes, les uns enfoncés dans les sens et la matière, ne voyant rien au delà de l'heure présente et de leurs grossiers plaisirs, l'autre pur et sublime, tenant sans cesse son âme élevée vers les régions célestes, et aspirant à se perdre dans l'ineffable Dieu qu'il adore? Or, c'est à Plotin qu'il faut comparer Spinoza. Le Dieu de Spinoza n'est pas le néant;

l'existence. Chez lui, Dieu, l'être en soi, l'éternel, l'infini, écrase trop le fini, le relatif, et cette humanité sans laquelle pourtant les attributs les plus profonds et les plus saints de la Divinité sont inintelligibles et inaccessibles. Spinoza a tellement le sentiment de Dieu, qu'il en perd le sentiment de l'homme. Cette existence temporaire et bornée, rien de ce qui est fini ne lui paraît digne du nom d'existence, et il n'y a pour lui d'être véritable que l'être éternel. L'éthique, toute hérissée qu'elle est, à la manière du temps, de formules géométriques, si aride et si repoussante dans son style, est, au fond, un hymne mystique, un élan, un soupir de l'âme vers celui qui seul peut dire légitimement : « Je suis celui qui suis. » Spinoza, excommunié par les juifs comme ayant abandonné leur foi, est essentiellement juif et bien plus qu'il ne le croyait lui-même. Le Dieu des Juifs est un Dieu terrible. Nulle créature vivante n'a de prix à ses yeux, et l'âme de l'homme lui est comme l'herbe des champs et le sang des bêtes de somme (*Ecclésiaste*). Il appartenait à une autre époque du monde, à des lumières plus hautes et plus pures que celle du judaïsme, de réconcilier le fini et l'infini, de séparer l'âme de tous les autres objets, de l'arracher à la nature où elle était comme ensevelie, et par une médiation et une rédemption sublime de la mettre en un juste rapport avec Dieu. Spinoza n'a pas connu cette c'est au contraire l'être absolu. Mais répétons-le avec toute la force qui est en nous, cet être absolu n'est pas le vrai Dieu, car c'est une substance et non pas une cause; ce n'est pas un être libre, par conséquent ce n'est pas une personne, et il ne peut ni se connaître ni rien connaître; il ne peut donc être l'objet ni de notre reconnaissance, ni de nos respects, ni de notre amour, car lui-même est incapable d'aimer; image mensongère du Dieu de Platon et d'Aristote, de Descartes et de Bossuet; puissance irrésistible qui a tout produit sans le vouloir, intelligence infinie qui s'ignore, étendue infinie vide de pensée et d'amour, abîme d'où tout sort et où tout rentre, existence éternelle qui est et qui dure sans fin, sans objet et sans raison.

Ces développements, trop longs peut-être, et pour-

médiation. Chez lui l'infini ne produit le fini que pour le détruire, sans raison et sans fin. Oui, Spinoza est juif, et quand il priait Jéhovah sur cette pierre que je foule, il le priait sincèrement dans l'esprit de la religion judaïque. Sa vie est le symbole de son système. Adorant l'Éternel, sans cesse en face de l'infini, il a dédaigné ce monde qui passe; il n'a connu ni le plaisir, ni l'action, ni la gloire, car il n'a pas soupçonné la sienne. Jeune, il a voulu connaître l'amour, mais il ne l'a pas connu, puisqu'il ne l'a pas inspiré. Pauvre et souffrant, sa vie a été l'attente et la méditation de la mort. Il a vécu dans un faubourg de cette ville (Amsterdam), ou dans un coin de la Haye, gagnant à polir des verres le peu de pain et de lait dont il avait besoin pour se soutenir; haï, répudié des hommes de sa communion, suspect à tous les autres, détesté de tous les clergés de l'Europe qu'il voulait soumettre à l'État, n'échappant aux persécutions qu'en cachant sa vie; humble et silencieux, d'une douceur et d'une patience à toute épreuve, passant dans ce monde sans vouloir s'y arrêter, ne songeant à y faire aucun effet, à y laisser aucune trace. Spinoza est un mouni indien, un soufi persan, un moine enthousiaste; et l'auteur auquel ressemble le plus ce prétendu athée est l'auteur inconnu de l'*Imitation de Jésus-Christ.* »

tant si courts sur un tel sujet, nous laissent à peine le temps de vous dire quelques mots sur Malebranche. On ne peut ressembler davantage à Spinoza, et en différer davantage. Comme le pauvre juif d'Amsterdam, Malebranche a passé sa vie, humble et souffrant, dans la cellule d'un couvent, loin du monde et des affaires, occupé de Dieu seul, tout entier à l'étude, à la méditation, à la prière. Comme lui, il part de Descartes et l'abandonne vite; il abuse de la géométrie et se complaît dans les raisonnements abstraits; il sacrifie l'homme à l'être absolu qu'il croit seul en possession de l'existence et de l'activité véritable; mais au lieu de gâter Descartes par la cabale et la tradition juive hétérodoxe, quelquefois il l'agrandit à l'aide de saint Augustin; de saint Augustin il remonte à Platon et s'en inspire; en sorte qu'il est à la fois le Spinoza et le Platon du christianisme. S'il pense trop souvent comme l'un, plus souvent encore il pense comme l'autre, et plus d'une fois il lui dérobe son style merveilleux. S'il n'a point le bon sens, la mâle simplicité, la vigueur constante de Descartes, on admire en lui une abondance, une élévation, une aisance pleine de charmes; ôtez-lui la négligence et la prolixité, et comme écrivain il se placera bien près de Fénelon.

Né à Paris en 1638, Nicolas Malebranche entra en 1660 dans la congrégation de l'Oratoire, et quoiqu'il fût de la constitution la plus frêle, et même assez mal conformé, il se soutint par un régime sévère, écrivit beaucoup et prolongea ses jours jusqu'à la fin de 1715. Ses principaux ouvrages sont : *Recherche de la vérité*,

Paris, 1674, 1 vol. in-12. Ce livre a successivement grossi entre les mains de l'auteur, et il y en a eu de son vivant six éditions; la dernière est de 1712, 2 vol. in-4° et 4 vol. in-12. — *Conversations chrétiennes*, Paris, 1676. — *De la nature et de la grâce*, Amsterdam, 1680. — *Méditations chrétiennes*, Cologne, 1683. — *Traité de morale*, Rotterdam, 1684. — *Réponse* au livre de M. Arnauld, *des Vraies et des fausses idées*, Rotterdam, 1684, et dans les années 1685, 1686 et 1687, et même en 1694 et jusqu'en 1705 divers écrits sur le même sujet. — *Entretiens sur la métaphysique et sur la religion*, Rotterdam, 1688. — *Traité de l'amour de Dieu*, 1698. — *Entretiens d'un philosophe chrétien et d'un philosophe chinois sur l'existence et la nature de Dieu*, Paris, 1708. — *Réflexions sur la prémotion physique*, Paris, 1715.

Comme on le voit par les titres seuls de ces ouvrages, Malebranche mêle sans cesse la philosophie et la théologie, manquant déjà en cela aux préceptes et à l'exemple de Descartes, qui avait soigneusement renfermé la philosophie dans l'ordre naturel. Par ce périlleux mélange, Malebranche compromit à la fois la philosophie et la théologie. Le *Traité de la nature et de la grâce* ne satisfit ni Arnauld, ni Fénelon, ni Bossuet, et celui-ci écrivit ces mots sur l'exemplaire qu'il avait reçu de l'auteur: *Pulchra, nova, falsa.*

La *Recherche de la vérité* contient sur l'homme, sur les inclinations et les passions, sur les diverses facultés de l'entendement, sur les causes de nos erreurs, une foule d'observations d'une délicatesse et souvent d'une profondeur admirable, qui mettent Malebranche parmi les plus grands connaisseurs de la nature humaine ; puis, quittant Descartes pour Spinoza, il abandonne la réflexion pour le raisonnement mathématique, et rejette l'autorité de la conscience qui seule donne et soutient le principe, je pense donc je suis, atteste et garantit la certitude de la liberté. C'était ébranler toute la métaphysique cartésienne et répudier la plus grande création de Descartes, la psychologie.

La conscience une fois mise de côté, la porte est ouverte aux principes les plus contraires à l'expérience et au sens commun ; à leur tête est le principe célèbre qu'aucune créature ne peut agir sur une autre créature, et que toute efficacité n'appartient qu'à Dieu. Les corps n'agissant pas sur l'âme, ils ne sont pas les causes effectives, mais seulement les causes occasionnelles[1] des mouvements qui s'élèvent en elle ; l'âme à son tour n'agit pas sur les corps, elle n'est que l'occasion de leurs mouvements. Le mouvement des corps ne naît point de leur essence, qui est l'étendue, il vient d'ailleurs. Dieu n'a pas imprimé, une fois pour toutes, le mouvement à la matière, il est l'auteur continu de tous ses mouvements ; et comme la volonté a été réduite à la faculté de recevoir des inclinations et des désirs que Dieu seul produit, il s'ensuit que c'est Dieu qui seul agit en nous,

1. Comme les mêmes principes engendrent les mêmes conséquences, Geulinx trouvait la théorie des causes occasionnelles à peu près en même temps que Malebranche. Geulinx était né à Anvers en 1625 ; il est mort en 1669. On a de lui entre autres ouvrages : *Logica fondamentis suis, a quibus hactenus collapsa fuerat, restituta,* Lugd. Bat., 1662. Γνῶθι σεαυτὸν, *sive Ethica.* Amstelod., 1665, 1669 et 1696.

qu'il est l'acteur unique dans la nature et dans l'homme, que l'homme n'est pas agent, mais qu'il est agi, comme le dit énergiquement Malebranche. Mais si l'homme n'est pas une cause, il n'a pas d'existence propre et véritable; Dieu est la seule cause et par conséquent la seule substance. Nous voilà donc en plein spinozisme, et nous y sommes arrivés par le même chemin que Spinoza, l'abandon de la psychologie.

Remarquons que le mépris de la conscience est le principe de tous les panthéismes anciens et modernes. Dès que l'on reconnaît l'autorité de la conscience, son témoignage fait paraître en nous la volonté libre qui fait de nous un être propre, tout à fait différent des autres objets de la nature, et qui nous élève à un Dieu auquel nous ne pouvons refuser les qualités que nous possédons nous-mêmes. Mais l'autorité de la conscience écartée, l'homme n'est plus qu'un objet comme un autre de la nature, il se confond avec elle, et leur commun principe ne peut être que l'unité hypothétique de toutes les forces naturelles. Lorsque Kant a fait de la conscience un simple sens intérieur tout aussi incertain, tout aussi peu digne de foi que les sens externes [1], sans s'en douter et en dépit de ses vertueuses et nobles intentions, il a mis la philosophie allemande sur la voie du panthéisme. De même, à la fin du dix-septième siècle, Malebranche, en rejetant le témoignage de la conscience, s'est condamné à ne pas connaître l'âme et ce qui fait la personne humaine; il a beau maltraiter

---

1. Voyez plus bas la leçon x.

Spinoza, il lui rend les armes, et un peu plus de conséquence l'eût conduit au même système [1]. Mais, grâce à Dieu, Malebranche est chrétien; saint Augustin règne sur son esprit et sur son cœur, et saint Augustin c'est Platon, c'est-à-dire la théorie des idées. Saint Augustin et Platon étaient en vénération dans l'Oratoire, c'étaient même eux qui y avaient introduit Descartes. Malebranche trouva établie dans l'Oratoire et put lire dans Ambrosius Victor, le père André Martin [2], la théorie platonicienne et augustinienne des idées; il l'embrassa avec ardeur, et c'est avec elle qu'il crut pouvoir réparer la brèche que faisait à la croyance universelle un de ses principes favoris.

Ce principe est que l'esprit de l'homme ne peut apercevoir que ce qui lui est intimement uni; principe fort hypothétique, mais dans lequel Malebranche avait une foi sans bornes; or, le monde nous étant extérieur, notre esprit ne l'aperçoit point. Le témoignage des sens, le consentement du genre humain, le cri du sens commun ne sont rien à l'obstiné méditatif: le monde extérieur est pour lui comme s'il n'était pas, et il n'y croit qu'à l'aide du plus énorme paralo-

1. Voyez dans les FRAGMENTS DE PHILOSOPHIE MODERNE la curieuse correspondance de Malebranche et de Mairan sur le système de Spinoza.

2. Le père André Martin était du Poitou; né en 1621, mort en 1675, il enseigna quelque temps la philosophie dans l'université d'Angers. Malebranche le cite plusieurs fois avec éloge. On a de lui un ouvrage qui a eu plusieurs éditions : *Philosophia christiana, Ambrosio Victore theologo collectore, seu sanctus Augustinus de philosophia universim.* La dernière édition est de Paris, 1671, 7 vol. in-12.

gisme, au nom de la révélation déposée dans un livre qui doit exister, puisqu'il est l'ouvrage de Dieu, et que Dieu n'est pas trompeur. Voilà un étrange abus du principe cartésien de la véracité divine ; voici un autre abus non moins étrange de la théorie platonicienne des idées. Selon Malebranche, nous n'apercevons pas le monde, puisqu'il ne nous est point uni : ce que nous apercevons, ce n'est pas ce livre, cette table, cet homme, ce soleil. Qu'est-ce donc ? C'est l'idée de ce livre, de cette table, de cet homme, de ce soleil, idée tout intellectuelle qui peut être unie à notre esprit, que nous pouvons donc apercevoir et qui est l'objet direct et unique de notre pensée. Mais c'est là un vrai travestissement de la théorie platonicienne. Selon Platon, nous apercevons directement les objets sensibles, et ces objets existent très-réellement ; le philosophe se peut fier à leur existence comme le vulgaire ; seulement, comme ils changent et varient sans cesse, ils ne peuvent fonder aucune définition, qui suppose nécessairement quelque chose de général et d'un, en sorte que pour les bien connaître eux-mêmes, et d'abord pour les définir, il faut discerner dans ces objets, à travers leur particularité mobile, ce qui en eux ne change pas, le genre auquel ils appartiennent et dont ils ne sont que les formes éphémères. C'est ce genre que Platon appelle l'universel, l'un, l'Idée, fondement nécessaire de toute définition, de toute connaissance. Dans les cercles, les triangles et les figures imparfaites que le monde expose à nos sens et qui existent incontestablement, le géomètre cherche et atteint l'idée du cercle qui seule est parfaite, l'idée du triangle, etc., et c'est sur ces idées seules qu'il travaille. Le philosophe en fait autant sur toutes les choses particulières : il ne les révoque pas en doute, mais il en pénètre l'élément essentiel et constitutif, il en tire l'idée ; puis, avec ces idées coordonnées entre elles par la dialectique, il compose la science du monde qui lui est alors une œuvre parfaite, un véritable κόσμος. Platon ne rejette donc pas le témoignage des sens, il ne contredit pas le sens commun, mais il met au-dessus la science, et de degré en degré, à la tête de la science, il met Dieu, principe et substance de l'idée du bien qui est la première de toutes les idées. Rien de plus simple qu'un pareil système[1], rien de plus bizarre que celui de Malebranche. D'après Malebranche, nous n'apercevons pas le cercle imparfait, nous n'apercevons que l'idée du cercle, et cette idée nous ne l'apercevons pas dans le monde qui n'existe pas pour nous, nous l'apercevons en Dieu, parce que Dieu est uni à notre esprit, et qu'il est le lieu des esprits comme l'espace est le lieu des corps. Telle est la fameuse vision en Dieu, mêlée de vrai et de faux, mais où le faux domine.

Ajoutez que Malebranche ne pouvant voir rien qu'en Dieu y voit tout, l'étendue elle-même, la quantité, la grandeur, bien entendu la quantité, la grandeur, l'étendue intelligible, mais qui même ainsi ressemble fort à la matière première, infinie, éternelle, dont Spinoza fait un des attributs de Dieu. Par ce côté encore Malebranche côtoie de fort près Spinoza, mais il se rapproche

---

1. Voyez plus haut, leç. III, p. 121 et suiv., et PHILOSOPHIE ÉCOSSAISE, IX, p. 409-413.

de Platon par un endroit très-considérable, la théorie des vérités nécessaires et universelles. Descartes avait méconnu la nature de ces vérités, il en avait fait l'ouvrage arbitraire de Dieu, que Dieu peut changer ou détruire; Malebranche redresse ici heureusement Descartes: comme saint Augustin et Platon, il fait des vérités métaphysiques et morales l'ouvrage de Dieu, sans doute, mais son ouvrage immortel et impérissable, où reluit sa sagesse, et qui nous sert de degré pour nous élever jusqu'à lui dans le monde intelligible, et pénétrer dans ses attributs les plus intimes. Il faut le reconnaître : si, dans les parties de son système qui lui appartiennent le plus, Malebranche est téméraire et chimérique, quand il se laisse guider au sens commun, quand il se tient dans les larges voies d'une saine philosophie, il est impossible d'être à la fois plus profond et plus sublime, de prêter à la théorie des idées un plus ravissant langage, plus digne d'elle et de son auteur [1]. Ce n'est point un génie sobre comme Socrate, Platon, Aristote et Descartes, c'est un génie excessif comme Plotin et trop souvent saint Augustin lui-même [2]. Dans la famille

---

1. Nous avons dit ailleurs de Malebranche, ÉTUDES SUR PASCAL, première préface, p. 21 : « Sur ce fond si pur se détache Malebranche, excessif et téméraire, nous ne craignons pas de le dire, mais toujours sublime, n'exprimant qu'un seul côté de Platon, mais l'exprimant dans une âme toute chrétienne et avec un langage angélique. Malebranche, c'est Descartes qui s'égare, ayant trouvé des ailes divines et perdu tout commerce avec la terre. »

2. Saint-Augustin a sans doute retenu Malebranche sur la pente du spinozisme, mais il a aussi contribué indirectement à l'y mettre par sa théorie de la grâce. Cette théorie, poussée à l'exagération par une autre exagération, celle du péché originel, avait envahi l'Oratoire autant que

cartésienne Malebranche était un dissident, et il a été vivement combattu dans quelques parties par Arnauld et par Fénelon, suscités tous les deux et soutenus par Bossuet. Il chancelle souvent en métaphysique entre Descartes et Spinoza ; mais, nous nous empressons de le dire, dès qu'il touche à la théodicée, le cartésien et le chrétien l'emportent. En dépit de la logique, le Dieu de Malebranche n'est point celui de Spinoza, c'est le Dieu de Descartes, de saint Augustin et de Platon, non pas seulement infini, mais parfait et doué de toutes les perfections morales, non pas seulement libre à la façon de l'être absolu qui ne subit l'influence d'aucune cause étrangère, mais libre de notre liberté, dont il est le principe et l'exemplaire, qui n'a pas produit le monde par l'effusion nécessaire de sa nature, mais qui l'a créé volontairement, qui a fait l'homme à son image, qui lui a donné l'intelligence parce qu'il est souverainement intelligent, la liberté parce qu'il est souverainement libre, l'amour parce que lui-même il aime et que c'est l'amour qui l'a porté à créer le monde dans une fin excellente et bienfaisante. Une pareille théodicée, qui ne sort pas, il est vrai, du fond du système, mais qui y est en quelque sorte superposée, demande grâce pour bien des chimères, couvre et répare bien des paradoxes.

Port-Royal ; elle pénétrait les esprits et les âmes de la misère et du néant de l'humanité et les prosternait devant la toute-puissance divine. Cette prédominance de l'idée de Dieu est partout au dix-septième siècle, excepté dans Descartes. Voyez ÉTUDES SUR PASCAL, deuxième préface, p. 68, etc., et dans JACQUELINE PASCAL la fin de l'*Épilogue*.

NEUVIÈME LEÇON.

PHILOSOPHIE DU XVIIᵉ SIÈCLE. SCEPTICISME ET MYSTICISME.

Leibniz tente de réunir les deux systèmes exclusifs du sensualisme et de l'idéalisme en un système plus large. — Vie de Leibniz, ses premières études, ses divers emplois, ses voyages, ses travaux, ses principales découvertes. — Qualités dominantes du génie de Leibniz. Son entreprise générale : intelligence et conciliation des grands systèmes, renouvellement de l'éclectisme. — Les *Nouveaux Essais sur l'entendement humain*. Polémique contre Locke, solide et modérée. — Polémique contre Descartes, sévère jusqu'à l'injustice. Leibniz se joint aux ennemis de Descartes qui triomphaient en France; persécution du cartésianisme; belle conduite d'Arnauld et de Bossuet; faiblesse extrême de Leibniz qui fait cause commune avec Huet et les Jésuites. — Diverses erreurs où il est tombé dans sa critique de Descartes. — Examen de l'opinion que ce n'est pas l'étendue mais la force qui est l'essence de la matière. Ce qu'il y a de vrai et ce qu'il y a de faux dans cette opinion. L'étendue n'est-elle qu'une apparence? — La *Monadologie* détruit la matière, les corps, l'espace et ne laisse subsister que la force et l'esprit. — La *Monadologie* mène à l'*Harmonie préétablie*, laquelle est un retour à la théorie des causes occasionnelles de Malebranche. Idéalisme excessif de Leibniz. — Continuation de la lutte du sensualisme et de l'idéalisme. — Le scepticisme. Le vrai et le faux scepticisme. Hirnhaym. Glanwil. Lamothe le Vayer. Pascal. Huet. Bayle. — Mysticisme. Mercure Van Helmont. More. Pordage. Poiret. — Retour sur le premier âge de la philosophie moderne. Constitution intérieure et extérieure de la philosophie; nations qui y prennent le plus de part; langues qui lui servent d'interprètes; supériorité de la France.

Nous avons vu le sensualisme et l'idéalisme naître, croître, grandir ensemble, et, après avoir brillé d'un éclat presque irréprochable dans Bacon et surtout dans

Descartes, se terminer en deux écoles également exclusives, également défectueuses, qui se combattent avec une égale ardeur et un talent presque égal, et que représentent glorieusement, à la fin du dix-septième siècle, Locke d'un côté et de l'autre Malebranche. C'est au milieu de la lutte des deux écoles rivales qu'il faut placer Leibniz, car il prétendit les concilier en absorbant pour ainsi dire les deux systèmes ennemis dans un système plus vaste. Mais comment rencontrer un tel dessein et un tel personnage sans leur consacrer un examen tout particulier?

Leibniz était né en 1646 [1], à Leipzig, d'une famille de professeurs. Il suivit les cours de l'Université de cette ville, et il y eut pour maître de philosophie Jacques Thomasius, père du célèbre Christian Thomasius, et qui lui-même était un fort savant homme, consommé dans l'histoire ecclésiastique, et dans l'histoire de la philosophie, dont il inculqua le goût à son élève. Jacques Thomasius possédait à fond l'antiquité et la scholastique. C'était un péripatéticien judicieux qui, sans repousser les lumières nouvelles, restait attaché à Aristote. Il avait plusieurs collègues animés du même esprit que lui, et auxquels Christian Thomasius, formé à cette école, a donné lui-même le nom d'éclectiques. On n'a pas assez remarqué quelle influence ce premier enseignement exerça sur l'esprit de Leibniz : il en garda la pas-

---

1. Sur la vie de Leibniz, voyez les biographies de Brucker, de Ludovici, de Jaucourt, auxquelles en ces derniers temps M. Gurhauer a ajouté de nouveaux et précieux renseignements, *Gottfried Wilhelm freiherr von Leibniz, eine Biographie*, Breslau, 2 vol. in-12, 1842.

sion de l'histoire de la philosophie, le respect de la philosophie ancienne, une préférence marquée pour Aristote, une grande liberté d'esprit, et un éclectisme qui, fortifié par le temps, les voyages et des études continuelles, laissa bien loin derrière lui celui de Jacques et de Christian Thomasius [1]. En 1663, à l'âge de dix-sept ans, Leibniz prit le grade de docteur avec une thèse vraisemblablement tirée de l'enseignement de son maître, et dont le sujet était la plus importante question de la philosophie scholastique : *de Principio individui*. Leibniz alla perfectionner son instruction à l'Université d'Iéna, et s'y appliqua particulièrement à l'histoire et aux mathématiques sous Bosius, érudit de premier ordre, critique alors célèbre, et sous Ehrard Weigel, mathématicien enthousiaste qui, comme les pythagoriciens, croyait qu'on peut appliquer la science des nombres à toutes choses, en répandait le goût autour de lui, et contribua beaucoup à la réforme du calendrier en Allemagne. Leibniz suivit avec ardeur les leçons de ces deux maîtres éminents [2]. Il s'était formé à Iéna une

---

1. Jacques Thomasius était né en 1622 et mourut en 1684. Les seuls titres de ses principaux ouvrages montrent assez quel devait être le caractère de son enseignement : *Schediasma historicum, quo varia discutiuntur ad historiam tum philosophicam tum ecclesiasticam pertinentia*, in-4°, 1665. Son fils Christian en a donné une seconde édition sous ce titre : *Origines historiæ philosophiæ et ecclesiasticæ*, etc., in-12, Halæ, 1699. — *Historia variæ fortunæ quam disciplina metaphysica, jam sub Aristotele, jam sub scholasticis, jam sub recentioribus experta est*.— *De Doctoribus scholasticis*, etc.

2. Jaucourt dit avec un peu d'exagération : « Que l'on examine avec attention la méthode que Leibnitz a suivie dans tous ses écrits, et l'on verra que c'est sur Weigel et Bosius qu'il s'est formé. »

petite société philosophique, comme il y en avait tant au seizième siècle en Italie, et qui s'était appelée *Societas quærentium;* le chercheur par excellence s'empressa d'en faire partie. Il se proposait d'entrer comme son père dans la carrière de l'enseignement, et il se présenta à l'Université de Leipzig pour y faire ses débuts; n'ayant pas tout à fait l'âge requis par les statuts de cette Université, il demanda une dispense : elle lui fut refusée; et il erra quelque temps en Allemagne, au gré de sa curiosité, jusqu'à ce qu'ayant rencontré par hasard le baron de Boineburg, chancelier de l'électeur de Mayence, celui-ci, frappé de l'esprit du jeune homme, le prit sous sa protection et lui procura à la cour de Mayence un poste honorable, qui lui laissait assez de loisir pour cultiver et déployer ses talents. Sous les auspices de Boineburg, il se livra surtout à l'étude du droit, de l'histoire et de la politique; il prit le goût des affaires et du commerce des hommes d'État qui ne l'abandonna jamais, et composa ses premiers ouvrages, qui font paraître l'état de son esprit et de ses connaissances à cette époque de sa vie[1], et où l'élève

---

1. Ces ouvrages sont : *Nova Methodus discendæ docendæque jurisprudentiæ*, Francofurti, 1667, in-12. — *Corporis juris reconcinandi ratio*, Moguntiæ, 1668; projet d'un nouveau corps de droit. — *Marii Nizolii Antibarbarus Philosophus, seu de veris principiis et vera ratione philosophandi contra pseudophilosophos, cum præfatione et notis G. G. Leibniz, Francofurti,* 1670. Mario Nizoli était un vrai philosophe de la Renaissance, emporté contre la scholastique et contre Aristote. Leibniz se montre ici le digne élève de Jacques Thomasius : il loue en général Nizoli et se montre lui-même assez nominaliste, mais il défend Aristote, et dans une lettre intéressante adressée à Jacques Thomasius et qu'il mit en tête de son ouvrage, il se déclare, et en cela il était bien

de Thomasius, de Weigel et de Bosius montre déjà toutes les qualités qui le mettront plus tard au rang des plus grands hommes.

En 1672, Leibniz était à Mayence dans une situation digne d'envie : cher à Boineburg, agréable à l'électeur, il voyait chaque jour sa réputation s'établir et s'étendre; il avait alors vingt-six ans. Mais une curiosité sans bornes, la passion d'accroître incessamment ses connaissances, lui firent saisir avec ardeur l'occasion qui s'offrit d'aller voir lui-même les savants illustres en tout genre dont le nom arrivait à ses oreilles et enflammait son émulation. Il quitta donc

sûr de ne pas déplaire à son ancien professeur, plus aristotélicien que cartésien ; il se prononce en faveur d'un péripatétisme réformé; il touche à tout, mais, il faut bien le dire, il effleure tout. Noublions pas qu'en 1670 il avait 24 ans.— L'élève de Weigel donna aussi *Ars combinatoria*, Lipsiæ 1668, et *Nova hypothesis, seu theoria motus abstracti et concreti*, Moguntiæ, 1671. — A la prière de Boineburg, qui venait d'embrasser la religion catholique et qui était en querelle à ce sujet avec l'unitaire Wissowatius, Leibniz écrivit une brochure théologicophilosophique contre le socinianisme : *Sacrosancta Trinitas per nova inventa logicæ defensa*, 1671. — *Notitia opticæ promotæ*, petit écrit que Leibniz envoya à Spinoza avec une lettre du 5 octobre 1671. — Enfin *Confessio naturæ contra atheistas*, dissertation insérée par Spitzelius dans son ouvrage contre les athées. Cet écrit mérite d'être remarqué, parce qu'il est tout ensemble péripatéticien et cartésien. On y montre qu'il est impossible de rendre compte de la figure et de la forme des corps par leur seule nature, laquelle est l'existence dans l'espace, *corporis definitio est spatio inexistere*. C'est bien là, ce semble, admettre l'étendue comme l'essence des corps. Mais la seule étendue n'explique pas la figure ; il y faut le mouvement : or le mouvement n'appartient pas à la matière ; il vient de Dieu. Plus tard Leibniz sera forcé de renoncer à cette preuve, empruntée à Aristote et à Descartes, lorsqu'il établira que l'essence de la matière n'est pas l'étendue, mais la force, et la force entrant par elle-même en exercice.

Mayence, chargé d'une mission diplomatique d'assez grande importance, qui consistait à porter vers la conquête de l'Égypte l'ambition et la puissance française, et il s'en vint à Paris, alors le centre de la politique du monde, l'éclatant foyer des sciences et des lettres, où les grands hommes se pressaient en foule autour de Colbert et de Louis XIV ; il y demeura trois années. Il y était arrivé avec d'admirables commencements en toutes choses ; il y fit d'immenses progrès, particulièrement en mathématiques, en théologie et en philosophie. Il convient lui-même qu'il n'était alors qu'un écolier en mathématiques, et qu'il n'avait guère qu'une assez médiocre teinture de l'analyse de Descartes. Il rencontra à Paris des hommes qui firent de lui un géomètre d'abord leur égal, puis leur supérieur ; c'est à Huygens surtout qu'il rapporte ses progrès et son initiation à la haute géométrie[1]. En théologie, il tomba au milieu des grandes controverses sur la grâce et la liberté, et se lia intimement avec Arnauld. Pour la philosophie, il trouva Malebranche, mathématicien comme lui, et qui était alors occupé de la composition de son

---

[1]. Collection de Dutens, t. III, p. 467 : « Il est bon de savoir qu'en l'année 1673... je n'étais pas même assez versé dans l'analyse de Descartes ; je ne traitais les mathématiques que comme un *parergon*. » *Ibid.*, p. 251 : « Eram ego hospes plane in interiore geometria, cum Lutetiæ Parisiorum, anno 1672, Christiani Hugenii notitiam nactus sum, cui viro, post Galilæum et Cartesium... me plurimum debere agnosco. Hujus cum legerem librum de horologio oscillatorio adjungeremque Detunvillæi (id est Pascalii) epistolas et Gregorii a sancto Vincentio opus, subito lucem hausi. » Il y a bien d'autres passages où Leibniz avoue que c'est à son séjour à Paris qu'il doit d'être devenu un vrai mathématicien.

premier et célèbre ouvrage, la *Recherche de la vérité*. Le premier volume parut en 1674, pendant le séjour de Leibniz à Paris. Assurément, avant son voyage, Leibniz n'ignorait pas le cartésianisme; il en parle, il le critique à la façon de Thomasius, mais il le connaissait assez mal; il l'avoue pour les mathématiques, et il aurait pu en dire autant du reste, à en juger par tous ses écrits antérieurs à 1672. C'est à Paris, entre Arnaud et Malebranche, qu'il reprit l'étude commencée de la philosophie de Descartes dans toutes ses parties, mathématiques, physique, mécanique, physiologie, métaphysique et morale, ayant sous les yeux ses œuvres posthumes et ses lettres qui avaient à peine passé le Rhin, recherchant jusqu'aux moindres traces de sa vie et de sa pensée, copiant, traduisant même des pages manuscrites ou nouvellement publiées, qui faisaient l'entretien de la petite société cartésienne de Port-Royal, de l'Oratoire et de l'Académie des sciences[1].

A la fin de l'année 1675, Leibniz se rendit en Angleterre, où il fréquenta la Société royale de Londres et ses membres les plus illustres. De là il passa en Hollande, où il vit Spinoza. A son retour en Allemagne, la

1. Nous avons retrouvé la correspondance de Leibniz et de Malebranche, dont plusieurs lettres remontent au séjour de Leibniz à Paris. On y voit clairement qu'il n'était encore arrivé à aucun des principes métaphysiques auxquels est attaché son nom. Les deux philosophes agitent la question : si l'espace est réellement distinct de la matière, s'il peut y avoir du vide, etc. Le cartésien Malebranche soutient que l'essence de la matière consiste dans l'étendue; c'était bien le cas de le nier et d'établir la fameuse définition de la substance, si Leibniz avait eu déjà cette opinion. Il n'en est rien, et toute cette polémique est confuse et sans grand intérêt.

mort lui ayant enlevé ses deux protecteurs, Boineburg et l'électeur de Mayence, il entra au service du duc de Brunswick-Lunebourg, qui lui donna le titre de conséiller, une pension et toute la liberté nécessaire pour se livrer à ses travaux. Son successeur, le duc Ernest-Auguste, premier électeur de Hanovre, ne le traita pas avec moins de considération. C'est alors que, dans le repos laborieux de plusieurs années, excité par tout ce qu'il avait vu à Paris et à Londres, il s'enfonça dans les mathématiques, enfanta ses principales découvertes, et en 1684 publia celle du calcul différentiel; c'est aussi pendant cette période d'enfantement qu'il arrêta les deux ou trois principes qui constituent sa métaphysique; mais, au lieu de les mettre au jour, il les renferma en lui-même, les méditant et les développant en silence[1]. Vers 1687, l'électeur de Hanovre lui ayant proposé de travailler à l'histoire de sa maison, ce fut là pour Leibniz l'occasion de nouveaux et longs voyages qui lui servirent à perfectionner son instruction dans les diverses parties des connaissances humaines, qu'il cultivait avec une égale ardeur. Il mit trois années à parcourir toute l'Allemagne et toute l'Italie, visitant les archives, les bibliothèques, les monastères et les abbayes, interrogeant les chartes et les manuscrits, surtout s'entretenant avec les savants les plus célèbres et formant avec eux des liaisons qu'il a entretenues jus-

---

[1]. Il les montre confus encore et mal digérés dans cette correspondance avec Arnauld que nous avions tant cherchée et réclamée, FRAGMENTS DE PHILOSOPHIE CARTÉSIENNE, p. 426-428, et que M. Grotefend a aisément trouvée dans la bibliothèque de Hanover et publiée en 1846.

qu'à la fin de sa vie. Revenu à Hanovre en 1690, il s'occupa de mettre en ordre les immenses matériaux qu'il venait de recueillir, et aussi les idées qu'il roulait depuis plusieurs années dans son esprit et que le temps et la réflexion y avaient mûries. Dès l'année 1691, dans une lettre adressée au *Journal des Savants*, il commence à s'expliquer assez clairement sur la question : *si l'essence du corps consiste dans l'étendue*; et en 1694, il se porte ouvertement pour un réformateur de la philospohie, dans le fameux article du journal de Leipzig, *de Primœ philosophiœ emendatione et de notione substantiœ*. En même temps il composait la *Protogée*, essai géologique plein de génie, fruit de ses voyages en Allemagne, et qui devait faire partie de l'introduction à l'histoire de la maison de Brunswick[1]. En 1693, il publia son grand ouvrage du *Code diplomatique*. Plus tard il en donna la suite, ainsi que plusieurs volumes de documents relatifs à l'histoire que lui avait demandée l'électeur de Hanovre. Celui-ci mourut en 1698 et fut remplacé par son fils Georges, depuis appelé au trône d'Angleterre en 1714. Leibniz le servit utilement par un certain nombre de brochures politiques auxquelles il ne mit pas son nom, mais qui produisirent leur effet. Il entra de plus en plus dans la

---

1. PROTOGŒA, *sive de prima facie telluris et antiquissimœ historiœ vestigiis in ipsis naturœ monumentis dissertatio*, publiée pour la première fois en partie dans les *Acta eruditorum* en 1693, puis tout entière longtemps après la mort de l'auteur à Gœttingen en 1749, et que vient de traduire en français avec une savante introduction M. B. de Saint-Germain, Paris, in-8°, 1859.

faveur de l'illustre maison. L'électrice Sophie l'avait fort apprécié; mais ce fut surtout sa fille Sophie-Charlotte, femme de Frédéric Ier, roi de Prusse, qui l'attira dans son intimité. C'est elle qui l'introduisit à la cour de Berlin; il y garda son crédit sous la seconde reine de Prusse, Sophie-Dorothée, mère du grand Frédéric. Il eut l'honneur d'entretenir à Torgau le czar Pierre le Grand, et à Vienne il conquit l'amitié du prince Eugène de Savoie. L'empereur Charles VI, pour le récompenser d'avoir contribué par plusieurs écrits à l'heureuse conclusion du traité d'Utrecht, lui conféra le titre de baron avec une bonne pension. Leibniz employa constamment son crédit en faveur des sciences et des lettres; il recommandait particulièrement l'institution des compagnies savantes, et on lui doit l'Académie de Berlin, dont il fut le premier président et presque le premier secrétaire. Il recherchait le commerce des grands, et s'élevait à ses propres yeux en fréquentant les personnages illustres. C'est pour le prince Eugène qu'il a écrit le meilleur résumé de sa philosophie : *Theses in gratiam principis Eugenii conscriptæ*; c'est pour Sophie-Charlotte qu'il entreprit la *Théodicée*, à l'exemple de Descartes, qui offrit ses *Principes de philosophie* à sa noble élève, la princesse Élisabeth de Bohême. Par complaisance et par goût, il entrait volontiers dans les négociations de quelque importance, et il fut flatté de travailler avec Bossuet à la brillante et chimérique entreprise de réunir l'Église protestante et l'Église catholique. Nous n'oserions pas assurer que le désir de plaire à Louis XIV, dont les bienfaits s'étendaient jusque sur les savants étrangers, ne se soit pas un peu mêlé à sa haute philosophie et à son mépris de l'esprit de secte, pour faire naître et durer quelque temps l'espérance d'une conversion à laquelle il ne pensa jamais et qui répugnait à toutes ses convictions [1]. Il mourut à Hanovre le 14 novembre 1716, âgé de soixante-dix ans, comblé des dons de la fortune et de la gloire.

Comme on le voit, les qualités propres de Leibniz étaient une curiosité immense aspirant à tout connaître, une intelligence vaste, capable de tout embrasser, une pénétration extraordinaire, avec la passion de la gloire et l'ambition d'être au premier rang dans toutes les parties des sciences humaines. Cette ambition a été satisfaite : Leibniz a des égaux, il n'a point de supérieur. Il est à lui seul comme l'encyclopédie du dix-septième siècle : il le couronne et le résume en tout genre, grand métaphysicien, grand mathématicien, grand géologue, grand jurisconsulte, grand érudit. Il a perfectionné toutes les sciences et il en a créé quelques-unes. Il ne lui a manqué que la gloire du grand écrivain, et c'est moins la faute de son esprit, qui réunissait l'agrément et la finesse à la force et à la grandeur, que celle de l'Allemagne de son temps encore un peu barbare et où la bonne prose n'était pas née.

1. Les preuves en surabondent dans toute la correspondance de Leibniz. Voyez, dans les Fragments de philosophie cartésienne, *Correspondance inédite de Leibniz et de Malebranche*, p. 420-426, la lettre de Leibniz de la fin de l'année 1711, où il s'explique nettement, et même avec un peu de rudesse, sur le souhait formé par Malebranche de le voir devenir catholique.

Leibniz appartient à cette famille d'esprits puissants et originaux qui ont renouvelé ou agrandi la métaphysique et laissé dans l'histoire de la philosophie une trace immortelle, Socrate, Platon, Aristote, Plotin, Descartes. Il est le dernier venu parmi eux, il n'est pas le moindre; et ce rang éminent il l'aurait obtenu de la postérité, alors même qu'il ne l'aurait pas tant recherché, et qu'il n'eût pas fait tant d'efforts pour rabaisser et obscurcir son unique rival au dix-septième siècle, l'auteur du *Discours de la méthode* et des *Méditations*.

Ainsi que nous l'avons vu, c'est vers 1694 que Leibniz a marqué sa place parmi les métaphysiciens de son temps; sa carrière vraiment originale commence à l'article *de Primæ philosophiæ emendatione* et se termine à la *Théodicée*. Entre ces deux points extrêmes, Leibniz ne cherche plus sa philosophie, il l'a trouvée et il la développe; il est entièrement achevé : c'est là que la postérité le doit considérer. L'élève de Jacques Thomasius est enfin parvenu à la pleine possession de l'idéal qu'il s'était formé de bonne heure. Il sort de l'école d'Aristote et il y revient. Avec Aristote il joint Platon, comme il avait toujours pensé qu'il était possible et souhaitable de le faire. Il connaît à fond la scholastique, et il est familier avec les modernes. Il est éclectique avoué; il a une doctrine originale avec laquelle il juge et domine ou croit dominer toutes les autres.

Il voit la philosophie de son temps partagée en deux grands partis : le sensualisme, qui a dans Locke un illustre représentant; l'idéalisme, inauguré par Descartes et qui finit tristement dans Spinoza et dans Malebranche. Il entreprend de les combattre l'un et l'autre et de leur substituer une philosophie meilleure, qui retranche ce qu'ils ont de défectueux, conserve ce qu'ils ont de bon, et sans les détruire les réduise à la mesure de la vérité.

Ainsi, se séparer également des excès du sensualisme et de l'idéalisme et ne rejeter absolument ni l'un ni l'autre, voilà l'idée fondamentale de Leibniz; et vous sentez que j'y applaudis de toutes mes forces. Pourquoi ne le dirai-je pas? Puisqu'on cherche à ces faibles leçons des antécédents, je le reconnais bien volontiers, c'est à Leibniz qu'elles se rattachent; car Leibniz, ce n'est pas seulement le système que nous rencontrerons et apprécierons tout à l'heure, c'est une méthode, une méthode théorique et historique tout ensemble, dont la prétention est de ne rien repousser et de tout comprendre pour tout employer. Telle est aussi la direction que nous nous efforçons de suivre, celle que nous ne cesserons pas de recommander comme la seule, la véritable étoile sur la route obscure de l'histoire de la philosophie. Nous adoptons donc avec empressement cette vue générale, ce grand et noble dessein de Leibniz; mais, à parler sincèrement, nous sommes loin de penser que l'exécution y réponde; nous croyons que si Leibniz a eu facilement raison du sensualisme, il a été bien moins heureux à tous égards avec l'école opposée, et qu'après avoir tant critiqué les autres, affecté une impartialité supérieure et prétendu se tenir à une égale distance de tous les excès, le grand éclectique a fini par tomber lui-même dans un système excessif, dans l'idéalisme le plus outré.

Leibniz a écrit sur Locke un ouvrage presque aussi considérable que celui du philosophe anglais, sur le même plan et sous le même titre [1], divisé en autant de livres et autant de chapitres, dans lequel il le suit pied à pied de principes en principes, de conséquences en conséquences. Il se garde bien de nier la puissante intervention de la sensibilité ; il ne détruit pas l'axiome : il n'y a rien dans l'intelligence qui n'y soit venu par les sens ; mais il y fait cette réserve : Oui, mais excepté l'intelligence. La réserve est immense. En effet, si l'intelligence ne vient pas des sens, elle est donc une faculté originale ; cette faculté originale a donc un développement qui lui est propre ; elle engendre des notions qui lui appartiennent, et qui, ajoutées à celles qui naissent de la sensibilité, étendent et agrandissent le domaine de la connaissance. La théorie exclusive de l'empirisme échoue contre l'objection suivante : les sens attestent ce qui est, ils ne disent point ce qui doit être ; ils montrent les phénomènes, ils n'en donnent ni les causes ni la raison ; ils peuvent bien nous apprendre que ceci ou cela est ainsi, de telle manière ou de telle autre ; ils ne peuvent enseigner ce qui est nécessairement. Il faut prouver que nulle idée nécessaire n'est dans l'intelligence, ou il faut rendre compte de cet ordre d'idées par la sensation : or, on ne peut nier cet ordre d'idées, ni en rendre compte par la sensation ; donc l'empirisme,

[1]. *Nouveaux essais sur l'entendement humain*, publiés par Raspe, 1 vol. in-4°, 1765.

qui explique un certain nombre de notions, ne les explique pas toutes, et celles qu'il n'explique pas sont précisément les plus importantes [1].

Cette réfutation de Locke est d'autant plus forte qu'elle est parfaitement loyale et modérée. Leibniz n'y montre aucune prévention ; il combat la doctrine du philosophe anglais sous toutes les faces qu'elle présente et dans toutes les conséquences qui s'en peuvent déduire, sans que jamais la politesse affaiblisse la dialectique ni que la dialectique diminue les justes égards qui étaient bien dus à un tel adversaire. Il n'en est point ainsi de la polémique contre Descartes. Nulle part Leibniz ne témoigne l'admiration reconnaissante qu'aurait dû lui inspirer celui qui, le premier, avait arraché l'esprit humain au faux péripatétisme du moyen âge, dissipé les rêves de la Renaissance, renouvelé en quelque sorte et porté si loin les mathématiques, imprimé une si puissante impulsion à toutes les sciences, et créé la philosophie moderne en lui donnant une juste indépendance, une saine méthode, et en l'enrichissant de tant de belles découvertes. Sans doute Descartes avait payé son tribut à l'erreur : il avait ouvert la carrière, il ne l'avait pas fermée ; on pouvait, on devait signaler ses fautes, afin de les réparer, mais pour le surpasser il n'était pas du tout nécessaire de le rabaisser. Avoir

1. Nous sera-t-il permis de renvoyer à notre propre ouvrage sur la PHILOSOPHIE DE LOCKE, ouvrage assurément bien inférieur à celui de Leibniz, mais qui a l'avantage de s'adresser au dix-neuvième siècle, tandis que Leibniz ne parle qu'au sien, et mêle à sa polémique des théories qui la gâtent et dont le vice manifeste explique le peu d'effet des *Nouveaux essais* en 1765?

trouvé le calcul différentiel est assurément une gloire immense, mais qui ne diminue pas celle d'avoir appliqué l'algèbre à la géométrie. Au lieu d'abonder dans le sens d'une admiration généreuse envers Descartes, Leibniz lui mesure l'éloge d'une main avare quand il est forcé d'avouer ses services, et dans la critique il passe toute borne : il s'en prend à ses intentions, il attaque son caractère, ne se doutant pas que par là il honore très-peu le sien. Comme il traite de chimère la grande loi de l'attraction et va même jusqu'à l'excuser dédaigneusement sur le trouble momentané qu'éprouva la raison de Newton, de même il est tout préoccupé de rassembler contre Descartes toutes sortes d'objections, petites et grandes, bien ou mal fondées. C'est surtout la réputation d'inventeur qu'il tente de lui enlever ; et pour cela il lui impute une érudition que Descartes n'a jamais eue ni pu avoir, ayant passé toute sa jeunesse à la suite des armées, et, dans sa retraite de Hollande, ayant bien plus consulté la nature que les livres.

Si on en croit Leibniz, le doute cartésien est un emprunt fait aux académiciens, quoiqu'il n'y ait pas l'ombre de ressemblance entre la nouvelle académie et le cartésianisme. L'argument de l'existence de Dieu par son idée aurait été pris de saint Anselme, Descartes devant avoir entendu parler de cet argument à la Flèche, où l'on enseignait la philosophie de saint Thomas qui, au treizième siècle, avait combattu l'opinion du grand théologien du onzième : bien fragile conjecture pour y appuyer une pareille accusation, comme s'il était démontré que les jésuites de la Flèche poussaient l'enseignement du thomisme jusqu'à ce détail de faire connaître à leurs élèves la fort courte polémique de saint Thomas contre saint Anselme ; et comme si, en vérité, Leibniz avait tenu entre les mains les cahiers mêmes du régent de Descartes ! Et encore il lui resterait à expliquer comment seul de tous ses condisciples de la Flèche, et de tous les thomistes de l'Europe entière depuis bien des générations, le jeune Français avait eu assez de pénétration, d'indépendance, d'originalité pour tirer de la réfutation même de saint Thomas la conviction que saint Anselme avait raison et que ses maîtres avaient tort. Tout le reste des prétendus plagiats métaphysiques de Descartes repose sur des preuves de la même force. Leibniz semble toujours s'imaginer que Descartes a, comme lui, suivi les cours de Thomasius et qu'il connaît parfaitement toutes les parties de l'histoire de la philosophie. Ajoutez que Leibniz n'a pas institué sur Descartes une controverse régulière, étendue, approfondie, comme il a fait pour Locke, et que nous n'avons pas de sa main de *Nouvelles méditations*, comme de *Nouveaux essais sur l'entendement humain*. On aurait pu essayer d'y répondre, et certes Régis, Arnauld, Malebranche étaient fort en état de défendre Descartes contre Leibniz lui-même. Mais il s'est contenté de semer ses critiques à travers son immense correspondance [1], les variant avec art selon les divers per-

---

1. M. Guhrauer a trouvé dans la bibliothèque de Hanovre et mis au jour en 1844 un écrit spécial de Leibniz sur Descartes, *Anidmaversiones ad Cartesii Principia philosophiæ*. Mais c'est un très-petit écrit qui

sonnages auxquels ils les adressait, tantôt contenues et modérées, tantôt et le plus souvent aigres et presque violentes, et toujours empreintes d'une personnalité mal dissimulée.

D'où vient un semblable acharnement? Était-ce donc une révolte légitime ou du moins naturelle contre la domination excessive de la doctrine de Descartes? Non, car depuis longtemps cette doctrine, loin d'être en faveur, était en pleine disgrâce. Si elle avait gagné d'abord par sa nouveauté, sa solidité et son élévation tous les grands esprits du siècle, elle avait aussi soulevé contre elle les retardataires et particulièrement les jésuites. Ceux-ci la voyant s'introduire peu à peu dans les écoles de Port-Royal et de l'Oratoire, dans les universités, dans les ordres religieux, dans l'élite du clergé français, et menacer de supplanter leur petit enseignement péripatéticien, las de lancer en vain contre elle des livres qu'on ne lisait pas et des plaisanteries qu'on ne trouvait pas très-plaisantes, s'avisèrent d'un moyen plus sûr : ils appelèrent à leur aide le bras de l'Église et celui de l'État. Ils avaient commencé, en 1662, par faire mettre à l'index, à Rome, les ouvrages de Descartes. La même année, un cardinal romain dénonçait à un docteur de l'Université de Louvain les progrès du cartésianisme dans cette Université[1] ; et quelques mois

---

n'a pas 60 pages et ne va pas au delà des deux premières parties des *Principes*. Nous en avons rendu compte dans le *Journal des Savants* en 1850, nous attachant à suivre pas à pas Leibniz dans toutes ses critiques, et nous croyons avoir fait voir que la plupart du temps elles portent à faux.

1. *Quædam recentiorum philosophorum ac præsertim Cartesii*

après, le nonce apostolique dans les Pays-Bas, Jérôme Vecchio, adressait au recteur une liste de propositions cartésiennes qu'il était défendu de soutenir. Parmi ces propositions étaient déjà la définition de la substance, bien entendu sans aucune mention de l'explication de Descartes, la prétendue infinité du monde, l'étendue considérée comme l'attribut constitutif de la matière, la négation des formes substantielles subsistant indépendamment de leur sujet, négation qui semblait au nonce apostolique celle du mystère de l'Eucharistie, où les accidents du pain et du vin subsistent après la consécration sans aucun sujet matériel[1]. En 1667, quand les restes de Descartes, apportés de Suède en France, étaient solennellement déposés à l'église de Sainte-Geneviève, et que le chancelier de l'Université de Paris montait en chaire pour prononcer l'oraison funèbre de l'illustre défunt, arrivait tout à coup un ordre de la cour défendant de faire publiquement l'éloge de Descartes. En 1671, l'archevêque de Paris, François de Harlay, l'implacable ennemi de Port-Royal, l'amant trop connu de madame de Lesdiguières, déclarait à la Faculté de théologie de l'Université de Paris que le Roi n'entendait pas qu'on enseignât des nouveautés, et il était nettement expliqué que ces nouveautés consistaient à ne pas reconnaître la matière première d'Aristote et les formes substantielles ou accidents qualifiés d'absolus et existant

---

propositiones damnatæ ac prohibitæ, Lutetiæ Parisiorum, 1705, in-12, p. 11 : « Miror illic grassari errores philosophiæ Cartesianæ, prodeunt enim ex crassa ignorantia. — Postea indicat ducere illos ad atheismum. »

1. *Quædam recentiorum*, etc., p. 14 et 15.

réellement sans substance [1]. Aussi cette même année, un décret de la Faculté de théologie proscrivait la philosophie cartésienne dans cette Sorbonne à laquelle Descartes avait dédié ses *Méditations* [2]. Fidèle protecteur des vieux abus, le Parlement de Paris allait prendre en main l'affaire et condamner sans façon le vainqueur du scepticisme, du matérialisme et de l'athéisme. C'est alors que deux hommes de génie, qui étaient aussi des hommes de cœur, se portèrent, chacun à leur manière, à la défense de la liberté et de la raison. On connaît l'arrêt burlesque de Boileau, mais on connaît moins l'admirable mémoire d'Arnauld [3] qui, sans adopter toutes les opinions de Descartes, considérait sa philosophie comme aussi glorieuse à l'esprit humain que favorable à la cause du christianisme. Tout fut inutile : à défaut du Parlement, le conseil du Roi se mit de la partie. Dans l'Université d'Angers, quelques prêtres courageux osèrent continuer de démontrer la spiritualité de l'âme et l'existence de Dieu à la façon de saint Augustin et de Descartes : un arrêt du conseil, du 30 janvier 1675, éclata sur le collége d'Anjou [4]. Il fallut bien se soumettre, depuis la savante et pieuse congrégation de Saint-Maur [5] et celle de Sainte-Geneviève [6], jusqu'à l'Oratoire,

1. *Quædam recentiorum philosophorum*, etc., p. 17 et 18.
2. *Ibid.*, p. 15.
3. Voyez ce mémoire dans l'édition des œuvres de Boileau par Saint-Marc, t. III, p. 117, et dans les FRAGMENTS DE PHILOSOPHIE MODERNE, *Persécution du cartésianisme*, p. 7-22.
4. Nous avons raconté toute cette affaire en détail d'après des pièces authentiques, *ibid.*, p. 25-30.
5. *Quædam recentiorum philosophorum*, etc., p. 28.
6. *Ibid.*, p. 32.

à qui le saint cardinal de Bérulle et des hommes tels que le P. de Condren et le P. Gibieuf avaient recommandé Descartes presque à l'égal de saint Augustin. En 1678, après une vaine mais honorable résistance, l'Oratoire fut contraint de courber la tête, de faire descendre de leurs chaires ses plus habiles professeurs, tous entachés de cartésianisme, et de signer un acte général de soumission dont voici quelques passages [1] : « On ne doit pas s'éloigner de la physique d'Aristote pour s'attacher à la doctrine nouvelle de M. Descartes que le Roi a défendu qu'on enseignât pour de bonnes raisons. L'on doit enseigner que l'étendue n'est pas de l'essence de la matière; qu'en chaque corps naturel il y a une forme substantielle réellement distinguée de la matière; qu'il y a des accidents réels et absolus qui peuvent être sans aucun sujet; que la pensée et la connaissance ne sont pas de l'essence de l'âme, etc. » En 1680, le jésuite Valois, sous le faux nom de Louis Delaville, publia les *Sentiments de Descartes touchant l'essence et les propriétés du corps, opposés à la doctrine de l'Église et conformes aux erreurs de Calvin.* S'adressant à l'assemblée des archevêques et évêques de France, le bon père leur disait : « Messeigneurs, je cite devant vous M. Descartes et ses plus fameux sectateurs; je les accuse d'être d'accord avec Calvin et les calvinistes sur des principes de philosophie contraires à la doctrine de l'Église... Vous ne hasarderez rien à vous servir de votre autorité; le Saint-Siége approuvera tout ce que vous ferez, et j'ose dire aussi que le Roi a déjà fait con-

---

1. *Quædam recentiorum philosophorum*, etc., p. 30 et 31.

naître non-seulement ce qu'il attend de vous, mais ce que vous pouvez attendre de lui... » Enfin, en 1689, comme pour porter le coup de grâce au cartésianisme et prêter main-forte à ses oppresseurs, Huet mettait au jour la *Censura philosophiæ cartesianæ* [1], où l'érudition et le bel esprit, soutenus d'une latinité élégante, étaient mis au service d'inimitiés puissantes et victorieuses. Tout ce qui détestait la philosophie, tout ce qui était dévoué aux jésuites et à la cour, tout ce qui applaudissait à la révocation de l'édit de Nantes, ne manqua pas d'applaudir au livre de l'évêque d'Avranches. Ce fut comme un concert d'admirations intéressées et serviles, parmi lesquelles on remarqua le silence désapprobateur de Bossuet, à qui nulle considération humaine ne put jamais arracher un mot contre Port-Royal et contre Descartes. Ainsi qu'Arnauld [2], Bossuet ne faisait aucun cas de l'ouvrage de Huet [3] et il défendit constamment le cartésianisme dans sa méthode et dans son esprit général, sans prétendre que Descartes ne s'était jamais trompé, et en séparant soigneusement le maître de quelques-uns de ses disciples. C'est à la lumière de ces circonstances qu'il faut apprécier la conduite de Leibniz.

L'orage grondait déjà sur le cartésianisme quand Leibniz était encore à Paris, en 1675 ; il ne fit que s'accroître jusqu'à la fin du siècle [4]. Que devait faire, je

1. Sur Huet et sur son livre, voyez plus bas dans cette leçon, p. 495.
2. Études sur Pascal, p. 15.
3. *Ibid.*, p. 20.
4. En 1691, l'Université de Paris, sur l'ordre du Roi, interdit d'en-

vous le demande, un philosophe tel que Leibniz? L'intérêt de la philosophie menacée ne lui commandait-il pas de se joindre à Arnauld et à Bossuet et de défendre avec eux la mémoire d'un grand homme indignement calomnié, tout en faisant ses réserves sur quelques points de physique et de métaphysique? Loin de là; le culte du succès, la complaisance naturelle pour la puissance, et une triste jalousie le jetèrent parmi les adversaires déclarés de Descartes.

Il n'y a pas, en effet, une accusation dirigée contre le cartésianisme que Leibniz n'ait reprise pour son compte et qu'il ne se soit appliqué à fortifier et à étendre : il n'a pas même ici l'honneur de l'invention. Ainsi on s'imagine que Leibniz est le premier qui, dans son cabinet de Hanovre, découvrit le vice de la théorie cartésienne de la matière et le dénonça au

---

seigner les propositions suivantes évidemment imputées à Descartes : I. Il faut se défaire de toutes sortes de préjugés et douter de tout avant que de s'assurer d'aucune connaissance. — II. Il faut douter s'il y a un Dieu jusqu'à ce qu'on en ait une claire connaissance. — III. Nous ignorons si Dieu ne nous a pas voulu créer de telle sorte que nous soyons toujours trompés dans les choses mêmes qui paroissent les plus claires. — IV. En philosophie, il ne faut pas se mettre en peine des conséquences fâcheuses qu'un sentiment peut avoir pour la foi, quand même il paroîtroit incompatible avec elle; nonobstant cela, il faut s'arrêter à cette opinion si elle semble évidente. — V. La matière des corps n'est rien autre chose que leur étendue, et l'une ne peut être sans l'autre. — VI. Il faut rejeter toutes les raisons dont les théologiens et les philosophes se sont servis jusqu'ici avec saint Thomas pour démontrer qu'il y a un Dieu. — En 1693, la Sorbonne interdisait de nouveau à tous ceux qui dépendaient de sa juridiction « ne novitatibus studeant aut ab Aristotelica doctrina deflectant. » *Quædam recentiorum philosophorum*, etc., p. 33-35.

monde savant; mais c'est là un rêve que dissipe la moindre connaissance des faits : nous l'avons vu, l'étendue comme attribut essentiel de la matière était depuis longtemps en France l'objet des attaques les plus passionnées; c'était même là le grand crime de la philosophie de Descartes. Il en est de même de beaucoup d'autres accusations, qui déjà traînaient dans les déclamations de la Compagnie et que l'autorité elle-même avait introduites dans ses arrêts. Dans une lettre à l'abbé Nicaise, qu'on s'empressa de publier [1], non-seulement Leibniz épuise sur Descartes toutes les rigueurs de la critique, mais, lui protestant et qui même comme tel avait besoin d'indulgence, il jette des ombres sur la sincérité de la religion de Descartes, il lui reproche d'étouffer le sentiment de la sagesse divine en supprimant la recherche des causes finales, il lui impute d'avoir enfanté le spinozisme en disant à mots couverts que tout ce qui arrive est nécessaire, que ce qui n'arrive point est impossible et qu'il n'y a ni choix ni providence, comme Hobbes et Spinoza le disent clairement, « en sorte, conclue-t-il, qu'il est de l'intérêt de la religion et de la piété que cette philosophie soit châtiée. » En vérité le P. Valois n'allait pas plus loin dans

---

1. Elle fut insérée dans le *Journal des Savants* de l'année 1697. Elle a été depuis recueillie par Dutens, t. II, p. 245. On la trouvera plus étendue et plus complète dans nos FRAGMENTS DE PHILOSOPHIE MODERNE, *Correspondance de Leibniz et de l'abbé Nicaise*, p. 144, etc. La réclamation de Régis est intitulée : *Réflexions d'un anonyme sur une lettre de M. Leibniz écrite à M. l'abbé Nicaise*. Voyez Dutens, t. II, p. 246. La réponse de Leibniz est assez faible : il recule sur plusieurs points et change de ton, *ibid.*, p. 249, etc.

son appel au clergé de France. Aussi Régis, dont on venait d'interdire les conférences, tout suspect qu'il était lui-même, ne peut retenir un cri d'indignation, et, dans une pièce très-solide et trop peu connue, il réfute péremptoirement toutes les assertions de Leibniz, et à son tour il l'accuse hautement de travailler depuis longtemps à établir sa réputation sur les ruines de celle de Descartes. Quand parut le livre de Huet, Leibniz s'empresse de lui en faire des compliments outrés par l'abbé Nicaise et lui offre des notes, selon lui curieuses, pour mettre plus en lumière les emprunts que Descartes a faits à ses devanciers [1], et Huet le remercie fort de cette agréable promesse « d'une liste des pilleries de M. Descartes [2]. » Comme si ce n'était pas assez de fournir des armes aux ennemis du cartésianisme, Leibniz cherche à ébranler ses amis les plus fidèles et les plus autorisés. Il s'efforce d'intéresser la foi de Bossuet à abandonner une philosophie qui, en faisant de l'étendue l'essence de la matière, était incompatible avec le mystère de l'Eucharistie [3], insinuant, sans oser le soutenir ouvertement, que la force substituée à l'étendue se prête mieux à expliquer l'inexplicable mystère! De même il essaye d'attirer Malebranche dans son parti et de l'enlever à Descartes en lui rappelant qu'il a lui-même trouvé bien des imperfections dans sa doctrine, qu'il est donc possible d'en trouver bien d'autres encore ; ce qui est très-

---

1. FRAGMENTS DE PHILOSOPHIE MODERNE, *Correspondance de Leibniz et de l'abbé Nicaise*, p. 131.
2. FRAGMENTS DE PHILOSOPHIE MODERNE, etc., p. 149.
3. *OEuvres de Bossuet*, édit. de Versailles, t. XXXVII, p. 497.

vrai, pourvu qu'on le fasse sans esprit d'envie et de dénigrement. Aussi Malebranche ne se laisse pas séduire à des critiques qui semblaient venir à l'appui de l'autorité égarée, et il répond nettement à Leibniz : « Je ne crois pas bien des choses que vous dites de M. Descartes. Quoique je puisse démontrer qu'il s'est trompé en plusieurs endroits, je vois clairement, ou je suis le plus stupide des hommes, qu'il a eu raison dans certaines choses que vous reprenez en lui[1]. »

Nous pensons comme Malebranche, comme Bossuet, comme Arnauld, comme Régis : Leibniz a sans doute relevé plus d'une erreur dans Descartes, mais il a manqué à toute générosité comme à toute justice par le triste rôle qu'il a pris au milieu d'une persécution qui aurait dû le révolter, et cette tache pèsera toujours sur sa mémoire.

Il faudrait un volume pour apprécier avec une juste étendue la polémique de Leibniz sur la philosophie de Descartes. Déjà nous nous sommes expliqué sur les principaux points de cette polémique [2] ; nous avons fait voir que Leibniz n'a pas compris le vrai caractère et la portée du doute cartésien ; que la séparation de la philosophie et de la théologie est un principe aussi profond que salutaire et que nul n'a violé impunément ; qu'en voulant porter à sa perfection syllogistique la

---

1. FRAGMENTS DE PHILOSOPHIE CARTÉSIENNE, *Correspondance inédite de Malebranche et de Leibniz*, p. 374.
2. Voyez la leçon précédente, p. 395, etc., PHILOSOPHIE ÉCOSSAISE, leç. IX, PHILOSOPHIE DE KANT, leç. VI, et JOURNAL DES SAVANTS, août, septembre et octobre 1850.

preuve cartésienne de l'existence de Dieu, Leibniz l'a gâtée en y introduisant un paralogisme manifeste; qu'en bannissant de la physique la recherche des causes finales, Descartes ne l'a nullement bannie de la métaphysique et de la morale, et qu'il l'a mise seulement à sa véritable place; que, loin de nier la liberté, il l'a parfaitement établie et dans l'homme et dans Dieu, qu'ainsi l'homme et le Dieu de Descartes ne sont ni l'homme ni le Dieu de Spinoza; qu'il est donc aussi contraire à la logique qu'à l'histoire de prétendre que le spinozisme est le cartésianisme poussé à ses légitimes conséquences, et qu'au contraire les deux systèmes diffèrent essentiellement. Il ne nous reste, ce semble, à examiner qu'une seule et dernière accusation, mais la plus importante de toutes, celle que Leibniz a tant répétée, à savoir : que Descartes, en prenant l'étendue pour l'attribut essentiel de la matière, s'est entièrement mépris et sur la nature de la matière et sur celle de toute substance, et que c'est la force qui est l'essence de toute substance, matérielle ou autre. Il y a là tant de vrai et tant de faux mêlés ensemble, que pour bien les démêler il y faut apporter une grande attention.

D'abord, après tout ce que nous avons dit, il doit être maintenant bien établi que ce n'est pas Leibniz qui le premier a signalé ce qu'il peut y avoir d'inexact ou d'incomplet dans la théorie cartésienne de la matière. Dans tout le camp opposé à Descartes, il était passé en axiome que l'étendue ne constitue pas la matière, et qu'à l'étendue il est nécessaire d'ajouter quelque autre chose encore qui lui donne la forme, l'organisation, la réalité et la vie, le fameux principe d'individuation, la forme substantielle de la scholastique péripatéticienne. C'était là en effet le tort de la physique de Descartes qui, faisant main basse sur la physique de l'école, et rejetant la forme substantielle parmi les qualités occultes, n'avait laissé à la matière qu'une pure étendue incapable d'expliquer la disposition de ses parties, la moindre de ses formes, le moindre de ses changements intérieurs ou extérieurs, sinon par un mouvement étranger. Jusque-là rien que de vrai, mais aussi rien de particulier et de nouveau dans la polémique de Leibniz. Mais Leibniz a été plus loin : le premier, ou à peu près [1] le premier, il a essayé de déterminer la na-

---

1. Nous disons « le premier ou à peu près le premier », car Leibniz a eu un précurseur dans François Glisson, célèbre médecin anglais du dix-septième siècle, né en 1597, mort en 1677, le plus grand disciple d'Harvey, auteur de plus d'une importante découverte en anatomie et en physiologie, et qui a touché profondément à la métaphysique et à toute la philosophie naturelle par son *Tractatus de natura substantiæ energetica seu de vita naturæ ejusque tribus primis facultatibus, etc.*, gros in-4°, publié à Londres en 1672. Glisson était président du Collége de médecine de Londres et un des membres les plus anciens de la Société royale. Est-il possible que Leibniz, qui en 1675 passa quelque temps à Londres et fréquenta la Société royale et la plupart des hommes célèbres du temps, n'ait pas connu Glisson ou du moins un livre que recommandait le nom de son auteur, et où était agitée avec tant de force et d'originalité la question de la nature de la matière que Leibniz avait trouvée et laissée en France à l'ordre du jour? Quoi qu'il en soit, il est certain que la théorie de la substance, que Leibniz donne comme sa découverte capitale en philosophie, qu'il n'a publiée qu'en 1691 et 1694 et dont il n'a parlé à qui que ce soit avant 1686, c'est-à-dire neuf ou dix ans après la mort de Glisson, est déjà tout entière dans le livre de ce dernier, imprimé en 1672. Descartes avait trouvé la circulation du sang dans Harvey, il le dit et part

ture de la forme substantielle, et il l'a expliquée par la force. La force attribuée à la matière, comme principe interne de l'organisation des corps, de leur unité et de leur vie, ainsi que déjà elle était attribuée à l'homme

de là. Leibniz a-t-il aussi trouvé la monadologie dans Glisson? Il ne le dit point; elle y est pourtant, et exposée d'une telle façon que nous ne voyons guère ce que Leibniz a eu besoin d'y ajouter d'essentiel, car tantôt elle y est renfermée dans la juste mesure où nous l'acceptons, tantôt et le plus souvent elle s'y montre extrême, absolue, systématique, telle que Leibniz l'a présentée. Le style de Glisson est, il est vrai, dur, hérissé, scholastique, mais il est net et précis, et le livre est méthodique et bien ordonné. Il est à remarquer que Descartes y est à peine nommé et pour y être réfuté dans sa théorie des lois du mouvement. C'est Bacon, c'est Harvey que l'on cite toujours; il est fait aussi mention de quelques philosophes italiens contemporains, tels que Zabarella, Basso, Campanella; mais le philosophe que Glisson célèbre le plus et qu'il déclare prendre pour guide en métaphysique, sans toutefois jurer sur sa parole, *quem præ aliis mihi ducem in rebus metaphysicis elegi, sed non juratus in verba magistri,* chap. I, p. 3, est Suarès, qu'il nomme Suarius et dont il cite fréquemment les *Disputationes metaphysicæ.* Bornons-nous à faire connaître ici les principes les plus généraux de ce curieux traité. Tout être est soi et tire de soi toute sa manière d'être, son développement, sa vie. Tout être contient sa nature essentielle et sa nature énergétique; l'une qui est le fond de l'être même, sa substance fondamentale, l'autre qui est la force par laquelle il entre en action et se développe: *internum substantiæ principium a quo facultates et operationes essentiales proxime dimanant,* chap. II, p. 11. Voilà les deux principes essentiels de toute substance: réunis, ils constituent l'être réel; divisés, ce ne sont plus que des abstractions, des conceptions incomplètes qui, comme telles, diffèrent: *Duæ partes essentiales inter se differunt ut duo inadæquati conceptus,* chap. II, p. 11, et chap. VI, p. 77. Dans la matière, il y a plusieurs conceptions qui divisées sont incomplètes et réunies constituent la matière réelle. Qu'est-ce, en effet, que la substance de la matière considérée sans sa puissance? Une telle substance purement passive serait apte à prendre toutes les formes, mais n'en prendrait aucune, faute d'une force, d'une énergie, d'une causalité; *causalitas,* qui l'actualise, dans la vive conscience de son activité volontaire et libre, voilà le titre véritable et immortel de Leibniz. Ce titre, obscurci par le temps et comme perdu sous un amas d'erreurs, a été retrouvé de nos jours, remis en

lui donne, au lieu d'une nue-existence, une existence propre et déterminée, la forme et tous ses modes. Ces divers points de vue, qui isolés sont incomplets, s'appliquent tous à la même chose, qu'ils expriment différemment : *Hæc nomina varios materiæ conceptus inadæquatos referunt, et eamdem licet rem non tamen eodem modo repræsentant*, chap. VII, p. 95. Il est aisé de montrer les ressemblances de la matière et de l'esprit, il est difficile d'en découvrir les différences ; la matière et l'esprit ont tous deux leur essence, leur substance fondamentale, et leur nature énergétique, leur force ; on ne peut leur trouver de différence qu'en arrivant à la quantité, à la molécule matérielle : *Materia existit, similiter et spiritus : illa subsistit, hic pariter : illa natura energetica gaudet, hic itidem... Quærimus ergo adhuc essentialem differentiam inter materiam et spiritum; sed nulla apparet, donec recurramus ad molem substantialem*, chap. VII, p. 98. Glisson s'efforce donc de construire *molem substantialem*, sans sortir de l'essence et de la force, mais il n'y parvient pas plus que Leibniz et se paye de faux-semblants. Tout l'effort du livre réside dans la détermination précise de la nature énergétique des substances. Glisson y revient sans cesse. Toute substance a deux parties, l'une fondamentale, l'autre énergétique ; mais cette division n'est pas fondée sur la nature même de la chose, elle est seulement rationnelle, sans être pourtant dépourvue de réalité : *Natura substantialis, ut dixi, distinguitur in fundamentalem et energeticam; membra vero dividentia in substantia in genere neque realiter, neque ex parte rei, sed tantum ratione cum fundamento in re differunt*, chap. XIII, p. 187. Toute substance est simple, bien que composée pour la raison d'une essence fondamentale et d'une puissance active. Rien de mieux pour les substances spirituelles, où la simplicité seule est réelle et la composition est une pure distinction de la raison ; mais, dans les substances matérielles, Glisson est plus mal à son aise, parce que la composition n'est plus là un point de vue de la raison, mais la réalité même. Or, comment faire un composé réel avec des substances essentiellement simples ? Il faut soutenir que la réunion de parties simples suffit à produire un composé corporel ; c'est aussi ce honneur et en lumière par un de nos compatriotes, bien digne de servir d'interprète à Leibniz, M. de Biran, dont je ne puis prononcer le nom sans une émotion respectueuse, quand je songe à ce que je lui dois, à tous les services qu'il a rendus à la philosophie française [1] !

que prétend Glisson : *Compositum ipsum dividitur in partes simplices quæ unitæ efficiunt compositum*, ibid., p. 189. Glisson le prétend, il l'affirme une fois pour toutes, mais il ne le prouve pas, et même il se garde bien d'instituer à cet égard une discussion véritable. Leibniz a fait comme Glisson ; l'un et l'autre ont arbitrairement tranché le nœud de la difficulté dans l'impuissance de le résoudre. Il est impossible, en effet, de prouver qu'avec des éléments simples, inétendus, par conséquent invisibles et intangibles, on forme un composé étendu qui soit ou même seulement paraisse visible et tangible. En partant du principe de la simplicité des substances considérées comme des forces, Glisson est arrivé au même résultat que Leibniz, à savoir : que toute substance est solitaire, et que sa puissance énergétique la rend capable de perception, d'appétit, de mouvement, sans avoir besoin du concours d'une autre substance. Elle se développe spontanément par l'énergie qui est en elle, elle se suffit et ne cherche rien hors d'elle. Par la perception, l'appétit et le mouvement, elle atteint tout, embrasse tout sans sortir d'elle-même ; dans un sens on peut dire qu'elle est en communication avec toute la nature, et dans l'autre on peut dire aussi qu'elle ne se communique point et que rien ne se communique à elle : *Acquiescit natura in se... sibi complacet in determinata entitate quam nacta est et extra eam nihil quærit... quæ completio est sufficiens fundamentum negationis unionis cum omni alio... communionem terminatam totius naturæ federatæ in se ipsa dici, simulque extra se omnem unionem et communionem negat. Inclusive est confederatio definita totalis et positiva : exclusive est negatio fœderationis cum quavis natura aut supposito extraneo*. Chap. v, p. 54. Ainsi la monadologie a conduit aussi Glisson à l'exclusion de toute action réciproque des substances les unes sur les autres, c'est-à-dire aux causes occasionnelles et à l'harmonie préétablie.

1. Œuvres de M. de Biran, t. I, *Exposition de la doctrine philosophique de Leibniz*, p. 303-360.

Malheureusement Leibniz ne s'est pas contenté de joindre la force à l'étendue pour constituer la matière : par un excès contraire à celui qu'on reprochait justement à Descartes, il a prétendu que la force est l'essence même de la matière, qu'il n'y a rien de plus dans la matière, et que l'étendue n'est qu'une apparence. Ici commence l'exagération et le point incertain du système, mais ce point-là, remarquez-le bien, est précisément le système lui-même, la grande réforme de la philosophie, annoncée avec tant d'éclat en 1694, *de Primæ philosophiæ emendatione et notione substantiæ*. Selon nous, cette réforme a grand besoin d'être elle-même réformée, ou du moins tempérée. Nous admettons sans hésiter que la matière n'est pas tout entière dans l'étendue, mais nous doutons que la matière soit tout entière dans la force. Et nous en donnons cette raison bien simple, c'est qu'à ce compte il n'y a plus d'étendue réelle, plus de solide, c'est-à-dire plus de matière, plus de corps à proprement parler ; ce ne sont plus là que des noms qu'on peut bien laisser au vulgaire, mais qu'il faut rayer du dictionnaire de la philosophie.

Il y a longtemps que nous avons pris la liberté de soumettre cette objection à M. de Biran lui-même [1] ;

1. Dès le début de notre enseignement, malgré l'autorité de M. de Biran et de Leibniz, nous nous sommes refusé à absorber la perception de l'étendue dans le simple sentiment de la résistance, comme plus tard à confondre l'idée de cause et de force avec celle de substance. Premiers Essais, *Analyse de la connaissance sensible*, p. 232 : « Leibniz dit très-bien que l'étendue est une continuité de résistance. Mais le principe de causalité tout seul ne peut pas donner la continuité de

nous la soumettons encore aujourd'hui à ceux qui seraient tentés, en plein dix-neuvième siècle, de renouveler la monadologie.

La monade, c'est la force ayant le pouvoir d'entrer par elle-même en exercice ; tel est le fond de toute substance matérielle et spirituelle ; et diverses monades ou forces agrégées entre elles composent le phénomène de l'étendue et figurent ce qu'on appelle la matière. A cela nous répondrons qu'elles la figurent peut-être, mais qu'elles ne la constituent point. Vingt mille monades inétendues ne peuvent composer un atome d'étendue, et il répugne absolument qu'autant de zéros d'étendue qu'on voudra supposer constituent une étendue quelconque. Or, si des zéros d'étendue ne constituent pas l'étendue, comment la figureraient-ils? Ils ne le peuvent, car l'apparence est déjà le signe et comme une

la résistance ; il dit résistance, encore résistance, toujours résistance, mais il ne dit pas, il ne peut pas dire : résistance ici, là, sur ce point, sur cet autre ; car ici, là, impliquent la notion de l'étendue, de telle ou telle portion de l'étendue. » *Ibid.*, p. 236 : « Que le principe de causalité intervienne, la sensation nous devient le signe d'une existence qui n'est pas la nôtre, d'un non-moi... Mais quel est ce non-moi? Quelle est cette cause extérieure différente de la cause interne que nous sommes? Le principe de causalité n'en dit rien, et sans un autre principe nous n'aurions jamais connu le non-moi que comme un assemblage de causes quelconques qui résistent à notre activité et qui modifient de différentes manières notre sensibilité : le système de Fichte et celui de mon savant ami, M. Maine de Biran, seraient de la vérité la plus rigoureuse. Il faut qu'un principe nouveau intervienne, s'ajoute à la sensibilité et au principe de causalité pour augmenter la connaissance sensible, car si vous y prenez garde, vous verrez que c'est l'étendue qui est à vos yeux le vrai caractère spécial du monde extérieur. Or on peut donner à ce nouveau principe qui nous manifeste l'étendue partie de la réalité. Ajoutez que, selon Leibniz, l'espace n'est que le rapport des corps entre eux, d'où il suit qu'il n'y a pas non plus, à proprement parler, d'espace. Tous les hommes croient avec Newton qu'il y a des corps, des corps étendus, pourvus de forces qui leur appartiennent ou ne leur appartiennent pas essentiellement, question réservée à la métaphysique, et ils croient que ces corps avec leurs forces sont et se meuvent dans l'espace. Voilà ce qu'admet et proclame le sens commun. Il s'agit, en bonne métaphysique, d'expliquer le sens commun et non de lui donner un démenti, comme le fait Leibniz; car, au lieu de l'espace réel, il met une pure relation; et au lieu de corps, au lieu d'une matière réelle, étendue et se mouvant

---

tel nom que l'on voudra : à l'exemple de Reid, appelons-le perception. » *Ibid.*, p. 256 : « Leibniz, en rappelant la notion de substance à celle de cause a-t-il gardé une parfaite mesure? Certainement la substance ne nous est révélée que par la cause; par exemple, supprimez tout exercice de la cause et de la force qui est en nous, et nous ne sommes point pour nous-mêmes; c'est donc l'idée de cause qui introduit dans l'esprit l'idée de substance, mais la substance n'est-elle que la cause qui la manifeste? Il faut alors distinguer la cause en acte de la cause qui n'est pas encore passée à l'acte, pour parler le langage d'Aristote accepté par Leibniz. Mais une cause qui n'est pas en acte n'est pas réellement une cause, et une cause en acte ne se suffit pas à elle-même; elle suppose un fondement, un sujet, une substance. La puissance causatrice est l'attribut essentiel de la substance; elle n'est pas la substance elle-même... M. de Biran n'est-il pas tombé du côté où Leibniz inclinait? En remettant la cause en lumière, M. de Biran n'a-t-il pas laissé dans l'ombre la substance, comme en parlant sans cesse de la volonté il a trop oublié la raison? L'âme est plus profonde que tous ses attributs; aucun d'eux ni tous ensemble ne la manifestent adéquatement; ils reste toujours par delà tous les rayons eux-mêmes le foyer d'où ils émanent... »

dans l'espace, il met des monades, des forces simples et inétendues qui par elles-mêmes et par leurs rapports, quels qu'il puissent être, sont radicalement incapables de constituer ni le continu limité que je touche, ni le continu indéfini ou infini que je ne puis pas ne pas concevoir, c'est-à-dire ni les corps qui sont dans l'espace ni l'espace qui les contient [1].

Il n'y a donc plus d'espace, plus de corps, plus de matière; il n'y a plus que de l'esprit dans l'univers. Oui, sans doute il y a partout de l'esprit, de la force, de la vie; nous en sommes très-convaincu, ainsi que le genre humain; mais, avec le genre humain, nous croyons aussi que sous les forces qui animent la nature et sous les lois qui y président, sous la vie universelle est cachée un inévitable et inexplicable fond que Platon appelait le je ne sais quoi indéfini et indéterminé, τὸ ἄπειρον, Aristote la matière première, et Descartes la matière aussi, la matière sans forme, ayant l'étendue pour premier attribut, et attendant l'esprit, la force, le mouvement, pour revêtir successivement toutes les formes.

Leibniz a sans cesse prétendu, et il a fini par accréditer cette opinion, que la force substituée à l'étendue fournissait un argument décisif contre le spinozisme. Et, chose étonnante, Spinoza a comme prévenu la théorie même de Leibniz et l'a invoquée au secours de son système. Bien avant Leibniz en effet, ainsi que nous l'avons vu, Spinoza avait reproché à Descartes d'attribuer l'étendue toute seule à la matière; il avait

---

1. Voyez, sur la distinction des corps et de l'espace, la leç. VIIe, p. 335, etc., et particulièrement PHILOSOPHIE DE LOCKE, leç. v.

dit très-nettement qu'il y fallait ajouter la puissance du mouvement, ce qui est bien la force leibnizienne. Mais savez-vous pourquoi il avait voulu cela? C'est afin de n'avoir pas besoin de l'hypothèse de Dieu, d'un moteur étranger qui, seul en possession de la puissance motrice, la communique à la matière. Ainsi, n'en déplaise à Leibniz et à ses bons amis, le P. Valois et les métaphysiciens du conseil d'État de Louis XIV, le cartésianisme, en réduisant à tort la matière à l'étendue, prêtait du moins un fondement commode à l'argument de Platon et d'Aristote, constamment admis par l'école, qui, d'une matière étendue et inerte en soi, bien que maintenant en mouvement, tirait la nécessité d'un premier moteur différent de la matière et du monde. Leibniz, quoi qu'il en dise, est donc bien moins platonicien et péripatéticien que Descartes, et même au fond plus contraire à la théodicée de la scholastique.

Comme nous venons de le rappeler, déjà avant Leibniz Spinoza avait mis dans la matière, à côté de l'étendue, le principe du mouvement. Un autre philosophe, sorti comme Leibniz de l'école de Jacques Thomasius, son propre fils, Christian Thomasius, frappé, ainsi que Leibniz, de cette question de l'essence de la matière, que les controverses françaises pour et contre le cartésianisme avaient mise à l'ordre du jour d'un bout de l'Europe à l'autre, était arrivé de son côté à la solution de Leibniz, moins son exagération. Professeur à l'université de Leipzig, pendant l'hiver de 1694, Thomasius avait enseigné que l'étendue ne suffit pas pour expliquer tous les phénomènes de la matière, parmi lesquels est incontestablement le mouvement, qu'il fallait donc y supposer une force active, et que cette force active devait être considérée comme un attribut de la matière tout aussi réel que l'étendue. Aussi quand il vit paraître dans le journal de Leipzig le fameux article sur l'idée fondamentale de la substance, il s'empressa d'accueillir la théorie qu'il avait devancée lui-même, et il prit la plume pour la défendre. Mais en même temps qu'il y applaudit, il craint qu'on en abuse, qu'on ne la gâte par quelque exagération. Il demande si Leibniz croit que cette force active appartient en soi à la matière. En effet, si elle y est assurément aujourd'hui, si elle y produit des phénomènes qu'elle seule explique, si par conséquent il la faut reconnaître, il ne s'ensuit pas qu'elle soit essentielle à la matière, qu'elle ne vienne pas originairement d'ailleurs. « Si on ne procède ici, dit Christian Thomasius, avec une extrême circonspection, cette science dynamique, qui peut être si utile, s'en ira en chimère. La force active, c'est l'esprit, mais il n'y a pas que de l'esprit dans le monde : tout corps comprend à la fois et de la matière et de l'esprit. La matière, c'est dans le corps tout ce qui est passif; l'esprit, c'est l'élément actif : les deux sont nécessaires pour constituer le corps; l'esprit tout seul, la force toute seule n'y suffit point[1]. »

---

1. *Programmata Thomasiana*, et alia scripta similia breviora conjunctim edita, etc., Halæ et Lipsiæ, 1724, p. 274, Dialogus de definitione substantiæ, 1694. — « Tiro (l'écolier) : Vidistine, Domine, observationem de notione substantiæ, quam Vir Celeberrimus Dn. G. G. L. actis Lipziensibus mense martio hujus anni inseri curavit? Phila-

Christian Thomasius avait raison : la force n'appartient pas à la matière; primitivement infuse, elle agit sur la base de l'étendue, sur ce fond, ce *substratum* passif qu'on appelle la matière. N'admettre que la force, c'est s'imposer la nécessité de tout expliquer par la force seule, entreprise sous laquelle Leibniz a succombé.

Veuillez y réfléchir en effet : la monadologie donnée, l'harmonie préétablie est inévitable, et l'harmonie préétablie est un retour à la théorie des causes occasionnelles de Malebranche.

La monadologie repose sur cet axiome : Toute substance n'est qu'une cause, une force simple, spirituelle, ayant en elle-même le principe de tous ses développements, quels qu'ils puissent être. Chaque monade est l'univers en abrégé; c'est, comme dit Leibniz, un miroir vivant qui réfléchit l'univers entier sous son point de vue particulier. Mais toute monade étant simple, il n'y a point d'action directe d'une monade sur une autre;

LETTRES (le professeur, Christian Thomasius) : Vidi. Et mallem ut dedisset Vir Celeberrimus suam de notione substantiæ definitionem. Interim valde gavisus sum, dum ejus assertiones de vi activa et nisu legi, cum pene similes hac hieme habuerim, ut ex dictatis meis in historiam Ecclesiasticam observationibus tibi constabit. Vere enim vis activa ex accidentium et qualitatum classe eximenda est, cum ab ea dependeat essentia omnium corporum. Id tamen scire mallem a Viro Celeberrimo, si occasionem cum ipso conferendi nacturus sim, an putet... illam vim agendi inesse ipsi materiæ? Nisi enim caute hic processerimus, utilissima illa dynamices scientia, quam pollicetur, fundamento destituetur. Scis enim quod hactenus in dictis lectionibus ostenderim, materiam omne esse ens' mere' passivum, vim agendi autem ipsam spiritus essentiam, adeoque omne corpus constare ex materia et spiritu, etc. »

seulement il y a un rapport naturel de leur développement respectif, qui fait leur apparente communication : ce rapport naturel, qui a sa raison dans la sagesse de l'ordonnateur suprême, est l'harmonie préétablie. Il suit de là que chaque monade, par exemple l'âme humaine, tire tout d'elle-même et ne reçoit en rien l'influence de cette agrégation de monades qu'on appelle le corps, et que le corps ne subit non plus en aucune manière l'influence de l'âme. Il n'y a point entre le corps et l'âme réciprocité d'action, comme tout le monde le croit, il y a simple correspondance : ce seraient comme deux horloges montées à la même heure, qui correspondent exactement, mais dont les mouvements intérieurs sont parfaitement distincts. Mais nier l'action du corps sur l'âme et celle de l'âme sur le corps, c'est nier un fait évident que nous pouvons à tous les instants expérimenter sur nous-mêmes et dans le phénomène de la sensation et dans le phénomède de l'effort; et c'est nier ce fait parce qu'il ne s'accorde point avec le principe qu'une force simple n'agit point sur une autre force de la même nature. Or un principe qu'on ne peut maintenir qu'en renversant un fait certain se renverse lui-même, et il entraîne dans sa ruine le principe supérieur dont il dérive, à savoir, qu'il n'y a dans l'univers rien de passif, rien de matériel, et que tout est esprit et force.

La monadologie et l'harmonie préétablie ramenaient la philosophie dans la route de l'idéalisme et poussaient même l'idéalisme jusqu'aux dernières extrémités. Ainsi, après avoir cru suspendre la lutte des systèmes, Leibniz y est retombé lui-même ; après avoir essayé d'arrêter le cours des écoles exclusives, il l'a grossi et précipité.

Vous concevez en effet que l'empirisme ne s'est pas tenu pour battu par le retour de théories aussi contraires au sens commun. Règle générale, ne l'oubliez jamais, je vous prie : ni en philosophie, ni en morale, ni en politique, ce n'est jamais par un excès qu'on en corrige un autre ; la plus grande force de nos ennemis est dans nos propres fautes, et ce qui perd toutes les écoles, ce sont précisément leurs prétentions exagérées. On ne saurait croire combien la vision en Dieu a fait de tort au cartésianisme dans l'esprit de Locke [1], et l'harmonie préétablie n'était pas faite pour détourner ses disciples de cette fameuse table rase que la sensation seule remplit. Loin d'être arrêtés par les hypothèses idéalistes de Malebranche et de Leibniz, ils se sont autorisés des vices manifestes et, disons-le, du ridicule de ces hypothèses, pour s'enfoncer de plus en plus dans les égarements du sensualisme. Locke avait insinué qu'il n'était pas impossible que grâce à une certaine organisation la matière pensât : Dodwell [2], changeant le doute en certitude, entreprit de démontrer la matérialité de l'âme, ce qui diminue fort ses chances d'immortalité. L'ouvrage de Dodwell, publié en 1706, était intitulé : *Discours épistolaire où l'on prouve par l'Écriture et par les premiers Pères que l'âme est un principe naturelle-*

---

1. Examen de l'opinion du père Malebranche que nous voyons tout en Dieu, THE WORKS OF LOCKE, in-4°, t. IV, p. 195.
2. Né à Dublin en 1642, mort en 1711.

ment mortel. Cet écrit, purement théologique en apparence, donna lieu à une controverse où un illustre disciple de Newton, Samuel Clarke, pour défendre l'immortalité naturelle de l'âme, se fonda sur son immatérialité qu'il tirait de la conscience de l'individualité. Collins [1], disciple et ami particulier de Locke, venant au secours de Dodwell, répondit à Clarke en invoquant l'argument du maître, à savoir que nous ne connaissons pas assez les substances pour affirmer que Dieu n'a pas pu donner à un assemblage de matière, dont toutes les parties sont étroitement unies, un sentiment intérieur individuel. Dans cette longue et vive polémique, Collins fut amené par son adversaire à confesser qu'il n'admettait pas plus la liberté de l'âme que sa spiritualité, et il prétendit prouver que non-seulement la liberté n'est pas, mais qu'elle n'est pas possible. Mandeville [2] a porté le même esprit dans la morale. Trouvant dans Locke la théorie de l'utile comme seule base de la vertu, il en conclut qu'il n'y a aucune distinction essentielle entre la vertu et le vice, et il aboutit à cette conséquence qu'on a dit beaucoup trop de mal du vice, qu'après tout le vice n'est pas si fort à mépriser dans l'état social, que c'est la source d'un grand nombre d'avantages précieux, de professions,

---

1. Né en 1676, mort en 1729. Ses diverses dissertations ont été traduites en français sous le titre : *Essai sur la nature et la destination de l'âme humaine,* par M. Antoine Collins, Londres, 1769, in-12.

2. Hollandais, d'origine française, né à Dordrecht en 1676, médecin à Londres, mort en 1735. Auteur de la *Fable des Abeilles*, Londres, 1706, 1714, 1728, traduite en français, 4 vol. in-12, 1750. Helvétius y a beaucoup puisé.

d'arts, de talents, de vertus même qui sans lui seraient impossibles.

Voilà les extravagances de l'école empirique; et par là qu'a-t-elle fait? elle a soulevé d'autres extravagances. D'abord Clarke [1] et Shaftesbury [2] combattirent raisonnablement l'école de Locke. Mais après eux vinrent Arthur Collier [3] et G. Berkeley [4], qui, pour en finir avec le matérialisme, prirent le parti de nier l'existence de

---

1. Né en 1675, mort en 1729. Voyez sa polémique avec Collins et Dodwell, ses sermons sur l'existence de Dieu et ses attributs, et sa correspondance avec Leibniz. *OEuvres complètes,* Londres, 4 vol. in-fol., 1738-1742.

2. Né à Londres en 1670, mort en 1712. C'est dans les *Lettres à un jeune gentilhomme qui étudie à l'Université* que se trouve une critique bien sévère de Locke, OEUVRES DE SHAFTESBURY traduites en français, t. III, p. 350, lettre VIIIe : « M. Locke a renversé tous les fondements de la morale : il a détruit l'ordre et la vertu dans le monde en prétendant que leurs idées, ainsi que celle de Dieu, étaient acquises et non pas innées, et que la nature ne nous avait donné aucun principe d'équité. Il joue misérablement sur le mot d'*idée innée* : ce mot bien entendu signifie seulement une *idée naturelle ou conforme à la nature...* Il ne s'agit point du temps auquel nos idées se forment; il s'agit de savoir si la constitution de l'homme est telle que, devenu adulte, soit plutôt, soit plus tard, ce qui est assez indifférent en soi, l'idée de l'ordre et de la vertu, ainsi que celle de Dieu, naissent nécessairement et inévitablement en lui... » Toute la lettre est fort remarquable.

3. Londres, in-8°. *Clavis universalis,* 1713. Nous ne connaissons que la réimpression récente faite par le docteur Parr : *Metaphysical Tracts by English philosophers of the eighteenth century,* Londres, 1837.

4. Né en 1684, évêque de Cloyne en 1734, mort en 1755. *OEuvres complètes,* 2 vol. in-4°, 1784, et in-8°, 3 vol., 1820. Ses deux ouvrages les plus célèbres sont l'*Alcyphron* et le *Dialogue entre Hylas et Philonoüs,* tous deux traduits en français. Sur Berkeley, voy. PREMIERS ESSAIS, p. 34-55.

la matière. Berkeley, partant de cette théorie de Locke que nous ne concevons les objets extérieurs que par l'intermédiaire et l'image des idées sensibles, bat en ruine l'hypothèse d'idées qui seraient capables de représenter des corps, et par là il pense avoir ôté la racine de la croyance au monde matériel, qu'il regarde comme une illusion de la philosophie, à laquelle le genre humain n'a jamais ajouté foi.

Faites le tour de l'Europe, vous y trouvez partout la même lutte entre l'empirisme et l'idéalisme. En Allemagne, si Wolf[1], le professeur par excellence, répand partout le leibnizianisme, n'oubliez pas les résistances, les persécutions même qu'il a rencontrées; n'oubliez pas qu'il y avait plus d'un élève de Locke parmi ses adversaires. L'idéalisme est plus heureux en Italie. Fardella, à Padoue[2], est une sorte de Malebranche sans ses hypothèses et sans son génie; à Naples, Vico[3], tout

1. Né à Breslaw en 1679, professeur à Iéna de 1703 à 1707, et à Halle jusqu'en 1723, chassé, puis réintégré, et mort à Halle en 1754. Ses œuvres latines et allemandes composent toute une bibliothèque. — Sur Wolf, voyez INTRODUCTION A L'HISTOIRE DE LA PHILOSOPHIE, leç. XII, p. 234.

2. Né à Drapani en Sicile en 1650, franciscain, et professeur à Padoue, mort en 1718. Son grand ouvrage est intitulé : « *Animæ humanæ* « *natura ab Augustino detecta...* exponente Michaele Angelo Fardella, « Drapanensi, sacræ theologiæ doctore, et in Patavino lycæo astrono- « miæ et meteorum professore... Opus potissimum elaboratum ad in- « corpoream et immortalem animæ humanæ indolem, adversus Epi- « cureos et Lucretii sectatores, ratione prælucente, demonstrandam. » Venetiis, 1698, in-fol.

Né à Naples en 1668, mort en 1744. Sur Vico, voyez INTRODUCTION A L'HISTOIRE DE LA PHILOSOPHIE, leç. XI, p. 237. *Principi di scienza nuova d'intorno alla commune natura delle nazioni*, Naples, 1725.

en relevant avec force le mépris fort condamnable des cartésiens pour l'histoire et les langues, n'en adopte pas moins leur philosophie générale, et il appartient encore à cette noble école idéaliste qui n'a jamais été détruite dans la patrie de saint Thomas et de Bruno.

Tel était à peu près au commencement du dix-huitième siècle l'état du dogmatisme empirique et du dogmatisme idéaliste en Europe. Vous avez vu que ces deux systèmes n'avaient pas échappé à leurs conséquences extrêmes, et qu'une longue lutte avait fait paraître tous leurs défauts. De là devait sortir et est en effet sorti de très-bonne heure le scepticisme, dans la mesure et pour ainsi dire en raison directe du riche et vaste dogmatisme dont je vous ai fait connaître les moments distincts et les principaux représentants.

Aussi le nombre des philosophes sceptiques qui ont paru dans ce premier âge de la philosophie moderne est-il bien autrement considérable qu'au seizième siècle. Déjà même on peut les diviser en deux classes, les vrais et les faux. Ici en effet se présente un fait curieux que je vous ai déjà signalé [1] et qu'il importe de saisir à sa naissance et de bien comprendre, parce qu'il se reproduira plus d'une fois, et qu'il reparaît de nos jours avec l'éclat d'une originalité mensongère.

Rappelez-vous l'ordre naturel du développement de l'esprit humain, tel que nous l'a montré l'histoire : partout la philosophie est sortie du sein de la

---

1. Plus haut, leç. i, p. 23 et 24.

théologie, et tout d'abord elle s'est partagée en deux dogmatismes, qui tous deux ont souvent abouti à des résultats médiocrement raisonnables. Il était difficile que la théologie vît sans ombrage s'élever à côté d'elle une philosophie indépendante, et elle dut s'affliger d'autant plus de voir l'esprit humain lui échapper, qu'elle le vit faire un aussi triste essai de ses forces. Elle entreprit donc, à très-bonne intention (elle en avait le droit et le devoir) de rappeler l'esprit humain au sentiment de sa faiblesse. Elle le servait par là; car il est de la plus grande importance de rappeler sans cesse au dogmatisme que la raison sur laquelle il s'appuie a ses limites. Mais il faut convenir que ce service n'était pas tout à fait désintéressé, et que le but secret ou avoué de la théologie est presque toujours de ramener l'esprit humain du sentiment exagéré de sa faiblesse à l'ancienne et tutélaire autorité.

Dès le dix-septième siècle, à peine la philosophie a-t-elle produit quelques essais de dogmatisme idéaliste et empirique, qu'aussitôt la théologie, profitant des fautes où tombait déjà la philosophie, s'est empressée de lui présenter, grossi et outré, le tableau de ses erreurs, afin de la dégoûter de l'indépendance.

Distinguez bien ici deux sortes de sceptiques, ceux qui de bonne foi désespèrent de la raison humaine, et ceux pour qui ce scepticisme n'est qu'une arme de guerre, une machine inventée pour ramener par un détour à un bien autre dogmatisme. Vous reconnaîtrez aisément ces singuliers sceptiques parmi ceux dont je vais faire passer les noms sous vos yeux.

Par exemple, Jérôme Hirnhaim est un religieux prémontré, docteur en théologie à Prague, mort en 1679. Son ouvrage est une pure déclamation dont l'intention n'est pas douteuse. Le titre en indique assez l'esprit; le voici tout entier : *De Typho generis humani, sive scientiarum humanarum inani ac ventoso tumore, difficultate, labilitate, falsitate, jactantia, præsumptione, incommodis et periculis, tractatus brevis in quo etiam vera sapientia a falsa discernitur, simplicitas mundo contempta extollitur, idiotis in solatium, doctis in cautelam conscriptus.* Prague, in-4°, 1676.

L'Anglais Joseph Glanville est un sceptique de beaucoup plus d'esprit, mais étrangement inconséquent. Il est à la fois antidogmatique déclaré et mystique superstitieux. Né en 1636, mort en 1680, il débuta en 1661 par un petit écrit, in-12, *Vanité du dogmatisme, Vanity of dogmatizing*, etc., qui n'était qu'un essai modéré de scepticisme, et contenait surtout une attaque très-forte contre la longue tyrannie du dogmatisme péripatéticien. Un autre ouvrage, *Scepsis scientifica*, etc., in-4°, 1665, trahit un scepticisme plus étendu, mais revêtu d'une apparence scientifique. Aussi la Société royale de Londres choisit-elle l'auteur pour un de ses membres, et Glanville se montra digne de cet honneur en se portant le défenseur des études que cultivait la Société contre l'absurde accusation qu'on leur faisait de favoriser l'irréligion. Il devint chapelain ordinaire du roi Charles II, et jouissait de la réputation d'un sceptique instruit et éclairé. Mais déjà de son vivant il avait laissé paraître une opinion favorable à la doctrine de l'apparition des esprits, et à sa mort il laissa un gros ouvrage qu'on imprima en 1681, où il défendait ouvertement cette doctrine, et s'attachait à prouver la possibilité et la réalité des apparitions [1]. Voilà un fort étrange scepticisme. Il a quelque analogie avec celui du mystique Agrippa. L'ouvrage le plus célèbre de Glanville est celui que je vous ai indiqué, *Scepsis scientifica* [2], *Scepticisme scientifique, ou l'ignorance avouée comme moyen de science, essai sur la vanité du dogmatisme et de la confiance en ses opinions*. Dans le chapitre XXV, Glanville examine et réfute le dogmatisme par rapport à l'idée de cause. Nous ne pouvons rien connaître, si nous ne le connaissons dans sa cause. Les causes sont l'alphabet de la science, sans lequel on ne peut lire dans le livre de la nature [3]. Or, nous ne connaissons que des effets, et encore par nos sens [4].

---

1. *Saducismus triumphatus, or full and plain evidence concerning witches and apparitions, in two parts, the first treating of their possibility, the second of their real existence*, 1681. Il y en a une troisième édition, 1689, in-8°, et une traduction allemande, Hambourg, 1701. Un autre écrit posthume de Glanville a le même caractère, *Lux orientalis*, London, 1682.

2. *Scepsis scientifica, or confessed ignorance the way to science, in an essay of the vanity of dogmatizing and confident opinion*, 1665. — Il a publié aussi des *Essays on several important subjects in philosophy and religion*, in-4°, 1676. Parmi ces *Essais* les deux premiers sont : *Against confidence in philosophy; Of scepticism and certainty*.

3. P. 154 : « These are the alphabet of science, and nature cannot be read without them. »

4. « We know nothing but effects, and those by our sense. »

Nos sens ne dépassent pas les phénomènes, et quand nous voulons rattacher les phénomènes à des causes invisibles et au-dessus de nos sens, nous ne faisons que des hypothèses. Descartes lui-même, « ce grand secrétaire de la nature [1], » quoiqu'il ait surpassé tous les philosophes qui l'ont précédé dans l'explication du système du monde, n'a pourtant donné son opinion que pour une hypothèse. Enfin, si nous connaissions les causes nous connaîtrions tout, de sorte que la prétention du dogmatisme relativement aux causes implique celle de l'omniscience. Sans doute cette polémique est assez superficielle, mais il faut remarquer que Glanville est Anglais, qu'il a eu de la célébrité dans son temps, que Hume dans sa jeunesse a dû trouver assez grande encore autour de lui la réputation de Glanville, qu'il a pu le lire, et que cette polémique contre la connaissance des causes est l'antécédent peut-être de celle de Hume en Angleterre.

Pascal [2] est à tous égards un bien autre personnage. Il est incontestablement sceptique dans plusieurs de ses *Pensées*, et en même temps l'objet de son livre est l'apologie de la religion chrétienne. Ni son scepticisme ni sa théologie n'ont rien de fort remarquable en eux-

---

1. « The great secretary of nature, the miraculous Descartes. »
2. Né en 1623, mort en 1662. Dans nos Études sur Pascal, en rétablissant pour la première fois le texte vrai de plusieurs pensées, et en tirant des pensées nouvelles et inattendues du manuscrit original, jusqu'ici négligé, nous croyons avoir établi de nouveau et, ce semble, invinciblement le scepticisme de Pascal en philosophie. Voyez surtout la deuxième préface, et dans l'ouvrage même la deuxième partie, p. 214-238 de la cinquième édition.

mêmes. Son scepticisme est celui de Montaigne et de Charron, qu'il reproduit souvent dans les mêmes termes : n'y cherchez ni une vue nouvelle ni un argument nouveau. Il en est à peu près de même de sa théologie. Qui donc place si haut Pascal et fait son originalité? C'est que, tandis que le scepticisme n'est évidemment pour d'autres qu'un jeu d'esprit, une combinaison inventée de sang-froid pour faire peur à l'esprit humain de lui-même et le ramener à la foi, il est profondément sincère et sérieux dans Pascal. L'incertitude de toutes les opinions n'est pas entre ses mains un épouvantail de luxe; c'est un fantôme imprudemment évoqué qui le trouble et le poursuit lui-même. Dans ses *Pensées*, il en est une rarement exprimée, mais qui domine et se sent partout, l'idée fixe de la mort. Pascal un jour a vu de près la mort sans y être préparé, elle lui a fait horreur, et il s'adresse à tout ce qui pourra lui garantir le plus sûrement l'immortalité de son âme. C'est pour l'immortalité de l'âme qu'il cherche Dieu ; et du premier coup d'œil que ce jeune géomètre, jusque-là presque étranger à la philosophie, jette sur les ouvrages des philosophes, il n'y trouve pas un dogmatisme qui satisfasse en même temps à son goût de démonstrations rigoureuses et au besoin qu'il a de croire, et il se précipite entre les bras de la foi, et de la foi la plus austère; car celle-là seule promet avec autorité ce que Pascal veut espérer sans crainte. Que cette foi ait aussi ses difficultés, il ne l'ignore pas ; c'est pour cela peut-être qu'il s'y attache davantage comme au seul trésor qui lui reste, et qu'il s'applique à grossir de toute espèce d'arguments, ici de raisons solides, là de vraisemblances, là même de chimères. Livrée à elle-même, la raison de Pascal inclinerait au scepticisme; mais le scepticisme c'est le néant, et cette horrible idée le rejette dans le dogmatisme, et dans le dogmatisme le plus impérieux. Ainsi, d'un côté, une raison sceptique; de l'autre un invincible besoin de croire : de là un scepticisme inquiet et un dogmatisme qui a aussi ses inquiétudes; de là encore, jusque dans l'expression de la pensée, ce caractère mélancolique et pathétique qui, joint aux habitudes sévères de l'esprit géométrique, fait du style de Pascal un style unique et d'une beauté incomparable.

Dans l'école sceptique de Gassendi la foi ne semble guère qu'une affaire de prudence ou d'habitude. Le point de départ de cette école est l'empirisme; son instrument et sa forme est l'érudition, forme commode, qui, entre autres avantages, avait celui de faire passer le scepticisme sous le manteau respecté de l'antiquité. Lamothe le Vayer tient à la fois à Charron et à Gassendi; c'est un sceptique sincère, sauf les ménagements que lui impose sa charge de précepteur des enfants de France [1]. L'abbé Foucher [2] est d'un caractère plus équivoque; il avait été surnommé de son temps le restaurateur de la nouvelle académie, et il a écrit un

1. Né à Paris en 1586, mort en 1672. On lit encore ses *Cinq Dialogues faits à l'imitation des anciens par Horatius Tuberon*. Ses œuvres complètes ont été publiées par son fils, 15 vol. in-12, 1671.

2. Né en 1644, mort en 1696. *Critique de la recherche de la vérité*, in-12, 1675; *Réponse pour la Critique*, in-12, 1676; *Dissertations sur la recherche de la vérité, contenant l'histoire et les principes de la philo-*

livre contre le dogmatisme de Descartes et de Malebranche.

Rien n'est plus clair que le but du scepticisme de Huet. Évêque d'Avranches, employé dans l'éducation des enfants de France, célèbre d'ailleurs comme érudit, Huet, adversaire passionné de Descartes et ami des jésuites, après avoir écrit sa fameuse *Censure de la Philosophie cartésienne,* a laissé un *Traité de la faiblesse de l'Esprit humain* [1]. En même temps, ce prétendu sceptique est auteur de *la Démonstration évangélique.* Mais à qui donc cette démonstration est-elle adressée? A l'esprit humain apparemment, à ce même esprit humain que Huet accuse de ne pouvoir atteindre à la vérité, et qui par conséquent doit être bien incapable de saisir la vérité de la démonstration évangélique et de mettre à profit les leçons qu'on lui donne.

Bayle semblait fait pour le scepticisme par sa curiosité, son érudition et sa mobilité : sa vie est l'image de son caractère [2]. Né protestant, il se fait catholique; à peine est-il catholique qu'il se refait protestant; après

sophie des académiciens, in-12, 1693. Sur Foucher, voyez les Fragments de philosophie moderne. *Correspondance de Leibniz et de l'abbé Nicaise,* p. 280, 284, 289-291, et Fragments de philosophie cartésienne, p. 397.

1. Né à Caen en 1630, mort en 1721. La *Censura philosophiæ cartesianæ* est de 1689. Voyez sur ce livre nos Études sur Pascal, première préface, p. 10, etc., et la belle lettre d'Arnauld qui y est citée, p. 15. Le *Traité philosophique de la faiblesse de l'esprit humain* est un écrit posthume qui a paru à Amsterdam, in-12, 1721. Voyez le jugement que nous en avons porté, *ibid.,* p. 11 et 12.

2. Né à Carlat, comté de Foix, en 1648; mort en Hollande en 1706.

bien des aventures il se retire en Hollande; on dit qu'à la fin il songeait à revenir en France et au catholicisme : car l'un était alors la seule porte de l'autre [1]. Bayle est par-dessus tout un ami du paradoxe. Il se met presque toujours derrière quelque nom ou quelque opinion un peu décriée qu'il reprend en sous-œuvre, sans l'adopter nettement et franchement, mais qu'il excelle à éclaircir, à fortifier et à remettre en honneur. Cependant, pour être juste envers lui, il faut convenir qu'il a inventé, pour son compte, un certain nombre de paradoxes qui lui appartiennent. Par exemple, c'est dans les *Pensées sur la comète* que se trouve pour la première fois le principe fameux qui a fait depuis bien du chemin, et qui n'en est pas plus près de la vérité : qu'une idée fausse ou peu digne de Dieu est pire que l'indifférence ou l'athéisme. C'est encore là que Bayle avance qu'on peut être honnête homme et athée; qu'un peuple sans religion est encore capable d'ordre social, et que toute société n'est pas essentiellement religieuse. Mais si ces

---

[1]. *De l'Instruction publique en Hollande*, ROTTERDAM, p. 134 : « A Rotterdam, sur la place du grand marché, en face de la statue d'Érasme est la maison où vécut Bayle et où il est mort dans la disgrâce du parti protestant. Singulière destinée de cet homme du midi de la France, qui, en voulant échapper à l'intolérance de Louis XIV, s'en va tomber sous la main du synode de Dordrecht, et qui, passant successivement par tous les extrêmes, aboutit au scepticisme. Bayle n'est pas un sceptique systématique comme Sextus et Hume, avouant ses principes et les poussant intrépidement à leurs dernières conséquences. Son scepticisme est comme le fruit de la lassitude, et l'ouvrage d'un esprit curieux et mobile, qui flotte au hasard dans une érudition immense. »

paradoxes, et beaucoup d'autres [1], trahissent dans Bayle un esprit sceptique, ils ne constituent pas un système de scepticisme ; et Bayle est bien plus le père de Voltaire que celui de Hume.

Il me reste à vous entretenir de l'école mystique. Nous avons vu constamment jusqu'ici les exagérations de l'idéalisme et du sensualisme produire le scepticisme, et le scepticisme, ne pouvant détruire le besoin de croire inhérent à l'âme humaine, la contraindre de se réfugier dans le mysticisme. De plus, comme le scepticisme est toujours en raison du dogmatisme qui est devant lui, de même le mysticisme est toujours en raison directe et du scepticisme et du dogmatisme contemporains : aussi, dans le premier âge de la philosophie moderne, y a-t-il eu autant de mystiques importants qu'il y a eu de grands sceptiques et de dogmatiques illustres.

Le mysticisme désespère des procédés réguliers de la science : il croit que l'on peut saisir d'une prise immédiate le principe absolu de toute vérité, Dieu. Il trouve Dieu ou dans la nature, de là un mysticisme physique et naturaliste, si on peut s'exprimer ainsi, ou dans l'âme, et de là un mysticisme moral et métaphysique ; enfin, il a aussi ses vues historiques ; et vous concevez que, dans l'histoire, ce qu'il considère surtout ce sont moins les systèmes philosophiques que les religions ; et

1. Voyez les *Pensées sur la Comète*, et les articles MANICHÉENS, PAULICIENS dans le *Dictionnaire historique et critique*, édit. de Desmaizeaux, 4 vol. in-fol., 1740. Les œuvres de Bayle, autres que son *Dictionnaire*, ont été recueillies en 4 vol. in-fol., la Haye, 1737.

vous concevez encore que ce n'est pas à la lettre même des religions qu'il s'attache, mais à leur esprit tel qu'il se l'imagine, de là un mysticisme allégorique et symbolique. On peut distinguer ces trois points de vue dans le développement complet du mysticisme, et je vous prie de ne les point oublier; mais il me suffit de vous les avoir indiqués. Sans y insister davantage, je me contenterai de vous citer les noms des principaux mystiques de chaque nation de l'Europe au dix-septième siècle.

L'Allemagne, qui a toujours été jusqu'ici le pays classique du mysticisme, nous offre d'abord le fils du célèbre Van Helmont, Mercure Van Helmont, né en 1618, mort en 1699, qui passa toute sa vie à voyager en Allemagne et en Angleterre, et a laissé plusieurs ouvrages, entre autres : *Opuscula philosophica*, in-12, Amsterdam 1690, et *Seder Olam, sive ordo sæculorum, hoc est historica enarratio doctrinæ philosophicæ per unum in quo sunt omnia*, in-12, 1693. Parmi les mystiques allemands, il faut citer Jean Amos, né en 1592 à Comna, en Moravie, et appelé pour cela Comenius, mort en Hollande en 1671, et qui a tenté de réformer la physique par le mysticisme : *Synopsis physices ad lumen divinum reformatæ*, 1633 [1]. Entre les deux substances de la matière et de l'esprit, Amos place la lumière comme intermédiaire.

En Angleterre, il n'est peut-être pas juste de mettre Cudworth parmi les mystiques; c'est bien plutôt un

---

1. Voyez aussi *Joannis Amos Comenii V. Cl. pansophiæ Prodromus*, Lugd. Batav., 1644, in-8°.

idéaliste dogmatique, un platonicien grave et solide, succombant un peu sous le poids de son érudition, et auquel a manqué la méthode. Comme son compatriote Thomas Gale, il est nourri de l'antiquité philosophique. Il a ses racines dans le seizième siècle, et certes un tel platonicien eût été bien grand parmi les Bruno et les Campanella; mais au dix-septième siècle il pâlit devant des esprits tels que Descartes et Leibniz. Il mériterait une étude plus approfondie [1]. Dans son temps il a surtout marqué comme théologien. Il fonda à l'Université de Cambridge une école de platonisme un peu vague avec son collègue et ami Henri More. Celui-ci commence assez bien et finit mal. Il fut un des savants dont Descartes rechercha le jugement et fit imprimer les observations avec ses réponses. More accueillit le cartésianisme et le défendit contre ses détracteurs; il combattit Hobbes et Spinoza; puis il tomba dans le mysticisme néo-platonicien, et jusque dans la cabale [2]. Ne vous en étonnez pas; car, comme nous avons vu jusqu'ici le scepticisme accompagner l'empirisme, de même nous avons vu et nous voyons encore le mysticisme sortir de l'idéalisme. Il ne faut pas oublier, parmi les mystiques anglais de ce temps, Jean Pordage, prédicateur et médecin, qui introduisit en Angleterre les idées de

---

1. Mort en 1688, auteur du *Système intellectuel, The true intellectual System of the Universe*, London, in-fol., 1678; nouvelle édition, en 2 vol. in-4°, 1743, et 4 vol. in-8°, 1820; traduit en latin par Mosheim, Iéna, in-fol., 1735, et 2 vol. in-4°, Lugd. Bat., 1773. Voyez aussi un excellent ouvrage posthume, intitulé : *Treatise concerning eternal and immutable morality*, in-8°, Lond., 1731.

2. Né en 1614 et mort en 1687. Il a publié une foule d'écrits, entre

Böhme, et les présenta sous une forme systématique [1].
Il a eu pour disciple la fameuse Jane Leade, fondatrice
de la *Société des Philadelphes,* et qui est chez nos
voisins l'analogue de notre madame Guyon ou plutôt
d'Antoinette de Bourignon.

En France, en effet, le mysticisme n'a guère eu
moins de succès qu'en Angleterre. Je ne veux point
compter parmi les mystiques, avec quelques historiens
de la philosophie, Pascal ; car si Pascal abandonne la
raison pour la foi, c'est pour la foi catholique, tandis
que le mysticisme incline toujours à l'hétérodoxie. Il
ne faut pas non plus placer dans cet ordre Malebranche ; car Malebranche ne soumet pas la raison à la foi :
il établit la conformité de l'une et de l'autre. On serait
bien plus fondé à y mettre Fénelon, puisque l'auteur du

---

autres : *Immortality of the Soul, by Henry More, fellow of Christ's college in Cambridge*, in-8°, Lond., 1659. *Enchiridion ethicum*, Lond., in-8°, 1660 ; il y en a une quatrième édition in-8°, Lond., 1711. Sur la fin de sa vie, il se voua à la cabale, *Defensio cabbalæ triplicis*, etc. Plusieurs de ses écrits philosophiques anglais ont été par lui réunis sous ce titre : *A Collection of several philosophical writings*, 1 vol. in-fol., deuxième édition, Londres, 1662, in fol. ; quatrième édition, 1712. — *H. Mori Cantabrigiensis Opera omnia, tum quæ latine scripta sunt, nunc vero latinitate donata*, 2 vol. in-fol., Lond., 1679. — *H. Mori Cant. Opera theologica, anglice quidem scripta, nunc vero per auctorem latine reddita,* 1 vol. in-fol., 1700, Lond. — On a publié la vie en 1710, *The Life of the learned and pious Dr Henry More*, etc., in-12.

1. Né en 1625, mort en 1698. On a publié de lui, après sa mort : *Metaphysica vera et divina*, 3 volumes 1725, Francfort et Leipzig ; *Sophia, sive detectio cœlestis sapientiæ de mundo interno et externo*, Amstelod., 1699 ; *Theologia mystica*, Amstelod., 1698, traduite en allemand par *une personne de qualité* (le comte de Metternich), avec une préface de Jane Leade sur la vie et la mort de Pordage.

traité de l'*Existence de Dieu* est aussi celui des *Maximes des Saints,* et que, comme sa célèbre amie, Mme Guyon [1], il préfère la contemplation à la pensée, le pur amour à une piété réglée et la solitude à l'action. Fénelon est incontestablement mystique; mais soit faiblesse, soit humilité, soit bon sens, il ne dépasse point ce degré du mysticisme moral qu'on appelle le quiétisme [2].

Le mystique français le plus fécond et tout ensemble le plus éclairé de cette époque est Pierre Poiret, ministre protestant, né à Metz, en 1646, mort en Hollande, en 1719. D'abord cartésien comme More, comme More il abandonna le cartésianisme pour se jeter dans le mysticisme. Son premier et peut-être son meilleur livre sont les *Cogitationes rationales de Deo, anima et malo,* in-4°, 1677, qui se liaient à toutes les controverses philosophiques et théologiques du temps. L'auteur les réimprima avec de grandes augmentations en 1685; il y en a même une troisième édition de 1715 : on y trouve un libre cartésianisme avec un mysticisme de plus en plus prononcé, et une réfutation très-solide de Spinoza. Viennent ensuite un très-grand nombre d'ouvrages mystiques, mais où la raison n'est jamais tout à fait absente.

1. Née en 1648, morte en 1717. Elle a composé *les Torrents spirituels, le Moyen court et très-facile pour l'oraison,* etc. Il faut bien la distinguer d'Antoinette de Bourignon, qui est une visionnaire extravagante.

2. *Explication des Maximes des Saints,* in-12, 1697. La réfutation de Bossuet est aussi de 1697, *Instruction sur les États d'oraison,* in-8°. Voyez l'opinion de Leibniz sur cette grande controverse, FRAGMENTS DE PHILOSOPHIE MODERNE, *Correspondance de Leibniz et de l'abbé Nicaise,* p. 170, etc.

Un des plus célèbres, et le seul écrit en français, a ce beau titre : *Économie de la divine Providence*, 1687, 7 vol. in-8°, que Poiret traduisit lui-même en latin, qu'il publia de nouveau en 2 vol. in-4° en 1705, et qui même après sa mort a eu l'honneur d'une troisième édition en 1725. Mentionnons encore la *Théologie du cœur*, 2 vol. in-12, 1690; la *Théologie de l'amour*, 1691; *de Eruditione triplici, solida, superficiara et falsa*, 1692, 1707 et 1708; *Fides et Ratio collatæ ac suo utraque loco redditæ adversus principia I. Lockii*, 1707; *Vera et Cognita omnium prima, sive de natura idearum*, 1715; enfin une nouvelle édition de plusieurs écrits de madame Guyon, des œuvres spirituelles de Fénelon et de toutes celles d'Antoinette de Bourignon, 19 vol. in-8°, 1679-1686. Après sa mort on a publié : *Petri Poireti Posthuma*, in-4°, 1721, avec une notice sur sa vie et ses ouvrages. Le seul dont je veux encore vous entretenir un moment est une lettre très-curieuse, dans laquelle il donne une idée assez claire du mysticisme, énumère ses points de vue les plus essentiels, et conclut par une histoire ou du moins une nomenclature étendue des auteurs mystiques [1]. Cette lettre assez courte est un petit monument mystique qui peut tenir lieu de beaucoup d'autres. Oserons-nous dire que Poiret mériterait d'être plus connu? C'est en son genre

---

1. *Bibliotheca mysticorum*, Amstelod., 1708. Au milieu du livre est la lettre en question : *Epistola de principiis et characteribus quibus præcipui ultimorum sæculorum auctores mystici et spirituales fuere instructi*. A la fin, des *Annotationes et additiones*, avec un *Catalogus auctorum mysticorum*.

un esprit assez solide, et qui dans ses erreurs mêmes
sent encore la France du dix-septième siècle. En philosophie il a combattu Spinoza et Locke, et en théologie
le socinianisme. Animé d'une vraie tolérance, il puise
librement les belles et nobles pensées partout où il les
trouve, dans les auteurs de toutes les communions, et
chez les catholiques aussi bien que chez les protestants.
Il tend à la pratique, il se propose le perfectionnement
de l'âme, il est métaphysicien et moraliste, comme Fénelon et Mme Guyon, tandis qu'Amos, Van Helmont et
Pordage sont plutôt des mystiques naturalistes. Poiret
clôt le mysticisme du dix-septième siècle, comme Bayle
le scepticisme de ce même âge, comme Locke et Leibniz
en expriment et en résument l'empirisme et l'idéalisme.

Je vous ai montré l'opposition et la lutte de ces
quatre écoles ; mais n'oubliez pas leur unité : elle est
dans celle du grand mouvement que toutes ces écoles
ont servi et propagé à leur manière. Toutes se lient les
unes aux autres, toutes agissent les unes sur les autres.
L'honneur de notre Descartes est de les avoir toutes
inspirées et dominées. Hobbes et Gassendi tiennent à
Descartes par leur polémique même contre lui; Locke
en vient directement, quoiqu'il s'en sépare ; Malebranche le reconnaît pour maître; Spinoza lui est à la
fois un disciple et un adversaire, et Leibniz est cartésien
encore, malgré qu'il en ait, par tout ce qu'il doit au
cartésianisme. D'un autre côté, Pascal et Huet ont les
yeux sur Descartes. Enfin More et Poiret partent de
Descartes qu'ils abandonnent ensuite. Tous se supposent, se suscitent, se combattent, et forment par leur

lutte même un groupe indivisible : même temps, même esprit, avec les diversités nécessaires pour mettre en relief cette unité ; même point de départ, sinon même but ; enfin même langage et terminologie commune. On sent qu'ils sortent tous du même tronc, quoiqu'ils forment des rameaux très-divers, et que malgré bien des différences ils appartiennent à une même famille dont le père est Descartes, ou plutôt l'esprit du dix-septième siècle.

Si cet esprit dure encore et pousse des rejetons jusqu'au milieu du dix-huitième siècle, comme Berkeley et Wolf, par exemple, ces derniers rejetons n'ont pas moins leurs racines dans le dix-septième siècle, et c'est là qu'est leur vraie patrie. Il y a dans Berkeley comme un souffle de Malebranche, et Wolf est un écolier de Leibniz. L'esprit d'un siècle ne meurt pas et ne naît pas à jour fixe ; l'esprit du dix-septième siècle n'a pas plus fini en 1700 que celui du dix-huitième avec l'année 1799. L'esprit d'un temps peut changer plusieurs fois dans un seul siècle, ou en embrasser plusieurs. En général, on peut dire que les premières années d'un siècle ne lui appartiennent point ; elles sont le prolongement et l'écho de celui qui précède, et qui achève de mourir en quelque sorte dans l'enfance indécise du siècle suivant. Aussi est-ce encore à l'esprit du dix-septième siècle qu'il faut rapporter le premier tiers du dix-huitième. Alors finit le premier âge de la philosophie moderne, et commence son second âge, la philosophie du dix-huitième siècle proprement dite. Avant d'y entrer, jetons un dernier regard sur l'époque que nous venons de parcourir.

Remarquez que cette grande période de l'histoire de la philosophie s'est résolue comme d'elle-même dans la classification où sont déjà venus se ranger les systèmes de l'Inde et de la Grèce, de la Scholastique et de la Renaissance. Ici non-seulement même classification des systèmes, mais de plus même formation. L'idéalisme et l'empirisme se présentent d'abord ; ils produisent assez rapidement le scepticisme, et c'est seulement quand le scepticisme a décrié le dogmatisme idéaliste et empirique que le mysticisme commence à paraître, ou du moins à prendre une haute importance. Ainsi voilà la philosophie moderne pourvue des quatre systèmes élémentaires de toute philosophie ; la voilà constituée. En effet, une philosophie n'est pas constituée tant qu'elle n'a pas tous ses éléments organiques, et elle n'a tous ses éléments organiques que lorsqu'elle est en possession des quatre systèmes que je vous ai fait connaître. La philosophie moderne a mis un long siècle à se former, à acquérir successivement les éléments qui lui sont nécessaires. C'est alors seulement qu'elle est constituée ; mais elle l'est enfin ; et à moins qu'il ne survienne quelque grande catastrophe, il faudra bien que les principes qu'elle enferme dans son sein reçoivent leur entier développement.

Dès lors aussi elle n'est pas moins bien constituée extérieurement. Au quinzième et au seizième siècle, la philosophie moderne n'avait qu'un seul foyer, ou du moins elle avait un foyer principal, l'Italie. C'est en Italie que la philosophie de la Renaissance s'est montrée avec le plus d'éclat; les autres pays ne faisaient guère que la réfléchir. Mais au dix-septième siècle la philosophie a pour théâtre l'Europe entière, comme au moyen âge; et comme au moyen âge aussi, la France a repris le premier rang. On lui doit en effet celui qui est l'auteur de ce grand mouvement, qui l'anime et le soutient par des disciples et des adversaires dignes de lui. Si l'Italie y participe peu, l'Angleterre et la Hollande y fournissent un admirable contingent de nobles esprits. L'Allemagne n'a qu'un homme, mais cet homme est Leibniz. Or l'Allemagne, l'Angleterre et la France sont les nations qui représentent l'esprit nouveau et qui désormais sont maîtresses des destinées du monde : elles assurent à la philosophie leur propre avenir.

Ajoutez qu'au moyen âge et sous la Renaissance la philosophie n'avait guère qu'une seule langue, et encore une langue morte, la langue latine; il y avait bien déjà quelques exceptions au seizième siècle, mais au dix-septième c'est le latin qui est devenu l'exception; partout la philosophie commence à faire usage des langues nouvelles qu'elle régularise. Descartes, Pascal, Malebranche, Fénelon, Bossuet, Bayle, Leibniz ont à leur service cette admirable prose française, digne rivale de la prose grecque, et qui tend à devenir entre leurs mains la langue de la clarté et de la précision en même temps que celle de l'élévation et de la grâce. Bacon et Hobbes écrivent souvent dans la langue de Shakspeare et de Milton; Cudworth, Locke et Berkeley n'écrivent plus qu'en anglais. Le hollandais Spinoza est réduit à la langue latine, qui se soutient dans le Nord et dans l'Allemagne encore un peu barbare, comme nous l'avons dit, et qui n'a trouvé ni sa langue ni sa littérature. Cependant Leibniz commence à écrire [1] en allemand sur des matières philosophiques, il invite ses compatriotes à imiter son exemple, et Wolf le suit quelquefois.

Ainsi, à la fin du dix-septième siècle la philosophie moderne est constituée, je le répète, à l'intérieur et à l'extérieur; elle possède les quatre éléments qui font sa vie; elle est à jamais implantée dans les trois grandes nations qui représentent la civilisation; elle se sert des langues nationales qui en Europe la mettent en communication directe avec tous les hommes un peu instruits de chaque pays; et par là elle s'achemine à devenir un jour une puissance indépendante, universelle, presque populaire.

1. Voyez *Leibnitz's Deutsche Schriften*, de M. Guhrauer, 2 vol. in-18, 1838-1840.

DIXIÈME LEÇON.

PHILOSOPHIE DU XVIIIᵉ SIÈCLE.

Entrée dans le second âge de la philosophie moderne, ou philosophie du XVIIIᵉ siècle. L'induction, fondée sur une expérience constante, prévoit et annonce le retour des quatre systèmes que nous avons toujours rencontrés jusqu'ici. — Concordance de l'induction et des faits. Vue générale de la philosophie du XVIIIᵉ siècle : partout se montrent le sensualisme, l'idéalisme, le scepticisme, le mysticisme ; et partout ils se montrent dans l'ordre où nous les avons toujours vus. — Insister particulièrement sur l'école sensualiste et sur l'école idéaliste. — Sensualisme. C'est Voltaire qui a introduit en France la philosophie de Locke. Appréciation de ce qu'on peut appeler la philosophie de Voltaire. — Condillac. Deux moments dans la philosophie de Condillac, l'*Essai sur l'origine des connaissances humaines* et le *Traité des sensations*. — Helvétius. Le livre *de l'Esprit*. — Saint-Lambert. Le *Catéchisme universel*. — Idéalisme. Philosophie écossaise. — Reid. Ses deux titres auprès de la postérité : sa méthode et la restitution de la puissance naturelle de l'esprit humain. — Philosophie allemande. Kant. Ses mérites, ses défauts. Contradictions de la *Critique de la raison pure* et de la *Critique de la raison pratique*. Principe des erreurs de Kant, fausse théorie de la conscience, considérée comme une simple modification de la sensibilité et par là reléguée dans le domaine de l'empirisme. Réfutation de cette erreur qui a corrompu à sa source la philosophie allemande et devait conduire Kant et ses successeurs à la recherche d'un idéalisme transcendantal, pur de toute subjectivité et entièrement chimérique. — Parallèle de Reid et de Kant. — Fin de la philosophie du XVIIIᵉ siècle, et nécessité de ne pas entrer dans le temps présent. — Conclusion de l'histoire entière de la philosophie : d'une part, que la philosophie ne peut pas être étouffée ; de l'autre, qu'elle n'avance réellement qu'en suivant le sens commun ; enfin que l'histoire de la philosophie a ses lois comme toutes les autres parties de l'histoire universelle, comme le monde moral et comme l'univers lui-même.

Nous avons parcouru, étudié dans toutes ses parties, non-seulement en France, mais dans l'Europe entière, le premier âge de la philosophie moderne, son âge héroïque en quelque sorte, qui s'appelle la philosophie du dix-septième siècle. Nous voyons maintenant s'ouvrir devant nous le second âge de la philosophie moderne, qui commence au dix-huitième siècle et l'embrasse dans toute son étendue, d'un bout de l'Europe à l'autre, jusqu'à la Révolution française et à ce monde nouveau qui est le temps présent.

Êtes-vous curieux de savoir d'abord quel sera au dix-huitième siècle le sort de la philosophie, quels systèmes, quelles écoles vous allez y rencontrer? Nous n'hésiterons pas à vous dire : Montez avec nous sur une de ces tours dont parle Bacon, qui, assises sur de solides fondements, et élevées à une juste hauteur, permettent au regard de découvrir et d'atteindre ce qui se cache encore dans le plus obscur lointain. Et ce n'est point ici à une hypothèse que nous vous adressons : non, c'est à l'induction, c'est-à-dire à la méthode la plus assurée, la plus légitime.

Pensez-y bien en effet. Nous vous avons exposé successivement toutes les grandes époques philosophiques; nous avons la conscience de n'avoir omis dans chacune d'elles aucune école importante, ni dans chacune de ces écoles aucun système célèbre, et l'histoire est constamment venue se résoudre dans les mêmes quatre systèmes se tenant étroitement sans se confondre, se développant harmonieusement, et toujours avec un progrès marqué. Que manque-t-il pour que nous ayons le droit de convertir ce retour constant en une loi de l'histoire?

Rappelez-vous par quels procédés et à quelle condition on obtient une loi dans l'ordre physique. Lorsqu'un phénomène se présente avec tel caractère dans telle circonstance, et que, la circonstance changeant, le caractère du phénomène change aussi, il s'ensuit que ce caractère n'est point la loi du phénomène; car ce phénomène peut être encore, alors même que ce caractère n'est plus. Mais si ce phénomène se présente avec le même caractère dans une suite de cas nombreux et divers, et même dans tous les cas qui tombent sous l'observation, on en conclut que ce caractère ne tient pas à telle ou telle circonstance, mais à l'essence même du phénomène. Tel est le procédé qui donne au physicien et au naturaliste ce qu'on appelle une loi. Quand l'esprit est en possession de cette loi, il la transporte du passé dans l'avenir et prédit que, dans toutes les circonstances analogues qui pourront avoir lieu, le même phénomène se reproduira avec le même caractère. Cette prédiction, c'est l'induction : l'induction a pour condition nécessaire une supposition, celle de la stabilité des lois de la nature; car ôtez cette supposition, admettez que la nature ne se ressemble pas à elle-même, la veille ne garantit pas le lendemain, l'avenir échappe à la prévoyance, et toute induction est impossible [1]. La supposition de la stabilité des lois de la nature est la condition nécessaire de l'induction; mais, cette con-

---

1. Voyez, sur le principe de la stabilité des lois de la nature comme condition de toute induction, PHILOSOPHIE ÉCOSSAISE, leçon IV, p. 296.

dition accomplie, l'induction, appuyée sur une observation suffisante, a toute sa force. Dans l'ordre moral, le même procédé sévèrement employé donne également au moraliste et au politique le droit de prévoir et de prédire l'avenir. Ici, étant données toutes les époques de l'histoire de la philosophie, qui sont autant d'expériences en ce genre, quand toutes ces expériences, si différentes qu'elles soient par les circonstances extérieures, nous ont toujours offert le même phénomène avec le même caractère, c'est-à-dire le retour constant de quatre systèmes, je le demande encore, que manque-t-il pour que nous ayons le droit de considérer ce résultat comme la loi même du développement de l'histoire de la philosophie? Dira-t-on que l'observation repose sur un trop petit nombre de cas? Mais nous avons commencé par l'Orient, et nous sommes allé jusqu'à la fin du dix-septième siècle : nous avons cinq grandes expériences, dont l'une embrasse douze cents ans. L'observation repose donc sur un assez grand nombre de cas particuliers; car elle embrasse tous les cas existants; nous n'en avons omis aucun : chaque grande expérience philosophique a présenté le même caractère, la division en quatre systèmes élémentaires. Reste une seule condition à remplir, à savoir la supposition de la stabilité des lois de l'esprit humain, supposition aussi nécessaire ici que celle de la stabilité des lois de la nature dans l'ordre physique. Mais à quel titre supposerait-on plutôt la nature physique semblable à elle-même, que l'esprit humain semblable à lui-même? C'est sur la supposition de cette ressemblance qu'est fondée toute la vie humaine. Vous supposez que l'humanité fera demain ce qu'elle a fait aujourd'hui, les circonstances étant analogues, comme vous supposez que l'univers ne se lassera point de reproduire ce qu'il a produit déjà. L'induction n'a pas moins d'autorité dans un ordre que dans l'autre. Ainsi, quand, après avoir rencontré, dans toutes les grandes époques de l'histoire de la philosophie, le même phénomène avec le même caractère, nous arrivons en présence du dix-huitième siècle, l'induction nous autorise à prédire que, si la nouvelle expérience que nous allons faire est étendue, développée, complète (car une expérience incomplète ne prouve rien), l'esprit humain, fidèle à lui-même, présentera les mêmes phénomènes philosophiques qu'il a offerts jusqu'ici, avec les mêmes caractères, et que la philosophie du dix-huitième siècle se résoudra encore en sensualisme, en idéalisme, en scepticisme et en mysticisme. L'induction porte incontestablement jusque-là; il n'y a plus qu'à soumettre cette légitime conjecture à une dernière et décisive épreuve, celle des faits.

Or, la plus légère connaissance des faits, l'étude la moins approfondie des systèmes philosophiques au dix-huitième siècle, suffit à prouver que la logique ne nous a point trompés, car les faits donnent précisément le même résultat que suggérait d'avance l'induction tirée des lois de l'histoire et de celles de l'esprit humain. Il est aisé d'établir en effet qu'au dix-huitième siècle comme au dix-septième, comme à la Renaissance, comme au moyen âge, comme en Grèce, comme en

Orient, il n'y a eu que quatre systèmes fondamentaux, et les quatre systèmes que vous connaissez.

Partout, il est vrai, règne le préjugé contraire. Le dix-huitième siècle est un si grand siècle que toutes les écoles se le disputent. En France c'est presque un dogme que le sensualisme est toute la philosophie du dix-huitième siècle. En Allemagne on considère le sensualisme comme une mode française qui sert d'ombre au système fondamental, l'idéalisme, lequel semble composer à lui seul la philosophie allemande du dernier siècle. D'autre part, il ne manque pas de gens qui honorent ce siècle par un tout autre endroit, comme ayant répandu et établi enfin dans le monde le mépris de tous les systèmes, le scepticisme. Écoutez aussi le disciple de Swedenborg : il vous dira que le dix-huitième siècle est l'avénement définitif de la philosophie divine. D'où viennent ces opinions si opposées? D'une raison très-simple : c'est qu'au lieu de s'élever au point de vue européen, chacun s'arrête d'ordinaire au point de vue de son pays. Mais un pays, quel qu'il soit, en Europe, n'est qu'un fragment de l'Europe, et n'y représente qu'un côté de l'esprit humain et des choses. Il est naturel que dans chaque pays domine un système particulier, et que tous ceux qui sont, pour ainsi dire, dans l'horizon de ce système ne voient pas au delà, et fassent l'Europe à l'image de leur patrie. Mais par cela même que dans chaque pays a dominé un système particulier, comme il y a plus d'un pays en Europe, on peut en conclure que nul système particulier n'a dominé dans la philosophie européenne au dix-huitième siècle, et que cette philosophie, considérée dans son ensemble et dans toute son étendue, est le triomphe d'une chose bien autrement grande que tous les systèmes, à savoir la philosophie elle-même.

Oui, l'Europe philosophique au dix-huitième siècle n'appartient qu'à la philosophie; elle contient tous les systèmes, elle n'est absolument et exclusivement représentée par aucun d'eux. Je vais plus loin, et je dis que, si la philosophie générale de l'Europe comprend tous les divers systèmes qui brillent dans les divers pays de l'Europe, chacun de ces pays, pour n'être qu'une partie de la grande unité européenne, pris en soi ne laisse pas d'être aussi une unité plus ou moins considérable; et que cette unité particulière, si elle est un peu riche et si l'esprit philosophique y a reçu un développement de quelque importance, présente encore, sous la domination de tel ou tel système particulier, tous les autres systèmes, obscurcis, il est vrai, mais non entièrement étouffés par le système vainqueur; de telle sorte que la philosophie de chaque grand pays de l'Europe est encore une philosophie complète, qui a ses quatre éléments distincts, parmi lesquels il en est un qui l'emporte sur les autres.

Il est certain qu'en France, au dix-huitième siècle, le système philosophique qui a fait le plus de bruit et jeté le plus d'éclat est celui qui fait tout venir des données sensibles; mais il ne faut pas croire que les autres systèmes aient alors manqué à la France. Sans parler de l'ancien esprit de Descartes, de Malebranche, de Bossuet et de Fénelon, qui ne s'éteignit pas tout à fait parmi nous avec le dix-septième siècle, peut-on dire que le sensualisme ait régné sans contradiction dans le pays où écrivait Rousseau? Tous les écrits de Rousseau ne contiennent-il pas, sous des formes plus ou moins sévères, un système prononcé de spiritualisme, la défense de la conscience, de la vertu désintéressée, de la liberté, de l'immatérialité et de l'immortalité de l'âme, et de la divine providence? Il suffit de rappeler la première partie de la *Profession de foi du vicaire savoyard*. Un homme bien inférieur à l'auteur d'*Émile* comme écrivain, mais qui lui est très-supérieur comme philosophe, Turgot, est aussi l'adversaire déclaré du sensualisme en morale comme en métaphysique. Ses *Discours sur l'histoire universelle*, et l'article *Existence* dans l'*Encyclopédie*, portent une empreinte un peu indécise, mais très-réelle, de sage et tempéré idéalisme. Quant au scepticisme, pour ne pas l'apercevoir en France au dix-huitième siècle, il faudrait oublier Voltaire. Qu'est-ce en effet que Voltaire[1]? Le bon sens un peu superficiel; or, à ce degré, le bon sens mène toujours au doute. Voilà comment la philosophie habituelle de Voltaire consiste à n'épouser aucun système et à se moquer un peu de tous; c'est le scepticisme sous sa livrée la plus brillante et la plus légère. Il est juste aussi de reconnaître que jamais le mysticisme n'a eu en France un interprète plus profond, plus éloquent, et qui ait exercé plus d'influence que Saint-Martin. Les ouvrages de Saint-

---

1. Sur Rousseau, Turgot et Voltaire, voyez plus bas dans le cours de cette leçon.

Martin, célèbres dans toute l'Europe, ont fait école parmi nous [1].

Si en Angleterre vous ne voyez que Londres au dix-huitième siècle, vous n'y verrez guère que le sensualisme. Mais à Londres même vous trouveriez, à côté de Priestley, Price, cet ardent ami de la liberté, cet ingénieux et profond économiste, qui a renouvelé et soutenu avec éclat l'idéalisme platonicien de Cudworth [2]. Si Price est presque seul en Angleterre, l'école écossaise tout entière est spiritualiste; et ce ne sont pas des noms sans gloire que ceux des professeurs qui se sont succédé en Écosse dans les chaires d'Aberdeen, de Glascow et d'Edinburgh, depuis le premier quart du dix-huitième siècle jusqu'à nos jours, Hutcheson, Smith, Reid, Ferguson, Beattie, et M. Dugald Stewart. En fait de scep-

---

1. Né en 1743, mort en 1803, il a tour à tour publié des traductions ou imitations de Böhme et des écrits originaux. Voici ces derniers, ceux du moins que nous connaissons, dans l'ordre chronologique : *des Erreurs et de la vérité*, Lyon, 1775, 1 vol. in-8°. *Tableau naturel des rapports qui existent entre Dieu, l'homme et l'univers*, Lyon, 1782, 2 vol. — *L'Homme de désir*, Lyon, 1790, 1 vol. — *Lettre à un ami sur la révolution française*, Paris, an III. — *Ecce Homo*, 1 vol., Paris, an IV. — *Le Nouvel homme*, Paris, 1 vol., an IV. — *Éclair sur l'association humaine*, Paris, an V. — *Le Crocodile*, poëme épiquo-magique, Paris, an VII. — *De l'Esprit des choses*, 1801, 2 vol. — *Le Ministère de l'homme esprit*, Paris, 1802, 1 vol. — *OEuvres posthumes*, Tours, 2 vol., 1807.

2. Richard Price, né en 1723, mort en 1791. Liste de ses écrits philosophiques : *Review of the principal Questions in Morals*, London, 1758, troisième édition, London, 1787. — *Four dissertations on Providence, on Prayer*, etc., deuxième édition, 1768. — *A free discussion of the doctrine of Materialism and philosophical Necessity in a correspondence between Dr. Price and Dr. Priestley*, by Dr. Priestley, London, 1778.

ticisme, il me suffira de vous nommer Hume, qui est toute une école [1]. Le mysticisme est aussi très-florissant dans la patrie de Pordage et de Jeanne Leade. Songez que Swedenborg, pendant son séjour à Londres, y a fondé une école mystique devenue une Église, qui compte de nombreux fidèles, qui a des organes périodiques, et plusieurs chapelles.

Sans doute ce qui règne au delà du Rhin est l'idéalisme. Tel est en effet le caractère général de la grande philosophie née en 1781 à Kœnigsberg, avec la *Critique de la raison pure*, et qui se prolonge avec un progrès toujours croissant jusqu'à nos jours, par une suite non interrompue d'hommes supérieurs dont les noms commencent à franchir les frontières de leur patrie. Cepen-

---

[1]. David Hume, né à Édinburgh en 1711, mort dans la même ville en 1776. Lui-même dans son autobiographie (*my own life*) nous apprend que dans sa jeunesse il passa plusieurs années en France dans une profonde retraite, à Reims et à la Flèche, de 1734 à 1737, et y composa son premier ouvrage, le traité sur la nature humaine, *A treatise of human nature, being an Attempt to introduce the experimental methode of reasoning into moral subjects*, avec cette épigraphe de Tacite : *Rara temporum felicitas ubi sentire quæ velis et quæ sentias dicere licet*, London, 1739, deux volumes in-8°. Cet ouvrage n'eut aucun succès. C'est pourtant le fond des célèbres *Recherches sur l'entendement humain, An Inquiry concerning human Understanding*, qui parurent beaucoup plus tard, en 1751, quand l'auteur s'était déjà fait connaître par des *Essais moraux, politiques et littéraires*, publiés en 1742. Il mit encore au jour d'autres ouvrages, entre autres une *Histoire naturelle de la religion*, avant de se consacrer à l'histoire d'Angleterre. Ses Œuvres philosophiques ont été recueillies à part, en quatre volumes, à Londres en 1826. Il y a des traductions françaises de presque tous ses écrits, excepté du premier. En 1807, M. Ritchie a donné une *Vie de Hume*, 1 vol. in 8°, bien surpassée par l'excellent ouvrage de M. Burton, *Life and correspondence of David Hume*, 2 vol. in-8°, 1846.

dant l'idéalisme en Allemagne n'a pas entièrement effacé les autres systèmes ni même le sensualisme. Kant a trouvé une forte opposition dans plus d'un de ses compatriotes, surtout dans Herder, qui a écrit plusieurs ouvrages contre le *Criticisme,* et dont la philosophie de l'histoire est conçue dans un esprit différent [1]. Le scepticisme a eu son interprète, M. Schulze, le spirituel auteur d'*Ænésidème* [2]. Aussi ingénieux et tout autrement profond, Frédéric Jacobi [3] a combattu également l'empirisme et l'idéalisme, et il a renouvelé le scepticisme de Hume en en changeant radicalement le caractère, au profit du sentiment et de l'enthousiasme; penseur original, écrivain de premier ordre, dont la renommée croit après sa mort et balance celle de son illustre rival, M. Schelling. Enfin y a-t-il eu en Allemagne depuis le cordonnier de Görliz, Jacob Böhme, un mystique plus célèbre, plus savant, et nous allions dire plus accompli que cet Emmanuel Swedenborg qui comprend en sa personne presque tous les mystiques antérieurs, et embrasse les trois points de vue essentiels sous lesquels s'est jusqu'ici présenté le mysticisme, à savoir le mysticisme métaphysique et moral, le mysticisme naturaliste et le mysticisme allégorique [4]?

Cette revue très-incomplète suffit pour démontrer ce qu'il fallait établir, que, si dans chaque pays de l'Europe a dominé peut-être un système particulier, ce

---

1. INTRODUCTION A L'HISTOIRE DE LA PHILOSOPHIE, leç. XI, p. 240.
2. Voyez plus bas, p. 524.
3. *Ibid.*
4. Né à Stockholm en 1688, mort à Londres en 1772. Ses ouvrages

système n'a pourtant aboli nulle part les autres systèmes. Maintenant tirez de ces différents pays et rapprochez tous les systèmes analogues; mettez ensemble les systèmes sensualistes de la France, de l'Allemagne et de l'Angleterre, puis les systèmes idéalistes, puis encore les systèmes sceptiques et les systèmes mystiques, et vous avez ainsi sur le théâtre de la philosophie européenne quatre grandes écoles, qui toutes les quatre se recommandent par des services considérables, et présentent à l'impartiale postérité des noms presque aussi célèbres les uns que les autres. Si d'ailleurs on recherche la part de chaque pays dans le travail général, on trouvera que la France et l'Angleterre représentent plus particulièrement le sensualisme et le scepticisme; l'Écosse et l'Allemagne le spiritualisme, à des

sont innombrables. Voici les principaux : *Emmanuelis Swedenborgii opera philosophica et mineralia*, 3 vol. in-fol. Dresdæ et Lipsiæ, 1734. — *Prodromus philosophiæ ratiocinantis de infinito et causa finali creationis, deque mecanismo operationis animæ et corporis*, Dresdæ et Lipsiæ, 1734, in-12. — *Doctrina novæ Hierosolymæ*, in-4°, Amstelod., 1763. — *De Cœlo et ejus mirabilibus, et de Inferno ex ejus auditis et visis*, in-4°, Londres, 1758. — *Deliciæ sapientiæ de amore conjugali; post quas sequuntur voluptates insaniæ de amore scortatorio*, in-4°, Amstelod., 1768.— *Vera christiana religio, continens universam theologiam novæ ecclesiæ*, in-4°, Amstelod., 1771. — Il s'est formé à Londres, dès 1783, une société théosophique et swedenborgienne qui a produit successivement de véritables congrégations religieuses, puissantes et accréditées. Le swedenborgisme est devenu une église, *la Nouvelle Jérusalem*. Elle est répandue en Pologne, en Russie, en Amérique, en Afrique même, dit-on. Elle est reconnue en Suède. Une société établie à Tubingen publie une édition complète de tous ses ouvrages, et en France même, en 1819, M. Moet en a entrepris une traduction.

degrés différents ; pour le mysticisme, il est un peu partout, et surtout en Allemagne.

Voilà l'incontestable résultat que donne l'observation : l'observation confirme donc la théorie. L'induction, appuyée sur l'histoire entière du passé, divisait d'avance la philosophie du dix-huitième siècle en quatre écoles, et nous avons trouvé qu'en effet cette époque de l'histoire de la philosophie se divise de cette façon. Cette division, qui en elle-même ne serait qu'un fait réel mais arbitraire, devient un fait nécessaire par son rapport à l'histoire entière qu'elle continue, et on peut dire qu'elle en exprime une loi.

Ajoutez que jusqu'ici nous n'avons pas seulement rencontré ces quatre écoles, mais que nous les avons toujours rencontrées dans un ordre qu'il importe de rappeler.

L'esprit humain, ainsi qu'une fidèle analyse[1] nous l'a enseigné, ne débute pas par la négation ; car, pour nier, il faut avoir quelque chose à nier ; il faut donc avoir affirmé, et l'affirmation est le premier acte de la pensée. L'homme commence par croire, soit à ceci, soit à cela, et le premier système est nécessairement dogmatique. Ce dogmatisme est sensualiste ou idéaliste, selon que l'homme se fie davantage ou à sa raison ou à sa sensibilité, mais il répugne que l'on commence par le doute. Or, si le scepticisme présuppose le dogmatisme, le mysticisme à son tour présuppose le scepticisme. Car qu'est-ce que le mysticisme ? C'est, disons-le encore

---

1. Voyez la première leçon.

une fois, le coup de désespoir de la raison humaine qui, après avoir cru à elle-même et débuté par le dogmatisme, effrayée et découragée par le scepticisme, se réfugie dans le sentiment et dans la pure contemplation. Voilà le mouvement naturel des systèmes dans l'esprit humain. En concluant de l'esprit humain à son histoire, nous n'avons pas craint d'affirmer qu'ici encore l'histoire reproduirait ce que nous avait donné l'analyse; et la méthode expérimentale, toujours d'accord avec la méthode rationnelle, nous a montré partout, dans chacune des grandes époques de l'histoire de la philosophie, le sensualisme et l'idéalisme, le scepticisme et le mysticisme se développant réciproquement et dans un ordre presque invariable. Partout, sur le premier plan de chaque époque, nous avons trouvé deux dogmatismes qui bientôt, entrant en lutte l'un contre l'autre, se blessent l'un l'autre, et finissent par évoquer le scepticisme ; celui-ci réagit sur eux à son tour et les modifie, en même temps qu'ils influent puissamment aussi sur sa marche et sur son caractère ; et c'est alors que paraît le mysticisme, qui, né en quelque sorte de la peur du scepticisme et de la défiance de tout dogmatisme fondé sur la seule raison, s'écarte également de tous les deux, en s'y rattachant encore par la guerre même qu'il leur livre. Cet ordre constant du développement des systèmes, nous pouvons l'ériger en loi, au même titre que la division des systèmes en quatre classes ; et par conséquent nous pouvons prédire qu'au dix-huitième siècle non-seulement les mêmes systèmes se reproduiront, mais qu'ils se reproduiront dans le même ordre. En effet, si vous examinez attentivement les quatre grandes écoles qui se disputent la domination philosophique, sans jamais l'obtenir exclusivement, au dix-huitième siècle, vous verrez qu'elles sont toutes les quatre entre elles dans le rapport que nous venons de déterminer. Il n'y a pas alors une seule école qui n'agisse sur les trois autres et n'en ressente l'influence; et c'est ce développement relatif des écoles, cette réciprocité d'action, cette action et réaction perpétuelle, qui constitue la vie philosophique de l'Europe.

Faites-vous donc une idée exacte de la véritable situation de la philosophie au dix-huitième siècle. Le siècle précédent s'était terminé partout, excepté en Angleterre, par le triomphe de l'idéalisme; l'idéalisme n'avait pas étouffé, mais il avait vaincu le sensualisme; et lui-même il s'était perdu dans ses propres fautes, dans les hypothèses sublimes et chimériques qui marquaient l'ascendant et amenèrent la ruine du cartésianisme. C'est alors que la minorité philosophique du dix-septième siècle, forte des fautes de la majorité, devint majorité à son tour; et le sensualisme, qui jusque-là ne comptait qu'un certain nombre de partisans monta au premier rang, d'abord en Angleterre, puis en France, en sorte que vers 1740 Locke était le philosophe de toute l'Europe éclairée. Plus tard parut un autre idéalisme, celui de Rousseau et de Turgot, de l'école écossaise et de l'école allemande. Mais Rousseau est évidemment un opposant, un spiritualiste luttant avec énergie contre la philosophie sensualiste victorieuse, représentée par les encyclopédistes. De même Reid est un antagoniste de Locke;

l'école écossaise est une protestation du bon sens permanent de l'humanité contre les extravagances de la majorité nouvelle; car, retenez-le bien, je vous prie, on n'est jamais majorité impunément. Kant, c'est Reid en grand, c'est-à-dire encore un antagoniste de Locke. Ainsi, tandis que le sensualisme du dix-huitième siècle était une réaction contre l'idéalisme du dix-septième, l'idéalisme de la fin du dix-huitième siècle est une réaction contre le sensualisme qui l'avait précédé. Quant au scepticisme, essayez, je vous prie, de comprendre Hume sans Locke et Berkeley. Qu'est-ce que Hume? Le dernier mot du système sensualiste de Locke et du système idéaliste de Berkeley. En Allemagne, Schulze-Ænésidème [1] et Hume-Jacobi [2] supposent une école sensualiste et une école idéaliste puissantes et redoutables; car leur scepticisme, surtout celui de Jacobi, tombe à la fois sur l'une et sur l'autre. Et par parenthèse, remarquez comme l'histoire est bien faite, comme l'esprit qui y préside fait toute chose en son temps avec poids et mesure, et amène les systèmes quand il est bon qu'ils arrivent : après Locke et Berkeley, après Condillac et Kant, le scepticisme était nécessaire, et c'est alors qu'il est venu en Angleterre et en

---

1. Le grand ouvrage de Schulze est intitulé : *Ænésidème, ou des fondements donnés à la philosophie allemande par le professeur Reinhold, avec une défense du scepticisme contre les prétentions de la Critique de la raison*, 1792. Voyez sur Schulze nos FRAGMENTS ET SOUVENIRS, *Souvenirs d'Allemagne*, p. 109.

2. Jacobi est auteur du traité célèbre : *David Hume et de la Foi, ou l'Idéalisme et le Réalisme*. On ne connaît guère parmi nous ce noble esprit et ce noble cœur que par son roman philosophique de WOLDEMAR, traduit par Vanderbourg, 2 vol. in-12, an IV.

Allemagne. D'un autre côté, Swedenborg n'a-t-il pas eu devant lui, comme un épouvantail, les abstractions mathématiques de Wolf, et Saint-Martin n'a-t-il pas été poussé à son mysticisme par l'effroi que lui causaient et le scepticisme auquel il voulait échapper et le triste dogmatisme de son temps? Il en est de même de Frédéric Schlegel, de Baader, et des autres mystiques allemands de notre âge[1]. Ce sont, à mon gré, les enfants d'une époque blasée en fait de spéculation, les derniers produits d'une philosophie découragée qui s'abjure elle-même. Tous ou la plupart ont été d'ardents dogmatiques, que la lutte et le mouvement des systèmes s'entre-détruisant l'un l'autre ont précipité vers le scepticisme, et qui ont cherché un asile, les uns, les plus sensés, sous la discipline régulière et bienfaisante de l'Église, les autres dans un mysticisme hétérodoxe, arbitraire et chimérique. Mais enfin tout ce mysticisme est né du désespoir de la raison spéculative, et on n'arrive au désespoir qu'après avoir passé par l'illusion. Tenons donc comme un point incontestable que non-seulement il y a eu quatre grandes écoles au dix-huitième siècle comme au dix-septième, mais que ces quatre grandes écoles s'y sont aussi développées régulièrement: d'abord le sensualisme et l'idéalisme, puis le scepticisme, puis le mysticisme.

Tel serait aussi le plan, les divisions et l'ordonnance d'une histoire de la philosophie du dix-huitième siècle, sur le modèle de celle que nous vous avons présentée

---

1. Voyez sur Fr. Schlegel et Franz Baader, dans l'ouvrage déjà cité, *Souvenirs d'Allemagne*, p. 68 et 69, p. 71-76.

de la philosophie du siècle précédent. Mais le temps qui s'enfuit nous interdit d'entreprendre un pareil tableau dans les amples proportions qu'il exigerait pour contenir quatre écoles si riches en systèmes et en personnages célèbres. Contentez-vous de la rapide mais fidèle esquisse qui vient de passer devant vous : elle marque au moins toutes les grandes lignes, elle signale tous les grands noms. La seule chose qui nous soit permise, dans les étroites limites qui nous pressent, c'est d'insister un peu davantage sur certaines parties de ce vaste ensemble qu'il vous importe de mieux connaître. Ainsi, qu'il nous suffise d'avoir bien constaté l'existence et le rôle du scepticisme et du mysticisme au dix-huitième siècle et de vous en avoir indiqué les principaux représentants, et employons, s'il vous plait, le peu de moments qui nous restent à considérer de plus près les deux autres écoles qui constituent le fond de toute grande époque philosophique et occupent toujours et partout le premier rang, l'école sensualiste et l'école spiritualiste. Si le temps nous manque pour entrer dans l'analyse approfondie des systèmes, du moins nous pourrons mettre sous vos yeux quelques figures illustres où se peint presque tout entière la philosophie de cet âge.

Vous le savez : Locke est le père de l'école sensualiste du dix-huitième siècle. Sa philosophie sortit de bonne heure du sol où elle était née; elle passa vite en France et s'y répandit rapidement, grâce surtout à la plume et à l'influence de Voltaire [1].

---

1. Né à Paris en 1694, mort en cette ville en 1778. La meilleure

Avant que Voltaire connût l'Angleterre et Locke, il n'était pas Voltaire, et le dix-huitième siècle se cherchait encore. Le siècle précédent avait tristement fini. La révocation de l'édit de Nantes avait marqué le terme de sa vraie grandeur, et inauguré sous les plus sombres auspices la décadence du siècle et du monarque. Dès lors on avait vu la majesté remplacée par l'étiquette, le génie par la médiocrité complaisante, et la grande piété par une dévotion mesquine et souvent par l'hypocrisie. Cette déplorable fin d'un si admirable règne avait semé dans tous les esprits indépendants les germes d'une réaction qui devait avoir aussi ses excès. Voltaire reçut ses premières impressions de la société de Ninon et de la tradition affaiblie de la minorité sceptique du dix-septième siècle [1]. Il ne fut d'abord qu'un bel esprit frondeur. Pour convertir son humeur malicieuse en une opposition systématique, et lui inspirer la passion infatigable, l'unité, le sérieux même sous le voile de la plaisanterie, qui firent de Voltaire un chef d'école, il fallut qu'il rencontrât dans un pays voisin ce qui n'était pas alors en France, un grand parti, en possession de toute une doctrine, et s'y appuyant pour revendiquer cette liberté illimitée de penser et d'écrire dont Voltaire avait besoin. Déjà, avant son voyage à Londres, il avait vu de près l'un des hommes les plus spirituels de ce pays, lord Bolingbroke, courtisan en disgrâce, opposant sans principes, mais libre penseur

---

édition de ses œuvres est celle de Beuchot en 70 vol. in-8°, avec une excellente table en deux vol.

1. Voyez leç. VII, p. 328 et 329.

décidé, qui lui avait donné un avant-goût des idées et des mœurs anglaises. En arrivant en Angleterre, Voltaire n'était qu'un poëte mécontent ; l'Angleterre nous le rendit philosophe, ami de l'humanité, soldat déclaré d'une grande cause : elle lui donna une direction déterminée et un fonds d'idées sérieuses en tout genre, capables de défrayer une longue vie d'écrits solides et aussi d'épigrammes.

Dans l'ordre scientifique, Voltaire trouva à Londres, régnant sans partage, l'admirable physique de Newton. Il l'étudia, et ce fut là sa première conquête anglaise. Mais, dans la philosophie, Newton ne régnait point. Ce n'était plus le temps où le plus grand des physiciens, par l'intermédiaire d'un interprète habile, discutait, avec le plus grand des métaphysiciens, les questions de l'espace et du temps, de la création, des attributs de Dieu[1]. Peu à peu avait prévalu en Angleterre une métaphysique nouvelle, d'un caractère équivoque, et où Newton voyait avec douleur reparaître les principes de Hobbes. En ramenant toutes nos idées à l'expérience des sens, elle flattait à la fois les préjugés de beaucoup de savants, et ceux de la plupart des hommes, qui ne croient guère qu'à ce qu'ils voient de leurs yeux ou se représentent par des images sensibles. Aussi avait-elle trouvé de nombreux disciples[2], qui en avaient exprimé et même exagéré toutes les conséquences. C'est au milieu de cette société libre et scep-

---

1. Voyez le recueil de Desmaizeaux, *Recueil de diverses pièces*, etc., par MM. *Leibniz, Clarke, Newton*, etc.
2. Plus haut, leçon IX, p. 484, etc.

tique, que tomba Voltaire en arrivant en Angleterre. Il en adopta les principes et les rapporta en France.

L'influence de l'Angleterre est partout en France au dix-huitième siècle. Le plus grand esprit du temps, Montesquieu lui-même n'y a point échappé. Comment, en effet, n'aurait-il pas été frappé de la beauté du seul gouvernement libre qu'il y eût alors en Europe, de ce gouvernement sorti de deux grandes révolutions, empreint du vieil esprit démocratique de 1640 et du caractère sagement aristocratique de 1688? Montesquieu, je le dis à son honneur, ne put voir de près ce grand système d'institutions libres et tempérées sans l'admirer et sans le souhaiter à son pays. Mais si l'Angleterre inspira Montesquieu, elle ne l'enchaîna pas : elle lui laissa toute la liberté de son jugement, cette intelligence qui ne relève que d'elle-même, qui embrasse tous les pays et tous les temps, et les principes si nouveaux et si profonds mis dans le monde par l'*Esprit des lois* sont la gloire de l'esprit humain et de la France. Il n'en est pas de même de Voltaire. Voltaire a répandu, popularisé la philosophie de Locke : il n'a, par lui-même, trouvé aucun principe ni même aucun argument nouveau, général ou particulier. Ce serait prendre trop au sérieux ce charmant esprit, ce prince des gens de lettres, que d'en faire un métaphysicien, encore bien moins un métaphysicien original.

Voltaire, nous l'avons dit, c'est le bon sens superficiel. Il n'avait guère étudié la philosophie. Incapable de longues réflexions, un instinct heureux le portait d'abord du côté du vrai. Toutes les extrémités

répugnaient à sa raison. Il avait un sentiment trop vif
de la réalité pour se payer d'hypothèses, et trop de
goût pour s'accommoder d'une doctrine qui eût eu le
moins du monde l'apparence pédantesque. Il ne lui
fallait pas même de bien hautes conceptions, des spéculations très-profondes. La théorie des Idées de Platon,
les démonstrations de l'existence de Dieu de Descartes,
les vues de Leibniz sur l'essence de la matière, l'eussent
effrayé. Tout ce qui dépasse un certain point que peut
atteindre d'une première vue un esprit prompt et juste,
le surpasse. Son bon sens incline au doute. Le doute
devient-il à son tour dogmatique : il l'abandonne ; il
ne s'engage pas ; il craint le chimérique, et par-dessus
tout le ridicule. Ajoutez à ces dispositions une âme
naturellement amie du bien, quoique la passion et cette
malheureuse vanité d'homme de lettres l'égarent souvent, vous vous expliquerez aisément l'admiration de
Voltaire pour Locke, l'effet que produisit sur lui sa
philosophie dès qu'il la connut, la chaleur qu'il mit à
la propager, et le respect avec lequel il parle dans tous
ses ouvrages de l'auteur de l'*Essai sur l'entendement
humain*. A son retour de Londres, Voltaire introduisit
en France la physique de Newton et la métaphysique
de Locke. Il n'ajouta rien à Locke pas plus qu'à Newton ; il n'en ôta rien, lui laissa ses qualités et ses défauts, ses vérités et ses erreurs. Il avait trouvé ce qu'il
cherchait, une philosophie un peu mondaine, ennemie des abstractions, des chimères de toute sorte,
pleine de faits, d'observations intéressantes et judi-
cieuses, et sceptique sans excès. Il y avait assez de

hardiesses pour plaire à cet esprit hardi, pas assez pour effrayer son bon sens. Voltaire fut donc, au moins dans ses premiers ouvrages, un disciple fidèle de Locke [1]. Il n'avait alors en vue qu'une opposition modérée contre la philosophie du siècle qui venait de finir. Heureux s'il avait toujours gardé cette juste mesure, et s'il ne s'était pas laissé entraîner par le fanatisme de son école au delà de ses propres convictions !

Rendons-lui cette justice que dans ses plus mauvais

---

[1]. Il pousse le bon sens jusqu'à trouver quelquefois de l'excès dans Locke lui-même, et il fait de sages réserves sur la fameuse réfutation des idées innées. Voyez dans la *Correspondance* cette lettre de Voltaire à Frédéric : « Cirey, octobre 1737. ... Locke, le plus sage des métaphysiciens que je connaisse, semble, en combattant avec raison les idées innées, penser qu'il n'y a aucun principe universel de morale. J'ose combattre ou plutôt éclaircir en ce point l'idée de ce grand homme. Je conviens avec lui qu'il n'y a réellement aucune idée innée ; il suit évidemment qu'il n'y a aucune proposition de morale innée dans notre âme ; mais de ce que nous ne sommes pas nés avec de la barbe, s'ensuit-il que nous ne soyons pas nés, nous autres habitants de ce continent, pour être barbus à un certain âge? Nous ne naissons point avec la force de marcher ; mais quiconque naît avec deux pieds marchera un jour. C'est ainsi que personne n'apporte en naissant l'idée qu'il faut être juste ; mais Dieu a tellement conformé les organes des hommes, que tous, à un certain âge, conviennent de cette vérité. . . . . . . Notre société ne pouvant subsister sans les idées du juste et de l'injuste, il nous a donc donné de quoi les acquérir... Toutes les sociétés n'auront pas les mêmes lois, mais aucune société ne sera sans lois... Les sauvages ont la même idée que nous du juste et de l'injuste..... Parmi les voyageurs, je défie le plus déterminé menteur d'oser dire qu'il y ait une peuplade, une famille, où il soit permis de manquer à sa parole. » — La même lettre contient une longue dissertation sur la liberté que Voltaire défend contre Frédéric. Dans une autre lettre, du 23 janvier 1738, il résume avec force et netteté les preuves de la liberté humaine et rétablit la distinction du désir et de la volonté.

jours il n'a jamais douté de Dieu. Il a même pleinement admis la liberté. Mais le doute fatal de Locke sur la spiritualité de l'âme le séduisit par un faux air de sens commun. A quels excès ne l'a pas conduit la déplorable habitude de tourner tout en moquerie ! Les deux ouvrages les plus originaux de Voltaire sont deux crimes envers la France et envers l'humanité. L'un peut à peine être nommé ; l'autre est un pamphlet de génie dicté peut-être par le seul désir de se moquer de l'optimisme de Kœnig, mais qui tombe directement sur l'homme et sur son auteur. Quelle réponse honteuse à la théodicée de Leibniz ! La gaieté de Candide est mille fois plus amère que la tristesse de Pascal. Pascal enseigne à tort le mépris de la vie, mais il montre le ciel. Voltaire nous laisse sur la terre, et il y flétrit tous les sentiments honnêtes : il livre au ridicule la vertu comme le vice, les heureux et les infortunés, les tyrans et les victimes. Le fruit le plus certain d'une pareille lecture est le dégoût de la vie, un désolant scepticisme, et un égoïsme sans bornes. Locke eût repoussé ce livre avec horreur. Et pourtant, j'en demande pardon à sa mémoire, c'est là où mène presque inévitablement la philosophie à laquelle il a donné naissance.

Voltaire, après tout, n'est qu'un homme de lettres goûtant et cultivant les matières philosophiques dans la mesure qui convient à un esprit curieux et pénétrant, mais impatient et mobile. Le vrai métaphysicien français du dix-huitième siècle est l'abbé de Condillac [1].

---

[1]. Bonnot de Condillac, frère du célèbre Mably, né à Grenoble en

Les qualités les plus saillantes de Condillac sont la netteté et la précision, une certaine force d'analyse, et avec cela de la finesse et de l'esprit. A ces qualités précieuses se joignent des défauts considérables. Le sens de la réalité manque à Condillac. Il ne connaît ni l'homme ni les hommes, ni la vie ni la société. Le sens commun ne le retient jamais. Son esprit est pénétrant, mais étroit. Entêté d'un amour excessif de la simplicité, il sacrifie tout au frivole avantage de tout ramener à un principe unique. Dépourvu de l'esprit d'observation, il se sent plus à l'aise dans des combinaisons de mots ou de chiffres que dans des descriptions fidèles et détaillées des faits. De là ce style sec et précis, d'une bonne qualité, mais sans nulle grandeur, qui peu à peu s'est accrédité parmi nous comme le vrai style de la philosophie. Non, ce n'est que le style d'une école particulière. C'est celui de la scholastique péripatéticienne, de saint Thomas, d'Okkam et de Hobbes; ce n'est pas même celui de Locke, encore bien moins de Descartes, de Malebranche et de Bossuet. D'autres pensées appellent un autre langage.

Il y a deux époques dans la vie et les écrits de Condillac : l'une, où il ne fait guère que reproduire Locke, quoiqu'on sente déjà l'esprit de système et l'ambition d'un novateur; l'autre, où il parvient à une certaine originalité en donnant à la doctrine de Locke un seul principe.

1715, mort en 1780. La belle édition de ses œuvres est celle de 1798, en 23 vol. in-8°.

L'ouvrage qui représente la première de ces deux périodes est l'*Essai sur l'origine des connaissances humaines*, qui parut en 1746, et le plus important de la seconde est le *Traité des sensations*, qui est de 1754.

L'*Essai sur l'origine des connaissances humaines* n'est réellement qu'une analyse étendue de l'*Essai sur l'entendement humain*. Condillac n'y est pas encore tout entier, mais déjà Locke est dépassé ou plutôt dénaturé. La diffusion et les contradictions ont disparu, il est vrai; mais le bon sens, mais le goût de la vérité, mais cette foule d'observations, meilleures que le système lui-même, surtout l'aménité et la grâce, tout ce qui fait du livre de Locke un ouvrage sensé, aimable, populaire, ont fait place à l'affectation de la rigueur analytique.

Dans le *Traité des sensations*, il n'est plus question de Locke : Condillac est enfin lui-même, en pleine possession du système qui portera son nom, et ce système est celui de la sensation transformée. Pour montrer comment toutes nos idées et toutes nos facultés viennent des sensations, il imagine une statue de marbre, organisée intérieurement comme nous, qui devient successivement ce que nous sommes à mesure qu'on soulève les diverses parties de l'enveloppe qui la couvre, et qu'on laisse arriver jusqu'à elle par cette issue l'impression des objets extérieurs. De l'impression sensible naît la sensation, et la sensation devient successivement attention, mémoire, conscience, comparaison, jugement, raisonnement, réflexion, abstraction, imagination, c'est-à-dire toute l'intelligence. Elle devient même aussi la volonté, car après avoir été plaisir ou peine, elle devient bientôt désir, et le désir engendre la volonté. « Je veux, dit Condillac, signifie je désire. » Il n'y a qu'une difficulté à toutes ces métamorphoses, c'est qu'il est démontré que la sensation, passive par elle-même, ne peut, sans changer de nature, devenir l'attention qui est active, ni le désir la volonté. La sensation est bien la condition de l'exercice de toutes nos facultés de l'entendement et de la volonté, mais elle n'est le principe d'aucune. Ce n'est pas même dire assez. Les objets extérieurs ont beau communiquer à la statue de Condillac un ébranlement, une impression, il y a loin de cet ébranlement, de cette impression à une sensation. Pour que l'impression se transforme en sensation, il faut qu'à l'action des objets extérieurs corresponde celle d'une force intérieure. En effet, ce qui caractérise la sensation et la distingue de l'impression, c'est que nous en avons conscience. Une sensation est ou n'est pas. Si elle est, elle est sentie, elle est perçue, le sujet qui l'éprouve en a conscience. Sinon, la sensation n'est pas; ou, si on conserve ce mot, il ne signifie qu'une impression non sentie, non perçue et sans conscience. Or, ce que les objets procurent, ce n'est pas la sensation, phénomène en réalité très-complexe, c'est seulement l'impression. Condillac l'a reconnu : « Si nous présentons à la statue une rose, elle sera, par rapport à nous, une statue qui sent une rose; mais par rapport à elle, elle ne sera que l'odeur même de cette fleur. » Voilà la statue devenue odeur de rose, et rien de plus, de l'aveu même de Condillac. Comment de là arrivera-t-elle à la conscience de cette odeur, c'est-à-dire à la sensation vraie? Les objets extérieurs n'y peuvent rien, ni les sens non plus. Si vous présentez à la statue, après une rose, une violette, un jasmin, la statue deviendra tour à tour odeur de rose, odeur de violette, odeur de jasmin; elle deviendra ces odeurs, elle ne les sentira point. Levez le marbre qui couvre tel autre de ses sens : si c'est la vue, il y aura impression de couleur, et la statue deviendra couleur comme elle a été odeur; elle deviendra successivement ainsi toutes ses impressions : mais la sensation sera tout aussi loin à la millième impression qu'à la première, tant que quelque chose, partant du dedans et non du dehors, de l'âme et non des sens, ne s'ajoutera pas à l'impression pour produire la conscience et avec elle la sensation. Condillac ne s'est pas aperçu qu'en dépouillant l'homme de toute activité propre, il supprimait le principe même de la sensation. Il en donne bien la condition; il en ôte le fondement. Il ne veut pas que nos facultés soient quelque chose d'inné; il veut que tout dérive de l'*impression occasionnée par l'action des objets*. Mais cette impression, qui doit tout féconder, est elle-même stérile et ne peut se transformer en une sensation véritable que par l'intervention de l'intelligence, de cette puissance innée que Condillac a méconnue. On ne saurait trop le répéter : son erreur constante et celle de l'école empirique est de croire que c'est à un fait extérieur que l'homme doit sa pensée, sa volonté, ses sentiments, tandis que c'est dans le fond même de sa nature qu'il puise incessamment et la volonté et le sentiment et la pensée. Tout cela, sans doute, faute d'excitation extérieure, dormirait dans les profondeurs de son être; mais il n'en est pas moins vrai que le monde entier et les sens les mieux conformés n'ont pas, par eux-mêmes, la vertu de donner à l'homme une seule faculté, ni même une seule sensation.

C'est en passant à pieds joints sur ces difficultés et sur bien d'autres que Condillac tire de l'impression sensible toutes nos facultés et toutes nos idées. Mais les facultés sorties de cette origine ne sont point celles que la nature nous a données, et la plupart des idées qui sont l'honneur de notre intelligence n'ont pu passer par une porte aussi étroite. Le procédé habituel de Condillac est celui d'un logicien algébriste qui entreprend de transformer, par une suite d'équations, une quantité connue en des quantités nouvelles. Possédé de l'ambition du principe unique, forcé par l'esprit de système d'expliquer la différence des faits les plus dissemblables par la seule diversité des noms, il est conduit à une science purement verbale, à un nominalisme où tout sentiment de la réalité disparaît. Il est la démonstration personnelle de cette vérité, que l'empirisme n'est pas, de tous les systèmes philosophiques, celui qui se soucie le plus de l'expérience.

Condillac avait posé les principes de la philosophie de la sensation, mais il n'en avait pas tiré les conséquences. On pouvait bien lui dire : Votre doctrine conduit au matérialisme, au fatalisme, à l'égoïsme; mais, quoique cela fût très-vrai, Condillac aurait protesté et très-sincèrement contre une telle accusation. Plus téméraire et plus conséquent, Helvétius[1] accepta et proclama tous les résultats devant lesquels s'était arrêtée la prudence de son devancier. Il nia ouvertement la puissance de l'esprit en expliquant la supériorité de l'intelligence humaine par un accident de l'organisation physique; il nia la liberté en faisant des passions le fond et la source de l'activité; il nia la vertu en réduisant tous les motifs d'action à l'intérêt.

Le système d'Helvétius est tout entier dans le livre de *l'Esprit*, le seul de ses ouvrages qui ait jeté de l'éclat et gardé quelque renommée. Il parut en 1758, quatre ans après le *Traité des sensations*, c'est-à-dire en plein dix-huitième siècle et quand la philosophie de la sensation était sur le trône.

La métaphysique d'Helvétius est tout à fait celle de Hobbes[2], sans la moindre nuance originale; sa morale est celle de La Rochefoucauld, avec cette différence que l'opulent et léger fermier général substitue des déclamations aux observations fines et piquantes du vieux frondeur, des tableaux d'un coloris équivoque et une plume parfois brillante, mais ordinairement inhabile et commune, à ce style d'une distinction incomparable, simple, net et vigoureux, reflet fidèle ou plutôt modèle accompli du langage qui se parlait dans

1. Fils et petit-fils de médecins hollandais établis en France et en grande faveur à la cour. Né à Paris en 1715, nommé fermier général à 23 ans, il quitta la finance pour se consacrer aux lettres et à la philosophie, et mourut en 1771. Œuvres complètes en 14 petits vol. in-18, en 1796.

2. Plus haut, leçon vii, p. 320.

la bonne compagnie du dix-septième siècle [1]. Le livre de *l'Esprit* n'est qu'un livre médiocre où le talent est remplacé par la hardiesse et où la hardiesse est souvent poussée jusqu'à la licence. Tous les hommes sérieux du temps, Voltaire [2], Rousseau [3],

[1]. Sur La Rochefoucauld comme moraliste et comme écrivain, voyez Mme DE SABLÉ, chap. III.

[2]. Voltaire n'hésita pas à écrire à Helvétius lui-même et à défendre auprès de lui la cause du goût, de la morale, de la liberté et de Dieu; voyez dans l'édition de Beuchot le t. LIII, p. 253. Voltaire est bien autrement sévère après la mort d'Helvétius. DICTIONNAIRE PHILOSOPHIQUE, art. *Homme*, édit. B., t. XXX, p. 236 : « J'aimais l'auteur du livre de *l'Esprit*... mais je n'ai jamais approuvé ni les erreurs de son livre ni les vérités triviales qu'il débite avec emphase. » *Ibid.*, art. *Quisquis*, édit. B., t. XXXII, p. 64 : « ... Ce n'est point parce que les singes ont les mains différentes de nous qu'ils ont moins de pensées, car leurs mains sont comme les nôtres... Il est faux autant que déplacé de dire que la Lecouvreur et Ninon aient eu autant d'esprit qu'Aristote et Solon... Il est faux qu'on devienne stupide dès qu'on cesse d'être passionné; car, au contraire, une passion violente rend l'âme stupide sur tous les autres objets. Il est faux que tous les hommes soient nés avec les mêmes talents, car dans toutes les écoles des arts et des sciences, tous ayant les mêmes maîtres, il y en a toujours très-peu qui réussissent. Enfin cet ouvrage... est un peu confus, il manque de méthode, et il est gâté par des contes indignes d'un livre de philosophie. »

[3]. Quand le livre de *l'Esprit* parut en 1758, Rousseau indigné prit la plume pour défendre la nature humaine; mais lorsqu'il vit que la Sorbonne et le parlement s'en mêlaient, il supprima ce qu'il avait écrit. C'est lui-même qui nous apprend cela dans la lettre à M. Davenport, du 7 février, 1767. Il avait commencé à mettre des notes critiques en marge de l'exemplaire in-4°, que lui avait donné Helvétius. On trouvera ces notes au t. X de l'édition de Rousseau par M. Musset-Pathay. En 1762, toute apparence de persécution étant dissipée, Rousseau rencontra dans l'*Émile* l'occasion naturelle de répondre à Helvétius. C'est contre lui en effet que sont dirigés les traits les plus véhéments de la profession de foi du Vicaire savoyard. Voyez

Turgot[1], le jugèrent très-sévèrement. Il n'eut pas moins un succès immense ; le siècle de Louis XV s'y reconnut, et on prête à Mme du Deffant ce mot fin et profond : « C'est un homme qui a dit le secret de tout le monde. »

Saint-Lambert[2], qui brille dans la dernière partie du dix-huitième siècle, est un disciple, un continuateur, un panégyriste d'Helvétius. Mais sur le même fond, il est difficile de différer davantage. Helvétius est impétueux et passionné ; Saint-Lambert est réfléchi et méthodique. Le livre de *l'Esprit* est l'œuvre d'un jeune homme qui affirme au delà de ce qu'il sait et même de ce qu'il croit. Celui de Saint-Lambert est le testament d'un vieillard qui y a déposé avec fermeté mais avec calme ses dernières convictions. Le style de l'un, toujours animé, est rempli de négligences ; le style de l'autre, dépourvu de chaleur et d'éclat, dans la prose comme dans les vers, est d'une élégance soutenue. Il y a plus de verve dans Helvétius et plus d'esprit dans Saint-Lambert. Le premier est plus près de Diderot, le second est un imitateur de Voltaire. Saint-Lambert n'a d'ailleurs fait autre chose que mettre la morale d'Helvétius pour ainsi dire en petite monnaie, en petits pré-

---

FRAGMENTS ET SOUVENIRS, *Essai de philosophie populaire, suivi de la profession de foi du Vicaire savoyard et d'une étude sur le style de J.-J. Rousseau.*

1. Voyez *OEuvres de Turgot*, t. IX, p. 288, la lettre trop peu connue de Turgot à Condorcet, où l'un des hommes les plus éclairés du siècle, s'épanchant dans le sein d'un ami, exprime sans déguisement le mépris que lui inspire le succès honteux du livre d'Helvétius.

2. Le marquis de Saint-Lambert, né en Lorraine, en 1717, mort en 1803.

ceptes, en petites pratiques, dans une sorte de manuel adressé à tous les hommes. Le fameux *Catéchisme universel*, qui parut de 1798 à 1801, fut accueilli et célébré comme le dernier mot de la philosophie ; mais, grâce à Dieu, ce n'était que le dernier mot d'une secte éphémère.

Détournons les yeux de cette multitude d'ouvrages licencieux, impies, anarchiques qui marquent de toutes parts, à la fin du dix-huitième siècle, l'absolu triomphe du sensualisme, et portons-les sur des écoles bien différentes que ce même dix-huitième siècle peut offrir à ses amis et à ses ennemis comme un glorieux contre-poids à la triste philosophie que nous venons de rappeler.

Tout à l'heure[1] nous nommions la philosophie écossaise la protestation du sens commun de l'humanité contre les excès de l'école sensualiste. Le sens commun, voilà en effet le principe le plus général qu'invoque l'école écossaise et en quelque sorte son étendard ; et elle a bien prouvé que le sens commun, habilement interrogé, rend les réponses les plus favorables à la cause d'un sage spiritualisme.

C'est en vérité un intéressant spectacle que celui de cette philosophie née avec le dix-huitième siècle dans un coin du monde, qui successivement y a grandi en silence, et que le siècle en se retirant n'a pas emportée avec lui. Dans cette famille de nobles penseurs, dispersée à Saint-Andrews, à Aberdeen, à Glasgow, à

---

1. Plus haut, p. 523.

Edinburgh, une heureuse variété se mêle à une libre unité. Point de symbole imposé : tous diffèrent par la tournure de l'esprit et du caractère, par la diversité des goûts et des talents ; et en même temps tous se rencontrent dans une égale répugnance aux chimères et aux excès de toute sorte, dans le même sentiment de la dignité humaine, dans la même foi en la vertu et en Dieu, dans le même attachement à la grande cause de la liberté civile et religieuse. Leur indépendance est entière, et ils composent une école.

Cette école a produit, en moins d'un siècle, avec un grand nombre de professeurs et d'écrivains recommandables, six hommes éminents dont la renommée est européenne : Hutcheson, Smith, Reid, Beattie, Ferguson, Dugald-Stewart, et, sur ces six hommes, il y en a deux dont les noms ne périront point, Smith et Reid. L'un a presque créé une science, l'économie politique ; l'autre a renouvelé la métaphysique.

Oui, Reid est à nos yeux un homme de génie : c'est une vraie, une puissante originalité que d'avoir élevé si haut le bon sens, et mis à son service tant de pénétration, de finesse, de profondeur.

Si on nous demande quels sont les titres de Reid à l'admiration, nous les pouvons rappeler en peu de mots.

Le premier, le plus considérable, bien qu'il ne soit peut-être pas le plus éclatant, c'est sa méthode ; cette méthode d'observation appliquée à la nature humaine, que Reid appelle si judicieusement la méthode réflexive, pour bien marquer son caractère, son procédé, son instrument. Si Reid n'a point inventé cette méthode, qu'il rapporte à bon droit, non pas à Bacon, mais à Descartes, il est juste de reconnaître que c'est lui qui l'a retrouvée dans l'abandon presque universel où elle était tombée, et qui l'a remise en lumière et en honneur par des développements nouveaux et des applications inattendues.

Qu'était devenue, en effet, entre les mains des cartésiens de la fin du dix-septième siècle, cette méthode réflexive qui avait révélé à Descartes le principe ou plutôt le fait permanent sur lequel repose tout son système, je pense, donc je suis? Malebranche déclare que les perceptions de la conscience sont tout aussi incertaines que celles des sens, ôtant ainsi la base de la réflexion et de la science de l'esprit humain [1]. Spinoza se transporte d'abord au centre et au faîte de l'existence, dans l'être en soi; et par cette méthode hypothétique, pour avoir dédaigné les degrés nécessaires de la connaissance légitime, il se condamne lui-même à ignorer à jamais la vraie nature de l'être absolu et infini par lequel il débute, et qui ne lui peut plus être qu'une entité indéterminée et indéterminable, c'est-à-dire un pur néant. Leibniz, plus cartésien que Spinoza et Malebranche, quoiqu'il s'efforce de ne le pas paraître, doit à la méthode réflexive sa principale gloire en métaphysique, la définition précise de l'idée de la substance et de l'être par celle de la force, dont le type nous est donné en nous-mêmes dans le sentiment de la force intelligente et volontaire que

---

[1]. Plus haut, leç. VIII, p. 438 et 439.

nous sommes. Mais jamais Leibniz n'a régulièrement exposé la vraie méthode; loin de là, il s'est fatigué à réduire en syllogismes achevés les vérités de conscience et de réflexion découvertes par Descartes. Il aspire à donner à la philosophie le caractère et la certitude des mathématiques; il travaille à perfectionner la démonstration, au lieu de puiser sans cesse aux sources vives de l'observation intérieure et de la réflexion, d'où dérivent toutes les vérités essentielles, toutes les évidences primitives sans lesquelles la démonstration elle-même n'est qu'une forme vide appliquée à des abstractions. La fortune de Locke, cet autre disciple infidèle de Descartes, est d'avoir combattu cette manière de philosopher, et rappelé la philosophie sur la terre, comme de son temps l'avait fait Socrate. Mais nous avons montré comment Locke, en se jetant à l'extrémité opposée, a fait fléchir bien vite l'observation sous l'esprit de système. Le vrai Socrate n'a donc pas été Locke; ç'a été ce modeste et laborieux pasteur d'une pauvre paroisse d'Écosse [1], qui, après avoir passé quinze ans dans une retraite profonde à s'étudier lui-même, à

---

[1]. Thomas Reid, né en 1710 en Écosse, à Strachan, comté de Kinkardine, d'abord, en 1737, ministre à New-Machar, près d'Aberdeen, fut nommé, en 1752, professeur de philosophie à Aberdeen, puis, en 1763 appelé à la chaire de philosophie morale de l'Université de Glasgow, et mort en 1796. Ses principaux ouvrages sont : *Recherches sur l'entendement humain*, *Essais sur les facultés intellectuelles*, *Essais sur les facultés morales*. Sir William Hamilton a recueilli ses œuvres en un seul volume in-4° à deux colonnes, *The Works of Thomas Reid*, Edinburgh, 1846. M. Jouffroy en a donné une traduction complète en 6 vol. in-8°, 1828-1836. Voyez notre ouvrage PHILOSOPHIE ÉCOSSAISE.

se bien rendre compte des opérations de son esprit, des sentiments et des convictions de son cœur, parvenu peu à peu à dissiper à cette pure lumière les fantômes mensongers des plus célèbres systèmes, sortit de sa solitude, alla porter les fruits de l'enseignement qu'il s'était donné à lui-même dans l'humble chaire de la petite université d'Aberdeen, et là, et un peu plus tard à Glasgow, accomplit dans l'ombre une grande et durable révolution. Reid a eu, comme Socrate, la pleine conscience de l'entreprise qu'il formait et qu'il avait longtemps mûrie en silence; il a exposé avec une clarté suprême sa méthode, à laquelle, ainsi que Descartes, il déclare qu'il doit tout; il a fait plus : il l'a constamment pratiquée; il l'a léguée à ses successeurs, qui l'ont fidèlement recueillie, et c'est de lui qu'elle relève aujourd'hui dans le monde. La philosophie spiritualiste du dix-neuvième siècle se rattache assurément à Descartes, et c'est ce grand nom, tout national et tout français, que nous portons sur notre drapeau; mais nous serions bien ingrats si nous ne confessions pas que nous devons beaucoup aussi à Reid, car nous lui devons M. Royer-Collard.

Voici maintenant un autre service mémorable de Reid, une application originale de la vraie méthode philosophique qui, selon nous, met le nom de son auteur parmi les noms immortels, la restitution de la puissance naturelle de l'esprit humain dans la connaissance.

Vous vous souvenez de la célèbre hypothèse des idées-images que Locke, et après lui toute l'école empirique, avait interposée entre les êtres et l'esprit pour que, grâce à cet intermédiaire et à sa conformité avec ses objets, l'esprit pût atteindre le monde extérieur et sa propre réalité à lui-même [1]. Partant de ce principe convenu, et le soumettant à un examen sévère, Berkeley avait fait voir que l'idée d'un corps ne représente vraiment pas ce corps, et il en avait conclu que les corps n'existent point. Hume à son tour, en prouvant que l'esprit n'est pas mieux représenté par son idée, avait mis en doute l'existence de l'esprit, et le scepticisme triomphait d'avoir abattu la théorie jusque-là si solide en apparence des idées représentatives. Ce n'est pas une médiocre gloire à Reid d'avoir montré le premier que ce triomphe du scepticisme était vain, parce qu'il n'était remporté que sur une chimère, sur un procédé qui n'a rien à démêler avec celui qui sert de fondement à la foi du genre humain. Non certes, il n'est pas vrai que les idées représentent les objets extérieurs et qu'elles leur ressemblent ; mais il n'est pas vrai non plus que nous songions le moins du monde à cette prétendue représentation et à cette impossible ressemblance, lorsque nous prenons connaissance des objets extérieurs. Que l'homme de l'école bâtisse un système, que le disciple de Démocrite ou d'Aristote imagine des espèces sensibles et le disciple de Locke des idées pour expliquer une connaissance qui lui paraît si difficile à acquérir et à justifier : l'homme naturel n'a pas tous ces scrupules, et il con-

---

1. Voyez leç. VII, p. 345, etc.

naît le monde extérieur, placé devant ses sens, sans aucun intermédiaire qui le lui représente et qu'il croie y être conforme. Pour cela, il lui suffit de la faculté de connaître qui lui a été donnée, et à laquelle il se fie avec une entière sécurité. Lorsque nos sens ont reçu l'impression des objets et que la sensation est une fois accomplie, la faculté de connaître entre à son tour en exercice, et elle perçoit l'existence des objets extérieurs et de leurs qualités par la vertu qui est en elle, et sur la seule autorité de la véracité dont elle a été douée par le bienfaisant auteur de notre être. Il en est de même de la connaissance de l'esprit. Il se connaît lui-même sans aucun autre intermédiaire que la conscience et à l'aide de la lumière naturelle qui y est attachée. Toutes nos connaissances premières sont des jugements qui emportent avec eux une absolue conviction de leur propre légitimité et de la réalité de leurs objets. Plus tard, nous pourrons comparer entre elles deux connaissances préalablement obtenues pour vérifier leur convenance ou leur disconvenance, en porter de nouveaux jugements, en tirer de nouvelles connaissances. Mais il ne faut point intervertir ici l'ordre d'acquisition de nos connaissances, et confondre les jugements simples et indécomposables qui nous donnent les notions premières avec les jugements tout différents et les procédés tout autres de l'esprit auxquels nous devons les notions dérivées et postérieures. Le jugement comparatif, le raisonnement, la déduction, l'induction, sont des modes de connaître légitimes et certains, qui chacun ont leur emploi et leur autorité. Mais ces divers modes de connaître, qui se développent successivement dans le progrès de la vie intellectuelle, supposent tous une puissance de connaître qui agit instinctivement, s'applique directement à ses objets, et est à elle-même sa propre garantie.

Plus on y pense, plus on est frappé de la position neuve et hardie que Reid a prise dans la longue polémique instituée sur la théorie des idées représentatives. Au lieu de contester les arguments élevés contre cette théorie sur laquelle reposait le dogmatisme de l'école régnante, il les a acceptés, accrus, fortifiés; il s'est joint à Berkeley et à Hume pour arracher les derniers appuis qui restaient à ce dogmatisme artificiel, et sur ses ruines il a rétabli le dogmatisme de la nature, inaccessible et inébranlable à tous les efforts du scepticisme, renversant ainsi du même coup Locke, Berkeley et Hume, accablant à la fois toutes les fausses philosophies et relevant la véritable, celle qui veut bien se réduire à n'être que l'interprète de la nature et de Dieu. C'est de lui qu'on aurait pu dire avec une rigueur parfaite : Le genre humain avait perdu ses titres en philosophie, Reid les lui a rendus.

Nous omettons bien d'autres mérites éminents du philosophe écossais. Il a porté dans la morale le même esprit que dans la métaphysique. Partout il a restitué des faits importants, oubliés ou dénaturés. Son analyse est à la fois solide et pénétrante. Il décrit si exactement ce qui se passe en nous qu'à force d'être fidèles ses descriptions nous semblent toutes simples, et qu'on ne se doute pas des longs efforts de patiente réflexion qu'a dû lui coûter cette connaissance limpide et sincère. En nous montrant à nous-mêmes tels que nous sommes, il nous inspire, avec l'humilité qui nous convient si bien, une fierté légitime. On sent, en le lisant, qu'on appartient à une noble race qui a ses misères, mais aussi ses grandeurs; on est pénétré de reconnaissance envers le suprême auteur de toutes choses qui en nous appelant à l'existence a daigné nous communiquer un rayon affaibli de son intelligence, de sa liberté, de sa bonté.

Nous l'avouons : Reid n'a point la hauteur de vues et de langage qui placent à la tête de la philosophie Socrate, Platon, Aristote, Plotin, Descartes, Leibniz. Mais devant ces noms-là tout autre languit; au-dessous d'eux il y a place encore à une juste gloire, et nous n'hésiterions pas à nommer Reid le premier métaphysicien de son temps, si Kant ne se rencontrait pas avec lui dans le même siècle [1].

Kant est assurément un des plus grands esprits que présente l'histoire de la philosophie dans l'antiquité et chez les modernes. La *Critique de la raison pure*, celle de la *raison pratique*, celle du *jugement*, avec les nombreux petits écrits qui font cortége à ces grands

---

[1]. Emmanuel Kant, né à Kœnigsberg en 1724, professeur de philosophie à l'Université de cette ville pendant de longues années, et mort en 1804. La *Critique de la raison pure* est de 1781 ; la *Critique de la raison pratique* de 1787, la *Critique du jugement* de 1790, *la Religion dans les limites de la raison*, de 1793, etc. L'édition la plus estimée de ses ouvrages est celle qu'a donnée M. Rosenkranz à Berlin, en 12 volumes in-8°. M. Barni a traduit en français avec succès plusieurs de ses *Critiques*. Voyez notre PHILOSOPHIE DE KANT.

ouvrages, contiennent des trésors d'analyse, et une multitude d'observations de tout genre où la finesse le dispute à la profondeur. Lorsque Kant n'est pas dans les liens de son système, il a la vue nette et vaste ; nul n'a mieux connu le jeu de nos facultés, leurs différences, leur harmonie, et les lois qui président à leur développement. Sous ce rapport, Kant ne le cède point, il est même supérieur au chef de l'école écossaise ; mais, il faut en convenir, la partie systématique des diverses *Critiques* ne résiste point à un sérieux examen.

Kant est par-dessus tout idéaliste. Il fait à l'empirisme une guerre à outrance ; il lutte intrépidement contre toutes les tendances de son siècle ; il ne recherche, il n'estime dans la connaissance humaine que l'élément rationnel ; il aspire à la *raison pure ;* et lorsqu'il est enfin en possession de cette raison pure, par une première et étrange contradiction il la déclare impuissante à connaître les êtres, à atteindre jusqu'à la réalité et à l'existence. Et pourquoi cela, je vous prie ? Parce que la raison pure, toute pure qu'elle est, réside en un sujet déterminé et particulier qui, ayant sa nature propre et ses lois, la marque ainsi de son caractère, la rend subjective, comme parle le philosophe allemand, et lui ôte toute valeur hors de l'enceinte de la pensée. D'où il suit que Dieu, l'âme, la liberté, le temps, l'espace ne sont que des formes de la raison, des idées que la raison projette en quelque façon hors d'elle par l'énergie dont elle est douée, énergie admirable en elle-même mais qui n'enfante que des illusions. Kant voudrait-il donc que la raison, pour posséder une puissance véritablement objective, fût à ce point impersonnelle qu'elle ne fît pas son apparition dans un sujet particulier? Mais, nous l'avons dit bien des fois [1], une raison qui ne serait pas nôtre, qui, en sa qualité de raison universelle, infinie, absolue dans son essence, ne tomberait pas sous la perception de notre conscience, serait pour nous comme si elle n'était pas. Vouloir que la raison cesse entièrement d'être subjective, c'est demander une chose impossible à Dieu même. Non, Dieu lui-même ne peut connaître qu'en le sachant, avec son intelligence et avec la conscience de son intelligence. Il y a donc de la subjectivité dans la connaissance divine elle-même; et si cette subjectivité entraîne le scepticisme, Dieu aussi y est condamné.

Ainsi voilà Kant revenu à cet avis de Hume qu'après tout l'esprit humain ne connaît légitimement que ses propres phénomènes, et nous sommes retombés, ce semble, dans un radical et irrémédiable scepticisme. Pas du tout; par une seconde et généreuse contradiction, cette même raison pure, qui s'avoue incapable de certitude en métaphysique, se prétend tout à coup fort capable en morale d'arriver certainement à la liberté, à l'âme et à Dieu. C'est le devoir qui opère ce prodige. En effet, le devoir est certain, et le devoir est inexplicable sans une âme spirituelle et libre et sans Dieu.

Nous en sommes très-convaincu, et ici nous nous joignons bien volontiers à Kant; mais pourquoi le devoir a-t-il à ses yeux cette nouvelle et féconde certi-

---

1. Du Vrai, du Beau et du Bien, leç. III, p. 63.

tude? Qui lui persuade que le devoir n'est pas aussi une simple idée destituée de toute réalité, un pur produit de la raison, comme en métaphysique l'idée de Dieu, de la liberté et de l'âme? Poussez à bout les analyses de Kant sur ce grand sujet, ne soyez pas dupes des mots et de l'appareil scientifique, et vous reconnaîtrez qu'en fin de compte la certitude du devoir repose sur le témoignage de la conscience. Otez la conscience, et jamais nous n'aurions su qu'il y a une loi du devoir armée d'une autorité impérative, une loi qui commande absolument l'obéissance, quelles que puissent être les résistances de la sensibilité, parce que cette loi ne vient pas de la sensibilité et qu'elle y est essentiellement étrangère.

La conscience, telle est donc la base dernière du dogmatisme moral que Kant appelle au secours de son scepticisme métaphysique. Mais toute cette doctrine compliquée et artificielle se brise devant ce dilemme : ou la conscience est sans valeur ici, ou ailleurs on n'avait pas le droit de la rejeter. En un mot, toute la philosophie de Kant, dans son dogmatisme et dans son scepticisme, dans ce qu'elle a de vrai et dans ce qu'elle a de faux, dans ses plus belles et dans ses moins bonnes parties, a sa racine inaperçue dans une théorie de la conscience à la fois inexacte et inconsistante.

Kant en effet, dans la *Critique de la raison pure*, fait rentrer la conscience dans la sensibilité[1], ne se

---

1. Voyez PHILOSOPHIE DE KANT, leç. IVe, *Esthétique transcendantale*.

doutant pas qu'en cela il ne fait que reproduire une théorie de Condillac, très-fausse en elle-même, mais très-conséquente au principe général de la sensation transformée[1], et tout ensemble inconséquente et absurde dans un système qui finira par fonder la dernière ressource du dogmatisme sur l'autorité de la conscience. Si la conscience est un mode de la sensibilité, il est clair que la conscience est tout empirique, et ne peut donner, d'après les principes de Kant, aucune certitude; mais, selon nous, la conscience n'est pas une faculté particulière, et encore bien moins une faculté qui tienne à la sensibilité : la conscience, c'est l'intelligence, la raison présente à elle-même et s'éclairant elle-même. En fait, nul acte d'intelligence n'est dépourvu de conscience. En principe, il est impossible qu'il en soit autrement; car, comme nous l'avons tant répété, qu'est-ce qu'une intelligence qui connaîtrait sans savoir qu'elle connaît? Une intelligence sans conscience est une intelligence sans intelligence, une contradiction radicale, une chimère. La conscience n'est pas une faculté sensitive et incertaine; elle est la forme essentielle de l'intelligence emportant avec elle une absolue certitude. Qui ébranle cette certitude ruine toutes les autres, et condamne la philosophie au scepticisme. Qui admet au contraire la certitude de la conscience, doutât-il un moment de tout le reste, peut, ce point seul subsistant, reconquérir successivement toutes les grandes

---

p. 71, etc.; v^e leç., *Analytique transcendantale*, p. 93, etc.; vi^e leç., *Dialectique transcendantale*, et surtout le *Résumé*.

1. Plus haut, p. 535, etc.

croyances nécessaires à l'homme, d'abord la foi à sa propre existence, puis à toutes les autres existences, à celle du monde et à celle de Dieu.

Voilà ce que l'auteur du *Discours de la méthode* et des *Méditations* pensait avoir établi à jamais. D'un trait de plume Kant a renversé le rempart élevé par Descartes contre le scepticisme. Encore une fois, il se montre ici l'émule de Hume et de Condillac, et ce n'est pas merveille qu'après avoir réduit la conscience à la sensibilité, il n'ait pu s'arrêter sur la pente irrésistible qui entraîne tout empirisme au scepticisme universel.

En enlevant la conscience à l'intelligence et en la reléguant dans la sensibilité, Kant a commis une erreur immense, irréparable, qui s'est répandue à travers toute sa doctrine, et qui, si nous osons le dire, a corrompu à sa source la philosophie allemande contemporaine. C'est, en effet, depuis cette théorie de la conscience, cachée dans un coin obscur de l'*Esthétique transcendantale*, et acceptée sans discussion aucune, qu'il a été de mode en Allemagne de dédaigner la méthode psychologique, et de rejeter à un rang inférieur une science qui pourtant est la première de toutes les sciences philosophiques, puisque sans elle [1] toutes les autres ignorent leurs propres principes et manquent de lumière, de solidité et de réalité. Dans la conscience est la certitude primitive et permanente où l'homme se repose naturel-

---

1. Voyez, dans les FRAGMENTS PHILOSOPHIQUES, *Philosophie contemporaine*, avertissement de la troisième édition, p. 100, etc., une défense de la psychologie adressée au dernier grand philosophe allemand, M. Schelling.

lement, et où doit revenir le philosophe après tous les circuits et souvent les égarements de la réflexion. La libre spéculation est un océan immense ; les systèmes philosophiques sont condamnés à de perpétuelles vicissitudes ; mais dans ce mouvement sans terme mais non pas sans loi, nous avons du moins une boussole, nous avons un ciel toujours visible pour diriger notre course ; cette boussole est la méthode psychologique, ce ciel est la raison manifestée dans la conscience.

D'ailleurs, malgré ce grave et fondamental dissentiment, nous ne nous défendons pas d'une admiration sincère pour le noble chef de la philosophie allemande. Nous devons beaucoup à Kant ainsi qu'à Reid, et dans l'un comme dans l'autre, notre sympathie reconnaissante s'adresse à leur caractère aussi bien qu'à leur génie.

Tous deux ont eu la même simplicité de mœurs, le même attachement à la vérité et à la vertu, la même modestie et la même indépendance, la même patience de méditation et la même méthode diversement appliquée. Leurs doctrines ont des différences évidentes et des affinités profondes. Ils relèvent l'un et l'autre d'un maître commun qu'ils suivent sans le bien connaître, le vrai fondateur de la méthode psychologique, l'auteur ou le premier interprète du *Connais-toi toi-même*. Il y a plus d'un trait de Socrate dans le sage allemand et dans le sage écossais. Ce qui distingue Socrate est aussi la puissance de l'attention, le bon sens, la méthode ; mais il y a joint l'héroïsme du caractère et la grandeur incomparable du martyre. Kant et Reid ont attaché leurs noms à une lutte moins tragique, mais bien noble encore : eux aussi ils ont combattu les sophistes de leur temps ; ils ont revendiqué contre la philosophie à la mode la dignité de l'âme humaine et la sainteté de la vertu ; ils se sont proposé de délivrer leur siècle du scepticisme de Hume. Kant, intimidé et comme fasciné par son ingénieux adversaire, ne trouve d'asile assuré que dans l'idée du devoir. Reid, à la fois plus circonspect et plus résolu, moins systématique et plus dogmatique, estime que le sens commun suffit partout et toujours, en métaphysique aussi bien qu'en morale. L'analyse de Kant est plus profonde peut-être, mais souvent aussi elle est très-artificielle ; celle de Reid, plus bornée, est plus solide. L'un s'est fait un idéal de certitude placé si haut que, la vertu exceptée, tout appui lui manque pour y atteindre ; l'autre, qui poursuit un but plus rapproché et plus humain, y arrive plus aisément. On a dit que la révolution française a traversé la liberté ; Kant a, en quelque sorte, traversé la vérité dans le vol des spéculations transcendantales. Reid s'y est arrêté d'abord sans tant de circuits, déployant moins de force et plus de sagesse.

A ce parallèle et à ce contraste, ajoutons un dernier trait. Kant a sans doute exercé une puissante influence sur l'esprit de ses contemporains et surtout de ses compatriotes. Il a commencé la philosophie allemande, mais il ne l'a point gouvernée ; elle lui a échappé de bonne heure pour se jeter dans une direction opposée. Le nom de Kant est seul resté debout sur les ruines de sa doctrine. Reid a imprimé à l'esprit écossais un mouvement moins grand et moins vaste, mais ce mouvement n'a pas eu de retours et il dure encore. Reid a laissé après lui une école forte et nombreuse qui encore aujourd'hui marche à sa lumière.

Mais il est temps de nous arrêter. Nous nous étions proposé de conduire la philosophie depuis ses plus faibles commencements jusqu'à nos jours, c'est-à-dire jusqu'à la révolution française qui ouvre à l'humanité et à la philosophie elle-même une ère nouvelle. Ne franchissons pas cette limite : nous l'avons au moins atteinte ; Reid est mort en 1796, Kant en 1804, et l'Écosse et l'Allemagne retentissent des combats que se livrent les écoles diverses issues de ces deux grands hommes. La philosophie du dix-neuvième siècle vit, marche, se déploie sous nos yeux ; elle n'appartient donc pas à l'histoire.

Sans toucher au temps présent, de ce long passé nous pouvons faire sortir deux grandes leçons qui sont, pour nous, d'une certitude irréfragable, et aussi évidentes que la lumière du jour.

Non, la philosophie n'est point un caprice passager de l'esprit humain : c'est un besoin essentiel, vivace, indestructible, qui dure et s'accroît sans cesse, qui se montre aux premières lueurs de la civilisation et se développe avec elle, dans toutes les parties du monde, sous tous les climats et sous tous les gouvernements, qu'aucune puissance, religieuse ou politique, n'a jamais pu étouffer, qui a résisté et survécu à toutes les persécutions [1], qui par conséquent a droit enfin à une juste

---

1. Voyez à leur place l'atroce extermination du bouddhisme, la

liberté, comme tous les autres besoins immortels de la nature humaine. Ou il n'y a plus de démonstration, ou l'histoire de la philosophie met celle-là au-dessus de toute controverse.

D'autre part, rappelez-vous quelles sont les doctrines qui ont laissé dans l'humanité la trace la plus lumineuse et la plus durable. Ce sont précisément celles qui ont suivi la méthode la moins ambitieuse, qui se sont tenues le plus près du sens commun, qui n'ont pas tenté de substituer des vues arbitraires et exclusives, plus ou moins brillantes, aux grands et unanimes témoignages de la conscience, et qui ont pris pour devise en quelque sorte la noble maxime : dans toute l'étendue de l'univers rien de plus grand que l'homme, et dans l'homme rien de plus grand que l'esprit. Fiez-vous à la gloire, ce juge incorruptible et dont on n'appelle point. La gloire est aussi du côté de la raison et de la sagesse. Connaissez-vous dans la philosophie antique des noms plus glorieux que ceux de Socrate, de Platon et d'Aristote, et jamais y eut-il des esprits plus modérés et plus solides, moins esclaves de préjugés systématiques, plus consommés dans la connaissance de la nature humaine, plus ennemis de tout excès, plus amis du bien en tout genre, et qu'on prendrait plus volontiers pour guides dans la vie comme dans la science ? Chez les modernes, qui pouvez-vous mettre en parallèle avec Descartes et Leibniz, et quels livres sont en pos-

---

prison d'Anaxagore et la ciguë de Socrate, les infortunes d'Abélard, de Roger Bacon et d'Okkam, l'assassinat de Ramus, les bûchers de Bruno et de Vanini, les persécutions du cartésianisme, etc.

session d'une plus haute renommée que le *Discours sur la méthode*, les *Méditations* et la *Théodicée* ?

Enfin, n'oubliez pas l'incontestable résultat que nous laisse le travail de cette année, tant d'expositions sincères et d'impartiales comparaisons. Les divers systèmes que vient de nous présenter le dix-huitième siècle n'ont-ils pas été convaincus d'être les mêmes, sous des formes nouvelles, que le dix-septième siècle avait remis avec éclat dans le monde, que la Renaissance avait empruntés à l'antiquité, que le moyen âge agitait déjà au sein de ses cloîtres, que la Grèce avait cru inventer parce qu'elle les environna d'abord d'une gloire immortelle, mais qu'on retrouve en Orient dans le berceau même du genre humain, et qu'ainsi l'induction la plus rigoureuse nous permet ou plutôt nous force de considérer comme les éléments essentiels et permanents de l'histoire de la philosophie ? Tirez de là cette conclusion suprême, fondée tout ensemble sur l'analyse de l'esprit humain et sur une expérience d'au moins trois mille ans, que nous pensons et faisons toujours les mêmes choses, mais que nous les pensons et les faisons toujours différemment, selon les divers degrés de civilisation auxquels nous sommes parvenus, que les mêmes problèmes enfantent les mêmes solutions dont le progrès se mesure sur celui de la raison générale, que par conséquent la philosophie n'erre point à l'aventure, qu'elle aussi elle a son développement régulier, et, comme le dit Vico de la société humaine, ses cercles invariables et ses retours périodiques, qu'elle avance sans cesse mais dans les mêmes voies, que celui qui a tout fait et gouverne tout a sa main ici comme en tout le reste, et qu'il a donné à la pensée des lois stables aussi bien qu'à l'univers. C'est à ce titre, c'est parce que la philosophie a ses lois et sa marche assurée, que l'histoire de la philosophie est une science vraie, à la fois spéculative et expérimentale, qui a sa place légitime aux premiers rangs de la science historique, si chère à notre temps, et que nous la proposons avec confiance à l'étude et aux méditations de la jeunesse du dix-neuvième siècle.

FIN DE L'HISTOIRE GÉNÉRALE DE LA PHILOSOPHIE.

TABLE DES MATIÈRES.

PREMIÈRE LEÇON.

ORIGINE ET CLASSIFICATION DES SYSTÈMES.

Sujet du cours : l'histoire de la philosophie comme contre-épreuve et achèvement de la philosophie spéculative. — La multitude des systèmes, qui trouble et décourage d'abord, lorsqu'on commence à étudier l'histoire de la philosophie, se résout assez vite en un petit nombre de systèmes principaux sur lesquels se concentre l'attention. — Tous les systèmes sont des produits de l'esprit humain, et par conséquent l'étude de l'esprit humain, la psychologie est la lumière de l'histoire de la philosophie. — La psychologie a pour instrument la réflexion, et celle-ci suppose la connaissance naturelle et spontanée qui la précède et à laquelle elle s'applique. — La connaissance naturelle forme une synthèse très-complexe et assez confuse. La conscience se borne à l'attester. La réflexion s'ajoute à la conscience pour éclaircir la synthèse primitive. Son instrument est l'analyse qui opère successivement. — Le danger de l'analyse consiste à prendre la partie qu'elle examine pour le tout qu'il s'agit de connaître. — La réflexion s'applique d'abord aux phénomènes qui tiennent à la sensibilité, et néglige tout le reste ; de là un système particulier et exclusif, le sensualisme. Le bien et le mal de ce système. — Autre application défectueuse de la réflexion, l'idéalisme. Le bien et le mal de ce système. — Encore une autre pente de la réflexion : le scepticisme. Le bien et le mal. — Nouvelle et dernière application de la réflexion, le mysticisme. Le bien et le mal. — Ordre naturel du développement de ces quatre systèmes. Leur utilité relative et leur mérite intrinsèque. — Harmonie de la philosophie et de son histoire.

— Que l'impartialité n'est pas l'indifférence : sympathie avouée pour tout système spiritualiste sans fanatisme. — Qu'un sage éclectisme doit présider à une histoire vraiment philosophique de la philosophie... 1

DEUXIÈME LEÇON.

PHILOSOPHIE ORIENTALE.

Un mot sur l'Égypte et la Perse. — La Chine : Confucius et Lao-tseu. — Inde : vue générale de la philosophie indienne d'après Colebrooke. — Du sensualisme. École Sankhya de Kapila. Ses principes, ses procédés, ses conclusions. Matérialisme, fatalisme, athéisme indien. — Idéalisme, le Nyaya et le Védanta. — Scepticisme. — Mysticisme. École Sankhya de Patandjali. — Du Bhagavad-Gita comme appartenant à cette école. Sa méthode, sa psychologie, sa morale, sa théodicée. Moyen de s'unir à Dieu. Magie. — Le Bouddhisme. 36

TROISIÈME LEÇON.

PHILOSOPHIE GRECQUE. SES COMMENCEMENTS. SA MATURITÉ.

En Grèce comme dans l'Inde la philosophie sort de la théologie. — Naissance et durée de la philosophie grecque : elle se divise en trois grandes époques qui embrassent douze cents ans. — La première époque se passe dans les colonies grecques, et comprend déjà deux écoles différentes, qui expriment les différents caractères des deux branches principales de la race grecque. — Dans ces deux écoles on étudie surtout la nature, mais on l'y envisage différemment. Commencements de sensualisme et d'idéalisme dans l'école ionienne et dans l'école pythagoricienne ; ils se développent dans l'école d'Élée et dans l'école d'Abdère. — Lutte des deux écoles. Essais de rapprochement : Anaxagore, Empédocle. — Naissance du scepticisme : les Sophistes. Ils transportent la philosophie sur le continent grec et particulièrement à Athènes. — Renouvellement de la philosophie grecque, seconde époque : la psychologie et Socrate. — Philosophie de Socrate. — Cynisme, cyrénaïsme, mégarisme. — Platon réunit ce qu'il y a de mieux dans les systèmes antérieurs, et il a l'air de s'effacer pour ne laisser paraître que Socrate. — De la définition socratique il tire la théorie des idées et la dialectique. — Théodicée, esthétique, morale, politique : partout une tendance idéaliste sagement tempérée. — Aristote. Ses différences générales avec Platon. Pas aussi empirique qu'on le prétend. Explication de sa définition de l'âme, et distinction de l'âme et de l'intelligence, de la ψυχή et du νοῦς. — Théisme d'Aristote : son imperfection. — Aristote plus grand comme physicien et naturaliste que comme mathématicien et astronome. Sa théorie de la formation des idées générales, et son principe qu'il n'y a pas de pensée sans image. — Esthétique, morale, politique. — Tendance sensualiste contenue en de raisonnables limites.................................. 99

QUATRIÈME LEÇON.

PHILOSOPHIE GRECQUE. SES DÉVELOPPEMENTS ET SA FIN.

L'école platonicienne et l'école péripatéticienne inclinent de plus en plus à l'idéalisme et au sensualisme. — L'épicuréisme et le stoïcisme bien plus encore. — Lutte des deux systèmes. — Scepticisme. Première école sceptique, née de l'idéalisme : nouvelle académie. — Seconde école sceptique, née du sensualisme : Ænésidème et Sextus. — Renouvellement de la philosophie grecque, sa troisième et dernière époque : retour du besoin de savoir et de croire. Mysticisme. — École d'Alexandrie. Elle prétend unir en elle tout ce qu'il y a de bon dans les écoles précédentes et représenter l'antiquité tout entière. Elle est et se dit éclectique; mais dans cet éclectisme domine le néoplatonisme. — Mysticisme néoplatonicien. Sa théodicée : vice essentiel de la trinité Alexandrine. — Sa psychologie : l'extase. — Sa morale : unification avec Dieu. — Plotin. Proclus. — École d'Athènes fermée en 529; persécution des philosophes; leur dispersion. — Fin de la philosophie grecque................................. 140

CINQUIÈME LEÇON.

PHILOSOPHIE SCHOLASTIQUE.

Son caractère et son origine. — Division de la scholastique en trois époques. — Première époque : la philosophie subordonnée à la théologie. Elle travaille sur l'*Organum* d'Aristote. Ses débuts; ses progrès; Jean Scot, saint Anselme, Abélard, etc. — Seconde époque : alliance de la philosophie et de la théologie. C'est le beau temps de la scholastique : il est préparé par l'importation en Europe de la Physique et de la Métaphysique d'Aristote, par une certaine connaissance de la philosophie arabe et juive, et par la fondation de l'Université de Paris. — Mouvement philosophique extraordinaire à Paris au XIII° siècle. — École dominicaine : Albert et saint Thomas. — École franciscaine : saint Bonaventure, Duns Scot, Roger Bacon. — Lutte des deux écoles. Importance des ordres religieux au moyen âge. — Troisième époque. Naissance de l'indépendance philosophique. Querelle du nominalisme et du réalisme qui représentent l'idéalisme et le sensualisme dans la scholastique. — Occam. Ses partisans et ses adversaires. — Décri des deux systèmes et de la scholastique. Commencements de scepticisme qui aboutissent vite au mysticisme. — Tauler, Pétrarque, Raymond de Sebunde, l'*Imitation de Jésus-Christ*, Gerson. — Fin de la philosophie du moyen âge... 188

SIXIÈME LEÇON.

PHILOSOPHIE DE LA RENAISSANCE.

Caractère général de la philosophie du quinzième et du seizième siècle. — Son origine. — Classification de tous ses systèmes en quatre écoles. 1° École idéaliste platonicienne : Marsile Ficin, les Pic de La Mirandole, Ramus, Patrizzi, Jordano Bruno. — 2° École sensualiste péripatéticienne : Pomponat, Césalpini, Vanini. — Telesio et Campanella. — 3° École sceptique : Sanchez, Montaigne, Charron. — 4° École mystique : Marsile Ficin, les Pic, Nicolas de Cuss, Reuchlin, Agrippa, Paracelse, Robert Fludd, Van Helmont, Böhme. — Comparaison des quatre écoles sous divers aspects. — Conclusion.. 248

SEPTIÈME LEÇON.

PHILOSOPHIE DU XVII° SIÈCLE. SENSUALISME.

Philosophie moderne : elle marche de plus en plus vers l'indépendance, et recherche une méthode plus sévère. — Deux âges dans la philosophie moderne : le premier âge est celui de la philosophie du XVII° siècle. — École sensualiste du XVII° siècle. Bacon : caractère exclusif de sa philosophie et de sa méthode, et en même temps quelques teintes mystiques. — Hobbes ; ami et traducteur de Bacon ; ouvertement matérialiste et nominaliste ; renvoie à la théologie toute question sur Dieu, confond la volonté avec le désir, rejette toute liberté ; sa morale est l'intérêt, sa politique, le pouvoir absolu. —

Gassendi renouvelle la philosophie d'Épicure. Ses disciples français. — Locke. Sa méthode. — La table rase. Seules sources de connaissance, la sensation et la réflexion, et encore la réflexion s'exerçant sur ce qu'elle a reçu de la sensation. — De là la négation de tout principe universel et nécessaire et l'altération de beaucoup d'idées essentielles, telles que celles d'espace, de temps, d'infini. — Théorie des signes. Locke nominaliste. — Théorie des idées images. — Opinion de Locke sur Dieu. — Sur l'âme. — Sur la liberté. — Sur le bien et le mal. — Résumé.................................... 303

HUITIÈME LEÇON.

PHILOSOPHIE DU XVIIe SIÈCLE. IDÉALISME.

Descartes. Sa vie. Ses ouvrages. — Sa méthode. Appréciation des quatres règles cartésiennes. Originalité, profondeur et universalité de la première. — Que la quatrième est spéciale aux mathématiques. — Le doute cartésien : Son vrai caractère. — Premier principe cartésien : *je pense, donc je suis*. La psychologie, lumière de la métaphysique. — Métaphysique cartésienne. Spiritualité de l'âme. Existence de Dieu. Existence du monde. — S'il est vrai que Descartes a frayé la voie au spinozisme? 1° Il a parfaitement décrit et établi la volonté libre; 2° sa théorie de la création continuée; 3° il n'a condamné la recherche des causes finales qu'en physique; 4° il a très-bien distingué l'indéfini de l'infini et n'a nullement admis l'infinité du monde; 5° il s'est prononcé contre la substance unique; 6° il n'a jamais dit que la pensée et l'étendue n'ont pas leurs substances propres; 7° l'étendue considérée comme attribut essentiel de la matière ne conduit pas au spinozisme; 8° différence du Dieu de Descartes et de celui de Spinoza. — Quels sont les vrais disciples de Descartes. — Ce que Spinoza a emprunté à Descartes. Que la source principale du spinozisme est la philosophie hétérodoxe des Juifs. Retour sur Maïmonide. — Spinoza. Sa vie et ses études. Se sépare de la synagogue et affiche l'hétérodoxie. — *Renati Descartes principia philosophiæ*. Vrai sens de ce livre en apparence cartésien, en réalité très-opposé au cartésianisme. — *Tractatus theologico-politicus*. Renouvellement du rationalisme juif. — *Ethica*. Système de Spinoza. — Ce système est-il l'athéisme? — Malebranche père de l'Oratoire; disciple très-infidèle de Descartes. Il mêle la philosophie et la théologie; rejette l'autorité de la conscience et abandonne la psychologie. — Son principe qu'aucune créature ne peut agir sur une autre créature, d'où la théorie des causes occasionnelles, Dieu considéré comme la seule cause véritable, et la volonté humaine réduite à l'inclination. — Autre principe hypothétique : que l'esprit de l'homme ne peut apercevoir que ce qui lui est intimement uni. — Profonde différence de la théorie des idées de Platon et de celle de Malebranche. La vision en Dieu. — Théodicée de Malebranche pure des erreurs de sa métaphysique................... 360

NEUVIÈME LEÇON.

PHILOSOPHIE DU XVII° SIÈCLE. SCEPTICISME ET MYSTICISME.

Leibniz tente de réunir les deux systèmes exclusifs du sensualisme et de l'idéalisme en un système plus large. — Vie de Leibniz, ses premières études, ses divers emplois, ses voyages, ses travaux, ses principales découvertes. — Qualités dominantes du génie de Leibniz. Son entreprise générale : intelligence et conciliation des grands systèmes, renouvellement de l'éclectisme. — Les *Nouveaux essais sur l'entendement humain*. Polémique contre Locke, solide et modérée. — Polémique contre Descartes, sévère jusqu'à l'injustice. Leibniz se joint aux ennemis de Descartes qui triomphaient en France; persécution du cartésianisme; belle conduite d'Arnauld et de Bossuet; faiblesse extrême de Leibniz qui fait cause commune avec Huet et les Jésuites. — Diverses erreurs où il est tombé dans sa critique de Descartes. — Examen de l'opinion que ce n'est pas l'étendue mais la force qui est l'essence de la matière. Ce qu'il y a de vrai et ce qu'il y a de faux dans cette opinion. L'étendue n'est-elle qu'une apparence? — La *Monadologie* détruit la matière, les corps, l'espace et ne laisse subsister que la force et l'esprit. — La *Monadologie* mène à l'*Harmonie préétablie*, laquelle est un retour à la théorie des causes occasionnelles de Malebranche. Idéalisme excessif de Leibniz. — Continuation de la lutte du sensualisme et de l'idéalisme. — Le scepticisme. Le vrai et le faux scepticisme. Hirnhaym. Glanwil. Lamothe le Vayer. Pascal. Huet. Bayle. — Mysticisme. Mercure Van Helmont. More. Pordage. Poiret. — Retour sur le premier âge de la philosophie moderne. Constitution intérieure et extérieure de la philosophie; nations qui y prennent le plus de part; langues qui lui servent d'interprètes; supériorité de la France...................... 445

DIXIÈME LEÇON.

PHILOSOPHIE DU XVIIIe SIÈCLE.

Entrée dans le second âge de la philosophie moderne, ou philosophie du XVIIIe siècle. L'induction, fondée sur une expérience constante, prévoit et annonce le retour des quatre systèmes que nous avons toujours rencontrés jusqu'ici. — Concordance de l'induction et des faits. Vue générale de la philosophie du XVIIIe siècle : partout se montrent le sensualisme, l'idéalisme, le scepticisme, le mysticisme; et partout ils se montrent dans l'ordre où nous les avons toujours vus. — Insister particulièrement sur l'école sensualiste et sur l'école idéaliste. — Sensualisme. C'est Voltaire qui a introduit en France la philosophie de Locke. Appréciation de ce qu'on peut appeler la philosophie de Voltaire. Condillac. Deux moments dans la philosophie de Condillac, l'*Essai sur l'origine des connaissances humaines* et le *Traité des sensations*. — Helvétius. Le livre *de l'Esprit*. — Saint-Lambert. Le *Catéchisme universel*. — Idéalisme. Philosophie écossaise. — Reid. Ses deux titres auprès de la postérité : sa méthode et la restitution de la puissance naturelle de l'esprit humain. — Philosophie allemande. Kant. Ses mérites, ses défauts. Contradictions de la *Critique de la raison pure* et de la *Critique de la raison pratique*. Principe des erreurs de Kant, fausse théorie de la conscience, considérée comme une simple modification de la sensibilité et par là reléguée dans le domaine de l'empirisme. Réfutation de cette erreur qui a corrompu à sa source la philosophie allemande et devait conduire Kant et ses successeurs à la recherche d'un idéalisme transcendantal, pur de toute subjectivité et entièrement chimérique. — Parallèle de Reid et de Kant. — Fin de la philosophie du XVIIIe siècle, et nécessité de ne pas entrer dans le temps présent. Conclusion de l'histoire entière de la philosophie : d'une part, que la philosophie ne peut pas être étouffée; de l'autre, qu'elle n'avance réellement qu'en suivant le sens commun ; enfin que l'histoire de la philosophie a ses lois comme toutes les autres parties de l'histoire universelle, comme le monde moral et comme l'univers lui-même.............. 508

FIN DE LA TABLE.

PARIS. — IMPRIMERIE DE J. CLAYE, RUE SAINT-BENOIT, 7